图说
丝绸之路经济带核心区
TUSHUO SICHOU ZHI LU JINGJIDAI HEXINQU
XINJIANG

新疆维吾尔自治区测绘成果中心　编著

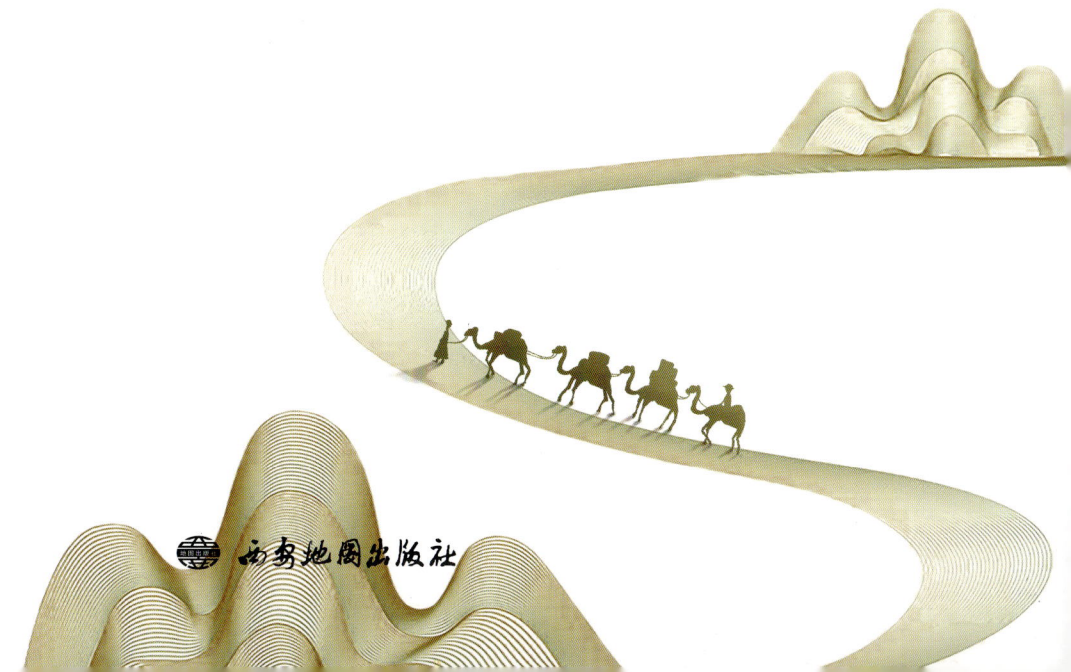

西安地图出版社

图书在版编目（CIP）数据

图说丝绸之路经济带核心区——新疆 / 新疆维吾尔自治区测绘成果中心编著. -- 西安：西安地图出版社，2020.6
ISBN 978-7-5556-0641-3

Ⅰ. ①图… Ⅱ. ①新… Ⅲ. ①丝绸之路－经济带－区域经济发展－新疆－图集 Ⅳ. ①F127.45-64

中国版本图书馆CIP数据核字(2020)第090220号

著作人及著作方式：新疆维吾尔自治区测绘成果中心　编著

责任编辑：董兆昕　雷　霁

书　　名	图说丝绸之路经济带核心区——新疆

出版发行	西安地图出版社
地址邮编	西安市友谊东路334号 710054
印　　刷	中煤地西安地图制印有限公司
开　　本	787mm×1 092mm　1/16
印　　张	19.25
印　　数	2 000
字　　数	465千字
版　　次	2020年6月第1版
印　　次	2021年5月第1次印刷
审 图 号	新S（2019）006号
书　　号	ISBN 978-7-5556-0641-3
定　　价	398.00元

版权所有　侵权必究
凡购本社图书，如有印装问题，请联系发行部调换。服务热线：029-87604375

《图说丝绸之路经济带核心区——新疆》
编辑部

主　　编：裴小威

副 主 编：许　捷　田　力　韩小武

顾　　问：马品彦

执行编辑：赵秋菊　李思谕

文字撰稿：张　健　庞　闻　张永明　闫海龙　徐晓亮

地图编辑：陈惠珍　古丽尼格·普拉提　雷　霁　董兆昕　呼雪梅

地图制作：任　兴　胡海燕　麦热古丽·艾尼瓦尔　王惠媛

文字编辑：王　静　陈菊菊

地图审校：刘玥佟　欧阳明　韩仲慧　雷群英

文字审校：杨　燕　杜　璇　张海潮　张正嫄　陈扬眉

美术设计：王丽丽

《图说丝绸之路经济带核心区——新疆》
编辑部

主　　编：裴小威

副 主 编：许　捷　田　力　韩小武

顾　　问：马品彦

执行编辑：赵秋菊　李思谕

文字撰稿：张　健　庞　闻　张永明　闫海龙　徐晓亮

地图编辑：陈惠珍　古丽尼格·普拉提　雷　霁　董兆昕　呼雪梅

地图制作：任　兴　胡海燕　麦热古丽·艾尼瓦尔　王惠媛

文字编辑：王　静　陈菊菊

地图审校：刘玥佟　欧阳明　韩仲慧　雷群英

文字审校：杨　燕　杜　璇　张海潮　张正嫄　陈扬眉

美术设计：王丽丽

前言 QIANYAN

2013年9月，中国国家主席习近平在访问哈萨克斯坦期间，提出了共同建设"丝绸之路经济带"的伟大倡议，不仅得到沿线国家的积极响应，也在国际社会引起高度关注和广泛影响。以"一带一路"倡议为契机的构建人类命运共同体的伟大实践正在全球范围内蓬勃展开。

2014年5月，中央第二次新疆工作座谈会提出，要把新疆建设成"丝绸之路经济带"核心区。

2015年3月28日，国家发改委、外交部、商务部联合发布了《推动共建丝绸之路经济带和21世纪海上丝绸之路的愿景与行动》，明确提出：发挥新疆维吾尔自治区独特的区位优势和向西开放重要窗口作用，深化与中亚、南亚、西亚等国家交流合作，形成丝绸之路经济带上重要的交通枢纽、商贸物流和文化科教中心，打造丝绸之路经济带核心区。

"新疆是个好地方！"这已是千百年来世人由衷赞叹的共识。这里地域辽阔、风光迤逦、物产丰富、阳光充足、水草丰美，自古就是华夏各族人民聚居生活的好地方，也是连接东、西、南、中亚各国各民族文明的枢纽地带。其优越的地理区位优势，使它在古丝绸之路上为东西方文明的交流与传播，为促进中华文明的发展昌盛，发挥了不可替代的伟大作用。这些也成为新时代丝绸之路经济带核心区建设最深厚的地理和人文底蕴！

建设伊始，测绘先行。为了贯彻国家"一带一路"建设的规划和愿景，促进新疆作为丝绸之路经济带核心区建设的各项举措的落地生根，由新疆维吾尔自治区测绘成果中心和西安地图出版社共同策划编撰了这部《图说丝绸之路经济带核心区——新疆》（以下简称《图说》）。

该书旨在运用图文并茂的形式，对新疆作为丝绸之路核心区的区位优势、建设目标、光明愿景等重大课题进行展示和介绍。全书既全面地体现了国家关于丝绸之路经济带建设的整体规划设想，又重点突出新疆作为丝绸之路经济带核心区的重要规划与愿景，同时，对新疆的丝路历史、自然地理、人文风貌和丝绸之路经济带沿线及周边国家的基本国情也进行了全方位介绍。

我们衷心希望《图说》的编制出版，能为广大读者了解新疆作为丝绸之路经济带核心区的现实状况和未来发展的美好愿景提供帮助，能为国内外有意参与核心区建设的人们提供咨询和决策参考。

由于时间仓促和资料收集、整理、编撰、制作的复杂性，《图说》不尽完美之处在所难免，希望专家和读者提出宝贵意见和建议，以便我们在后续编撰出版工作中不断改进之。

目录 MULU

 序图 XUTU

- 002　世界政区
- 004　中国政区
- 006　丝绸之路经济带上的三条国际通道
- 008　丝绸之路经济带区域时区
- 010　新疆地理区位
- 012　古丝绸之路与新亚欧大陆桥
- 014　新疆政区
- 016　新疆生产建设兵团师部及团场分布
- 018　新疆交通
- 020　新疆影像

 丝绸之路历史 SICHOU ZHI LU LISHI

- 024　丝绸之路的前世今生
- 030　先秦—秦汉时期的丝绸之路
- 039　魏晋南北朝时期的丝绸之路
- 047　隋唐时期的丝绸之路
- 062　宋代的丝绸之路
- 067　元代的丝绸之路
- 074　明代的丝绸之路
- 077　清代的丝绸之路

 核心区自然地理与人文景观 HEXINQU ZIRAN DILI YU RENWEN JINGGUAN

- 084　自然地理景观总图
- 086　山脉
- 098　盆地
- 104　沙漠
- 110　湖泊
- 128　河流

- 140　森林草原
- 152　冰川
- 158　特殊地貌
- 168　人文景观总图
- 170　新疆的民族文化及建筑
- 184　丝路古道

核心区周边国家
HEXINQU ZHOUBIAN GUOJIA

- 194　核心区周边国家分布
- 196　蒙古
- 202　俄罗斯
- 210　哈萨克斯坦
- 218　吉尔吉斯斯坦
- 224　塔吉克斯坦
- 230　乌兹别克斯坦
- 236　巴基斯坦
- 242　印度
- 248　阿富汗
- 254　土库曼斯坦
- 260　伊朗
- 266　土耳其

愿景与行动
YUANJING YU XINGDONG

- 277　建设"一带一路"的"六廊六路多国多港"大格局已启动
- 281　新疆构建丝绸之路经济带核心区的美好愿景
- 282　新疆构建丝绸之路经济带核心区北、中、南通道的范围界定
- 292　新疆构建丝绸之路经济带核心区具备的优势
- 293　新疆构建丝绸之路经济带核心区总体思路

- 294　参考文献

图例 TULI

丝绸之路历史

古要素		今要素	
● 大都路	首都、首府	● 北京	首都、首府
◎ 塔剌思	宗藩汗国首府	◎ 西安	省会、州府
⊙ 安西路	省级驻所	⊙ 武威	一般城市
○ 高坪镇	镇	—·—·—	洲界
○ 凤翔府	郡、府级驻所	——未定——	国界
————	国界、政权部族界	————	省界
------	地区、州府郡界	------	地区界
········	省级政区界	········	军事分界线
〰	水系	〰	水系

核心区自然地理与人文景观

●	省级行政中心（外国首都）	—·—·—	国界	G30	高速及编号
◎	地级行政中心	— —	未定国界	G219	国道及编号
⊙	县级行政中心（外国主要城市）	————	省级界	S216	省道及编号
○	乡镇	———	地区界	Z917	专用公路
		+++	军事分界线	————	县道
〰	河流 水库	●	古道重要结点	━━━	已建成铁路
〰	时令河 时令湖	●	人文景点	━━━	在建铁路
◌ ◌	咸水湖 淡水湖	⤫ ▲	山口 山峰	━ ━ ━	古道

核心区周边国家政区图

居民点

★ 吉隆坡	外国首都、首府
◎ 新山	外国主要城市
⊙ 古晋	外国一般城市
○ 上岭	外国村镇
●	外国一级行政中心

水系

〰	河流、湖泊
〰	时令河
⊢⊢⊢	运河
≣≣	沼泽、盐沼泽
⌣ ⍺	井 泉

境界

—·—·—	洲界
——未定——	国界
— — —	地区界
········	一级行政区界
++++++	军事分界线

道路

━━━	铁路
━━━	高速公路

地貌地物

░	沙漠
〰	干河床
▲ 8844.43 珠穆朗玛峰	火山 山峰及高程
✕	山口

核心区周边国家专题图

矿产资源

▣ 硼	◉ 铯	▢ 氮	◪ 锡	▨ 锰	▬ 铬铁矿	◩ 盐类	══ 石油管道
◈ 金	⊠ 钨	▢ 石膏	▬ 褐煤	■ 锌	◉ 铝矾土	◩ 宝石	══ 天然气管道
● 银	◉ 钛	▲ 石灰石	◍ 菱镁矿	■ 铅	✱ 氧化铝	◣ 锶	▨ 煤田
◧ 铜	◉ 铀	◆ 滑石	◪ 石墨	■ 镁	◯ 硫	◼ 重晶石	▨ 油田
◣ 铁	◉ 铼	▲ 天然气	▬ 浮盐	▬ 钼	● 汞	▲ 煤矿	▨ 天然气田
◉ 铝	■ 铬	◙ 磷	■ 石材	◩ 锑	◤ 红柱石	◼ 石油	
▣ 溴	▷ 萤石						

农业资源

▩ 农业	▨ 灌溉农业	▩ 热带林地	▩ 草地·热带林地·常绿林地
▩ 畜牧业	▩ 草地	▩ 常绿林地	▩ 干旱林地
▩ 林地	▩ 经济作物	▩ 阔叶林地	
▩ 稀疏植被	▩ 沙漠	▩ 沼泽林地	

🌾 小麦	高粱	🍎 水果	🌿 烟草
大麦	🌱 棉花	甘蔗	柚木
水稻	麻	甜菜	茶叶
谷子	🐂 养殖企业		

工业资源

▢ 工业区

啤酒企业	宝石加工	化肥	炼油厂	制糖	建筑材料	机械制造工业
烟草加工	玻璃器皿	胶合板	旅游	水泥	炼钢企业	电子电器工业
造纸	木材加工	纺织	酿酒	○ 工业城市	发电厂	

世界遗产

✦ **努尔苏丹**	外国首都，首府	◉ 世界文化遗产	♣ 自然保护区
◉ 卡拉干达	外国主要城市	◉ 世界自然遗产	● 风景名胜区
○ 塞米巴拉金斯克	外国一般城市	◉ 世界自然文化遗产	

序图

序图 XU TU

1	塞浦路斯
2	黎巴嫩
3	以色列
4	巴勒斯坦
5	阿拉伯联合酋长国
6	克什米尔
7	格鲁吉亚
8	亚美尼亚
9	阿塞拜疆
10	新加坡
11	东帝汶
12	爱沙尼亚
13	拉脱维亚
14	立陶宛
15	俄罗斯
16	荷兰
17	比利时
18	捷克
19	卢森堡
20	列支敦士登
21	瑞士
22	摩尔多瓦
23	摩纳哥
24	梵蒂冈
25	圣马力诺
26	斯洛伐克
27	斯洛文尼亚
28	克罗地亚
29	波斯尼亚和黑塞哥维那
30	北马其顿
31	塞尔维亚
32	黑山
33	阿尔巴尼亚
34	安道尔
35	吉布提

◉ 北京　首都　　○ 西安　主要城市　　⚊⚊ 洲界

世界政区

36 多哥
37 赤道几内亚
38 多米尼加
39 波多黎各（美）
40 安奎拉（英）
41 圣基茨和尼维斯
42 多米尼克
43 圣卢西亚
44 圣文森特和格林纳丁斯
45 库拉索（荷）

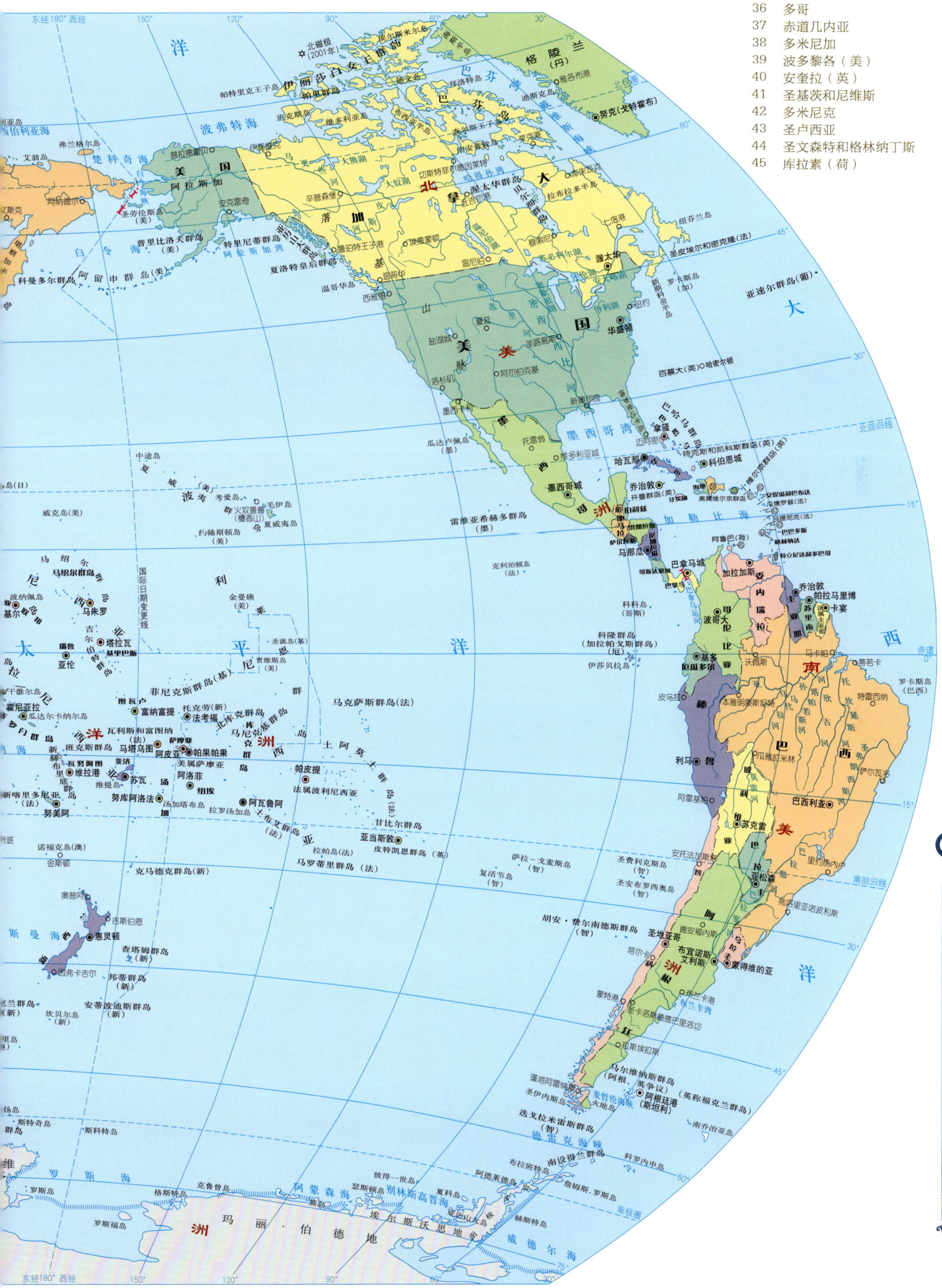

―――― 未定国界　　――――地区界　　++++++++ 军事分界线　　比例尺 1:81 600 000

序图 XU TU

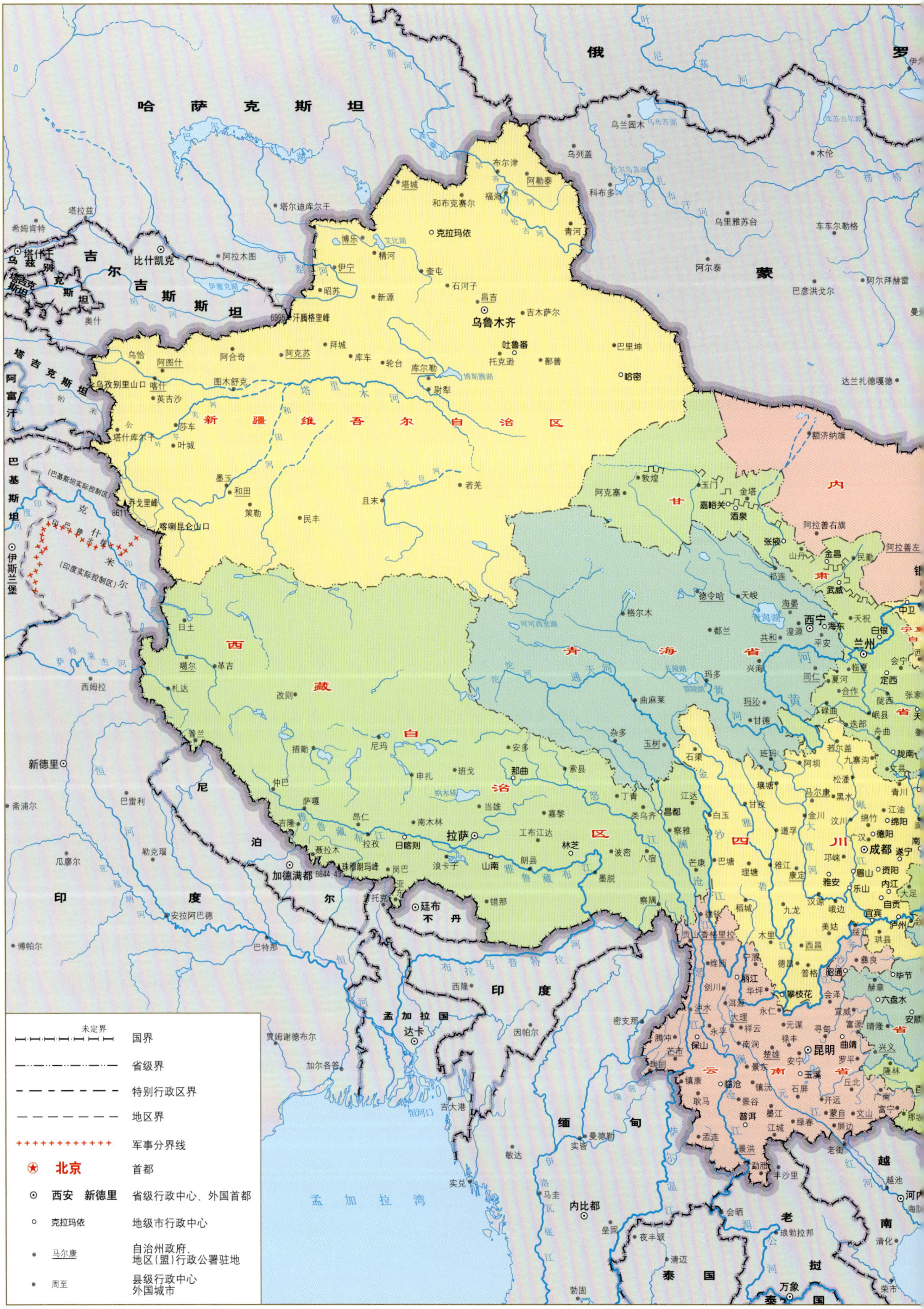

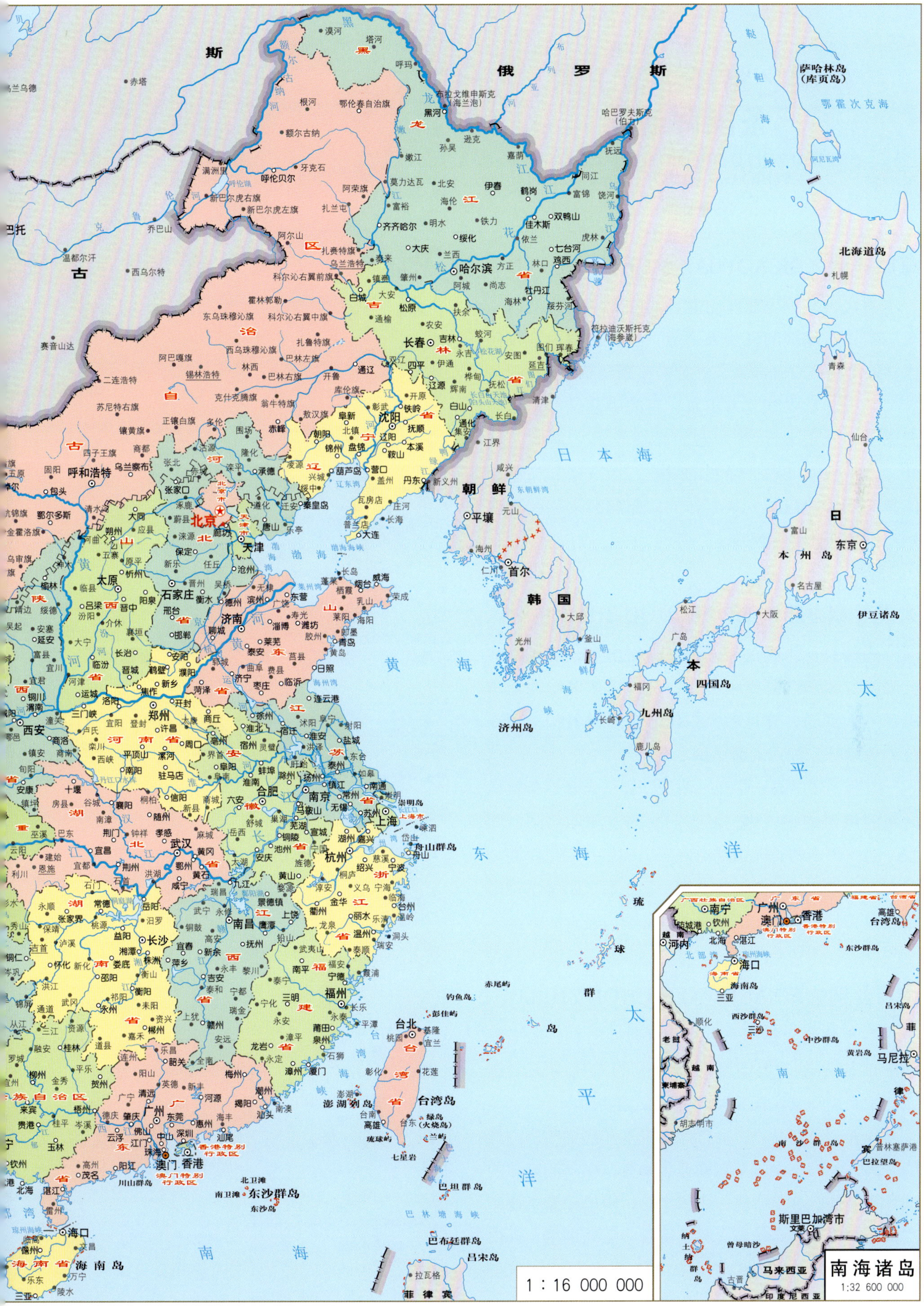

中国政区

南海诸岛
1:32 600 000

1:16 000 000

序图 XU TU

丝绸之路经济带上的三条国际通道
SICHOU ZHI LU JINGJIDAI SHANG DE SANTIAO GUOJI TONGDAO

草原丝绸之路 CAOYUAN SICHOU ZHI LU

古代，从中国北方出发，沿欧亚大草原西行，有一条直达欧洲的商贸大通道，这条主要由游牧民族掌控的东西交通要道，被称为草原丝绸之路。

今天，从中国北方出发，新的中蒙俄经济走廊与新亚欧大陆桥沿着古老的草原丝绸之路向西延伸，直抵波罗的海。沿线的蒙古、俄罗斯、白俄罗斯等国积极响应，一条崭新的草原丝绸之路画卷已然在世人面前徐徐展开。

大漠丝绸之路 DAMO SICHOU ZHI LU

古时，从中国汉唐的都城长安出发，穿越欧亚大陆间广袤沙漠与崇山峻岭，最终抵达地中海沿岸国家的大通道，它是古代东西方交通贸易和文化交往的主动脉，称为大漠丝绸之路。

如今，"中国—中亚—西亚"经济走廊这条丝绸之路经济带的主干线，经过旧时的发源地洛阳、西安，沿河西走廊、天山廊道向西出境后，绕过里海与黑海，最终在土耳其抵达欧洲，是丝绸之路经济带中路线最长，未来参与国家最多、影响力最大的路线。

南方丝绸之路 NANFANG SICHOU ZHI LU

南方丝绸之路即古代从中国蜀地出发，经横断山脉前往身毒（近印度河流域）的古代中国与南亚、中南半岛文明间相互交往的交通要道。

今天，我们沿着这条拥有2 000多年历史的南方丝绸之路，勾画出中国至东南亚、南亚，南向印度洋的国际大通道，涉及中国—中南半岛、中巴和孟中缅印三条经济走廊，是丝绸之路经济带中海陆相接、人口最多、潜力最大的路线。

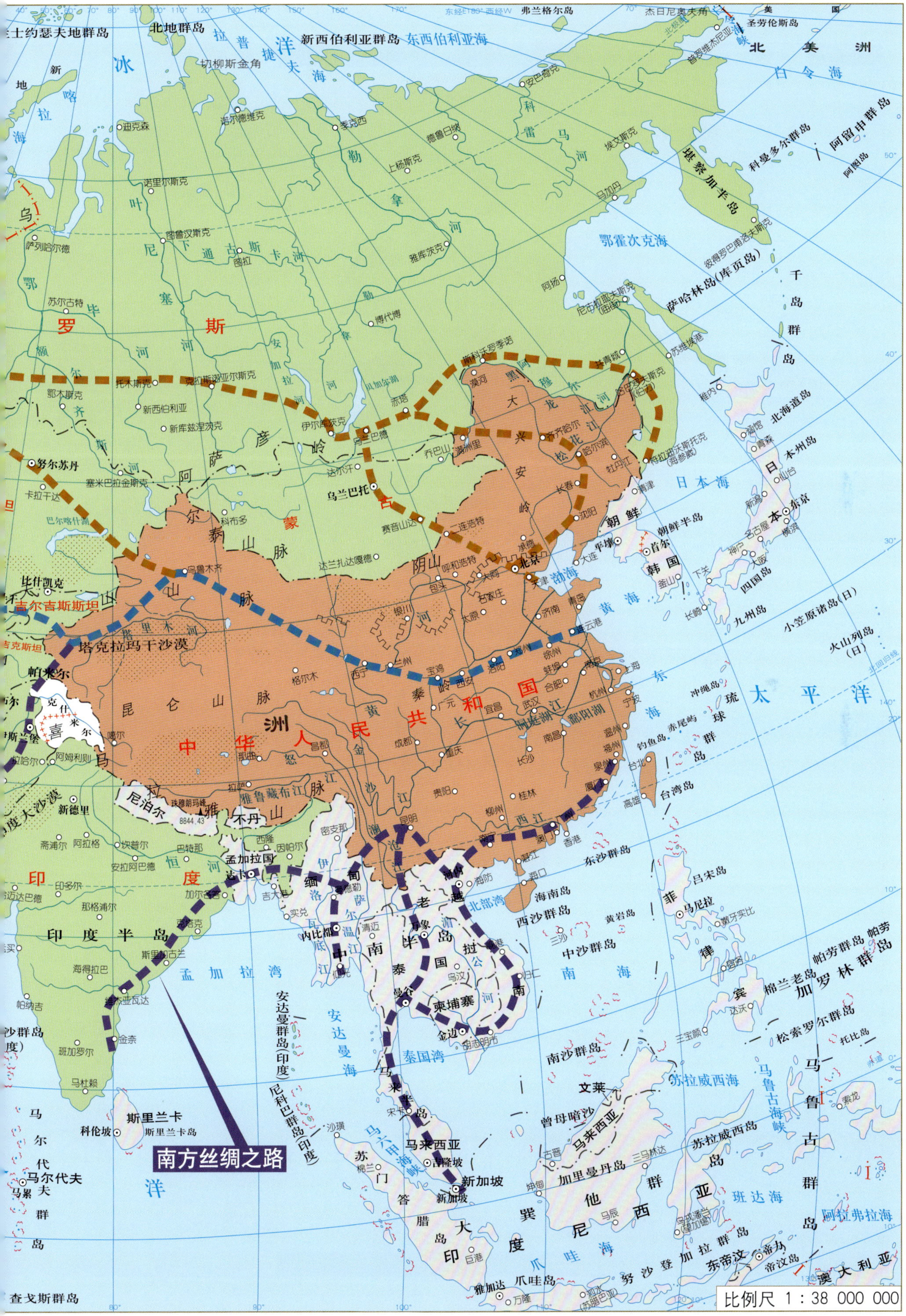

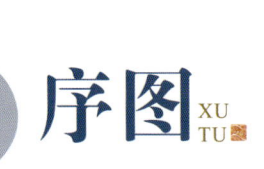

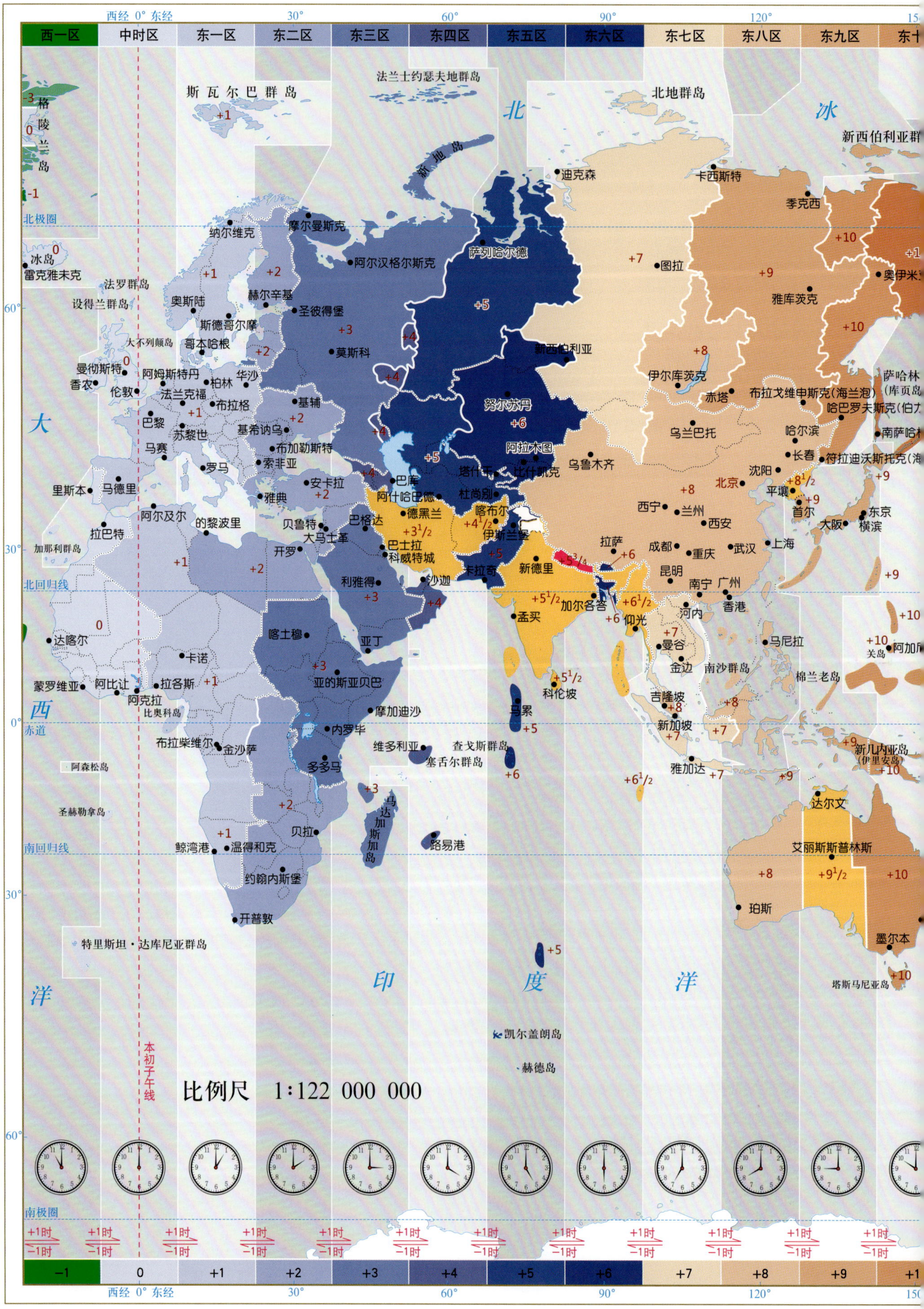

西经 0° 东经
30°
60°
90°
120°
西一区
中时区
东一区
东二区
东三区
东四区
东五区
东六区
东七区
东八区
东九区
法兰士约瑟夫地群岛
斯瓦尔巴群岛
北地群岛
北
冰
新西伯利亚群
格陵兰岛
新地岛
迪克森
卡西斯特
季克西
北极圈
纳尔维克
摩尔曼斯克
冰岛
雷克雅未克
阿尔汉格尔斯克
萨列哈尔德
图拉
奥伊米
法罗群岛
设得兰群岛
奥斯陆
赫尔辛基
圣彼得堡
雅库茨克
斯德哥尔摩
大不列颠岛
哥本哈根
莫斯科
新西伯利亚
伊尔库茨克
萨哈林(库页岛)
曼彻斯特
阿姆斯特丹
柏林
华沙
香农
伦敦
法兰克福
布拉格
基辅
努尔苏丹
赤塔
布拉戈维申斯克(海兰泡)
哈巴罗夫斯克(伯力)
巴黎
苏黎世
基希讷乌
乌兰巴托
哈尔滨
南萨哈林
大
马赛
布加勒斯特
索非亚
阿拉木图
长春
符拉迪沃斯托克(海
罗马
塔什干
比什凯克
乌鲁木齐
沈阳
里斯本
马德里
巴库
安卡拉
北京
平壤
雅典
阿什哈巴德
杜尚别
喀布尔
首尔
东京
阿尔及尔
的黎波里
贝鲁特
德黑兰
巴格达
伊斯兰堡
西宁
兰州
西安
大阪
横滨
拉巴特
大马士革
加那利群岛
开罗
巴士拉
科威特城
拉萨
成都
重庆
武汉
上海
北回归线
利雅得
卡拉奇
新德里
昆明
南宁
广州
沙迦
加尔各答
河内
香港
达喀尔
孟买
仰光
喀土穆
亚丁
曼谷
马尼拉
卡诺
金边
南沙群岛
关岛
阿加
蒙罗维亚
阿比让
拉各斯
亚的斯亚贝巴
科伦坡
棉兰老岛
阿克拉
比奥科岛
西
摩加迪沙
马累
吉隆坡
新加坡
赤道
内罗毕
布拉柴维尔
金沙萨
维多利亚
查戈斯群岛
塞舌尔群岛
阿森松岛
多多马
雅加达
新几内亚岛(伊里安岛)
达尔文
马达加斯加岛
圣赫勒拿岛
贝拉
路易港
南回归线
鲸湾港
温得和克
艾丽斯斯普林斯
约翰内斯堡
珀斯
开普敦
墨尔本
特里斯坦·达库尼亚群岛
洋
印
度
洋
塔斯马尼亚岛
凯尔盖朗岛
赫德岛
本初子午线
比例尺 1:122 000 000
南极圈
+1时
−1时
−1
0
+1
+2
+3
+4
+5
+6
+7
+8
+9

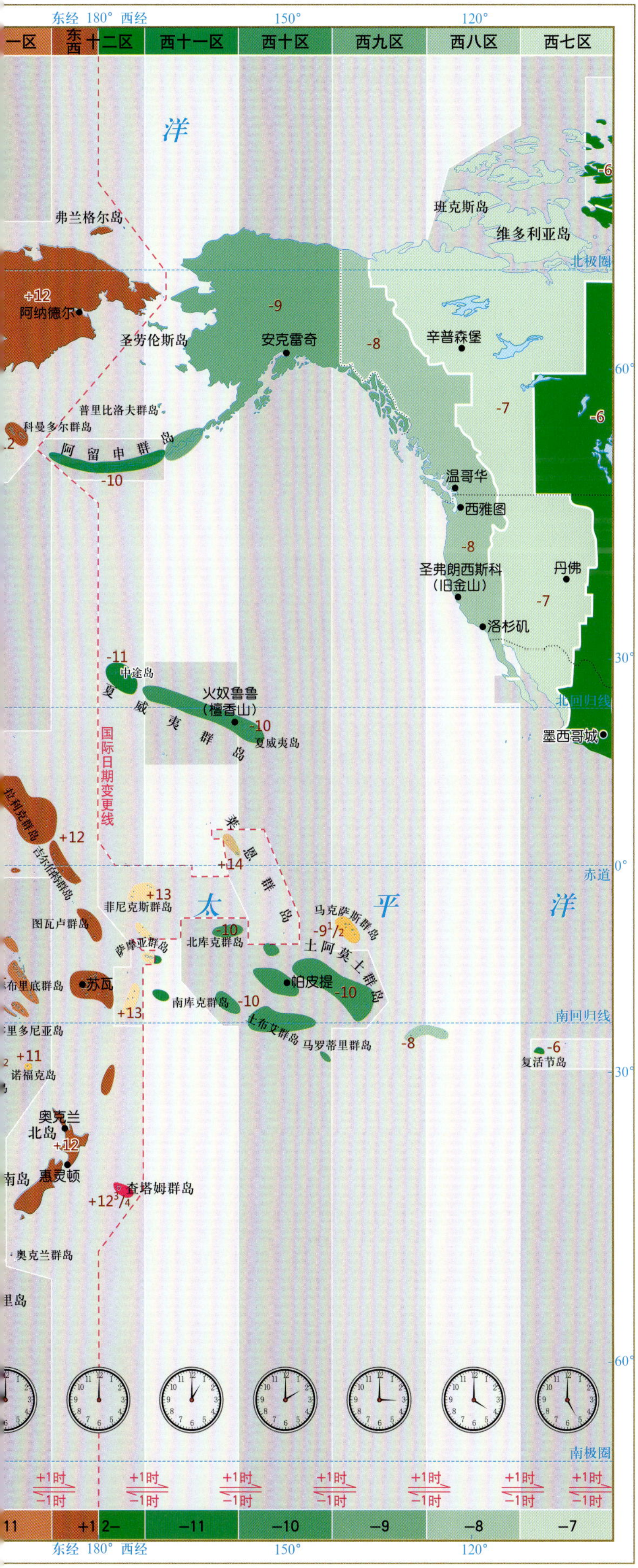

丝绸之路经济带区域时区

主要城市	与北京时间时差	国家
乌兰巴托	0	蒙古
努尔苏丹	-2	哈萨克斯坦
比什凯克	-2	吉尔吉斯斯坦
新德里	-2:30	印度
杜尚别	-3	塔吉克斯坦
阿什哈巴德	-3	土库曼斯坦
伊斯兰堡	-3	巴基斯坦
塔什干	-3	乌兹别克斯坦
喀布尔	-3:30	阿富汗
德黑兰	-4:30	伊朗
莫斯科	-5	俄罗斯
安卡拉	-6	土耳其

注："-"表示比北京时间晚

【北京时间】

时区的界限并非严格地按照某一子午线规划定位，对于横跨若干时区的国家，一般采用某一时区的时间作为全国标准时间。如中国首都北京位于东八区，东八区的标准时间就是中国的标准时间，即"北京时间"。

【格林尼治天文台】

始建于1675年，原英国皇家天文台所在地，坐落于伦敦东南泰晤士河边，是世界时区系统和地球经度的起点。在子午馆内，有一条镶嵌在大理石地面内的铜线，即本初子午线（零度经线），两边标有"西经""东经"。

【世界时区】

全球划分为24小时时区，每时区横跨经度15°，时间正好为1小时。以通过英国格林尼治天文台的本初子午线为标准，其东西经度7.5°的范围内为零时区，以东为东1~12区，以西为西1~12区，每个时区中央经线上的时间就是各时区的标准时间。

国际标准时间因其正好经过格林尼治天文台，所以又叫格林尼治时间。太平洋中的180°经线为国际日期变更线，从180°经线向西，日期要加一天，从180°经线向东，日期要减一天。为了避免一个国家同时出现不同的日期，实际的国际日期变更线并不是直线，在经过陆地的地方转向海洋。

图说丝绸之路经济带核心区

序图 XU TU

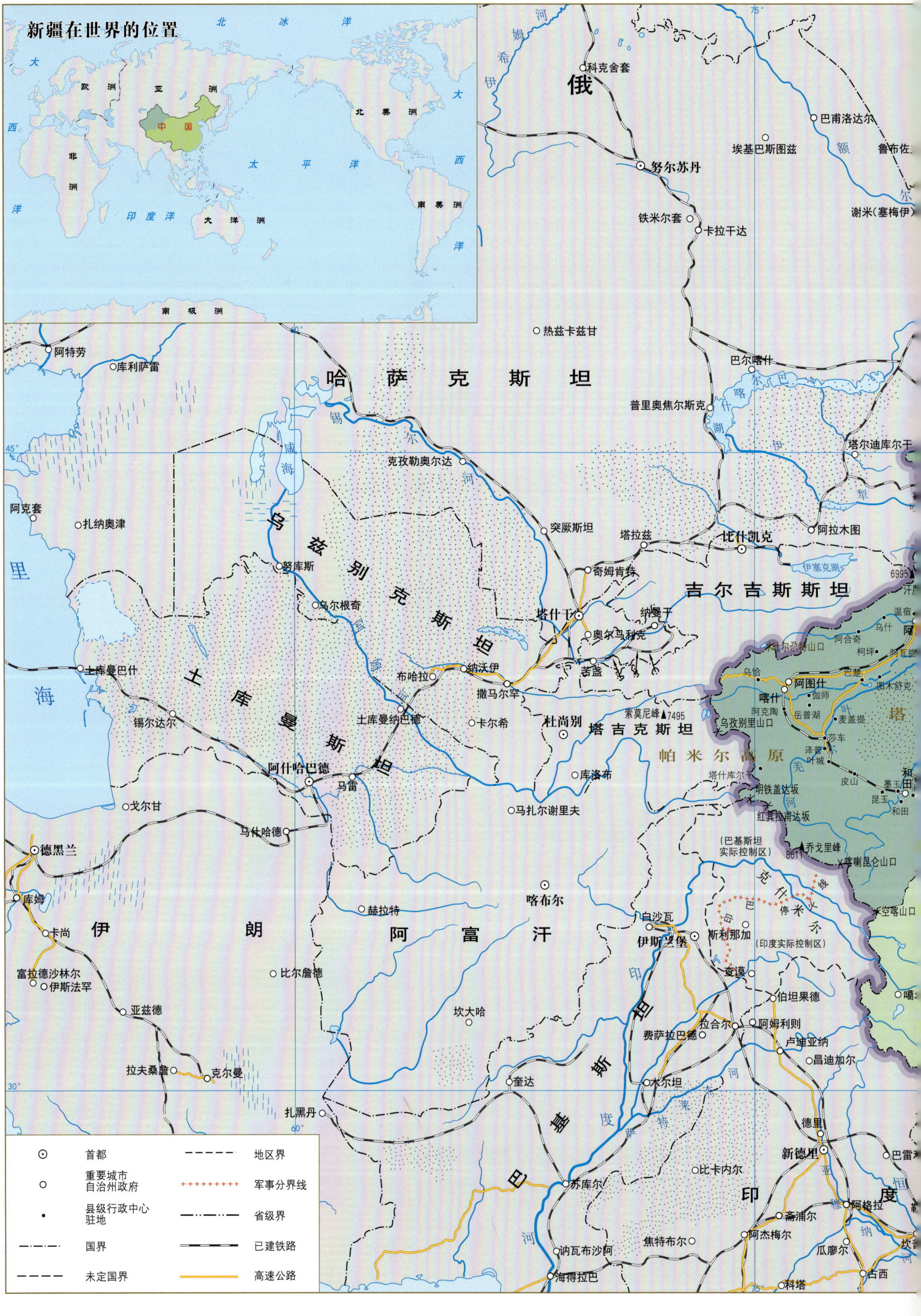

新疆在世界的位置
北冰洋
大西洋
欧洲
亚洲
中国
北美洲
非洲
太平洋
印度洋
大洋洲
南美洲
南极洲
俄
科克舍套
巴甫洛达尔
埃基巴斯图兹
努尔苏丹
铁米尔套
卡拉干达
谢米(塞梅伊)
热兹卡兹甘
阿特劳
库利萨雷
哈萨克斯坦
巴尔喀什
普里奥焦尔斯克
塔尔迪库尔干
克孜勒奥尔达
阿克套
扎纳奥津
突厥斯坦
塔拉兹
比什凯克
阿拉木图
奇姆肯特
吉尔吉斯斯坦
乌兹别克斯坦
努库斯
乌尔根奇
塔什干
纳曼干
奥尔马利克
苦盏
纳沃伊
布哈拉
撒马尔罕
土库曼巴什
土库曼斯坦
锡尔达尔
土库曼纳巴德
卡尔希
杜尚别
塔吉克斯坦
索莫尼峰7495
帕米尔高原
阿什哈巴德
马雷
库洛布
马扎尔谢里夫
戈尔甘
马什哈德
德黑兰
库姆
卡尚
伊朗
富拉德沙林尔
伊斯法罕
亚兹德
拉夫桑詹
克尔曼
赫拉特
喀布尔
阿富汗
比尔詹德
坎大哈
扎黑丹
奎达
巴基斯坦
白沙瓦
伊斯兰堡
斯利那加
查谟
伯坦果德
拉合尔
费萨拉巴德
阿姆利则
卢迪亚纳
昌迪加尔
木尔坦
德里
新德里
比卡内尔
苏库尔
纳瓦布沙阿
海得拉巴
焦特布尔
斋浦尔
阿杰梅尔
阿格拉
瓜廖尔
科塔
印度
喀什
阿图什
乌恰
伽师
岳普湖
麦盖提
莎车
泽普
叶城
皮山
塔什库尔干
明铁盖达坂
红其拉甫达坂
乔戈里峰8611
喀喇昆仑山口
(巴基斯坦实际控制区)
(印度实际控制区)
乌孜别里山口
吐尔尕特山口
伊塞克湖
巴尔喀什湖
咸海
里海
首都
重要城市 自治州政府
县级行政中心驻地
国界
未定国界
地区界
军事分界线
省级界
已建铁路
高速公路

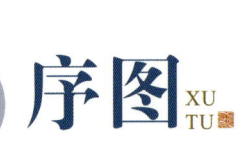

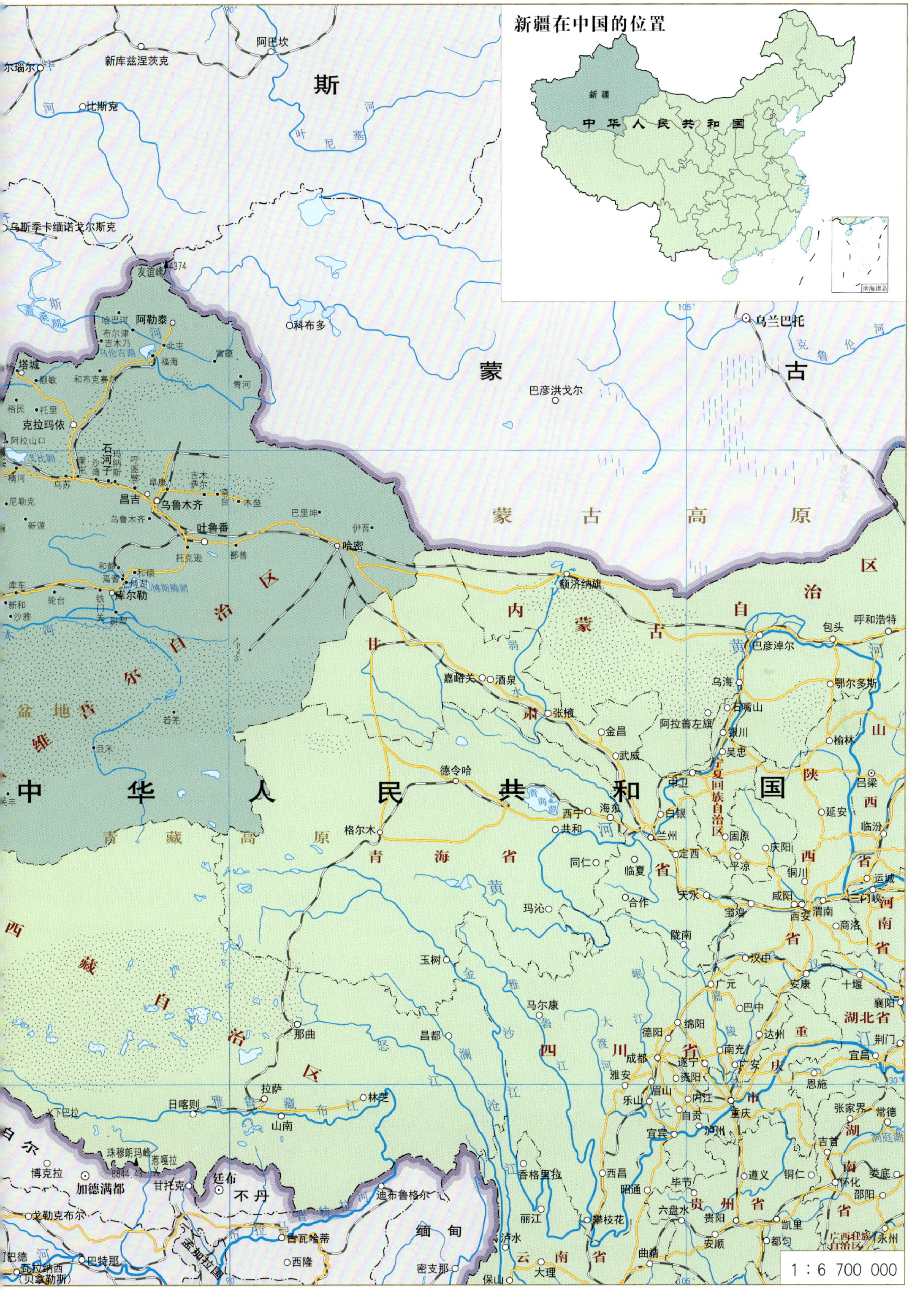
新疆在中国的位置
新疆
中华人民共和国
南海诸岛
阿巴坎
新库兹涅茨克
比斯克
乌斯季卡缅诺戈尔斯克
斯
叶尼塞河
友谊峰
4374
科布多
乌兰巴托
蒙
古
巴彦洪戈尔
克鲁伦河
蒙古高原
哈巴河
布尔津
吉木乃
阿勒泰
北屯
福海
富蕴
青河
塔城
额敏
和布克赛尔
裕民
托里
克拉玛依
阿拉山口
精河
乌苏
石河子
沙湾
玛纳斯
呼图壁
昌吉
阜康
吉木萨尔
奇台
木垒
乌鲁木齐
巴里坤
伊吾
吐鲁番
哈密
托克逊
鄯善
和静
焉耆
和硕
博湖
博斯腾湖
库尔勒
库车
轮台
新和
沙雅
铁门关
尉犁
若羌
且末
维吾尔自治区
塔里木盆地
额济纳旗
内蒙古自治区
巴彦淖尔
包头
呼和浩特
乌海
鄂尔多斯
石嘴山
阿拉善左旗
银川
吴忠
榆林
吕梁
嘉峪关
酒泉
张掖
甘肃省
金昌
武威
中卫
宁夏回族自治区
固原
白银
兰州
定西
平凉
庆阳
延安
临汾
德令哈
青海湖
西宁
海东
共和
格尔木
青海省
同仁
临夏
合作
天水
宝鸡
咸阳
铜川
西安
渭南
三门峡
运城
商洛
河南省
陕西省
山西省
中华人民共和国
青藏高原
黄河
玛沁
陇南
汉中
安康
十堰
襄阳
湖北省
荆门
宜昌
玉树
金沙江
雅砻江
马尔康
广元
巴中
达州
南充
绵阳
德阳
成都
遂宁
广安
资阳
雅安
乐山
眉山
内江
自贡
重庆
重庆市
泸州
宜宾
恩施
张家界
常德
湖南省
吉首
怀化
娄底
邵阳
永州
大渡河
岷江
嘉陵江
长江
四川省
西藏自治区
那曲
昌都
怒江
澜沧江
拉萨
日喀则
林芝
山南
雅鲁藏布江
珠穆朗玛峰
8844.43
惹隆拉
甘托克
廷布
不丹
迪布鲁格尔
加德满都
博克拉
戈勒克布尔
巴特那
吉瓦哈蒂
西隆
孟加拉国
缅甸
密支那
香格里拉
丽江
攀枝花
西昌
昭通
毕节
遵义
铜仁
六盘水
贵阳
凯里
安顺
都匀
贵州省
曲靖
泸水
大理
保山
云南省
广西壮族自治区
1：6 700 000

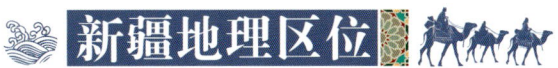

序图 XU TU

古丝绸之路

古丝绸之路，是指张骞出使西域开辟的，以长安（今西安）为起点，经甘肃、新疆到中亚、西亚，并连接地中海各国的一条从中国通往欧洲、非洲大陆的陆路通道。这条全长7 000余千米的丝绸之路，有5 000余千米横穿新疆境内。古丝绸之路是我国古代开辟的一条贯通东西方最长的古老商道，是一条中外交流的友谊之路。1877年德国地理学家李希霍芬把这条陆上通道称为"丝绸之路"。正是这条古道把古老的中国文化、印度文化、波斯文化、阿拉伯文化和古希腊、古罗马文化连接起来，促进了东西方文明的交流与发展。

新亚欧大陆桥

第一亚欧大陆桥于20世纪70年代建成，它以俄罗斯东部的哈巴罗夫斯克（伯力）和符拉迪沃斯托克（海参崴）为起点，通过世界上最长的西伯利亚大铁路，经莫斯科后通向欧洲各国，最后到达荷兰的鹿特丹港，横贯亚洲北部，共经过俄罗斯、白俄罗斯、波兰、德国、荷兰等六个国家全程13 000km，成为当时东亚货物运往欧洲最便捷的通道。日本出口欧洲三分之一的集装箱，欧洲出口亚洲五分之一的集装箱，都是经这条大陆桥运输的，它在沟通亚欧大陆、促进国际贸易中发挥了重要作用。新亚欧大陆桥于1990年9月贯通，它从中国东部的连云港出发，由陇海、兰新铁路穿越中国，进入哈萨克斯坦，再经俄罗斯、白俄罗斯、波兰、德国，西至荷兰的世界第一大港鹿特丹港。铁路全长10 800km，辐射了中国、中亚、西亚、欧洲30多个国家，沿线国家在经济上具有较强的相互依存性与优势互补性，蕴藏了非常好的互利合作前景。

古丝绸之路与新亚欧大陆桥

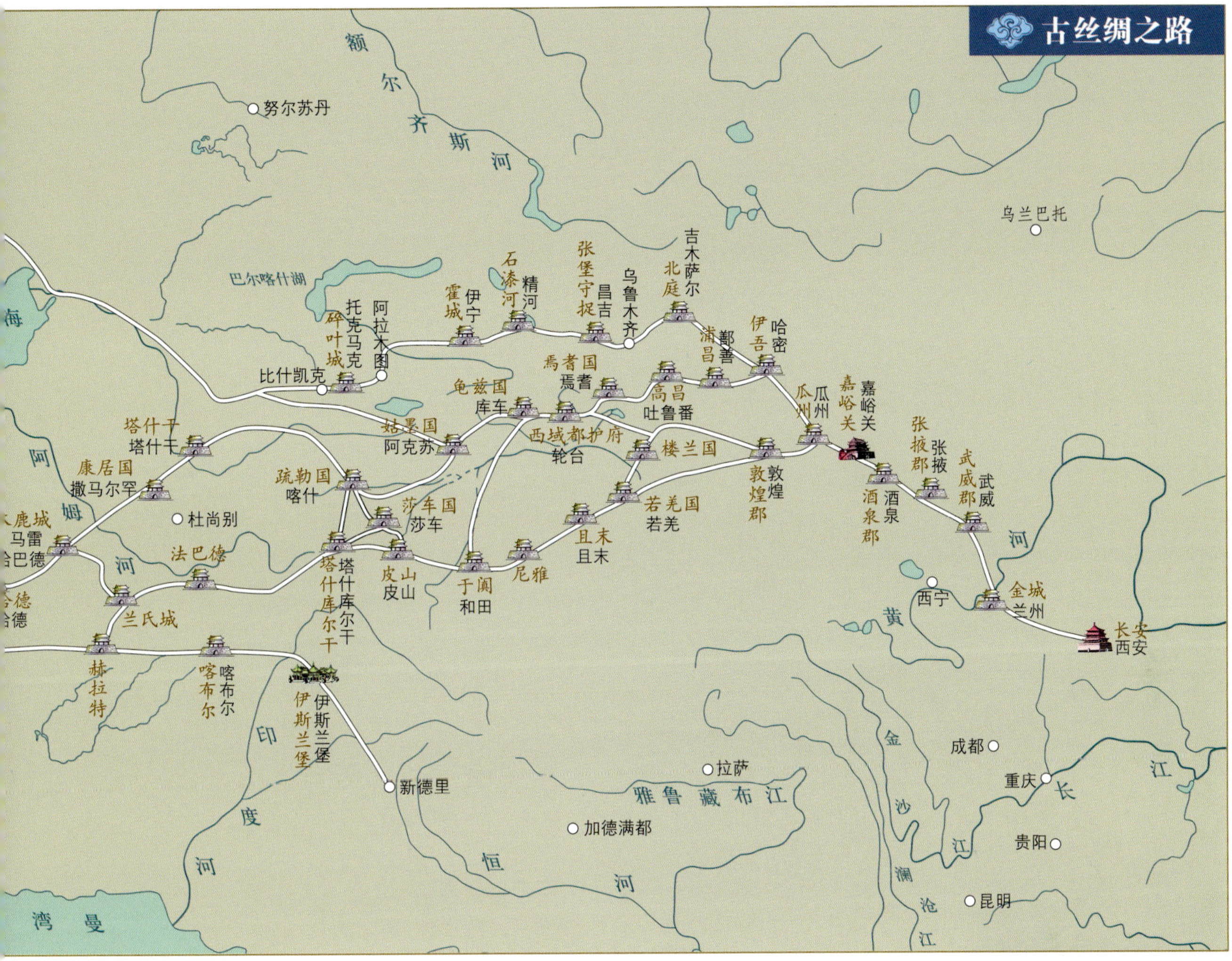

古丝绸之路

亚欧大陆桥

第一亚欧大陆桥

新亚欧大陆桥

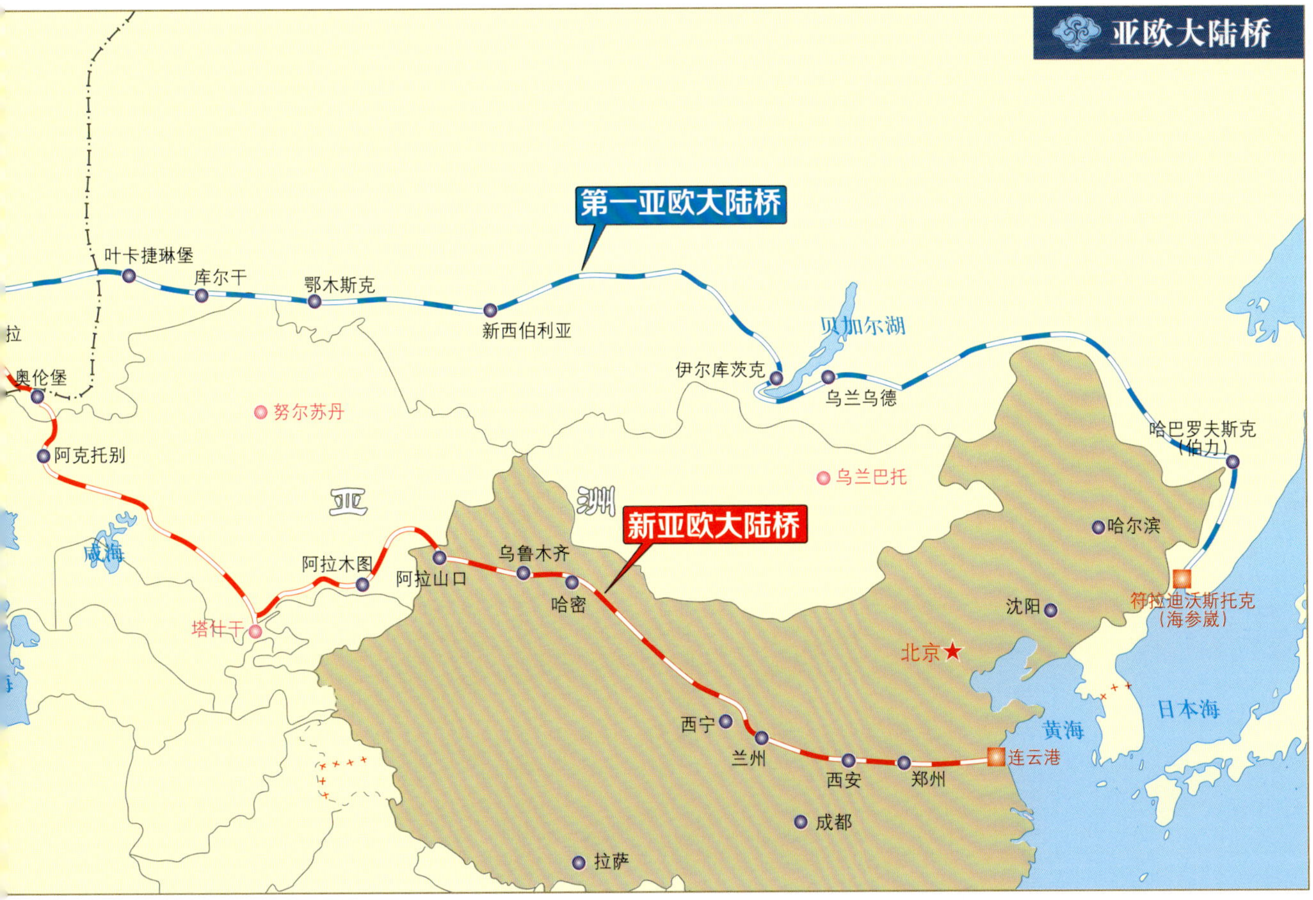

新疆图说丝绸之路经济带核心区

序图 XU TU

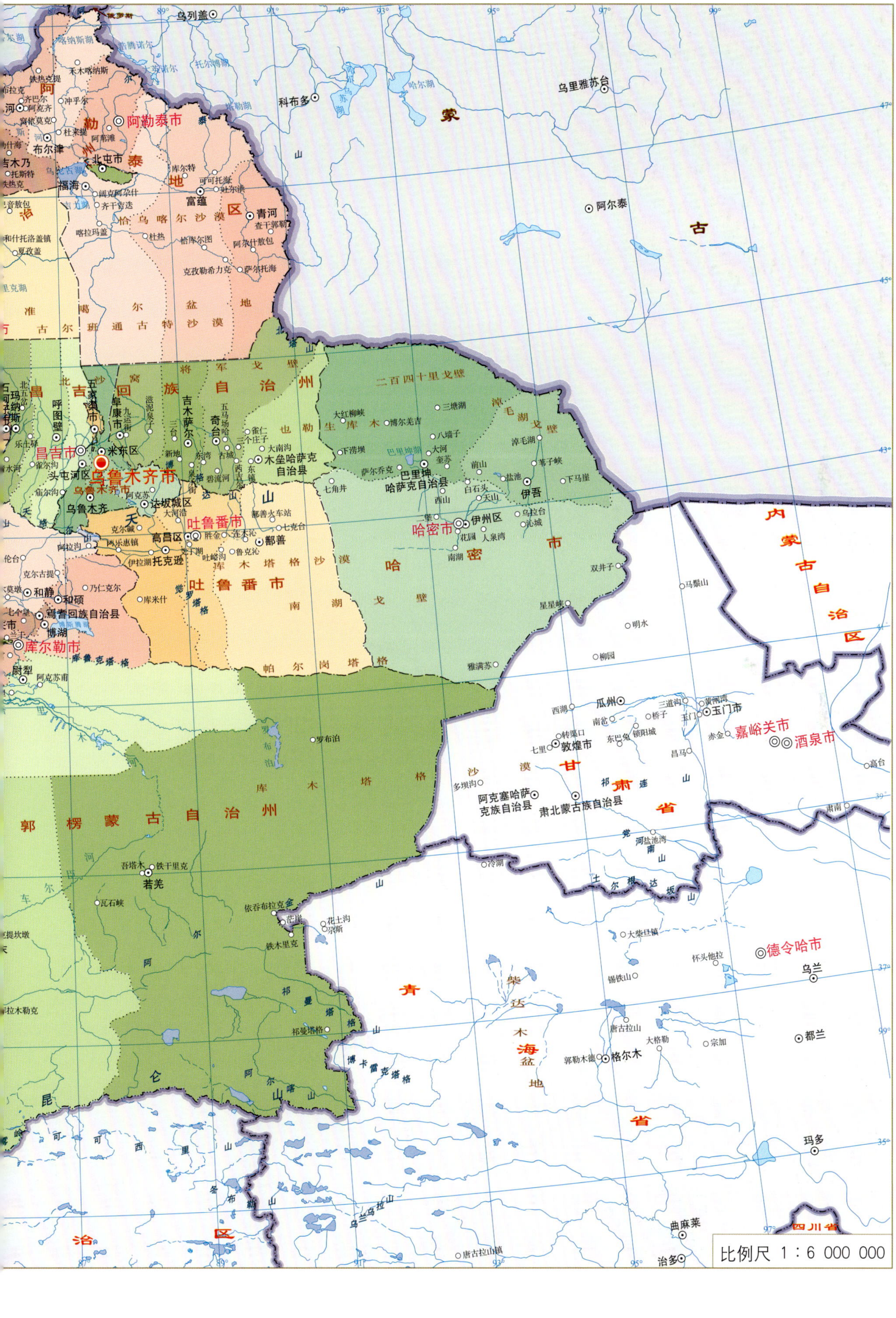

新疆政区

比例尺 1∶6 000 000

图说丝绸之路经济带核心区

序图 XU TU

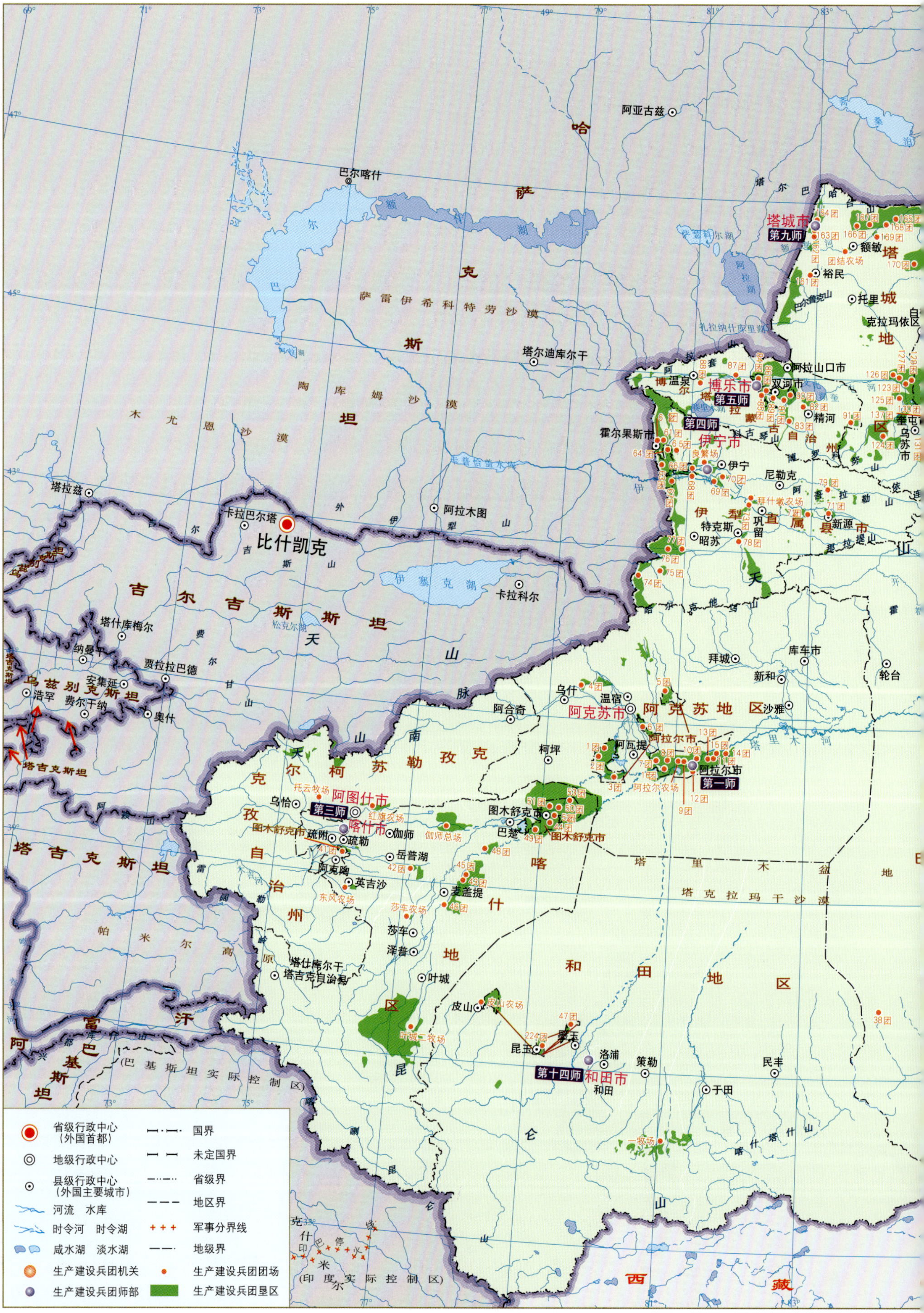

新疆生产建设兵团师部及团场分布

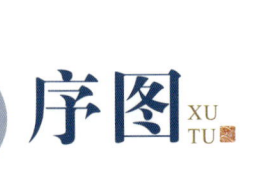

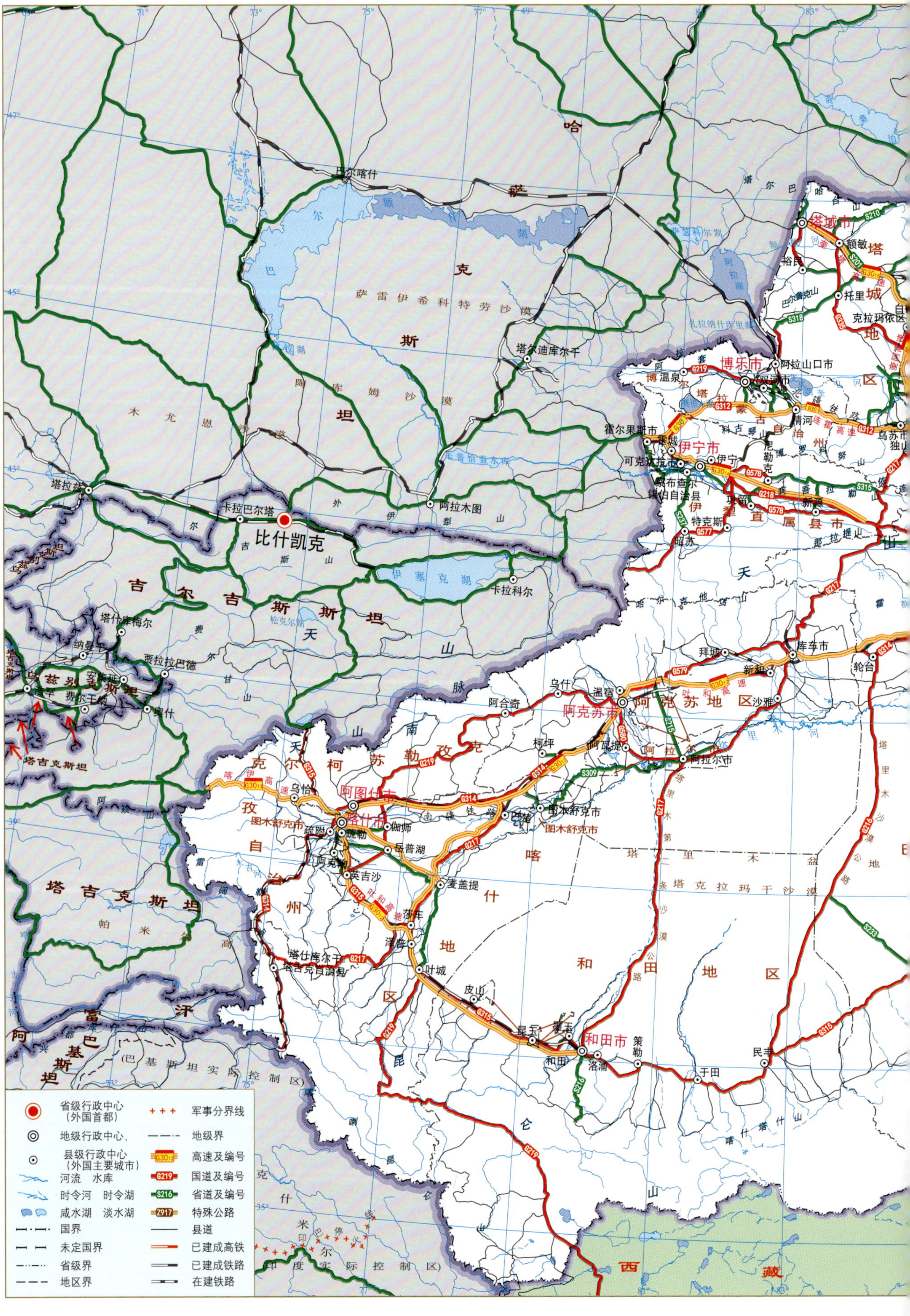
哈
萨
克
斯
坦
巴尔喀什
巴尔喀什湖
萨雷伊希科特劳沙漠
塔尔迪库尔干
陶库姆沙漠
木尤恩库姆沙漠
阿拉湖
阿拉木图
塔拉兹
卡拉巴尔塔
比什凯克
吉尔吉斯山
伊塞克湖
卡拉科尔
吉尔吉斯斯坦
塔什库梅尔
纳曼干
贾拉拉巴德
乌兹别克斯坦
安集延
费尔干纳
奥什
塔吉克斯坦
帕米尔高原
阿富汗
巴基斯坦
（巴基斯坦实际控制区）
（印度实际控制区）
塔城市
额敏
塔城地区
裕民
托里
克拉玛依区
博乐市
阿拉山口市
温泉
博尔塔拉蒙古自治州
精河
霍尔果斯市
霍城
伊宁市
伊宁
可克达拉市
察布查尔锡伯自治县
尼勒克
伊犁州直属县市
特克斯
昭苏
新源
那拉提山
天山
乌苏市
独山子
库车市
拜城
新和
轮台
沙雅
乌什
温宿
阿克苏市
阿克苏地区
阿合奇
柯坪
阿瓦提
阿拉尔市
克孜勒苏柯尔克孜自治州
乌恰
阿图什市
喀什市
疏附
疏勒
伽师
岳普湖
图木舒克市
阿克陶
英吉沙
麦盖提
莎车
泽普
叶城
塔什库尔干塔吉克自治县
喀什地区
和田地区
皮山
墨玉
昆玉市
和田市
和田
洛浦
策勒
于田
民丰
塔克拉玛干沙漠
塔里木河
喀什塔什山
昆仑山
西藏
省级行政中心（外国首都）
地级行政中心、县级行政中心（外国主要城市）
河流 水库
时令河 时令湖
咸水湖 淡水湖
国界
未定国界
省级界
地区界
军事分界线
地级界
高速及编号
国道及编号
省道及编号
特殊公路
县道
已建成高铁
已建成铁路
在建铁路

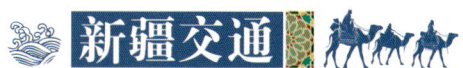

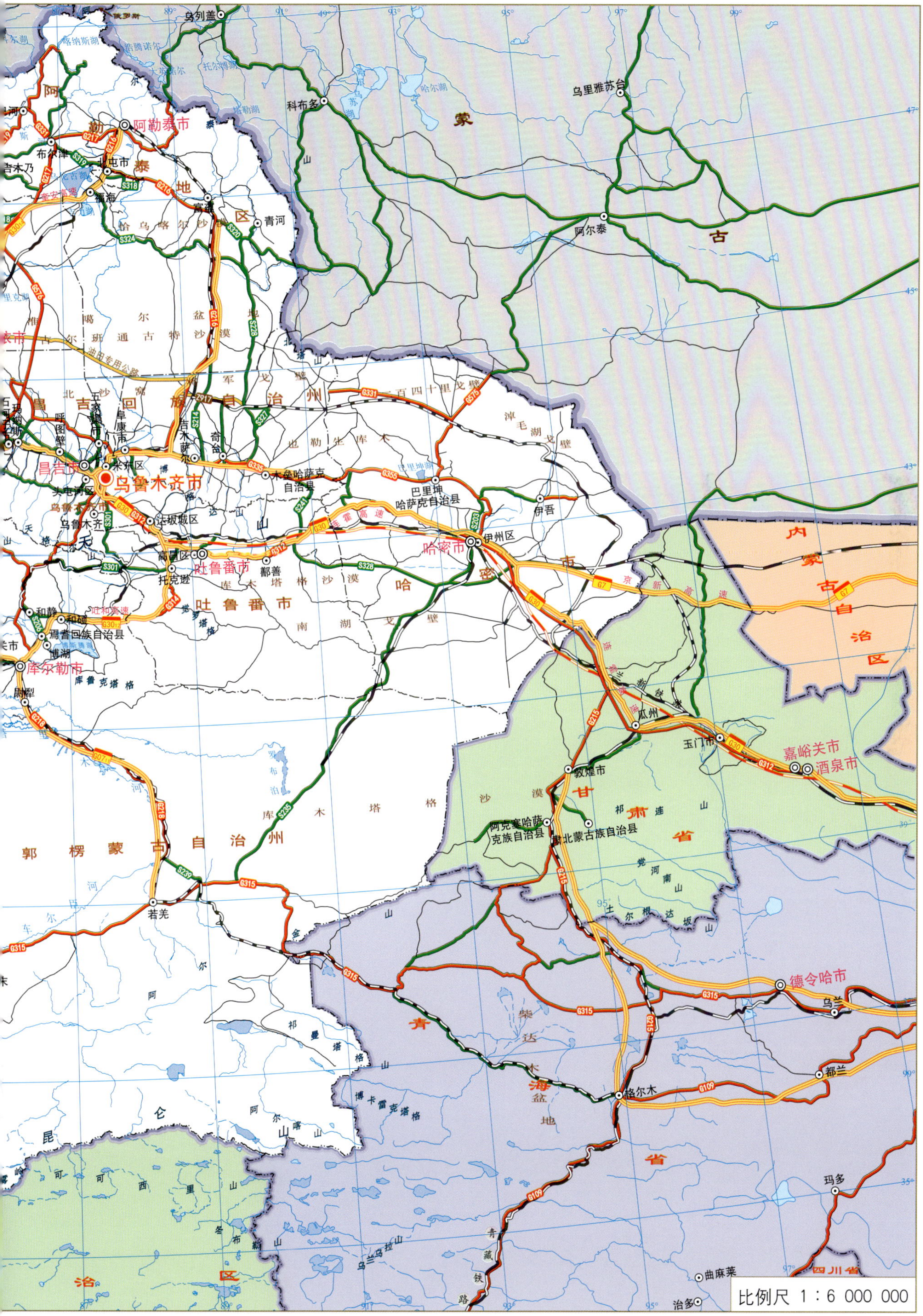

乌列盖
科布多
乌里雅苏台
蒙
古
阿尔泰
阿勒泰市
阿勒泰地区
布尔津
北屯市
福海
富蕴
青河
吉木乃
古尔班通古特沙漠
昌吉回族自治州
五家渠市
阜康市
呼图壁
吉木萨尔
奇台
昌吉市
米东区
乌鲁木齐市
头屯河区
乌鲁木齐
木垒哈萨克自治县
巴里坤哈萨克自治县
伊吾
伊州区
哈密市
达坂城区
高昌区
吐鲁番市
鄯善
托克逊
库木塔格沙漠
哈密
南湖戈壁
吐鲁番市
和静
和硕
焉耆回族自治县
博湖
库尔勒市
尉犁
库鲁克塔格
巴音郭楞蒙古自治州
若羌
库木塔格
三塘湖
淖毛湖戈壁
一百四十里戈壁
内蒙古自治区
甘肃省
瓜州
玉门市
嘉峪关市
酒泉市
敦煌市
阿克塞哈萨克族自治县
肃北蒙古族自治县
祁连山
党河南山
土尔根达坂山
德令哈市
乌兰
都兰
格尔木
柴达木盆地
青海省
博卡雷克塔格
阿尔金山
昆仑山
可可西里山
玛多
曲麻莱
治多
青藏铁路
四川省
西藏自治区
比例尺 1：6 000 000

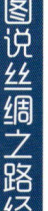

序图 XU TU

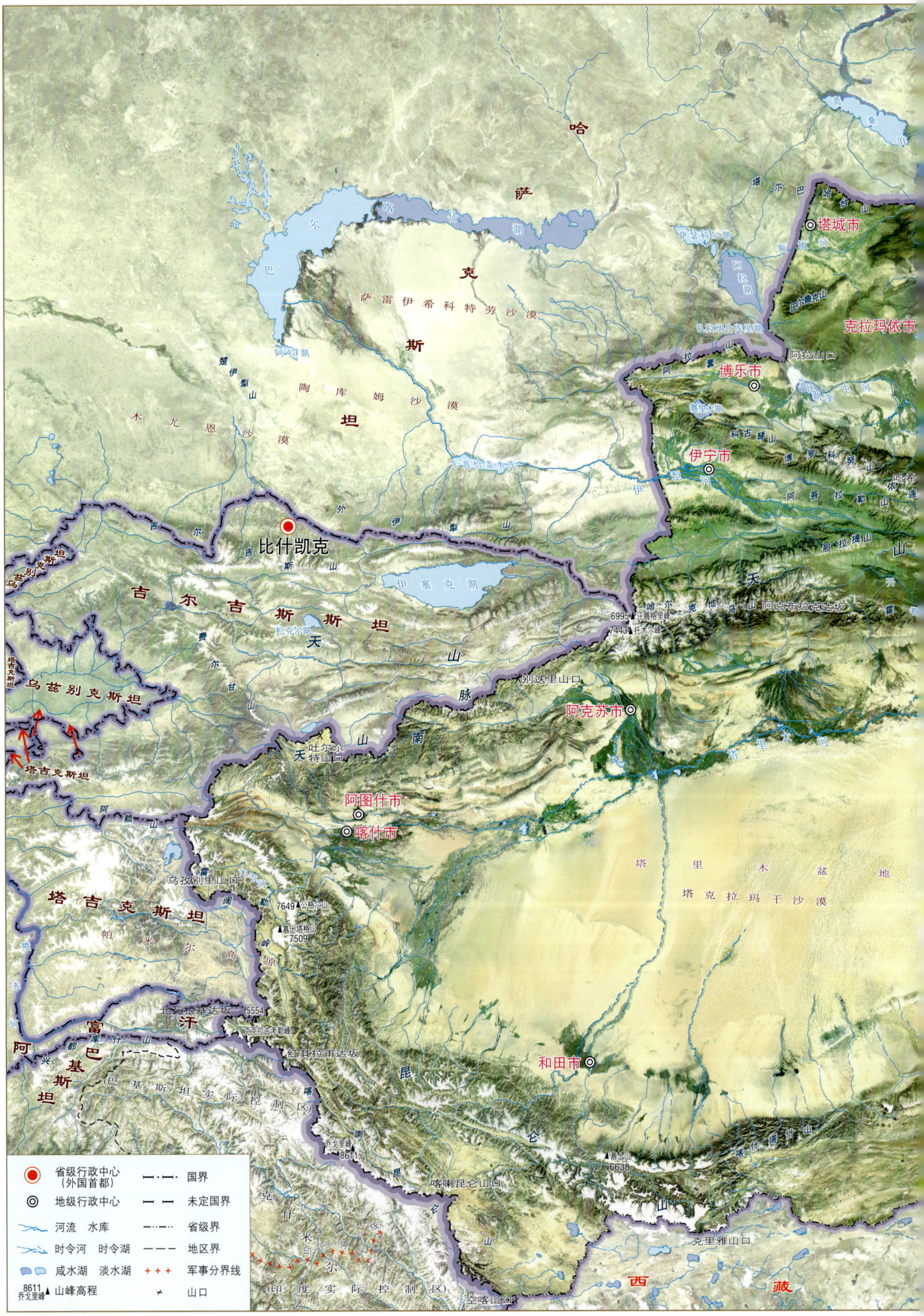

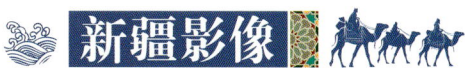

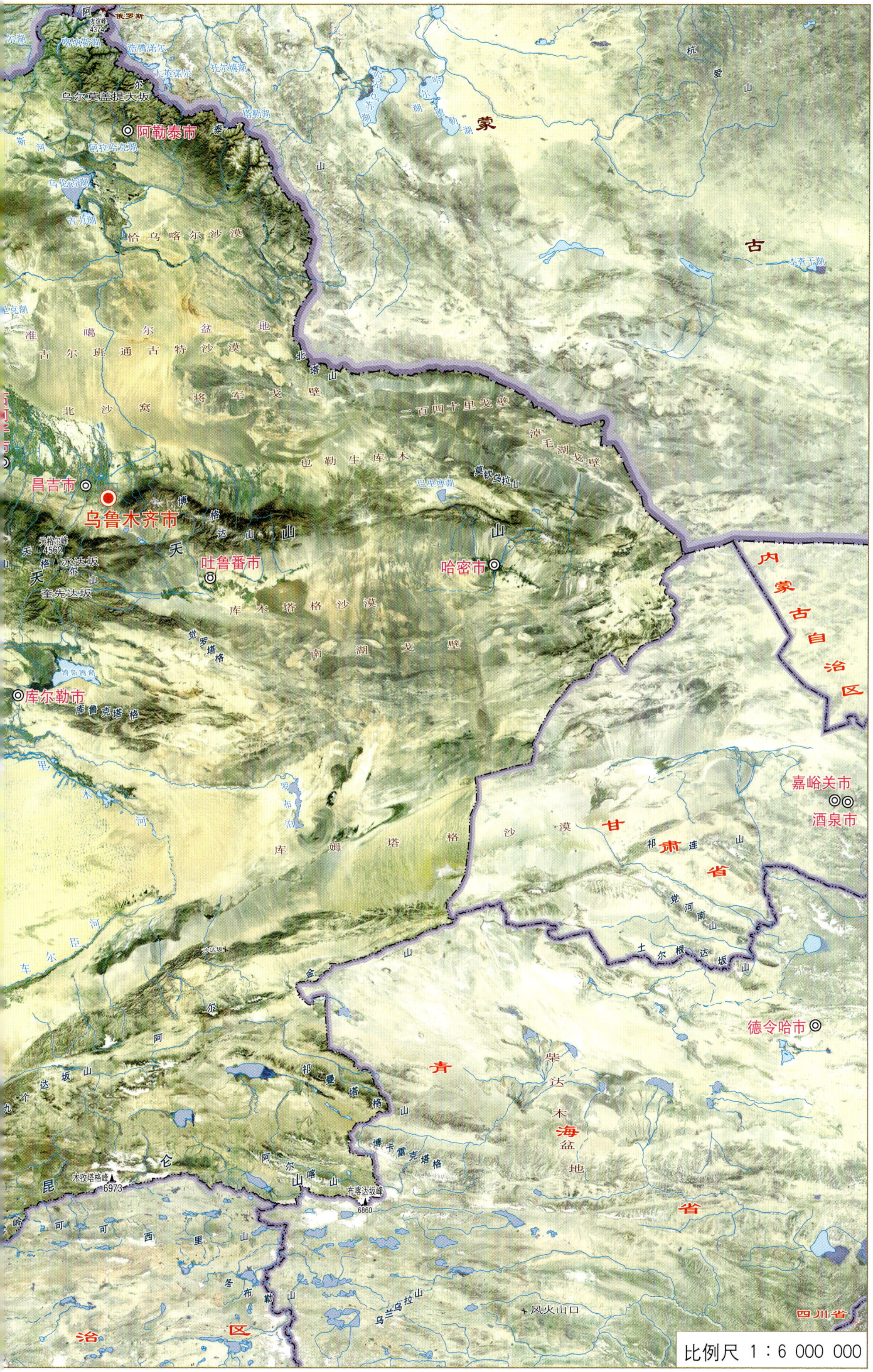
阿勒泰市
乌尔莫盖提大坂
恰乌喀尔沙漠
准噶尔盆地
古尔班通古特沙漠
将军戈壁
二百四十里戈壁
淖毛湖戈壁
昌吉市
乌鲁木齐市
吐鲁番市
哈密市
库木塔格沙漠
南湖戈壁
库尔勒市
蒙
古
内蒙古自治区
嘉峪关市
酒泉市
甘肃省
德令哈市
柴达木盆地
青
省
风火山口
四川省
比例尺 1：6 000 000

丝绸之路 Silk Road

丝绸之路 历史

SICHOU ZHI LU LISHI

丝绸之路历史 SICHOU ZHI LU LISHI

丝绸之路的前世今生
SICHOU ZHI LU DE QIANSHIJINSHENG

丝绸之路的命名
SICHOU ZHI LU DE MINGMING

我们经常提到的"丝绸之路",包括狭义和广义两种理解:狭义上的"丝绸之路"是途经中亚通往南亚、西亚及欧洲、北非的中国古代陆路贸易通道,因极具特色的中国蚕丝及其丝织品大量经由此道西运,故称"丝绸之路"。广义的"丝绸之路"不仅包括传统"陆上丝绸之路",也包括"海上丝绸之路";同时,每条道路都有多条分支,路径交错相通,构成了古代中国与西方沟通的交通系统。因此可以说,"丝绸之路"是指从上古开始陆续形成,连接和贯通欧亚大陆,包括北非、东非的全球性商业贸易与文明交往线路的总称。当前,我国提出的"一带一路"建设,其中的"一带"指的是丝绸之路经济带,"一路"则指的是海上丝绸之路。

历史上的这条交通要道虽然对欧、亚和非洲的商贸流通和文化交流起到过非常重要的作用,但"丝绸之路"这个名词迄今为止在中国古代典籍里还未找到。最早提出"丝绸之路"概念的是德国地理学家费迪南·冯·李希霍芬(Ferdinand von Richthofen,1833—1905年)。

李希霍芬自1868年到1872年间,曾7次来中国考察,回国之后他利用在华考察的资料,撰写了5卷本的巨著《中国:我的旅行与研究》(1877年出版)。在此书中,李希霍芬首次提出从洛阳到撒马尔罕(今属乌兹别克斯坦)有一条古老的商路,他认为该条通道上运输的主要货物是丝绸,遂首次以"丝绸之路"命名之。与李希霍芬同一时代的西方研究中国的东方学家们,由此开始把"丝绸之路"界定为中国经西域与希腊—罗马社会的交通和贸易路线。自此之后,"丝绸之路"这个名称便在世界范围内流传扩散,以至于后来"丝绸之路"含义的外延越来越广泛,甚至被称为中西乃至中外文明交往的代名词。

前世今生

丝绸之路上运送的货物主要是丝绸吗？

当然不是，尽管考古工作者在西域多处挖掘出了丝织品，但这只能说明"丝绸之路"的确运送过丝绸，却并不能证明运送的主要物品是丝绸。这条交流通道是双向的，运送的主要货物岂止丝绸，还有种类繁多的货物，自东向西，运出的是铁器、金银器、镜子、丝和茶等等；从西到东，运进的为稀有的动植物、皮货、药材、香料、珠宝首饰等等。

丝绸之路的开辟，是由于汉代张骞"凿空"之结果吗？至少现有的诸多说法是这样告诉我们的，但其实，丝绸之路上的东西方文明交往早已存在。

1934年，瑞典的青年考古学者贝格曼（F.Bergman）请奥尔德克（本名乌斯曼，1864年生于中国新疆巴音郭楞蒙古自治州若羌县米兰镇阿不旦村）做向导，在罗布泊地区孔雀河下游河谷南约60km的罗布沙漠考察中，

费迪南·冯·李希霍芬

丝绸之路历史 SICHOU ZHI LU LISHI

位于罗布沙漠中的小河墓地

发现"有一千口棺材"的古墓葬——小河墓地。小河墓地东距楼兰古城遗址175km，整体由数层上下叠压的墓葬及其他遗存构成，像是在沙漠平缓地带上的一个突兀的椭圆形小沙丘。

1939年，贝格曼在斯德哥尔摩发表了他的著作《新疆考古研究》（汉译本《新疆考古记》），书中对小河流域考古调查及发掘工作进行了详细的介绍。当时，他对采集到的近500粒白色小珠进行了分析，发现这些小珠的制作原料是海菊类贝壳，但让人惊讶的是，这种海菊贝却只见于中国东南沿海海域，也就是说，在距今约4 000年之前，生活在小河墓地的人们，在使用距离生存地域有3 000km之遥的东部海域海贝。由此可以推断，当时在丝绸之路上的中西方之间，存在密切的交通联系。

另外，在中国先秦文献《管子》《山海经》《穆天子传》等中早就有关于西域昆仑玉石的记载，且在安阳殷墟的殷商贵族大墓里曾出土过大量玉器，经科学鉴定，这些玉器的原料产地基本是西域，也就是今天的新疆。另外，中国内地先秦时代的漆器、铜镜和丝绸等物，在西域亦有发现，如新疆托克逊县境内出土的战国漆盘、阿勒泰境内出土的战国铜镜、吐鲁番盆地出土的春秋战国丝绸残片等等，都属于内地中原区的产品。新疆的考古工作者曾在天山阿拉沟发掘过一批春秋战国时期的墓葬，在一座战国晚期的大型墓冢内，发现了来自中原的菱罗纹、凤鸟纹刺绣、漆器等。这些上古文献的记载和古遗物的出土，可以确切无疑地证实，殷商时代甚至更早，内地与西域之间就有着密切的文明交往。

因此，可以说后世称之为"丝绸之路"的中西不同区域之间的交流通道，在张骞"凿空"之前，就已经存在。汉武帝曾两次派张骞出使西域，同时代的太史公司马迁将其称之为"凿空"，即张骞开辟了这条后来被李希霍芬称为"丝绸之路"的通道。

早在张骞出使西域之前，作为丝绸之路必经的西域之地，甚至经西域通往更为西方的欧洲，都已经与内地有着直接或间接的联系，彼此民间的商贸交易和文化交往就已出现了。不同经济社会之间的强大贸易需求动力，促使着不同民族之间文明的频繁交往，正如司马迁《史记·货

前世今生

丝绸之路上运送的货物主要是丝绸吗？

当然不是，尽管考古工作者在西域多处挖掘出了丝织品，但这只能说明"丝绸之路"的确运送过丝绸，却并不能证明运送的主要物品是丝绸。这条交流通道是双向的，运送的主要货物岂止丝绸，还有种类繁多的货物，自东向西，运出的是铁器、金银器、镜子、丝和茶等等；从西到东，运进的为稀有的动植物、皮货、药材、香料、珠宝首饰等等。

丝绸之路的开辟，是由于汉代张骞"凿空"之结果吗？至少现有的诸多说法是这样告诉我们的，但其实，丝绸之路上的东西方文明交往早已存在。

1934年，瑞典的青年考古学者贝格曼（F.Bergman）请奥尔德克（本名乌斯曼，1864年生于中国新疆巴音郭楞蒙古自治州若羌县米兰镇阿不旦村）做向导，在罗布泊地区孔雀河下游河谷南约60km的罗布沙漠考察中，

费迪南·冯·李希霍芬

陆上丝绸之路

丝绸之路历史 SICHOU ZHI LU LISHI

位于罗布沙漠中的小河墓地

发现"有一千口棺材"的古墓葬——小河墓地。小河墓地东距楼兰古城遗址175km，整体由数层上下叠压的墓葬及其他遗存构成，像是在沙漠平缓地带上的一个突兀的椭圆形小沙丘。

1939年，贝格曼在斯德哥尔摩发表了他的著作《新疆考古研究》（汉译本《新疆考古记》），书中对小河流域考古调查及发掘工作进行了详细的介绍。当时，他对采集到的近500粒白色小珠进行了分析，发现这些小珠的制作原料是海菊类贝壳，但让人惊讶的是，这种海菊贝却只见于中国东南沿海海域，也就是说，在距今约4 000年之前，生活在小河墓地的人们，在使用距离生存地域有3 000km之遥的东部海域海贝。由此可以推断，当时在丝绸之路上的中西方之间，存在密切的交通联系。

另外，在中国先秦文献《管子》《山海经》《穆天子传》等中早就有关于西域昆仑玉石的记载，且在安阳殷墟的殷商贵族大墓里曾出土过大量玉器，经科学鉴定，这些玉器的原料产地基本是西域，也就是今天的新疆。另外，中国内地先秦时代的漆器、铜镜和丝绸等物，在西域亦有发现，如新疆托克逊县境内出土的战国漆盘、阿勒泰境内出土的战国铜镜、吐鲁番盆地出土的春秋战国丝绸残片等等，都属于内地中原区的产品。新疆的考古工作者曾在天山阿拉沟发掘过一批春秋战国时期的墓葬，在一座战国晚期的大型墓冢内，发现了来自中原的菱罗纹、凤鸟纹刺绣、漆器等。这些上古文献的记载和古遗物的出土，可以确切无疑地证实，殷商时代甚至更早，内地与西域之间就有着密切的文明交往。

因此，可以说后世称之为"丝绸之路"的中西不同区域之间的交流通道，在张骞"凿空"之前，就已经存在。汉武帝曾两次派张骞出使西域，同时代的太史公司马迁将其称之为"凿空"，即张骞开辟了这条后来被李希霍芬称为"丝绸之路"的通道。

早在张骞出使西域之前，作为丝绸之路必经的西域之地，甚至经西域通往更为西方的欧洲，都已经与内地有着直接或间接的联系，彼此民间的商贸交易和文化交往就已出现了。不同经济社会之间的强大贸易需求动力，促使着不同民族之间文明的频繁交往，正如司马迁《史记·货殖列传》中所讲："天下熙熙，皆为利来；天下攘攘，皆为利往。"这种正式或非正式的文化交流起始时间点，仅用文字记载、考古资料和古代传说作为依据，很难做出准确的判定。虽然上述历史依据直接或间接提供了有价值的信息，但也只能作为追溯丝绸之路开辟源头的参考，真正的源头是要早于这些历史依据的。正如国学大师季羡林所说："国家民族间的文化传播早于文字记载，在普遍使用文字之前，尽管有无数天然的艰难险阻，比如说大海和大山，但是人民间还是有往来的。"

既然如此，司马迁为何还要将丝绸之路的开辟归功于张骞呢？

随着张骞出使西域以及汉武帝打败匈奴，汉朝廷在西域先后设置了河西四郡、西域都护，使当今所谓丝绸之路的东段与中段处于西汉王朝统一的经营与管理之下。丝绸之路东、中、西全线贯通，保障了道路上商品交流、文化往来的通畅，促进了丝绸之路的空前繁荣，成为中西之间政治、经济、文化交流的桥梁。正是由于张骞及其出使团队为丝绸之路的发展作出了巨大贡献，所以司马迁将丝路开辟之功归于张骞，称之为"凿空"。

历史上丝绸之路沿途各地的安定与战乱，在一定程度上决定着丝绸之路的畅通与断绝。也就是说，不同的历史时期丝绸之路的通畅程度也相应不同。由此，我们也大致可以看出中央王朝的统一和控制程度，以及与邻邦友好往来之密切关系。"丝绸之路"作为中国明清之前东西方陆路交通最主要的通道，包括了绿洲路（大丝道）、草原丝绸之路、西南夷道（或称"缅甸路""骠国往婆罗门路"）、青海路（或称"唐蕃古道""吐蕃往尼波罗路"）等主要分支在内的陆上丝绸之路系统。其每一段都有许多叉道，并非一条固定通路。其东段的分支状况主要受制于如何便捷穿越六盘山、渡过黄河而出现的几个道路节点；中段主要是在不同绿洲之间的穿插跳跃。这几条道路上的分叉节点，基本都是古代城镇或军事关隘重地。历史上穿越丝绸之路的著名人物，几乎没有一个人是沿同一条通道走下去的，通往西域的道路选择，除自然地形的制约之外，主要是由当时的政治、经济情况决定的。

1976年，河南安阳殷墟商代妇好墓出土的玉凤

玉凤体长13.8cm、宽3.2cm、厚0.8cm，造型优美，制作精细。呈黄褐色，镂空雕刻；头似公鸡，侧首回身状，圆眼尖喙；胸部向外凸起，与尾连成弧线形，短翅长尾，尾翎分开两叉；爪卧胸下，背中间有一突，突中有一小圆孔可穿绳佩带；翅膀上雕刻着四条阳线以饰翎纹。

丝绸之路历史

丝绸之路的历史意义

丝绸之路的畅通，是东西方政治、经济和文化交流的有力保障。

在政治交往方面，有着诸多确切的史料记载。自张骞通西域之后，绿洲之路的畅通，促使汉帝国与西域诸国的联系空前加强，汉朝赴西域的使者"相望于道"，西域诸国回访汉朝的使者亦不绝于途。如东汉的甘英，曾出使西方，远达波斯湾一带；唐代除各国大量的使者往来之外，许多国家常"质子于唐"，也就是国王或首领将自己的儿子派遣至唐长安做人质，以求得唐朝的信任。如公元7世纪中叶，萨珊王朝受到大食的攻击，萨珊王子卑路斯便前往唐朝求援，后因萨珊王朝被大食所灭，卑路斯遂在长安终其一生。

在经济交流方面，除过上述提及的玉石、丝绸和金银器等贵重之物，凭借丝绸之路这条大通道，也有种类繁多的其他物品交流。譬如，从西域和中亚一带进入中原地区的植物品种包括：葡萄、苜蓿、石榴、胡麻、胡桃、胡豆、胡瓜、西瓜、胡荽、胡蒜、胡葱、橄榄、红兰花、酒杯藤等；引进的动物（包括珍禽异兽）主要有：汗血马、骆驼、狮子、犀牛、孔雀、鸵鸟等。其他珍奇物品包括：珊瑚、琥珀、玛瑙、玳瑁、砗磲、水晶、琅玕、水银、金刚、玻璃，还有毛织物如海西布等等。这些物品，极大地丰富了中原地区的物种和生活用品。与此同时，从中国内地传至西域及西方诸国的物品亦非常之多，例如漆器、铁器等，植物品种有桑树、茶树、梨树、桃树、杏树、邛竹等，中药材有大黄、肉桂、黄连和茯苓等。

在宗教传播方面，东西方有着频繁而深入的交流。源于印度的佛教，于东汉时就沿着丝绸之路传到中国；源于西亚的祆教（亦称拜火教），于南北朝时期传入内地；至隋唐时，又有景教、摩尼教、伊斯兰教先后传入中国。这些外来宗教与中国道教融合并存，其中，佛教对中国传统文化的影响最大，典型的例证就是以敦煌莫高窟、云冈石窟、龙门石窟和麦积山石窟等为代表的大型石窟，以及寺院、佛塔等佛教建筑文化遗存在中国境内比比皆是。唐长安城有佛寺100余座，几乎每一个坊就有一座佛寺，且诸多佛寺规模很大，如"大兴善寺"占了整个"靖善坊"，"大慈恩寺"占了"晋昌坊"一半空间，"大安国寺"占了"长乐坊"一半之地。佛教寺院的规模远超道教的道观。

在科技、艺术等方面，同样存在着广泛的交流。例如中国内地的造纸印刷术、火药技术、建筑技术等经由丝绸之路传入西域甚至远达罗马，而西方的天文历法，杂技幻术、马戏、泼胡乞寒戏、波罗球戏等，以及乐曲歌舞中的天竺乐、安国乐、康国乐、龟兹乐和胡旋舞等，也陆续传入中国内地。

总而言之，丝绸之路大通道对东西方社会之间的文明交往演进，产生过重要影响和积极意义，甚至对整个人类社会文明的大发展也起到了促进作用。

"丝绸之路：长安—天山廊道的路网"世界文化遗产

2014年6月22日，在卡塔尔首都多哈召开的第38届世界遗产大会上，中国、哈萨克斯坦和吉尔吉斯斯坦三个国家联合申报的"丝绸之路：长安—天山廊道的路网"世界文化遗产项目成功获批，这是世界上第一个以联合申报的形式成功列入《世界遗产名录》的项目，也是我国首个跨国联合申报世界遗产的项目。

申遗的成功，一方面说明丝绸之路曾经为人类文明交往和社会发展发挥过不可替代的作用，同时说明沿线国家和地区为保护人类共同的文化遗产曾作出了重要贡献；另一方面也将促使古老的丝绸之路焕发生机，进一步提高丝绸之路的国际影响力，推进我国"丝绸之路经济带"的建设，彰显文化全球化背景下的世界和睦相处与共同繁荣。

"丝绸之路：长安—天山廊道的路网"世界文化遗产涉及33处遗址点，都属于丝绸之路道路系统中的东亚、中亚部分路段上的重要节点，东西跨距5 000多千米，其分别如下：

中国共22处：其中，甘肃省5处：麦积山石窟、炳灵寺石窟、锁阳城遗址、悬泉置遗址、玉门关遗址；陕西省7处：汉长安城未央宫遗址、唐长安城大明宫遗址、彬州市大佛寺石窟、张骞墓、大雁塔、小雁塔、兴教寺塔；河南省4处：汉魏洛阳城遗址、隋唐洛阳城定鼎门遗址、新安汉函谷关遗址、崤函古道石壕段遗址；新疆维吾尔自治区6处：克孜尔尕哈烽燧、克孜尔石窟、苏巴什佛寺遗址、高昌故城、交河故城、北庭古城遗址。

哈萨克斯坦8处：开阿利克遗址、塔尔加尔遗址、阿克托贝遗址、库兰遗址、奥尔内克遗址、阿克亚塔斯遗址、科斯托比遗址、卡拉摩尔根遗址。

吉尔吉斯斯坦3处：碎叶城（阿克·贝希姆遗址）、巴拉沙衮城（布拉纳遗址）、新城（科拉斯纳亚·瑞希卡遗址）。

"丝绸之路：长安—天山廊道的路网"的33处遗址

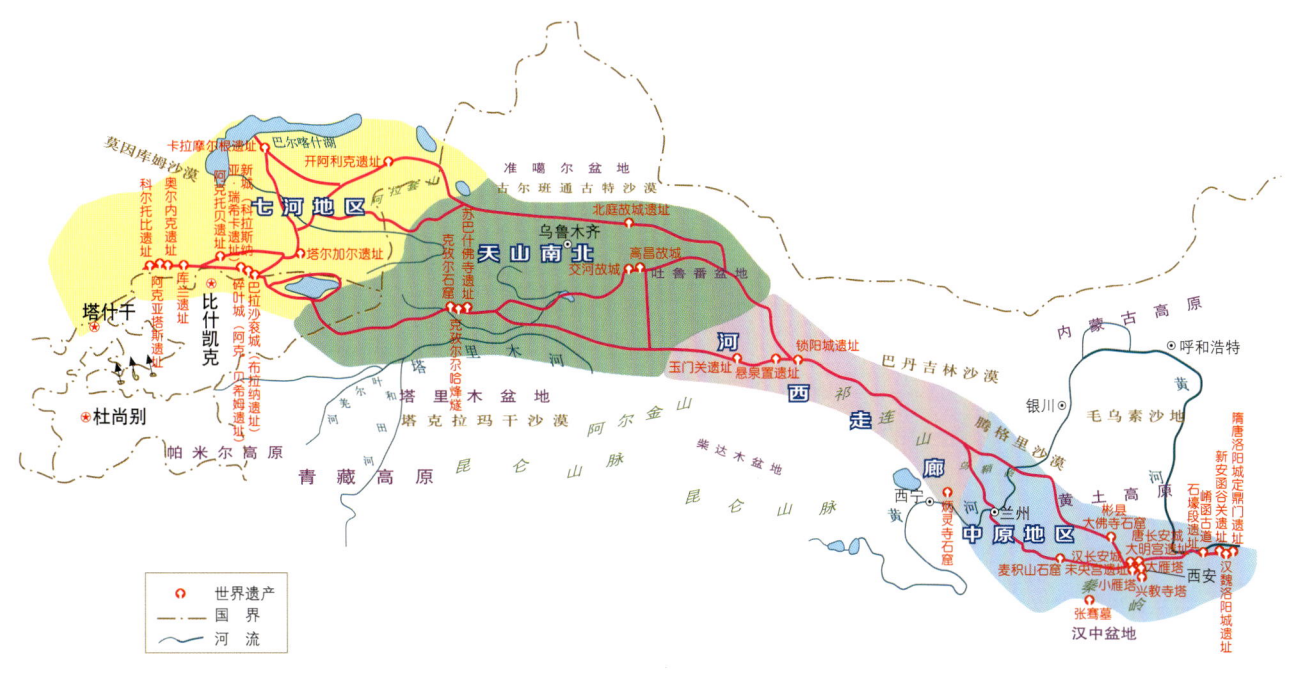

丝绸之路历史 SICHOU ZHI LU LISHI

先秦—秦汉时期的丝绸之路
XIANQIN—QINHANSHIQI DE SICHOU ZHI LU

青金石之路 QINGJINSHI ZHI LU
先秦时期的丝绸之路

青金石指以青金石矿物为主的岩石，是一种比较稀有的宝石，呈暗蓝、蓝紫、天蓝、浅蓝或绿蓝色，其解理不发育，断口呈参差状，属于多矿物集合体，即由多种矿物构成，因此肉眼看到的青金石产品常带有白色、黑色、半透明或金色的杂质。其中的金色杂质是黄铁矿，也就是青金石的"金"。杂质越多，对其美观影响则越大，所以"无金无白"的价值偏高，但若黄铁矿分布均匀，呈现繁星状，也会给青金石带来别样美感。

青金石的产地包括阿富汗、巴基斯坦、印度、缅甸、蒙古、美国、加拿大、智利、安哥拉等多个国家，其中阿富汗将其当作"国石"，主要产于该国巴达赫尚省的"萨雷散格"等矿床，这里的青金石发掘历史已超过6 000年。在古埃及前王朝时期的遗址，也已发掘到了青金石所制的首饰，在高加索梅赫尔格尔的新石器时代葬地遗址，甚至远至毛里塔尼亚亦可找到青金石的珠链。

作为稀有宝石之一，青金石呈现出独特艳丽的光泽，因而倍受古代帝王青睐，称其为"帝青天"，常随葬墓中。从古至今，它都是一种名贵的装饰材料，常被广泛应用于建筑和手工艺品之中。在古埃及，青金石与黄金是等价的；在古希腊和古罗马，佩戴青金石被认为是富有的标志。早在古巴比伦和古埃及时代，青金石就已经非常贵重，曾作为巴比伦国王送给埃及国王的重要礼品之一。青金石代表意义多表现出上层属性，是权力与财富的象征，以至于在诸多诗歌中都有所反映，譬如古巴比伦诗歌《月神之魔（the moon god sin）》就有描述："公牛般的强壮，大大的头角，舒长的头毛，像青金石一样显赫。"在埃及出土的文物中，有很多青金石陪葬饰物，古墓里发现的护身符、圆柱形玺，包括刻有圣甲虫的宝石及其他工艺品，基本都是用此种材料制成的。在古代中国，青金石常被称为青黛、璆琳、金精、瑾瑜等，其象征意义也是帝王的威严与崇

先秦—秦汉

高。虽然古代中国最早使用青金石的时间尚不能确定，但据《尚书·禹贡》记载可知，早在4 000年前的夏代，雍州就曾向中央王朝进贡过"璆琳"，而璆琳则被认为是青金石的波斯语音译，但由于还没有考古实物佐证，因此这种说法并未得到充分证实。截至目前，考古发掘证实了古代中国最早的青金石制品是出自春秋时期曾侯乙墓，与此同时期出土的越王剑，其剑格镶嵌了蓝绿色宝石，经宝石学家鉴定发现，剑格所镶一半的玉石为青金石。

古代文献中常有青金石产地的记载，大致认为有两处，其一是古代中国的西域，即今新疆地区；其二是中亚乌浒河支流克恰克河流经之巴达克山附近，即今阿富汗北部地区。

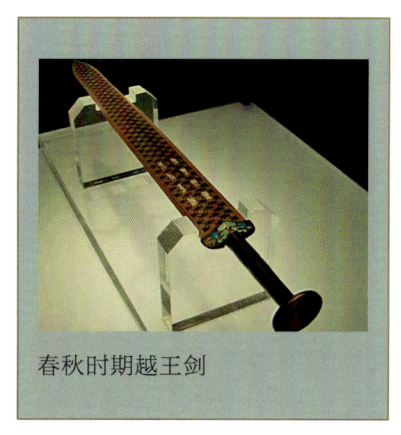

春秋时期越王剑

- 公元前3000年文明化的地区
- 公元前2000年文明化的地区
- 公元前1000年文明化的地区
- + 旧石器时代的遗址

丝绸之路历史 SICHOU ZHI LU LISHI

尤其是前一处，在两汉以后流传至今的历史文献中，多有出产青金石的相关记载，当今新疆考古出土的器物对比也有所佐证。然而，根据现代青金石矿床的分布，我们可知，如今所谓古丝绸之路上的青金石原产地，当属阿富汗无疑，而新疆境内出土的青金石器物，正是当时中西文化交流载体的反映——青金石之路。

青金石是汉代张骞"凿空"之前古代西域和中原之间文明交往的早期主要见证之一，如现收藏于大英博物馆的我国东周时期的青金石蝉。伴随彼此交往的持续深入扩展，在西汉之后的诸多朝代，来自中亚的青金石制品越来越多，东汉彭城靖王刘恭墓出土的一件鎏金嵌宝兽形砚盒，盒身镶嵌有红珊瑚、绿松石和青金石；南北朝时期中亚地区的青金石不断传入中土，河北赞皇东魏李希宗墓出土了一枚镶青金石的金戒指，上刻一鹿，周边有联珠纹，墓中还出土了3枚东罗马金币，说明这枚镶着青金石的金戒指极有可能来自中亚地区。以上的这些青金石，皆可谓中西方之间较早并持续存在文明交往的实物例证。

青金石

汉风西渐 HANFENGXIJIAN
汉帝国对丝路中东段的经营

先秦—秦汉时期的西域

西域，作为一个地理范围的概念，在历史上的不同时代则有着不同含义。在西汉时期，西域这一概念已经有广义与狭义之分：广义的西域包括了敦煌以西、天山南北和中亚乃至西亚的部分地区，属于一个较为广阔的区域；狭义的西域，则主要包括今新疆等地区，当时这里属于汉王朝进行设官建制、驻兵屯田的管辖区域。因此，对新疆历史的发展来说，汉代尤其是西汉，是一个重要的转折时期，而这个重要转变，是在汉王朝与匈奴之间漫长的军事较量过程中出现的。

早在先秦时期，东、西方之间就已经存在着经济贸易交流。西域作为东西交流的必经之路，在其中承担着重要的桥梁作用。传世文献中记载的穆王西征等故事，都以中原王朝向西探索，开拓西路为主题，可以看出其并非偶然，而是具有一定中西文化交流基础的。近年来的考古发现亦证实，内地和史前新疆的联系亦是十分密切。考古证据和文献记载，显示了先秦时期的西域，并非是一块孤立、封闭的土地。古老的黄河流域文明，与南亚印度河流域文明、西亚早期波斯文明、两河流域文明及希腊文明等不同文明之间在很早以前就有交往与联系。

战国时期，匈奴在北方草原逐渐兴起。秦汉之际，匈奴的发展处于鼎盛时期。尤其是在匈奴冒顿单于的统治时期，统一了北方草原，并利用楚汉之间的战乱不断南侵，对中原地区形成威胁。在此期间，匈奴又征服了西域诸国，在西域设置僮仆校尉，并摊派赋税，进行统治。鉴于匈奴兵力强盛，汉初奉行和亲政策，以求得暂时安稳的局面，然而匈奴仍然不断骚扰南侵。

直到西汉中期，经过多年休养生息，汉帝国经济发展使得国力逐渐强大。汉武帝刘彻在位期间，开始主动出击匈奴。此后，汉帝国又与匈

先秦—秦汉

奴之间展开了相对较长时间的军事较量。在西汉中前期，受匈奴制约和影响，西汉在对西域的经营上颇费周折，直到公元前60年，匈奴日逐王降汉，紧接着第二年，西汉王朝在西域设置西域都护府，统辖"西域三十六国"，标志着新疆地区自此正式划入中国的版图。

历史上，西域不同时期曾经存在的"国"，都是中国疆域内的地方政权形式，都不是独立的国家。《汉书·西域传》称作西域三十六国，或城廓诸国，是指分布在塔里木盆地的周围以及天山山谷的诸多西域小国，人口多者八万余人，少者仅一两千人，这些国家有36个之多，且多以城廓为中心，另外还有塞人、月氏人以及乌孙等部游牧于新疆西北部伊犁河谷等地。

张骞"凿空"之举

张骞出生于公元前164年，是中国汉代杰出的外交家、旅行家、探险家，是今陕西省汉中市城固县人。他作为汉朝出使西域的使臣，不仅富有开拓和冒险的精神，而且具有坚毅和忠勇的品德，后来被封为博望侯。汉武帝曾两次派张骞出使西域，张骞带领的出使西域团队是丝绸之路的开拓者。西汉元鼎三年（公元前114年），张骞病逝于长安，后归葬汉中故里。

张骞第一次出使西域

西汉建元二年（公元前139年），张骞率领出使西域团队100多名成员，从长安出发前往西域，当西行进入被匈奴人控制的河西走廊之时，碰上匈奴骑兵，张骞团队被俘获，并被押送到匈奴王庭（今内蒙古呼和浩特附近）。当时的匈奴军臣单于得知张骞欲出使月氏，就对张骞说："月氏在吾北，汉何以得往？使吾欲使越，汉肯听我乎？"译为现代汉语，意为"我们当然不会容许汉使通过匈奴地区出使月氏，如同汉帝国不容许匈奴使者穿过西汉国土出使南方越国一样"。至此，张骞一行人被扣留在匈奴王庭，期间匈奴人一直想打消其出使月氏之信念，而张骞仍"不辱君命"，甚至"留骞十余岁，予妻，有子，然骞持汉节不失"。元光六年（公元前129年），张骞趁匈奴人不备，逃出了匈奴控制区。

张骞在滞留匈奴期间，西域形势发生了很大变化，要出使的月氏国已遭受乌孙攻击，被迫从伊犁河地区西迁至咸海附近的妫水流域。张骞改了预先计划，经车师后未向西北进发，转而折向西南进入焉耆，沿塔里木河西行，越过库车、疏勒等地，翻越葱岭，直达大宛，也就是今天的乌兹别克斯坦费尔干纳盆地。

敦煌莫高窟第323窟（初唐）中的张骞出使西域图（复制品）

丝绸之路历史 SICHOU ZHI LU LISHI

到达大宛之后，向大宛国王说明了出使月氏的使命。大宛王本来也想与汉朝通使往来，缘于匈奴的阻碍，一直未能实现。随后特派了行路向导与翻译官，将张骞出使团队送至康居，即今天的乌兹别克斯坦和塔吉克斯坦境内，康居又派遣人员，将张骞护送至大月氏国。然而此时的大月氏人已无意向匈奴复仇，张骞未能说服月氏国与汉朝联盟夹击匈奴，于元朔元年（公元前128年）动身返回汉朝。在归途中，为了避开匈奴控制地区，从莎车，经于阗、鄯善等地，进入青海羌人地区。当时羌人也是匈奴之附庸，张骞团队再次被俘，滞留一年有余。元朔三年（公元前126年）初，趁匈奴内乱，张骞与甘父逃回长安。自西汉建元二年（公元前139年）至元朔三年（公元前126年），张骞首次出使西域，共历时13年之久，出使时一百多人的团队，至返回时仅剩张骞和甘父。

当时，张骞亲自访问了西域诸国以及中亚的大宛、康居、大月氏和大夏等地，初步了解了乌孙（巴尔喀什湖以南和伊犁河流域）、奄蔡（里海、咸海以北）、安息（今伊朗一带）、条支（今

伊拉克一带）、身毒（即印度）等地区的实际情况。回长安后，张骞对葱岭东西两侧、中亚、西亚，以至安息、印度诸国的位置、特产、人口、城市、兵力等做了详细记述，至今仍是历史地理研究的珍贵史料。

张骞第二次出使西域

汉帝国在控制河西走廊之后，匈奴开始向西北退却。西汉元狩四年（公元前119年），汉武帝第二次派遣张骞出使西域，此次出行，团队多达300多人，满载金币、丝帛等财物数千，牛羊万头。据史书记载，此行目的有二，一是招抚与匈奴有矛盾的乌孙国东归故地，以此隔断匈奴右侧势力；二是劝说西域诸国与汉帝国联合一起进击匈奴。然而，当张骞到达乌孙时，恰逢乌孙内乱，未完成原先之计划。但在此期间，张骞之副使访问了中亚的大宛、康居、大月氏、大夏等地，进一步加强了西汉帝国在域外的政治影响及其与诸国之间的了解互信。

西汉元鼎二年（公元前115年），张骞出使团队返回长安，当时乌孙国派出过百人的使团随行，一年后返回乌孙。汉武帝接见了乌孙使者，欣然收下乌孙王赠送的宝马良驹，格外优待乌孙使者，这是汉帝国和西域国家正式来往的开始。自此以后，汉武帝每年都派使节访问西域诸国，西汉帝国和西域诸国已然建立了友好关系。

张骞从乌孙国回来之后时间不长，乌孙国王就表示想迎娶汉朝公主和亲，随后汉武帝就把他的侄孙女刘细君嫁给了当时已70多岁的乌孙王，而细君公主不过刚年满20岁。据史载，细君公主的父亲江都王刘建曾经带头叛乱，败后畏罪自杀，其母被以同谋罪处死，由于细君当时还是孩童，被收养在长安皇宫。由于上述原因，细君公主自认有罪之人，去与乌孙和亲是将功抵罪。细君公主曾写过一首凄婉感人的诗："吾家嫁我兮天一方，远托异国兮乌孙王。穹庐为室兮毡为墙，以肉为食兮酪为浆。居常土思兮心内伤，愿为黄鹄兮还故乡。"她远嫁之后两年左右，乌孙国王就去世了，按照当地习俗，她要改

先秦—秦汉

公元前139—126年张骞通使西域路线

嫁新的乌孙国王,即前夫乌孙王的孙子,这让她不能接受,请求回国,而汉武帝却仍要她按当地习俗留下改嫁,之后生有一个女儿,再之后没有几年就病死他乡。汉武帝又于公元前104年将另一位宗室之女——解忧公主嫁给乌孙昆莫。

张骞不畏艰险,曾两次出使西域,虽未能达到同大月氏、乌孙等西域诸国建立联盟,以夹攻匈奴的目的,但产生的实际影响和历史意义是不可磨灭的,不仅西域同内地的联系日益加强,而且中国同中亚、西亚,乃至于欧洲的直接和间接交往也日益密切起来。沟通了中国同西亚与欧洲的通商关系,彼此之间的商贾也络绎不绝,中国的蚕丝及其丝织品,从长安往西,经河西走廊,今新疆境内,运到安息(今伊朗高原和两河流域),再从安息转运到西亚和欧洲的大秦(罗马),开拓了历史上著名的"丝绸之路"。此后,汉朝与西域诸国之间的经济文化交流频繁,西域民族的汗血马、葡萄、核桃、苜蓿、石榴、胡萝卜和地毯等传入内地,丰富了汉族的经济生活;与此同时,汉族的铸铁、开渠、凿井等技术和一些金属工具等,亦扩散至西域诸地区,促进了西域的经济发展。

丝绸之路历史

汉帝国对丝路东中段的经营

张骞出使西域之后，汉帝国于元封三年（公元前108年）出兵攻破楼兰、车师，打败大宛后，在西汉太初四年（公元前101年）在西域设立了"使者校尉"，一方面保障了通往西域诸国的道路安全畅通，尤其是保障其中人烟稀少、艰险重重路段的安全畅通，另一方面令其率士卒数百人在轮台、渠犁一带屯田积谷，以之供应途中出使西域的使者。"使者校尉"应该是汉帝国在西域最早设置的行政机构。

到西汉地节二年（公元前68年），汉帝国派遣侍郎郑吉率兵屯田于车师（今吐鲁番盆地），并令郑吉守护鄯善（今罗布泊一带）以西的丝路南道，也就是统管天山以南的各地区。此后不久，匈奴虚闾权渠单于死，右贤王屠耆堂继承王位，理应继承王位的左贤王之子日逐王先贤掸，于神爵二年（公元前60年）率数万部众投附汉帝国，西汉特派郑吉迎接日逐王，封其为归德侯。是年，为管理统一后的西域，西汉帝国在乌垒城（今轮台县境内）设置了西域都护府，自此正式在西域设官、驻军，并推行政令，开始行使西汉国家主权。西域都护是汉王朝中央政府派遣管理西域的最高军政长官，其级别相当于郡太守，年俸二千石粮食。汉宣帝任命郑吉为第一任西域都护，由其统辖西域诸国，管理屯田，颁行朝廷号令，诸国有乱则发兵征讨。据《汉书·西域传》载，西域都护统辖西域诸国有48国。

在郑吉任西域都护之后，汉元帝时有继任者韩宣、甘延寿，汉成帝时有继任者段会宗、韩立、廉褒、郭舜，汉平帝时有继任者孙建、但钦，新莽时期有继任者李崇。在今阿克苏地区古城中曾出土西域都护李崇的印玺。到了新莽后期，西域内乱，李崇也因此死于龟兹，西域都护

2年西汉帝国全图

府开始废弛。此后至东汉明帝永平十七年（74年），复设西域都护府，任命陈睦为西域都护。然而就在第二年，焉耆和龟兹共谋反叛，屠杀陈睦，西域都护府又被废弛。到了东汉和帝永元三年（91年），班超平

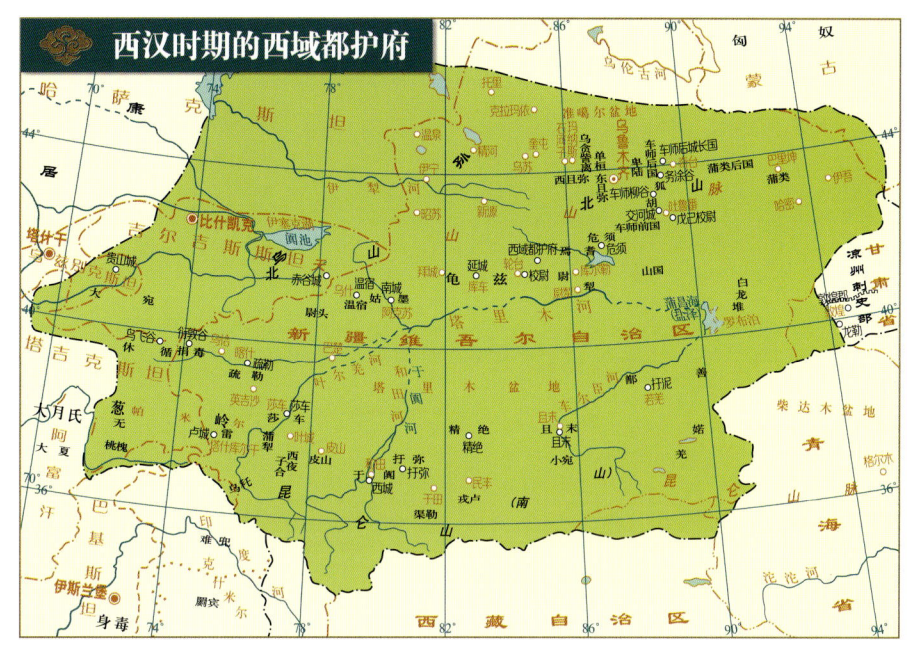

定了西域反叛之乱，此后汉王朝任命班超为西域都护，驻扎龟兹。在班超返回洛阳之后，又有任尚和段禧先后为班超的继任者。十余年之后，至东汉安帝永初元年（107年），西域又乱，从此之后，东汉帝国不再复置西域都护府。一直到东汉安帝延光二年（123年），班勇被任命为西域长史，屯驻柳中（高昌壁东南，今吐鲁番城东的阿斯塔那附近），随即平复了西域之乱，龟兹、疏勒、于阗、莎车诸国随即来归附。东汉与西域诸国中断了的统辖关系又得以恢复，自此以后，汉王朝开始以长史行使西域都护的职责。东汉光武帝至安帝期间，丝绸之路历经了"三通三绝"，即三次中断与复通的曲折过程。

概而言之，汉王朝在西域设立西域都护府进行任命官员、派兵驻守、屯田戍边，推行政令等行使王朝主权行政管理，奠定了后世历代中央政权统管西域的基础。西域都护府之设立，打破了西域诸小国林立、互有矛盾的分离状态。在中央政府统辖之下，各地的政治经济文化交流日益频繁，客观上增进了西域各民族间的相互了解与信任，当然也加强了西域与中原内地的密切联系。例如，在西汉末年至东汉年间，西域局势常发生动荡，西域中的小国则会派使者至汉王朝，请求派遣西域都护，以维持西域稳定和平的局势，反映了西域诸国对汉王朝中央政权的信赖，也可以看出汉王朝对西域统辖和经略的历史功绩和意义。正如《后汉书·西域传》描述汉王朝经营西域的成就："汉世张骞怀致远之略，班超奉封侯之志，终能立功西遐，羁服外域。自兵威之所肃服，财赂之所怀诱，莫不献方奇，纳爱质，露顶肘行，东向而朝天子。故设戊己之官，分任其事；建都护之帅，总领其权。先驯则赏藩金而赐龟绶，后服则系头颡而衅北阙。立屯田于膏腴之野，列邮置于要害之路。驰命走驿，不绝于时日；商胡贩客，日款于塞下。"

汉王朝设立西域都护府统一管辖西域，保证了丝绸之路畅通无阻，它使西域与中原的社会经济产生了持久而良性的互动发展，中原地区先进的生产技术、经验，传入西域地区，促进了西域本地经济的发展，从而形成了西域与中原地区的经济互补性结构。当然，相互之间的社会文化交流也在日益频繁，如龟兹王从中原返回后，仿中原礼仪制度在龟兹实施。在中原文化制度对西域产生重大影响的同时，西域诸邦国的音乐、舞蹈也频频传入内地，从而为中华传统文化注入了新鲜血液。此时期，东西方物质文化交流达到了

丝绸之路历史 SICHOU ZHI LU LISHI

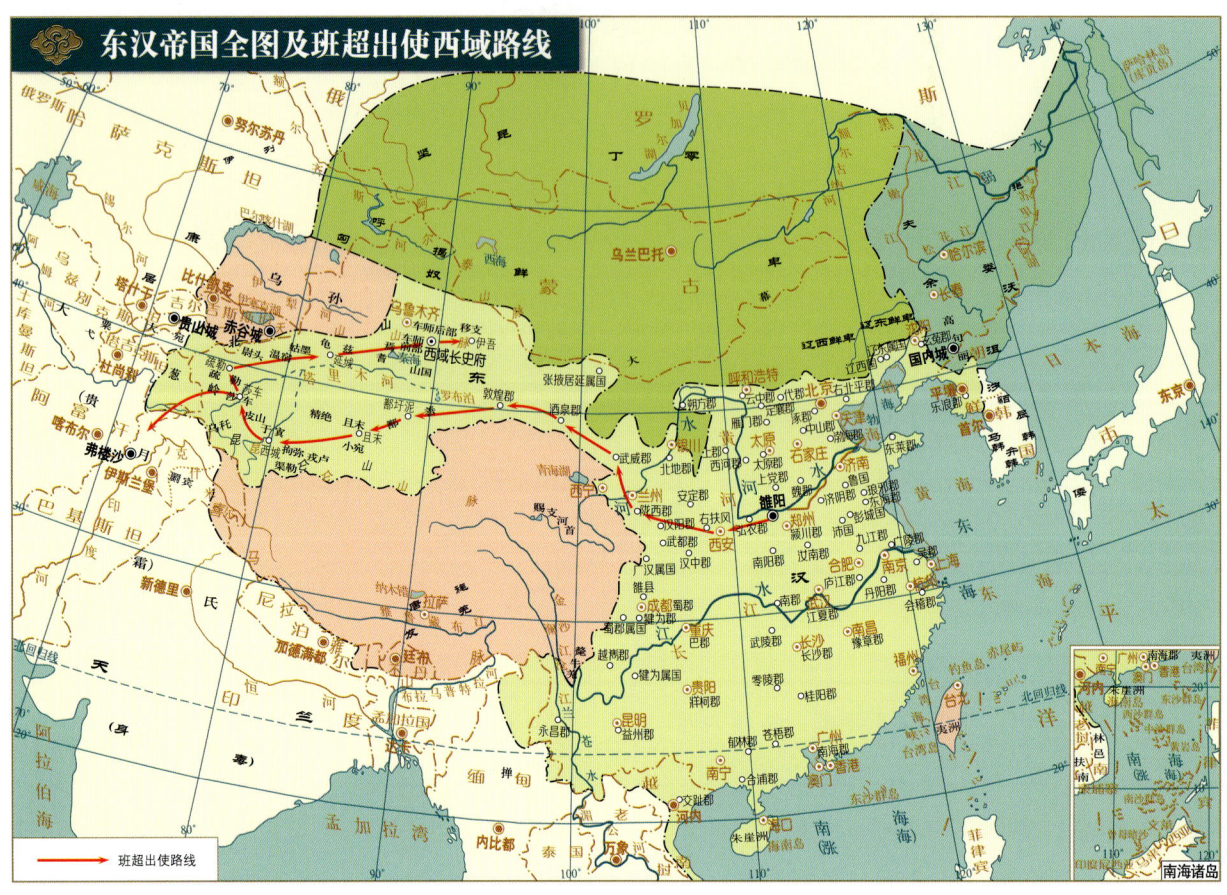
东汉帝国全图及班超出使西域路线

前所未有的程度，极大地丰富了中原和西域各族民众的生活所需，丝绸之路在各国使团和商贾的频繁而密切的往来影响之下日渐繁盛。

纵观西汉时期，丝绸之路在新疆主要分为南、北两道，敦煌或阳关是南、北两道东部起点。

丝路南道：从阳关西行，取道鄯善（今若羌一带），沿车尔臣河古代河岸西行抵且末，顺昆仑山北麓，经精绝（今民丰县尼雅遗址）、扜弥（今策勒县东北）、于阗（今和田附近）、皮山（今皮山县一带），至莎车（今莎车县）。再经蒲犁（今塔什库尔干），翻越葱岭（今帕米尔高原），可出大月氏（今阿富汗北）、安息（今伊朗）等国。南道越葱岭后，南经罽宾（今克什米尔），还可到达身毒（今印度）。

丝路北道：出敦煌西行，经横坑，绕过三龙沙（今疏勒河西端沙漠），横越白龙堆（今罗布泊东北岸盐碛地），先至楼兰古城，折而北行，至车师前王庭（今吐鲁番交河故城），之后沿塔里木盆地北缘，经尉犁、焉耆，到达龟兹（今库车县），再经姑墨、温宿（今乌什县境内），至疏勒（今喀什）。至此，继而西北行，翻越葱岭，出大宛，到达康居（今锡尔河以北地区）、奄蔡（今里海以北地区）等地区。

上述南、北两道，包含了丝路经过新疆的主要干线。由于北道易受匈奴攻击，所以商旅多行南道，南、北两道间还有许多小道连接。

在西汉末年，又开辟了一条新道，即出敦煌以后，不经过三龙沙和白龙堆，向北取道伊吾（今哈密），越过博格达山，经过车师后国（今吉木萨尔附近），再沿天山北路往西直到乌孙。此道为新北道，原来的北道变为中道。开辟新北道，意在避开三龙沙白龙堆之险，也与当时汉匈关系和缓有关系。

魏晋南北朝时期的丝绸之路

通常所讲的"魏晋南北朝",是指220年到581年的一段历史。魏晋中"魏"指三国鼎立时期中国北方政权,一般称为"曹魏",而"晋"是三国之后由司马氏建立的晋朝。

自304年刘渊与李雄分别称王建立了汉赵和成汉开始,中国北方各民族纷纷建立起雄霸一方的诸侯王国,直到439年,这些纷乱的局面才被鲜卑拓跋氏建立的北魏统一,历时共计135年。在此期间,入主中原的众多游牧民族以匈奴、羯、鲜卑、羌和氐为主,统称"五胡",他们分别建立了多个不同王国,主要包括成汉(巴氏人李氏)、夏(匈奴赫连氏)、前赵(匈奴刘氏)、后赵(羯族石氏)、前秦(氐族苻氏)、后秦(羌族姚氏)、西秦(鲜卑族乞伏氏)、前燕(鲜卑族慕容氏)、后燕(鲜卑族慕容氏)、南燕(鲜卑族慕容氏)、北燕(汉族冯氏)、前凉(汉族张氏)、后凉(氐族吕氏)、西凉(汉族李氏)、南凉(鲜卑族秃发氏)、北凉(匈奴族沮渠氏)等十六国。实际上,这一时期的王国数目远不止16个,比如还有汉人冉闵建立的魏、鲜卑族慕容氏建立的西燕,以及北魏前身的代国,等等。因而,后世多统称这一时期为"五胡十六国"。

魏晋与十六国时期,国家政权更替频繁,文化交流频繁,在此期间,思想、文学、艺术等得到了很大发展。期间横贯亚欧大陆的丝绸之路,其东段节点止于中国西北部,大致在高昌地区(今新疆吐鲁番)。时光荏苒,北方十六国政权故地尽属北魏之后,离析了百余年之久的中华北方得以归一,在其后的北周王朝,也几乎尽囊北魏旧地,尤其是北周武帝朝国力盛极一时。在此政治格局下,相较于十六国时期而言,丝绸之路昔日的活力又被重新唤醒了,丝绸之路上的经济贸易、文化宗教等诸多交往都相对开始活跃起来。

在西域地区,自东汉末年以来中原动荡,中央王朝自顾不暇,放松对西域的控制之后,西域诸雄并争、互相兼并,最后形成了以鄯善、于阗、焉耆、龟兹、疏勒、乌孙及车师前、后王国为主的七国争雄局面,而史籍中所载的其他许多小国都并属于这七国。曹魏建立之后,西域诸国纷纷归附,再次臣属于中央。曹魏在高昌设置戊己校尉,屯田驻防;又在罗布泊西北的鄯善国设置西域长史,管辖西域诸国,西域地区再次稳定下来。西晋承袭了曹魏在西域的管理制度,不过当中原很快陷入战乱后,西域也进入相互争夺的动荡中。

西晋亡国,北方政权更迭频繁,河西地区又有五凉前后相继,在这一时期先后对西域进行管理或产生影响的只有前秦、前凉、后凉、西凉和北凉等几个政权。东晋后期,北方高原柔然汗国兴起,与北魏南北对峙。4世纪末,柔然统一蒙古高原,之后他们经营西域,出兵天山南北,一度控制了西域。423年,北魏太武帝即位后,北魏大军一路西征,先后灭北凉,大败吐谷浑,

丝绸之路历史 SICHOU ZHI LU LISHI

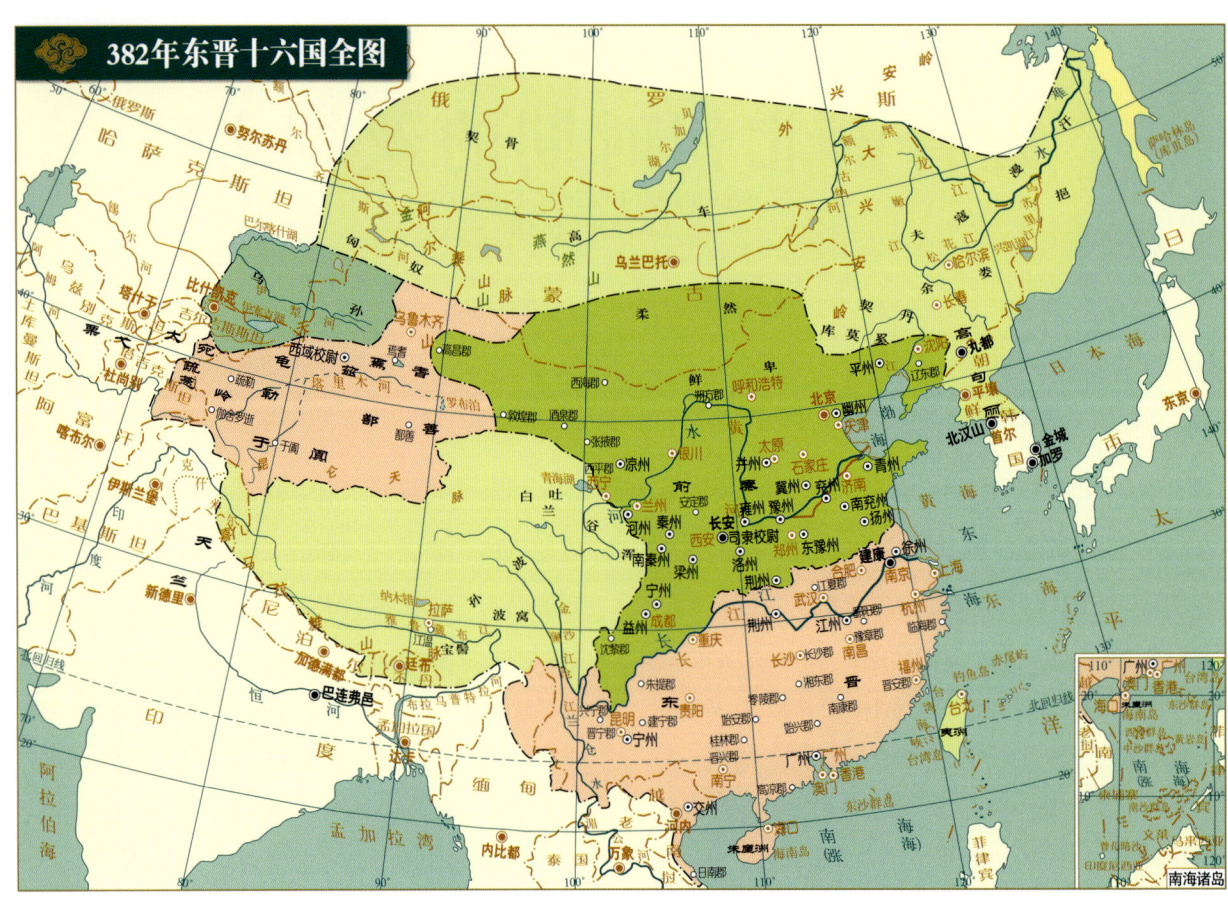

382年东晋十六国全图

征服了西域诸国，于是西域大多归附了北魏。

此后西域诸国一直被北魏柔然等势力相互争夺。在魏晋南北朝数百年间，北方各游牧民族相继崛起，轮番控制西域。这期间亦有其他民族，诸如嚈哒、悦般、高车、吐谷浑等加入到这场争夺中。各民族间互相同化与融合，又形成了一个新的民族共同体——铁勒，而铁勒的出现又为其后突厥民族与突厥汗国的形成提供了条件。

南北朝时期曾经在吐鲁番盆地形成了以一个汉人为主体的王国，史称高昌王国。高昌王国的汉人族群是西汉以来由在车师前王国屯田的汉人逐渐定居繁衍形成的。魏晋时期，前凉在高昌设郡，管辖高昌地区。之后又由北魏统辖。北魏势衰，柔然便扶植汉人建立高昌王国的割据政权。5世纪末，高昌民众拥立汉人麴嘉为王，由此建立高昌国麴氏王朝，直至639年亡于唐朝，才被唐朝改置为西州。高昌地处丝绸之路的中点，在中西交往与丝路经贸以及文化传播过程中起过十分重要的作用。

法显与鸠摩罗什 FAXIAN YU JIUMOLUOSHI
东晋丝路上传播佛教的大师

魏晋时期，对中西方文化交流贡献之大者，必须提到东晋的两个僧人，一位是法显，另一位是鸠摩罗什。

大家最为熟知的前往西方天竺取经的人是唐僧，因为由唐玄奘西行求法故事演绎的名著小说《西游记》家喻户晓、妇孺皆知。其实，比唐玄奘大师还早了230年的东晋高僧法显，乃是我国第一位不远万里历经磨难域外取经的伟大僧人。

魏晋南北朝

法显俗姓龚，337年出生于平阳郡武阳县（今山西临汾）。东晋隆安三年（公元399年）与慧景、道整、慧应、慧嵬等人结伴，自长安始发，穿过河西走廊，经敦煌、鄯善至焉夷（今新疆焉耆），继而往西南方向越北河抵达于阗（今新疆和田），后折返于今巴基斯坦境与阿富汗境，始至天竺（今印度）；而后又横穿尼泊尔至摩竭提国首都巴连弗邑留住三年（405—407年），在此学习佛教经典并拜会名僧。自此之后，法显开始取道海路只身回国，搭乘海上商船于410年到达狮子国（今斯里兰卡），曾驻足一年有余，续乘商船东归。途经耶婆提（今苏门答腊岛），后由此直达山东半岛牢山（今崂山）弃船登陆，在他75岁时历经艰难从海路返回，最后到达建康（今南京），顺利实现了自己的西行取法宏愿。期间历时14年，辗转30多个王国，取得佛经约12部60余卷。在随后的日子里，翻译了多部佛经，并将自己西行取经的见闻写成了一部《佛国记》，此书在世界学术史上占有重要地位，它作为传记文学杰作的同时，又是学界研究东晋时期西域和印度历史的重要史料。

据《佛国记》记载，法显一行人从长安出发，越陇坂、过乞伏氏西秦，出金城（今甘肃兰州西）溯湟水而上，过西平（今青海西宁）、翻越养楼山（今西宁北），出张掖镇（今张掖西北）到敦煌。复从敦煌西行，度越沙河。沙河可能是史籍所载白龙堆、三龙沙地界的沙漠泛称，也就是自敦煌以西到鄯善东界的沙漠地带。"沙河中多有恶鬼、热风，遇则皆死，无一全者"，可以想见其艰难。自后，法显一行到鄯善国（今若羌），逗留月余，再从鄯善往西北方向行进，经过15天跋涉，到达焉夷国（今焉耆）。继续向西南行进，穿越广袤的塔里木盆地，途径沙漠，前行艰难，"所经之苦，人理莫比"。经一月时日，方抵达于阗（今和田）。此后又从于阗出发，经子合国（今叶城西南），到达竭叉国（今塔什库尔干），此后法显一行度越葱岭，折返于今巴基斯坦与阿富汗境，最终到达天竺，距离出发时已经过去了数年，待其东归，已达14年之久。

法显

另一位对中西方文化交流有着重要贡献的僧人是鸠摩罗什。他是东晋时后秦的高僧，也是历史上著名的佛经翻译家，精通各类佛教经典。在法显西行的两年后，即后秦弘始三年（401年），鸠摩罗什大师从西域龟兹国出发来到长安。他曾与弟子们翻译了大量的经律论传等，如佛经《大品般若经》《法华经》《维摩诘经》《阿弥陀经》《金刚经》等，共计有94部425卷之多，其影响颇为广泛，为佛教在中国的传播作出了重大贡献。然而，恰恰就在法显大师从天竺返回一年之后，即413年，鸠摩罗什高僧圆寂于长安草堂古刹（今西安草堂寺）。其后，在弟子们火化大师遗体时，发现舌根化为舌舍利子。这是世界上唯一一颗三藏法师舌舍利子，见证着鸠摩罗什对中西佛教文化交流和发展做出的万世之功。

就在同一历史时期内，曾西往东来于漫漫丝路上的法显与鸠摩罗什两位伟大高僧，彼此却始终无缘谋面，尽管有此遗憾，但他们有着共同的意志和信念，为佛教传播与弘扬作出的巨大贡献，使未曾谋面的这种遗憾变得不值一

丝绸之路历史 SICHOU ZHI LU LISHI

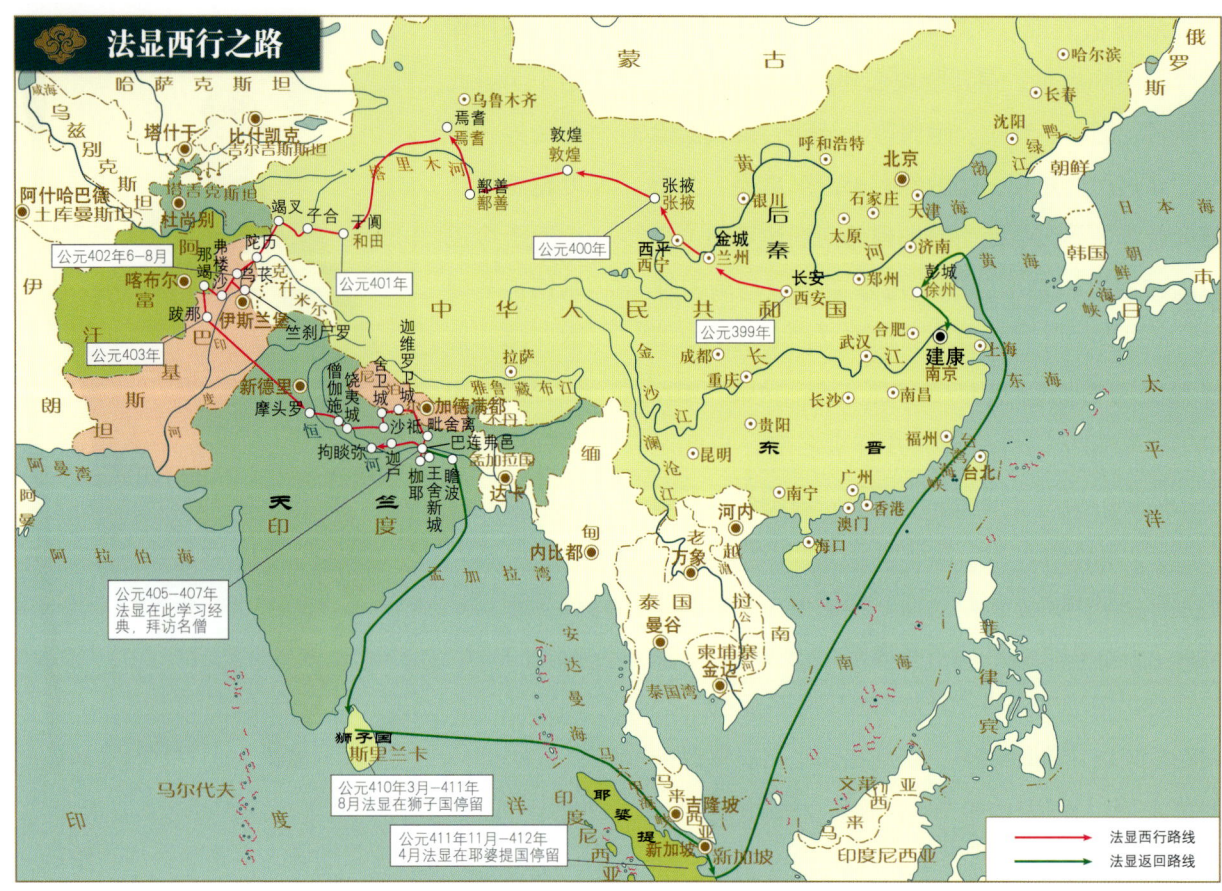

提。正是在这些大德高僧以及众多佛教信众的共同努力之下，佛教——这一起源于恒河上游的地方性宗教，通过诸多条类似于丝绸之路这样平凡而伟大的文明交往纽带，最终得以传遍世界，并深刻影响着世界，让世界文化变得丰富多彩。

鸠摩罗什

魏晋南北朝

法显俗姓龚，337年出生于平阳郡武阳县（今山西临汾）。东晋隆安三年（公元399年）与慧景、道整、慧应、慧嵬等人结伴，自长安始发，穿过河西走廊，经敦煌、鄯善至焉夷（今新疆焉耆），继而往西南方向越北河抵达于阗（今新疆和田），后折返于今巴基斯坦境与阿富汗境，始至天竺（今印度）；而后又横穿尼泊尔至摩竭提国首都巴连弗邑留住三年（405—407年），在此学习佛教经典并拜会名僧。自此之后，法显开始取道海路只身回国，搭乘海上商船于410年到达狮子国（今斯里兰卡），曾驻足一年有余，续乘商船东归。途经耶婆提（今苏门答腊岛），后由此直达山东半岛牢山（今崂山）弃船登陆，在他75岁时历经艰难从海路返回，最后到达建康（今南京），顺利实现了自己的西行取法宏愿。期间历时14年，辗转30多个王国，取得佛经约12部60余卷。在随后的日子里，翻译了多部佛经，并将自己西行取经的见闻写成了一部《佛国记》，此书在世界学术史上占有重要地位，它作为传记文学杰作的同时，又是学界研究东晋时期西域和印度历史的重要史料。

据《佛国记》记载，法显一行人从长安出发，越陇坂、过乞伏氏西秦，出金城（今甘肃兰州西）溯湟水而上，过西平（今青海西宁）、翻越养楼山（今西宁北），出张掖镇（今张掖西北）到敦煌。复从敦煌西行，度越沙河。沙河可能是史籍所载白龙堆、三龙沙地界的沙漠泛称，也就是自敦煌以西到鄯善东界的沙漠地带。"沙河中多有恶鬼、热风，遇则皆死，无一全者"，可以想见其艰难。自后，法显一行到鄯善国（今若羌），逗留月余，再从鄯善往西北方向行进，经过15天跋涉，到达焉夷国（今焉耆）。继续向西南行进，穿越广袤的塔里木盆地，途径沙漠，前行艰难，"所经之苦，人理莫比"。经一月时日，方抵达于阗（今和田）。此后又从于阗出发，经子合国（今叶城西南），到达竭叉国（今塔什库尔干），此后法显一行度越葱岭，折返于今巴基斯坦与阿富汗境，最终到达天竺，距离出发时已经过去了数年，待其东归，已达14年之久。

法显

另一位对中西方文化交流有着重要贡献的僧人是鸠摩罗什。他是东晋时后秦的高僧，也是历史上著名的佛经翻译家，精通各类佛教经典。在法显西行的两年后，即后秦弘始三年（401年），鸠摩罗什大师从西域龟兹国出来到长安。他曾与弟子们翻译了大量的经律论传等，如佛经《大品般若经》《法华经》《维摩诘经》《阿弥陀经》《金刚经》等，共计有94部425卷之多，其影响颇为广泛，为佛教在中国的传播作出了重大贡献。然而，恰恰就在法显大师从天竺返回一年之后，即413年，鸠摩罗什高僧圆寂于长安草堂古刹（今西安草堂寺）。其后，在弟子们火化大师遗体时，发现舌根化为舌舍利子。这是世界上唯一一颗三藏法师舌舍利子，见证着鸠摩罗什对中西佛教文化交流和发展做出的万世之功。

就在同一历史时期内，曾西往东来于漫漫丝路上的法显与鸠摩罗什两位伟大高僧，彼此却始终无缘谋面，尽管有此遗憾，但他们有着共同的意志和信念，为佛教传播与弘扬作出的巨大贡献，使未曾谋面的这种遗憾变得不值一

丝绸之路历史 SICHOU ZHI LU LISHI

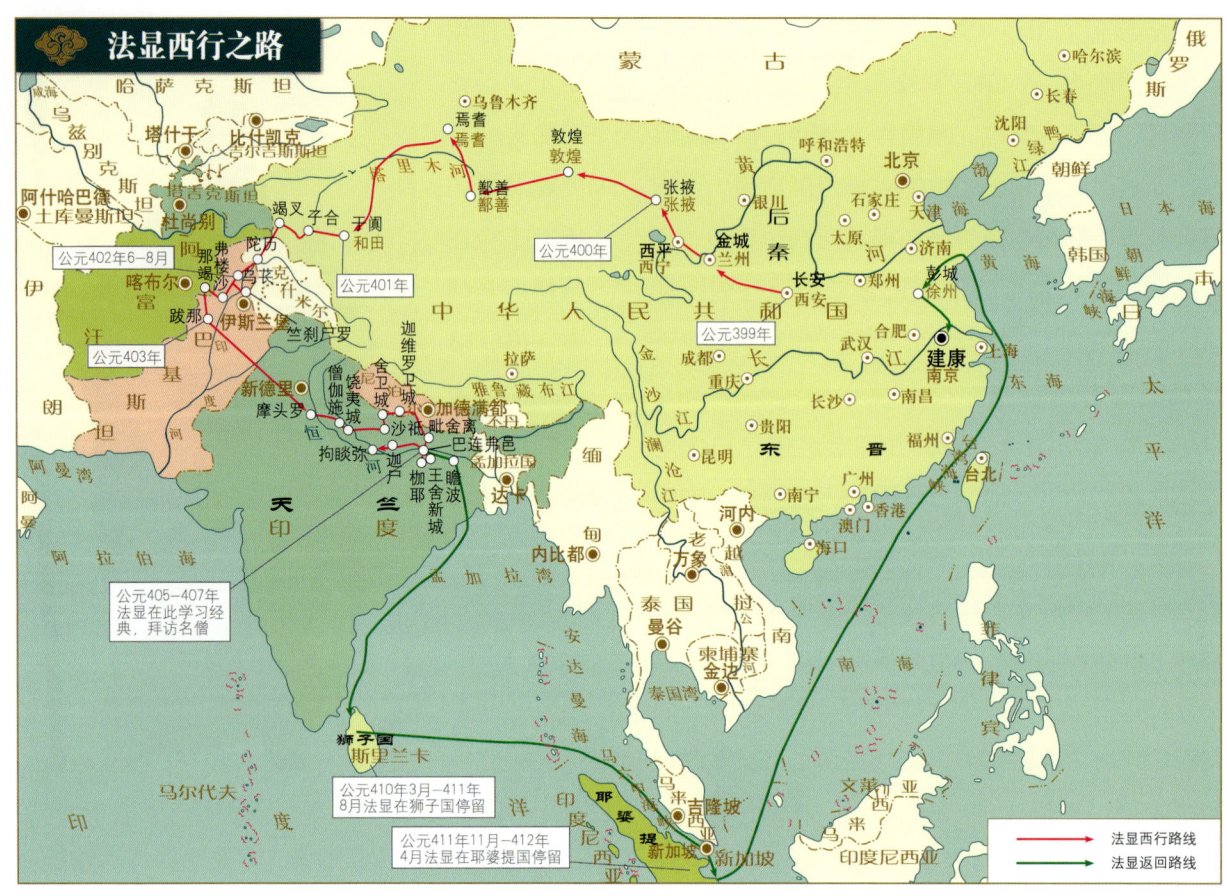

提。正是在这些大德高僧以及众多佛教信众的共同努力之下，佛教——这一起源于恒河上游的地方性宗教，通过诸多条类似于丝绸之路这样平凡而伟大的文明交往纽带，最终得以传遍世界，并深刻影响着世界，让世界文化变得丰富多彩。

鸠摩罗什

魏晋南北朝

北魏时期的丝绸之路
BEIWEI SHIQI DE SICHOU ZHI LU

北魏由鲜卑拓跋氏建立。鲜卑族发迹于东北大兴安岭一带，两汉之际活动于漠北草原，之后陆续向西扩展。西晋时期，其控制区域从今内蒙古东北部一直贯通到天山以北的费尔干纳盆地。376年，代国为前秦所灭，其北部故地转移到了柔然的控制之下，拓跋氏的势力也一步步往东收缩，最终退出西域。十六国时期，北方嬗代频繁，丝路东段的主要商贸道路自然而然受到重重阻隔。就在原代国的拓跋氏崛起之后，拓跋珪于386年在盛乐（今呼和浩特市和林格尔县）定都称王，北魏开始，可惜的是至534年，北魏又分裂为东魏、西魏。在此期间，拓跋氏数十代人一直不断地经营着丝路的几条主要通道，尤其是迁都平城以来，在国家势力逐步壮大的同时，还加强了与西域的联结互动，当然这似乎也是为了能在丝绸之路贸易交往中占有一定主动权。由于当时南北方正处于南北朝对峙时期，北魏与西域及域外诸国的交通主要经由西北丝路，面对新崛起的北方游牧政权柔然的步步紧逼，以及沿途吐谷浑、高昌、高车、鄯善等国的不断限制，丝路沿线局势始终动荡不定，北魏与西域各国的正常交流也呈现出时兴时衰的交替状态。大体看来，在争夺丝路主动权的过程中，北魏与西域的交通大致经历了三次由阻隔至通畅的历史阶段。

北魏太武帝太延元年（435年），鄯善、粟特、悉居半（西域南道上的小国）、高车、焉耆、车师等国相继经行鄯善道遣使来贡，表示愿意臣属，帮助北魏通达天山南北。于是在第二年，北魏就派遣多批使者前往西域。 一支穿过鄯善道北折，经行白龙堆至焉耆、龟兹诸国走西域北道；一支穿过鄯善道继续西行，行经且末、于阗等国走西域南道。至太延五年（439年），北

449年宋魏全图

丝绸之路历史 SICHOU ZHI LU LISHI

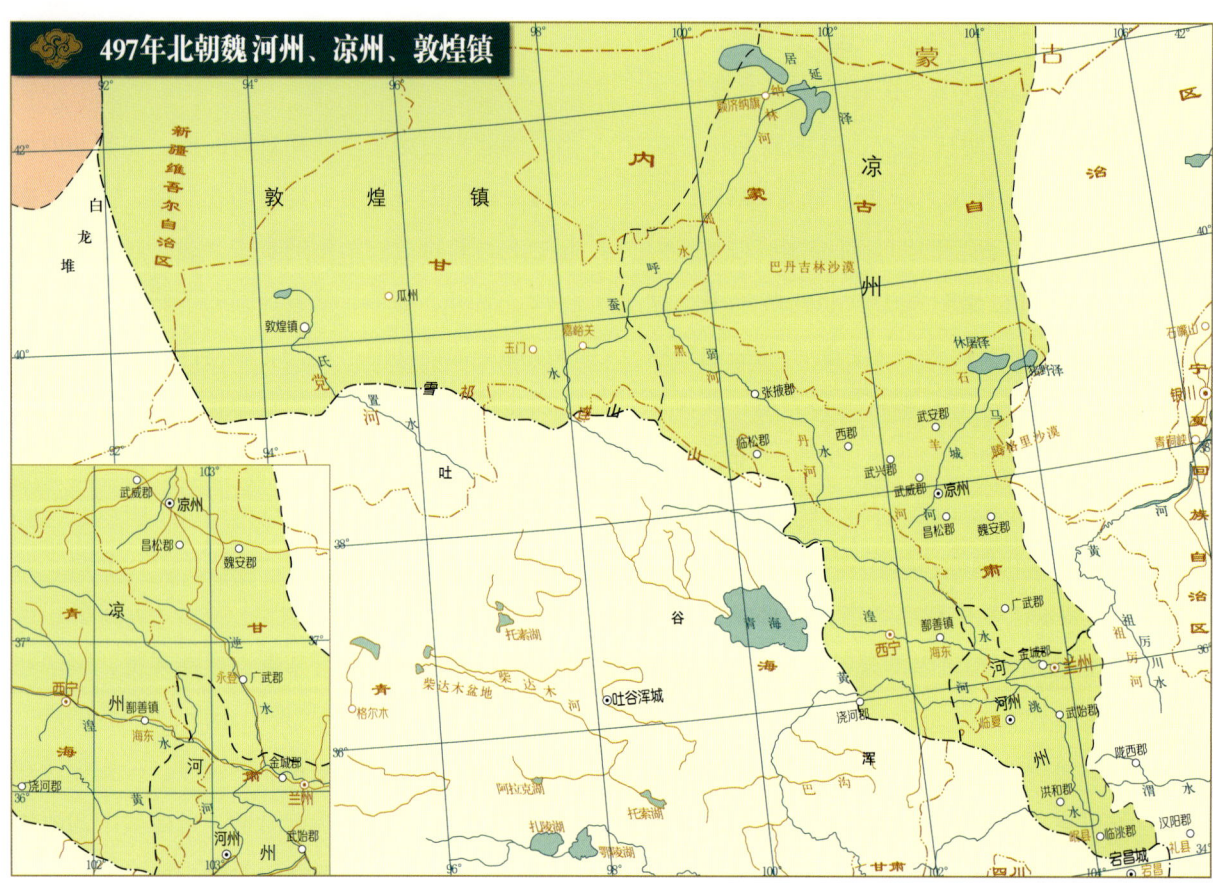

497年北朝魏 河州、凉州、敦煌镇

魏与西域诸国的沟通交往掀起的第一个短暂通畅时期告一段落。

太延五年（439年），正当北魏与西域的交往日益密切、如火如荼之际，丝路形势却又突然急转直下。一是当时北魏与柔然爆发了大规模军事冲突，导致经行伊吾的北道动荡受阻；二是该年北凉被北魏攻破，其残余势力向西扩张，使原鄯善、高昌之地处在沮渠氏的直接控制之下。至此，北魏与西域的交通几乎被阻断。同时期的丝路中段也并不安宁，崛起于中亚的嚈哒一路南下，攻伐地居今印度地区的吐火罗斯坦、寄多罗王朝等中亚、南亚政权，积极扩张自己的势力范围。嚈哒的这一系列举动，与波斯的对外战略发生严重冲突，最终导致大规模对战。至此，丝绸之路主要路段又一次开始陷入了数年持续战乱状态。

至太武帝太平真君五年（444年），中西交通开始逐渐恢复，进入了持续半个世纪的第二次通畅时期。首先，在与西域各国的交往过程中，北魏统治者愈发认识到控制丝绸之路的重要性，于是从太武帝开始，数代君主对经营西域皆持积极态度。一方面北魏遣兵北击伊吾大胜，与柔然作战亦接连获胜，使柔然单于绝迹远遁，其将士或随之西行，或归降北魏，北魏历经数年经营，最终取代柔然，控制了丝路北道，此路得以再次畅通；另一方面北魏击败了吐谷浑，借吐谷浑旧地进击鄯善，攻克焉耆、龟兹等丝路沿线诸国，为丝路的畅通进一步扫除了障碍。其次，嚈哒在中亚地区的势力非常之大，不仅兼并了四周小国，就连萨珊波斯东部贵霜治下的犍陀罗诸国，以及印度北部诸多区域都尽为其有，此时的中亚基本在同一辖区范围，使得葱岭以西的丝路中段进入了稳定畅通阶段。再者，罗马帝国分裂为西罗马帝国和东罗马帝国，东罗马帝国又称拜占庭帝国，拜占庭依仗其强盛的国力，及其国都——君士坦丁堡的地域优势，扼守了丝路西段的诸多

魏晋南北朝

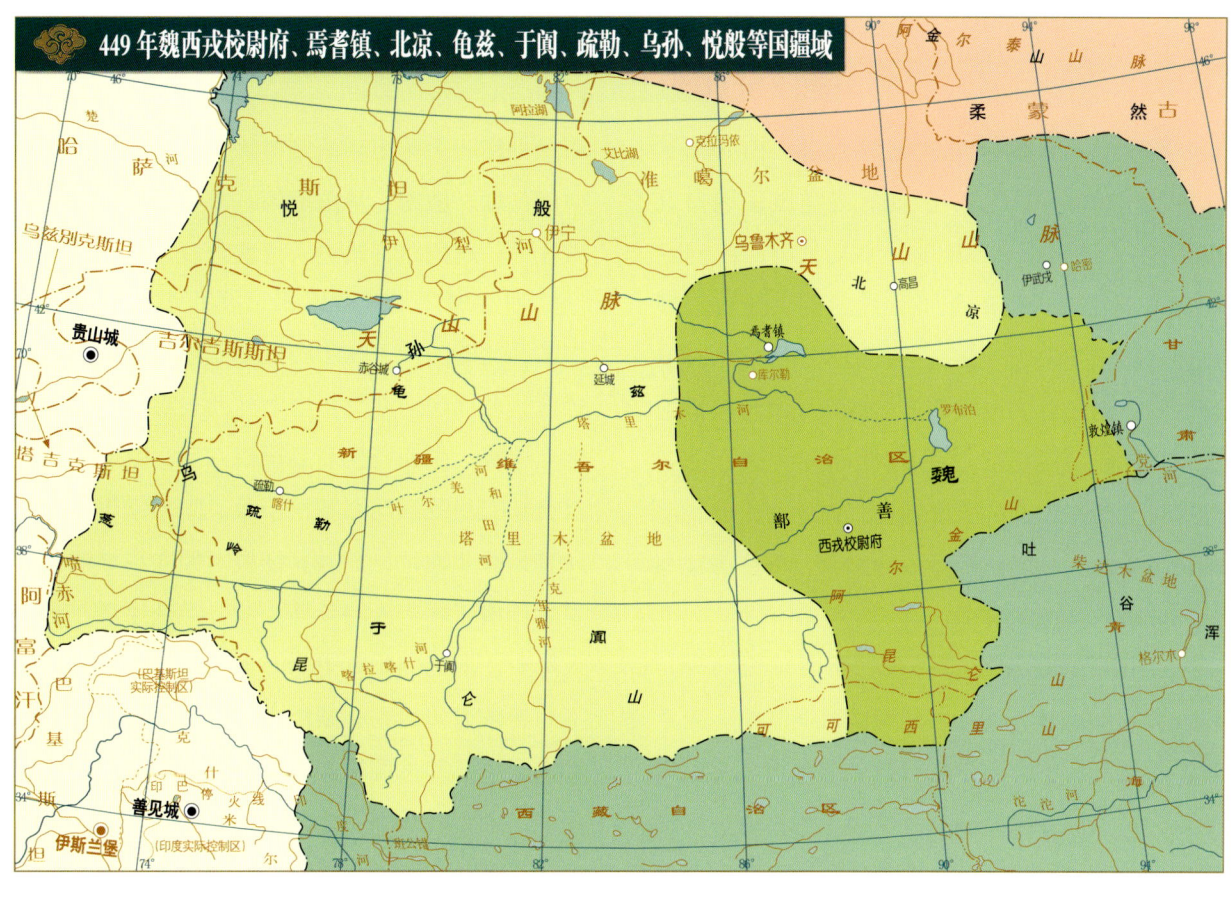

449年魏西戎校尉府、焉耆镇、北凉、龟兹、于阗、疏勒、乌孙、悦般等国疆域

出口，由此攫取了丝路贸易过程中巨额商业利益。这一阶段，北魏不仅频繁遣使西域，而且与南天竺、萨珊波斯和拜占廷等葱岭以西的大国建立了外交关系，双方使节往来频繁。

自北魏宣武帝景明元年（500年）开始，一直到北魏末年，伴随北魏都城南迁洛阳，与西域各国交往活动频繁，迎来了丝绸之路的第三次通畅时期。先是高车消灭了柔然的残余势力，迫使高昌对其称臣归附，于是沟通西域的伊吾道尽统于高车政权之下，而高车与北魏通好，伊吾路自然得到了有效利用；另外吐谷浑也与北魏通好，双方停止交战，当时鄯善为吐谷浑占领，因此鄯善道也得以畅通无阻。丝绸之路通道上的诸多支线都处于基本通畅状态，使北魏王朝可以与西域有着较为密切的商贸交往。一方面，当时大部分的西域国家与北魏建立了交往关系，中亚、南亚、西亚和拜占廷等近百余国家遣使北魏，以表沟通合作之诚意；另一方面，北魏也不断地遣使西行，发展与西域各国的政治经济的交往，这些都在客观上积极地推动了丝绸之路东西两端的文明交往。

丝绸之路历史

北周时期的丝绸之路

534年，北魏分裂成东魏（534—550年）和西魏（535—556年），此后高洋废东魏自立而建北齐（550—577年），宇文觉废西魏自立而建北周（557—581年）。短时期内政权更替迅速、战事不已，社会又一次陷入动乱之中。但当时双方为了巩固政权，各自都在采取积极措施稳定秩序和发展商贸，以求恢复社会生产。北周继承了北魏在西北的主要辖区，借助与西域相接的位置优势，把经略西域作为国策，十分重视与西域和域外各国的商贸往来。

当时西域的高昌、焉耆、于阗和疏勒等，以及北方的突厥，均与北周有着密切联系。突厥是继柔然而起的北方游牧政权，它利用具有极强战斗力的铁骑，破高昌、灭柔然、驱嚈哒，名赫四方。其疆域最大之时，西起咸海，东到大兴安岭，不仅延通了草原路东段，更牢牢控制着丝路中段的广大区域。北周加强与突厥的政治关系，显然可使自身免于突厥的侵扰，促进社会生产的发展和人民生活的稳定；而突厥为了保证丝路上货品的供应，也极力要和中原王朝进行经济贸易和政治交流。在很长的一段时间里，突厥与中原尤其是北周的政治、经济交流甚为频繁，一则突厥多次遣使向北周贡献良马和方物，而中原回馈的物品主要包括丝绸、瓷器等丝路热销品；二则双方进行了多次的皇室婚配，以结秦晋之好；三则突厥出兵帮助北周对抗北齐。突厥利用北周、北齐之间的矛盾，每年都会从中原王朝接受"赏赐"（其实这是北齐、北周给突厥的进贡），于是大量丝绸以极其低廉的价格甚至免费流入突厥之手，突厥又依仗自身对丝路的控制，经草原路和绿洲路将之转运到沿途各国，包括西域诸国、中亚各地、波斯、拜占庭等。在中西商人的频繁来往中，草原路开始进入繁盛阶段。

自丝绸之路开辟以来，河西走廊一直扼守中国西北的门户，在中西贸易交往中的地位举足轻重，北周时期亦然。当时河西走廊一带的商人熙熙攘攘，中西特色商品琳琅满目，就地进行大宗货物交易的活动亦不在少数。国家常年征战，尤其是西北地区，征兵、征税对民众正常的社会生活造成了相当大的负面影响，民众生活在水深火热中。时任凉州刺史的韩褒为解决此类问题，下令要求过境货物必须由当地贫民先行购买，再经掌握货品的贫民转卖给其他商人。在倒手的过程中，老百姓基本上能获取一些中介收入，由此可见，当时河西段的贸易活动频繁程度不容小觑。在遗存下来的敦煌石窟壁画中，大量地展现了当时丝绸之路上商品贸易的生活场景。

概而言之，北魏与北周王朝对西域的重视与经营，使得曲折艰难、时断时续的丝路再次畅通，譬如杨衒之《洛阳伽蓝记》就有相关记载："自葱岭以西，至于大秦，百国千城，莫不款附。商胡贩客，日奔塞下……天下难得之货，咸悉在焉。"显而易见，北魏时期中西文化交往与商贸交流，形成了当时北方丝路沿线的繁荣景象。而后的西魏、北周承继北魏之风，加之地缘关系，继续与西域各国保持着频繁往来。北魏和北周时期中西贸易往来活跃，在东汉末年混乱格局之后迎来了丝绸之路的畅通，这也拉开了在其之后的隋唐时期丝路贸易空前繁盛的序幕。

隋唐时期的丝绸之路

SUITANG SHIQI DE SICHOU ZHI LU

隋唐时期中原王朝对西域的经略
SUITANG SHIQI ZHONGYUAN WANGCHAO DUI XIYU DE JINGLÜE

经过隋、唐两代中央对西域的经营与管控，有力保障了丝路中段的畅通。隋朝击退突厥、吐谷浑，重开西域，推行郡县化；唐朝统一西域，设置安西、北庭二都护，推进西域的羁縻府州化等举措，加强了中原王朝对西域的控制，为丝绸之路的通畅作出了重要贡献。正是在这一背景之下，丝路交流出现了一个鼎盛时期。

隋朝结束了南北朝的分裂局面，完成了政治统一。隋朝立国之后，面临的最大威胁便是占据漠北、西域的突厥政权，其在沙钵略可汗治下，曾多次发动对隋朝的进攻。利用突厥内部的矛盾，隋朝远交近攻、离强合弱，最终导致突厥分裂为东西两部。此时，隋朝名臣裴矩力主重开丝绸之路。584年，隋朝击败吐谷浑，在西域设立鄯善（治古楼兰城）、且末（治古且末城）二郡；分化西突厥，突厥沙钵略可汗称藩于隋，征伐铁勒，设置伊吾郡（今哈密）。591年，隋与吐谷浑互遣使者，五年之后，隋朝又以光化公主

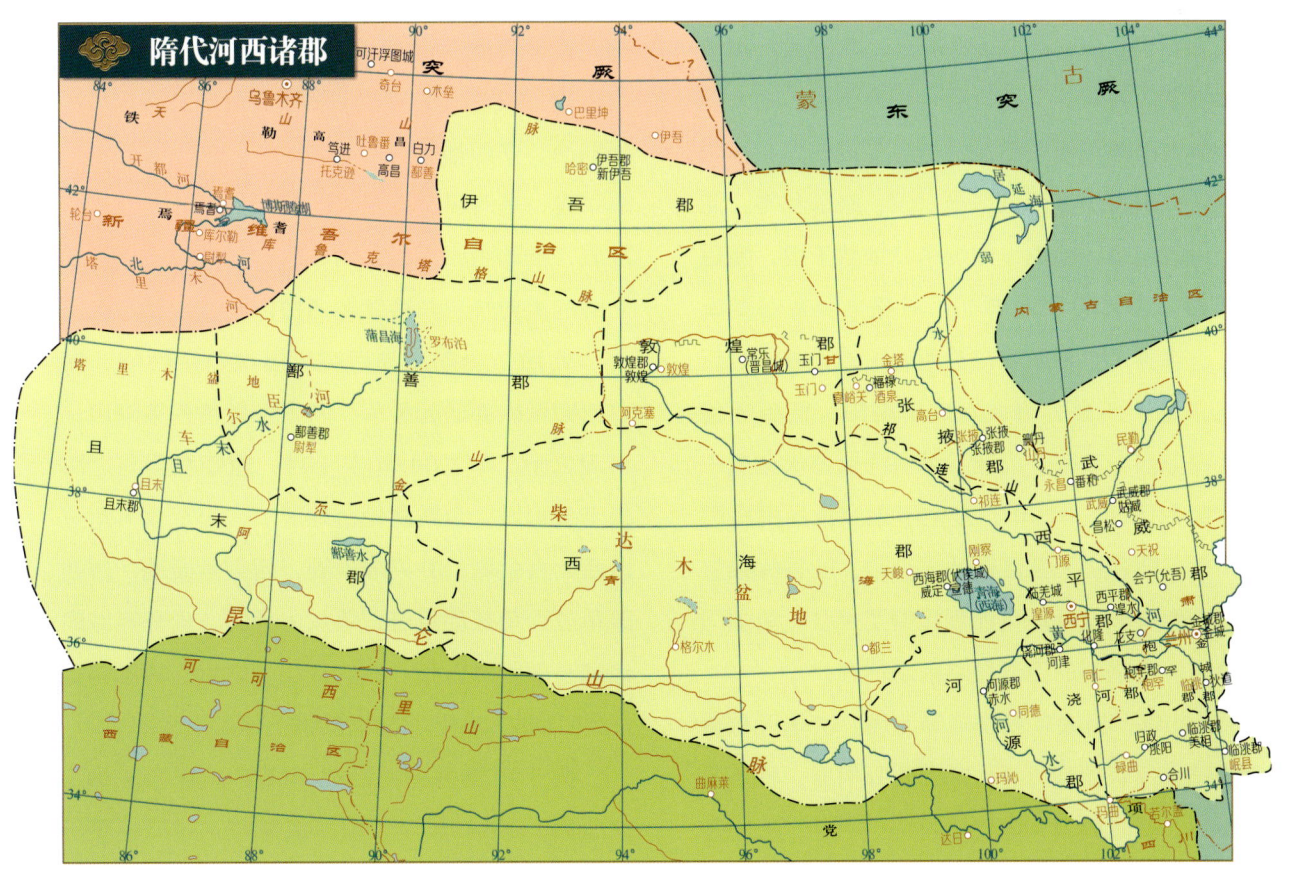

丝绸之路历史 SICHOU ZHI LU LISHI

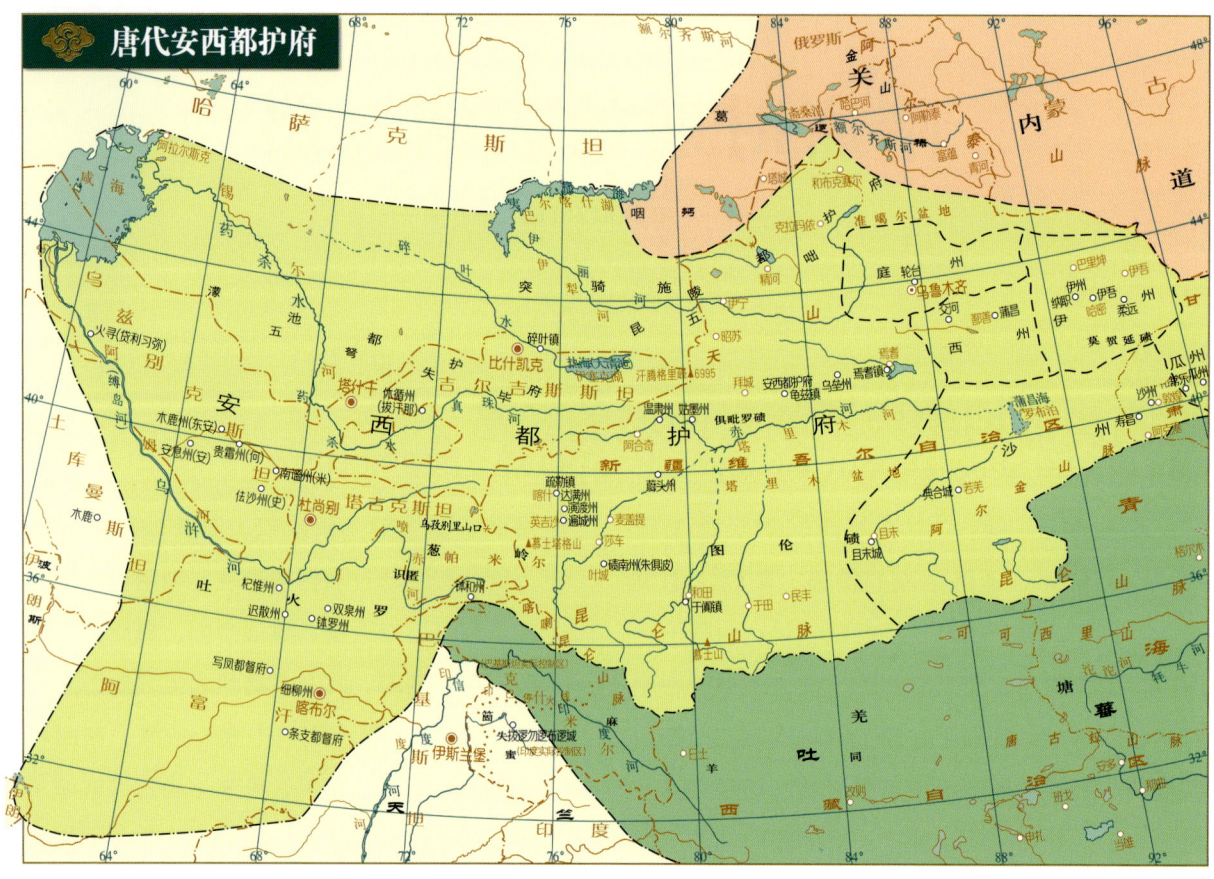

唐代安西都护府

嫁于吐谷浑世伏可汗。605年，西突厥大乱，铁勒汗国建立。到了607年，铁勒曾袭扰敦煌，但很快被击退。609年，隋炀帝自西京西巡，渡黄河并击败吐谷浑。又西行至今甘肃张掖。隋大将裴矩游说高昌王麴伯雅及伊吾吐屯设（即突厥所设守管控伊吾）等西域二十七国，晓以利害，使其朝见隋炀帝，吐屯设向炀帝献地数千里，随后置西海（今青海湖西岸）、河源（今青海湖南境）、鄯善（今新疆罗布泊西南）、且末（今新疆且末县）四郡，隋调发戍卒屯田，抵御吐谷浑，捍卫西域商路。立吐谷浑可汗慕容伏允质子慕容顺为可汗。615年，发生了东突厥兵围雁门关事件，隋朝由鼎盛陡然坠入衰败。吐谷浑乘势复国，西突厥统叶护可汗则接管了伊吾（新疆门户哈密），隋朝的西域经略前功尽弃。

629年，唐太宗派李靖等北伐，次年灭东突厥汗国，俘获颉利可汗，后又收降伊吾，将其改为伊州，派驻刺史，唐代重新统一西域，从此开启对西域的郡县化进程。贞观十四年（640年），唐朝派兵攻取高昌国，并于高昌设置西州，安抚降民。不久又创立安西都护府，总领西、伊两州，治交河城，后移治高昌古城，与西州同治。安西都护府作为唐代在西域创置的第一个军府，是对自汉代以来西域都护职能的继承和发展，推动中原王朝在西域的行政控制，对丝绸之路的重新开启与持续畅通提供了客观保障。

此后，唐朝又与西突厥屡次争夺西域，随着西突厥内部迭起纷争，阿史那贺鲁东来降唐，贞观二十二年（648年）十月，唐朝发兵与之决战于多褐城（今新疆轮台地区），唐军攻下龟兹以西七百余城，并招降于阗，西突厥溃逃。唐朝改龟兹为龟兹都督府，龟兹、于阗、焉耆等城廓诸国全部归降唐朝。在这次决战之后，唐朝将可汗浮图城改为庭州，将郡县制推行至天山北麓。

阿史那贺鲁原为西突厥降将，唐朝击溃西突厥后，于649年设置瑶池都督府，封阿史那贺

鲁为瑶池都督。然而，阿史那贺鲁并非真心降服。高宗初立，阿史那贺鲁萌生叛乱之意，遂自立可汗，建牙帐于双河及碎叶，称泥伏沙钵罗可汗，统兵犯境，杀掠州府。龟兹也起兵反唐与之呼应。高宗显庆二年（657年），唐朝任命苏定方为行军总管，发回纥兵征讨西突厥，最终击溃西突厥，于次年俘获阿史那贺鲁，并送回唐廷。唐军随后又征讨龟兹，平定叛乱，西域塔里木诸城邦的统治再次稳定下来。此后安西晋升为大都护府，移治龟兹，唐朝又设置了龟兹、焉耆、于阗、疏勒等四镇，称安西四镇，控制了丝路交通战略要地。同时，唐朝对西域的羁縻府州化亦不断推进，西域地区在保障丝绸之路的畅通上作出了巨大贡献，隋唐丝路的鼎盛由此展开。

西域归唐不久，吐蕃势力开始介入，唐朝又陷入了与吐蕃对西域的争夺中。吐蕃先趁唐军平定阿史那贺鲁叛乱时机攻入吐谷浑，后于咸亨元年（670年）大举出兵进攻西域，降服于阗，并纠合于阗之众进攻安息都护所在地龟兹。于是，唐朝只能撤出安西四镇，集重兵攻伐吐蕃，但由于薛仁贵兵败吐蕃，唐朝在西域的控制被进一步削弱。此后双方更是反复角力，安西四镇数度易手。武则天执政时期，又继续对吐蕃用兵。唐蕃战争中，唐朝对安西军镇多次调整，出现了碎叶在内的新安西四镇。唐朝对西域的经营，体现了其对西域地位的重视。698年，吐蕃内部纷争，赞普重新掌握军政大权，遂与唐朝议和，唐朝以承认吐蕃侵占河源吐谷浑的既成事实，换取了西域地区的稳固。至中宗复国，又和亲吐蕃，再次与吐蕃改善了关系，西域地区重归稳定。

唐代丝绸之路的走向与节点
TANGDAI SICHOU ZHI LU DE ZOUXIANG YU JIEDIAN

中国的丝绸、金银器、瓷器、制茶、漆器等传统手工业产品因技艺精湛、品质优良而风靡海外。有唐一代，丝绸之路的畅通程度，可谓继汉代以来的第二次高潮时期，中西方政治、经济、文化交流非常广泛和深入，丝绸等手工业产品贸易出现了前所未有的盛况。

"沙漠之舟"驮载着川流不息的商队、使团和民间交往群体，加上那清脆入耳的驼铃声，勾勒出一幅鲜活美妙的画卷——这就是丝绸之路。从唐长安城出发一路西去，经陇东过陇西，穿越河西走廊、塔克拉玛干沙漠绿洲、天山北麓草原地带，逾过葱岭、飞渡北流河水（今哈萨克斯坦境内楚河、锡尔河），进入中亚、南亚、西亚，直至里海、地中海沿岸区域。这条漫长的交通道路，主要分为东、中、西三大段。

东大段为自长安至玉门关/阳关之间路段。此段自长安城之后，大致有三条线路，分为南路、北路与青海道。

东大段之南路走向为长安→西渭桥→始平（今陕西兴平）→武功→岐州雍县（今陕西凤翔）→陇州汧源（今陕西陇县）→穿越陇山，转而沿陇山西南行→清水→秦州（今甘肃天水），继而西行→伏羌（今甘肃甘谷）→渭州襄武（今甘肃陇西）→渭源→狄道（今甘肃临洮），转而北上→兰州（今甘肃兰州），逾黄河、越乌鞘岭→河西走廊→武威，至此与北道汇合，而后西行→甘州（今甘肃张掖）→肃州（今甘肃酒泉）→瓜州（今甘肃安西东）→沙州敦煌。

东大段之北路走向为长安→咸阳→奉天（今陕西乾县）→永寿→邠州（今陕西彬州）→泾州（今甘肃泾川）→平凉→原州（今宁夏固

丝绸之路历史 SICHOU ZHI LU LISHI

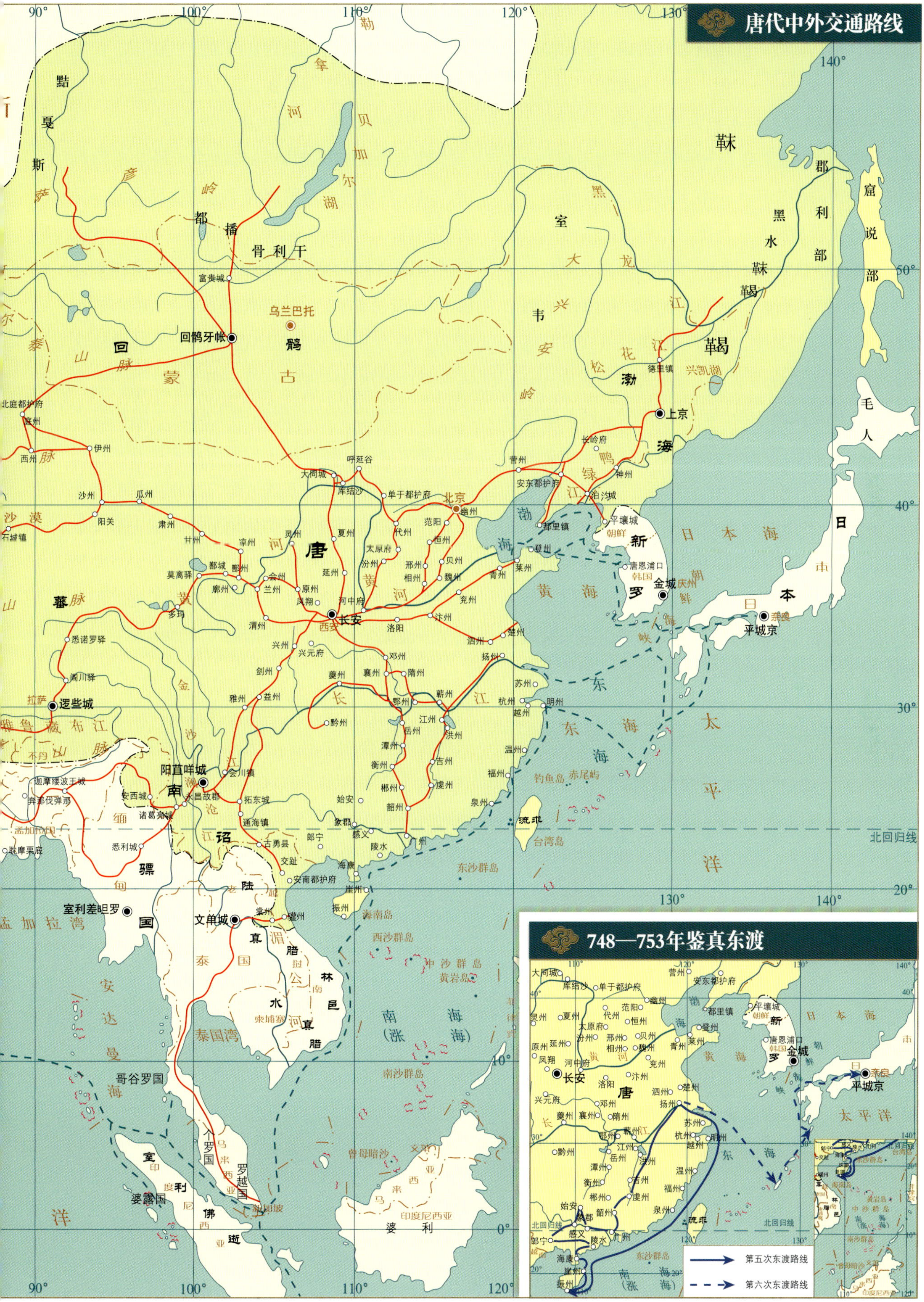

唐代中外交通路线

748—753年鉴真东渡

丝绸之路历史 SICHOU ZHI LU LISHI

原）→石门关→会州（今甘肃靖远）→乌兰关→逾黄河、越乌鞘岭→河西走廊→武威，至此与南道合二为一→甘州→肃州→瓜州→敦煌。

东大段之青海路实则为南路支脉，狄道/兰州→河州（今甘肃临夏）→鄯州（今青海乐都）→鄯城（今青海西宁市）→渡大通河，越祁连山→大斗拔谷（今扁都口）→删丹（今甘肃山丹），至此与北道合二为一→甘州→肃州→瓜州→敦煌。

中大段主要位于今新疆境内。敦煌是丝绸之路东段节点，其中，主要以阳关、玉门关为地标，阳关位于敦煌西南、玉门关在其西北向——继续西行就是丝路中段，西南出阳关，西北出玉门关，由此构成了中段三条路线，分南、中、北三路。

中大段之南路为敦煌→阳关，向西南进入塔克拉玛干沙漠南缘、昆仑山北麓的绿洲带→石城镇（今新疆若羌）→播仙镇（今新疆且末西南）→于阗镇（今新疆和田南）→皮山镇（今新疆皮山）→碛南州郅支满城（今新疆叶城）→喝盘陀（今新疆塔什库尔干），之后穿越葱岭，进入中亚。

中大段之中路为属于汉代西域的北道。玉门关→西州高昌（今新疆吐鲁番），而后沿塔克拉玛干沙漠北缘、天山南麓的绿洲地带西行→焉耆镇（今新疆焉耆西南）→乌垒州（今新疆轮台东）→龟兹镇（今新疆库车）→姑墨州拨换城（今新疆阿克苏）→疏勒（今新疆喀什），之后逾过葱岭，进入中亚。

中大段之北路为敦煌→莫贺延碛（今哈顺戈壁，位于罗布泊和玉门关之间）→伊州（今新疆哈密），然后逾过天山→蒲类海（今巴里坤湖）→北庭都护府（在今新疆吉木萨尔北）→轮台（今新疆米泉）→弓月城（今新疆霍城西）→渡伊丽水（今伊犁河）→碎叶镇（今吉尔吉斯北部的托克马克），进入中亚。

西大段是指西域通往中亚、西亚、南亚以及欧洲的陆路交通。当时此路段上的国家、民族众多，政治形势复杂多变，因此该路段除干线之外，包括诸多支线。干线大体分南、中、北三道。

西大段之南路起始与丝路中大段之南路相接，进入乌浒河（今阿姆河）上游区，由此一分为二：其一，帕米尔瓦罕谷→兴都库什山→吐火罗（今阿富汗北部）→罽宾国（今阿富汗东北部）→天竺北部（今巴基斯坦与印度北部地区）；其二，帕米尔瓦罕谷地→大小勃律地区（今克什米尔及印度河沿岸一带）。

西大段之中路与丝路中大段之中路相接，进入粟特地区。拔汗那（位于吉尔吉斯费尔干纳盆地）→昭武九姓的石国（今乌兹别克首都塔什干）→曹国（今费尔干纳盆地）→康国（今乌兹别克撒马尔罕）→何国（撒马尔罕西）→安国（今乌兹别克布哈拉）→穆国（今土库曼斯坦马里）→波斯（今伊朗）→西海（今地中海）。

西大段之北路与丝路中大段之北路相接，碎叶镇→怛罗斯城（今哈萨克斯坦江布尔），越过药杀水（今锡尔河）→大湖（今咸海），渡过亦克水（今里海东北的恩巴河）→得嶷水（今里海北面的乌拉尔河）→阿得拉水（今伏尔加河）→黑海沿岸的卡拔亚（今乌克兰刻赤）和东罗马帝国首都君士坦丁堡（今土耳其伊斯坦布尔）。

唐王朝的民族政策
TANGWANGCHAO DE MINZU ZHENGCE

唐王朝实行开明的民族政策，比较平等地对待周边各民族，有力促进形成了当时多民族融合的繁荣局面，唐太宗曾说："自古贵中华，贱夷狄，朕独爱之如一，故其种落皆依朕如父母。"将所谓的"夷狄"与汉族平等看待，非以往视少数民族为异类。唐朝积极发展与各民族之间的商贸往来，除了在边境设立互市监进行贸易外，还允许各国各族商人在内地进行自由贸易，在长安、洛阳、扬州、成都等地的各国商人数量较多。唐朝重视与各国各族的文化交流，允许域外人员入长安学习，贞观年间进入长安国子学的各国各族子弟多达数千人。概而言之，唐王朝以维护国家统一和安定团结为宗旨，尊重各族利益与民族交往，制定了一系列比较开明且进步的民族政策，可以说在中国民族政策发展史上具有里程碑意义。

唐代民族政策特点有二，即进取性与羁縻性。进取性特征即表现在唐朝作为中国传统社会繁荣时期，开疆拓土，疆域空前扩大，最强盛时期的疆界可东到今朝鲜半岛，西至西域，南达越南中部，北至今蒙古大草原。羁縻性特征是"以夷治夷"之策。这是在总结过去历代王朝针对边疆少数民族地区设置边郡、边县，左郡、左县的经验基础上，采取设立羁縻府州的管理政策，保留少数民族原有的管理模式，即其行政机构维持原有，且各级官吏由本族人担任。但是，不允许自立为王侯、都督等，封号爵位与官衔职务须由唐王朝封赐和授命，否则视为非法。唐代实行羁縻府州的民族政策，使得唐王朝大规模开疆拓土的目的得以实现，并且较好地解决了边疆地方行政建置、民族矛盾等棘手问题，这对当时中国多民族国家的不断融合与形成，发挥了较大的历史

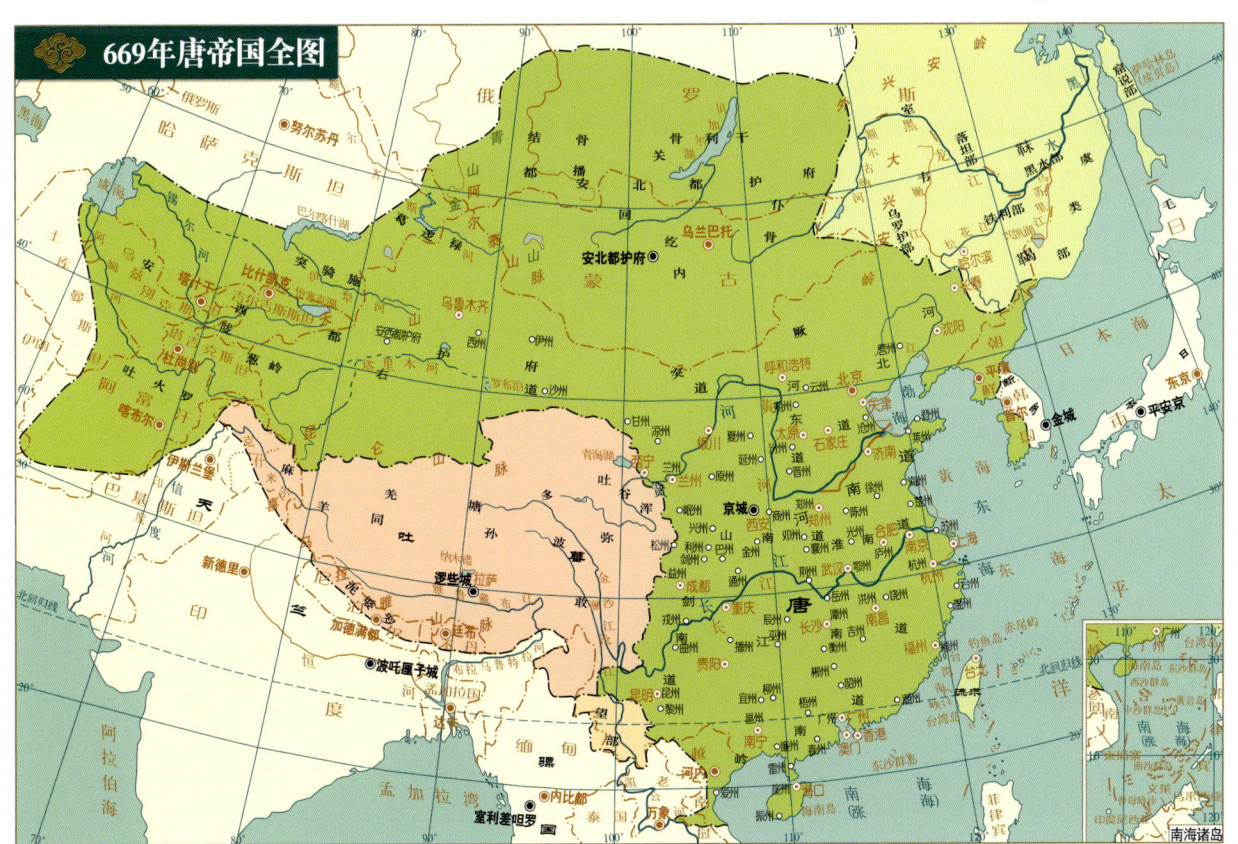

丝绸之路历史 SICHOU ZHI LU LISHI

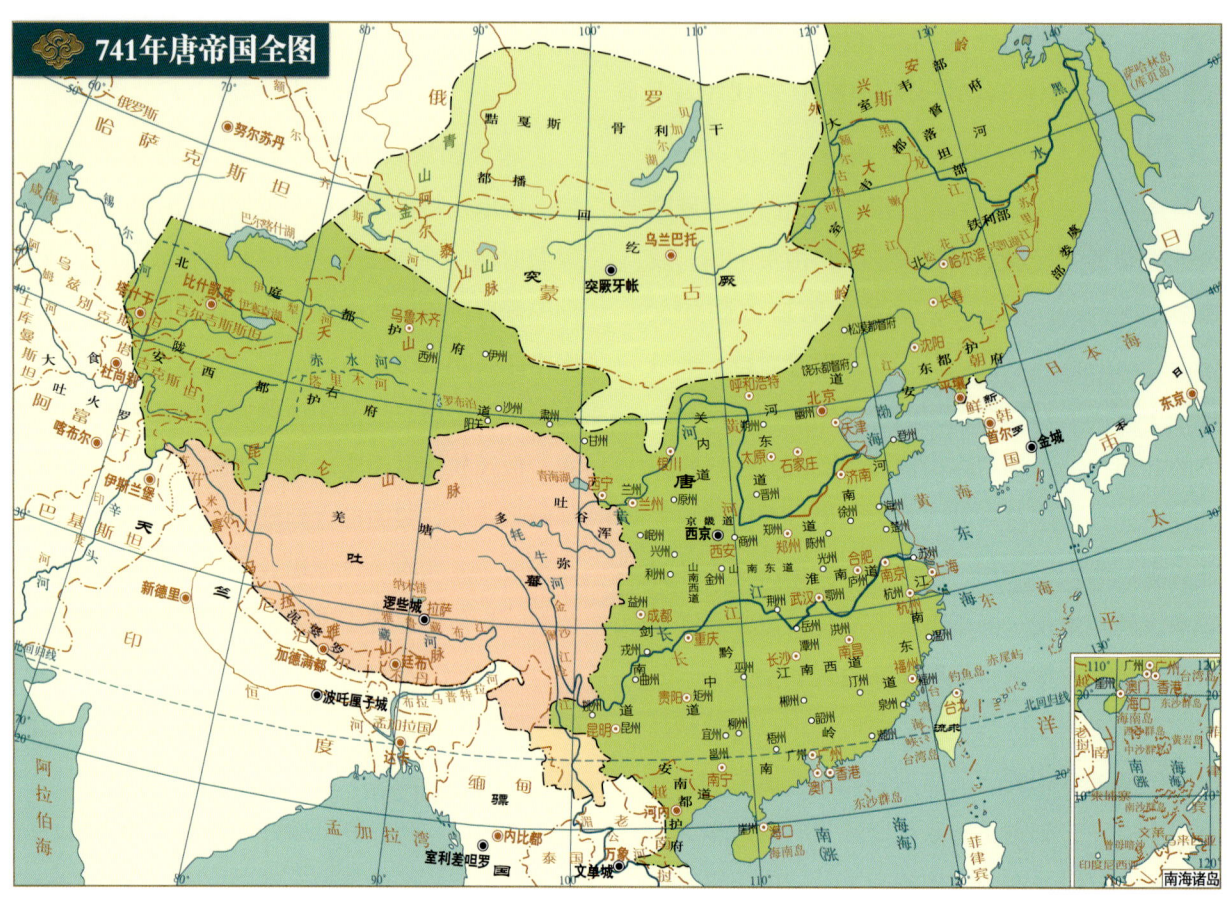

741年唐帝国全图

作用。

唐朝华夷一统，空前开放。今新疆地区是古代丝路中枢要道，多元文化、多元经济互相交融，共同发展，安定稳固的社会环境保障了丝绸之路持续畅通且更加繁荣，亦是中西交流的大动脉。唐代统一之后，西域农业开发，经济交流更加推进，异常繁荣。随着汉人大批迁入天山南北，带来了中原先进的农业技术，农作物品种不断丰富。考古证明，西域出土的唐代粮食作物中，稻、麦、黍、粟诸品类齐全，这也是丝路交流的直接反映之一。

新疆地区富有矿产资源，如史书载疏勒产铜、铁，龟兹饶铜、铁、铅等，在丰富矿产的基础上，西域诸国形成了各具特色的手工业。如于阗的采玉、制毯、制陶，龟兹的冶铸、木器加工、纺织等。考古发现显示，于阗的工艺制品有很高的艺术性，受希腊、犍陀罗风格的强烈影响，龟兹的手工制品艺术性与实用性兼具。

丝绸之路作为东西贸易的大通道，诸多商品由此流通，丝绸贸易自是重头戏，这在吐鲁番文书中多有记载，流通于当时新疆地区的丝绸种类很多，且多是内地所产。市场贸易中专业的商人被称为"行客"。粟特人作为善于经商的族群，在丝路交流中谱写了不朽的诗篇。隋唐时期的粟特人，担负起丝路交流的重任，唐代文献中出现的"行客""兴胡"多是指粟特人。

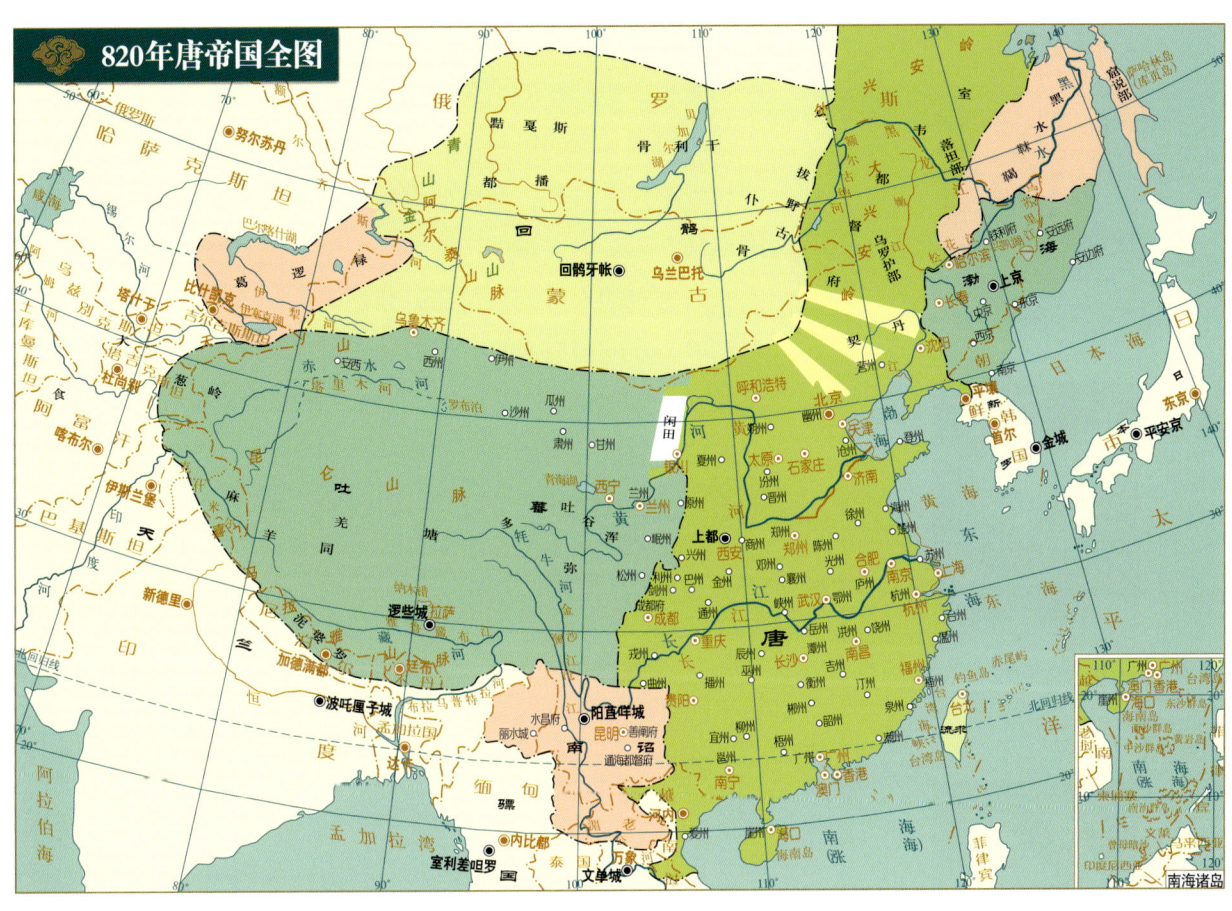

820年唐帝国全图

唐长安城里的外国人
TANG CHANG'AN CHENGLI DE WAIGUOREN

唐长安城是当时的国际大都会，大批从事政治交往、商业贸易的外国使者和商贾来到此地，还有各国僧侣、学者、乐人等也络绎不绝。可以说，活跃在长安城内的大批老外，质使通好者有之，求学取经者有之，从事商贸者有之，献艺谋生者有之，不一而足。唐王朝在长安城内设置了鸿胪寺、礼宾院等专门机构，负责接待和管理。

居住在当时长安城的中亚人，他们自身所具有的乡土文化和习俗，逐渐对长安城的市井生活产生了莫大的影响，以至于后来竟刮起了所谓的"胡化"之风。这些中亚人还曾在唐王朝担任各类官职，比如昭武九姓国的康国人康谦，初期经商，在长安算是富商大贾，后来在唐玄宗时期，被任命为安南都护，到了唐肃宗时期，被任命为鸿胪寺卿，专门管理唐朝域外来客；还有康植，被封武卫大将军；安国人安兴贵，唐初为右武卫大将军、归国公；米国人米继芬，自其父时代即来长安做质子，后来米继芬又继续做质子。还有当时的诸多域外流亡王公贵胄，及示好唐朝而质子长安的那些人，如波斯王子卑路斯，其父为波斯萨珊王朝末主，当时大食（阿拉伯帝国）东侵，卑路斯求助于唐，唐曾以卑路斯为波斯都督府都督，高宗时授其右威卫将军，最终客死长安。其实，这些人已经不是质子身份，俨然就是当时的长安人了。除此之外，颇多中亚艺人，如演唱者安万善、康昆仑、米嘉荣、米和等人，胡乐演奏者曹妙达、曹保、曹纲、曹善才等人，胡舞表演者米禾稼、米万槌等人。所有提到的这些人员，仅仅是当时居住于长安城内的外国友人们的一个缩影，域外普通民众更是多不胜数，当时长安西市就有多处胡人聚居区。

唐长安城内民众的吃饭与穿衣等日常生

丝绸之路历史 SICHOU ZHI LU LISHI

活,已然受到了诸多外来文化的强烈影响。在饮食上涌现了多种风味特色小吃,如源自中亚的胡麻饼、饆饠等食品。唐代诗人白居易在《寄胡饼与杨万州》一诗中还专门提到了胡麻饼:"胡麻饼样学京都,面脆油香新出炉。寄与饥馋杨大使,尝看得似辅兴无。"饆饠即毕罗,是一种包馅的面制点心,当时长安长兴坊有胡人开的饆饠店,包括蟹黄饆饠、樱桃饆饠、天花饆饠等,当时颇有名气。当时长安城西北角的铺兴坊是以胡麻饼知名,而长兴坊则以毕罗闻名。在服饰方面,唐开元时期"穿着胡服、佩戴胡帽"已渐成为习惯。这些胡风东渐影响下的唐代长安城市井生活,在唐代诸多诗人笔下有着鲜活的记录,如唐代现实主义诗人元稹的《和李校书新题乐府十二首·法曲》:"……自从胡骑起烟尘,毛毳腥膻满咸洛。女为胡妇学胡妆,伎进胡音务胡乐。火凤声沉多咽绝,春莺啭罢长萧索。胡音胡骑与胡妆,五十年来竞纷泊。"

唐代长安城的社会生活胡化之风盛行,唐王朝的中外商贸更是异常的繁荣,尤其是当时的西市和东市,是当时国际性商贸大市场。期间活跃着大批中外商人,特别是在西市附近,外国商人聚集较多,这些现象在唐代文献中有所记载,如西市商胡、西市贾胡、西市波斯邸等称呼。据说外国商人多达数千人,足见当时中外贸易之盛况。

由于商贸繁荣,唐代域外商客的生活,也就成为文人墨客吟诗作赋的题材之一。

唐代丝绸之路上的中西文明交往
TANGDAI SICHOU ZHI LU SHANG DE ZHONGXI WENMING JIAOWANG

著名社会学、人类学大家费孝通先生曾说:"美美其美,美人之美;美美与共,天下大同。"其意思是说,各民族、各国家都拥有自己优秀的文化,优秀的异质文化之间如果互相理解、包容和学习,那么就可以融合成一个多彩的世界。天下大同即和谐共生,是世界文化的大势。古代丝绸之路上中西文明交往的几个主要时期及发展大势,似乎可以用上述16字进行概括。

唐代在中西文明交往上的表现,反映出了"美美与共,天下大同"的含义。唐王朝当时的外交关系具有世界性,用当今流行语言表达就是"全球化"特征。唐朝向西与中亚、西亚诸国,以及非洲、欧洲等地,向南与中南半岛、南洋群岛和南亚诸国都建

唐人身着汉服、胡服并立图
(章怀太子墓中的壁画)

唐代仿北胡皮革水袋的镀银罐

唐三彩胡人背猴骑驼俑
(唐开元年间)

出土于河南洛阳,高73cm,长55cm。人、驼、猴刻画生动,三彩釉施釉匀净、无瑕疵,配色自然,清丽而不浮华,塑造艺术和三彩釉的烧制技术都达到了极其娴熟的高度,显示了我国唐三彩技艺之精湛。

立了诸多邦交联系。唐王朝一般将外国、诸少数部族称之为"蕃"。据《大唐六典》记载，最初与唐朝往来的"蕃"有300多个，后来由于相互吞并和相继灭亡，到开元时期有70多个。与边疆少数民族政权之间的外交关系（当时与唐朝并立，而当前为我国少数民族），如吐蕃、突厥、回纥、靺鞨、南诏、渤海等。与域外国家的外交关系（当今我国境外的国家和地区），如天竺、狮子国、大食、波斯、真腊、占城、泥婆罗、尸利佛誓、坚昆、日本、拂林、高丽、新罗、百济、昭武九姓国等。

当时与唐王朝往来最密切，唐朝对其影响最大的则是东亚各国，包括高丽、新罗、百济、日本等国。尤其是日本多次派遣唐使入中国，以及大批留学生、僧人到唐长安城留学；与此同时，当时诸多唐朝人为中日交流也作出了突出贡献，如唐高僧鉴真（688—763年，作为高僧，他又是著名医学家，佛教南山律宗祖师，也是日本佛教南山律宗的开山祖师），他不畏艰险，六次东渡日本，讲授佛学理论，传播博大精深的中华文化，受到中日人民和佛学界的尊敬。双方的交流都反映出中华文化曾对日本产生过极大影响，促进了日本佛学、医学水平的提高和社会经济的发展。

又如当时日本著名遣唐留学生阿倍仲麻吕（698—770年，入唐之后改名为晁衡），于唐开元五年（717年），由日本政府派遣入唐。当时是日本政府第八次遣唐船，由557人组成，从日本难波（今大阪）起航。晁衡学成之后客居长安，并担任了唐王朝左散骑常侍、安南都护等官职，是中日历史文化交流杰出使者代表之一。在长安期间，他曾因思念故土，请求归国探视年迈双亲，不巧途中遇到风暴，历经险情，长安城内误传晁衡已溺死。多数亲朋故交得知此消息后，都表达了深深的悼念之情，其好友大诗人李白写下了《哭晁卿衡》："日本晁卿辞帝都，征帆一片绕蓬壶。明月不归沉碧海，白云愁色满苍梧。"不成想晁衡竟死里逃生，又辗转返回长安，之后一直客居长安城至终老。

在中亚地区，与唐王朝有外交关系的国家主要有：昭武九姓国（今乌兹别克境内，由康、安、曹、石、米、何、火寻、戊地、史等9个国家组成）、拔汗那（今塔吉克斯坦境内纳巴德）、䫻苏（今塔吉克斯坦的杜尚别）、骨咄（今塔吉克斯坦的库利亚布）、石汗那（今乌兹别克斯坦的迭脑）等。这些国家与唐朝均有朝贡关系，尤其是昭武九国，与唐朝经济关系非常密切，当时有大批昭武九姓的商人在中国经商。

中亚以西的波斯、拂林、大食等国，都与唐王朝有或多或少商贸和文化交流。其中，大食在灭亡了波斯以后，势力开始向东发展，以至于达到了唐王朝的西部边境，双方曾发生过战争——怛罗斯之战。该战役发生于唐玄宗天宝十年（751年）的七至八月，最后以阿拔斯王朝（即黑衣大食）的胜利告终。在怛罗斯之战后，阿拉伯帝国完全控制了中亚，中亚开始了整体伊斯兰化的过程，从此在西域的汉唐文明开始弱化。其实，尽管怛罗斯之战失败，唐王朝在西域的影响力并未受到根本动摇，公元754年东曹国王设阿忽、安国副王野斛及诸胡九国王遣使上表，请求同心攻打阿拔斯王朝。与此同时，唐王朝仍在中亚继续扩张；至753年，封常清破大勃律攻占菩萨劳城，之后在754年又率军攻破播仙。至此，唐朝对西域的反击取得了全面胜利，此时在西域的势力也达到了极盛。然而，随后在755年爆发的安史之乱，却成了唐王朝在西域政治关系史上的真正转折点。

在南亚、东南亚地区，与唐王朝有外交关系的主要有五天竺（包括印度、巴基斯坦、孟加拉等国）、狮子国（今斯里兰卡）、泥婆罗（今尼泊尔）、箇失蜜（今克什米尔）、大小勃律（今克什米尔西北部）、环王国（今越南中南

丝绸之路历史 SICHOU ZHI LU LISHI

步辇图，唐代画家阎立本绘

绘画内容取材于唐代贞观八年（634年）吐蕃首领松赞干布与文成公主联姻的事件，画面描绘了唐太宗李世民接见吐蕃使臣禄东赞的情景。

部）、真腊（今柬埔寨）、骠国（今缅甸伊洛瓦底江流域）、诃陵（今印尼爪哇岛）等。唐高僧玄奘、使者李义表、王玄策等人都先后到达过五天竺；五天竺等地的高僧、医生亦有多数到过唐朝。狮子国、泥婆罗、箇失蜜、大小勃律等国与唐朝保持了朝贡关系，有密切的文化交流。

在唐代，中西文明的交往异常频繁，双方的交往实际包括了社会文化的诸多方面，如科技、文化、商贸、宗教等，这些无疑在客观上对于当时世界文明交往具有极大的历史意义。

唐代当时的科学技术，如天文、医药、建筑、地理、算数、造船与航海、印刷造纸术等，都算是当时世界最高水平。火药已在唐朝后期开始运用于军事，至于中国的印刷术、造纸术的发明更是对世界文化发展的重要贡献，尤其是后者对当时世界产生了很大的影响。唐王朝的文化成就对当时世界各国文化发展都产生过或多或少的影响，尤其是东方各国，唐朝的制度政策、儒道之学、诗词歌赋、音乐舞蹈、绘画雕塑、服饰装束、习俗风尚等，都成为东亚诸国纷纷仿效之对象。如当时的日本、高丽、新罗、百济、渤海等国，皆仿效唐朝职官制度、赋税制度建立了各自的制度；除此之外，唐朝的律令制度对当

隋唐

时的日本、朝鲜半岛、东南亚地区的影响亦非常之大。唐时期中华文化向外的扩散无疑非常之广，大约公元8—9世纪，中医学传到了阿拉伯地区，阿拉伯著名医学名著《医经》中讲到中医的诊脉；中国音乐至迟在唐初已传到了印度，因为玄奘赴印度求法时，印度戒日王与玄奘聊过"秦王破阵乐"。

唐王朝也吸纳兼容外来文化。对天竺天文历法的引入和应用，如唐代僧一行创制的"大衍历"就吸取了诸多天竺天文历法的成果。唐代域外乐舞的传入，对我国古代音乐舞蹈发展具有重要的历史意义。唐代的乐典设置了十部乐，包括燕乐、清乐、西凉乐、天竺乐、高丽乐、龟兹乐、安国乐、疏勒乐、康国乐、高昌乐，多数为西域少数民族和外国音乐，唐代许多著名音乐家多是西域、中亚人及其后裔。唐代舞蹈，尤其是由西域和中亚传入的胡旋舞、胡腾舞、柘枝舞，非常受当时各个阶层的民众喜爱。据说杨贵妃擅长跳胡旋舞，有一次唐玄宗为跳舞的杨贵妃击鼓，情不自禁之下，把鼓都击破了。

例如唐代著名诗人白居易写的一首名为《胡旋女》的诗，把胡旋舞之美和舞者之美描绘的惟妙惟肖，诗中交代了胡旋舞的产地及在中原流行的大致情形，并提及善胡旋舞者如何受到唐玄宗的赞赏和器重。可以看出，

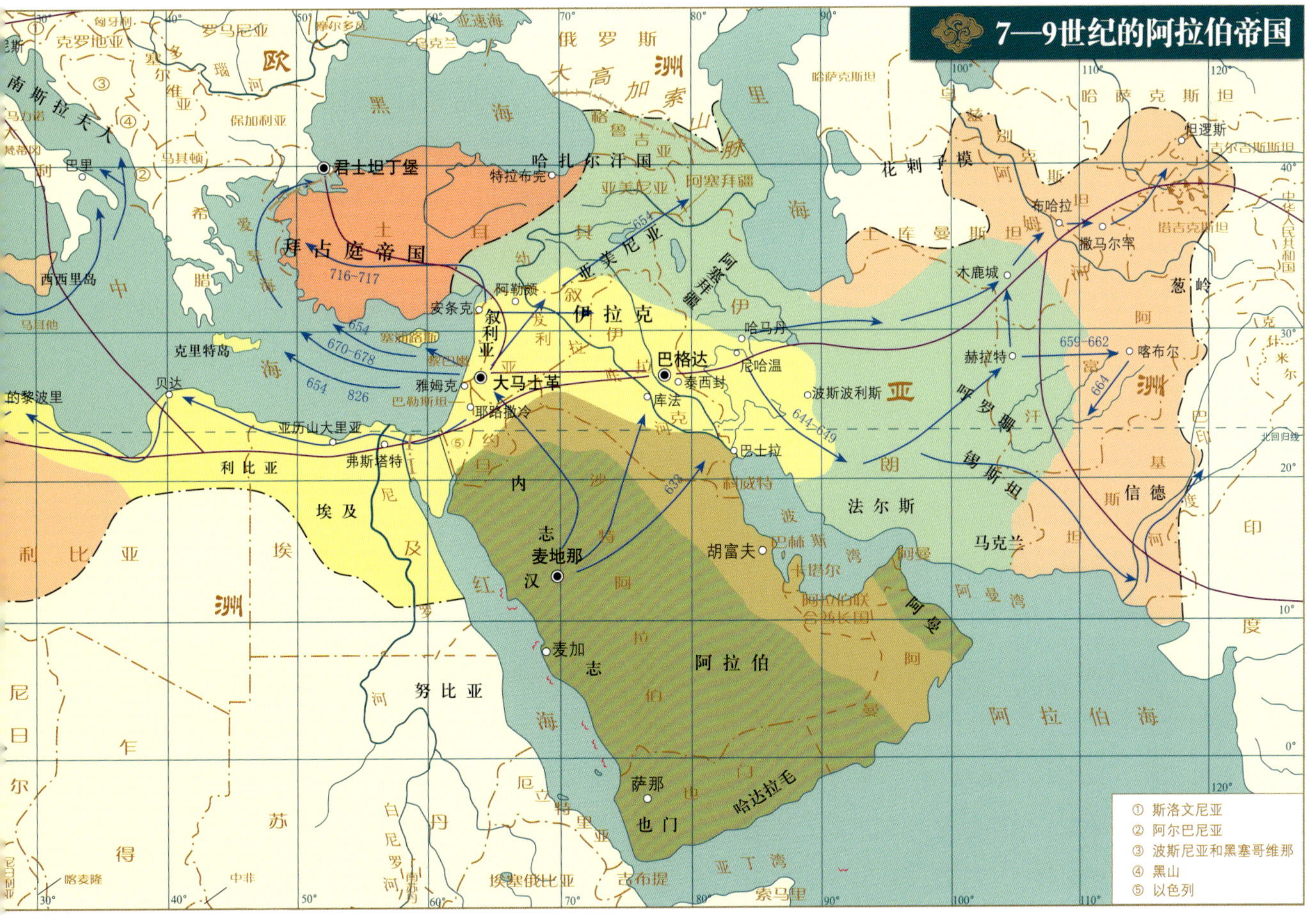

唐代高僧鉴真

身着唐服的阿倍仲麻吕画像

7—9世纪的阿拉伯帝国

① 斯洛文尼亚
② 阿尔巴尼亚
③ 波斯尼亚和黑塞哥维那
④ 黑山
⑤ 以色列

丝绸之路历史 SICHOU ZHI LU LISHI

唐代宫乐图

白居易在描述此舞惊艳的同时，亦表达出对唐代君主沉溺于胡旋舞的批判态度。诗句如下：

　　胡旋女，胡旋女。心应弦，手应鼓。
　　弦鼓一声双袖举，回雪飘飘转蓬舞。
　　左旋右转不知疲，千匝万周无已时。
　　人间物类无可比，奔车轮缓旋风迟。
　　曲终再拜谢天子，天子为之微启齿。
　　胡旋女，出康居，徒劳东来万里余。
　　中原自有胡旋者，斗妙争能尔不如。
　　天宝季年时欲变，臣妾人人学圜转。
　　中有太真外禄山，二人最道能胡旋。
　　梨花园中册作妃，金鸡障下养为儿。
　　禄山胡旋迷君眼，兵过黄河疑未反。
　　贵妃胡旋惑君心，死弃马嵬念更深。
　　从兹地轴天维转，五十年来制不禁。
　　胡旋女，莫空舞，数唱此歌悟明主。

除此之外，祆教、景教、摩尼教等域外宗教也在唐代传入我国，这当然是丝绸之路上中外文化交流的重要内容之一。祆教又称波斯教、拜火教，祆教通过丝绸之路传入，唐代最为兴盛。当时长安城里的一些坊里设置有祆教祠，并把专门管理祆教的官员称之为"萨宝"。景教属于基督教的一支，创始者为叙利亚人聂思脱里，唐贞观九年（635年）阿罗本来到长安传教，自此三年后在长安的义宁坊建了一座大秦寺。根据现存的《大秦景教流行中国碑》记载，景教传到长安以后，在唐高宗与唐肃宗时期盛况空前，当时景教的寺院在中国各地纷纷建立。摩尼教的创始人是波斯人摩尼，该教大约在7世纪末传入中国。当时长安城建立有摩尼教寺，也有人称其为光明寺，之后又陆续在全国其他一些州县建寺，其发展盛况可见一斑。

在中外宗教交流方面，当然必须提到唐代高僧唐玄奘。玄奘于629年自长安私自出发，冒险前往天竺。沿途经凉州至瓜州，偷渡关隘，穿过沙碛到达伊吾（今哈密），于次年正月抵达高昌，在途经高昌国时，得高昌王麹文泰礼重供养，复欲强留玄奘以为国之法导，但他婉言谢

时的日本、朝鲜半岛、东南亚地区的影响亦非常之大。唐时期中华文化向外的扩散无疑非常之广，大约公元8—9世纪，中医学传到了阿拉伯地区，阿拉伯著名医学名著《医经》中讲到中医的诊脉；中国音乐至迟在唐初已传到了印度，因为玄奘赴印度求法时，印度戒日王与玄奘聊过"秦王破阵乐"。

唐王朝也吸纳兼容外来文化。对天竺天文历法的引入和应用，如唐代僧一行创制的"大衍历"就吸取了诸多天竺天文历法的成果。唐代域外乐舞的传入，对我国古代音乐舞蹈发展具有重要的历史意义。唐代的乐典设置了十部乐，包括燕乐、清乐、西凉乐、天竺乐、高丽乐、龟兹乐、安国乐、疏勒乐、康国乐、高昌乐，多数为西域少数民族和外国音乐，唐代许多著名音乐家多是西域、中亚人及其后裔。唐代舞蹈，尤其是由西域和中亚传入的胡旋舞、胡腾舞、柘枝舞，非常受当时各个阶层的民众喜爱。据说杨贵妃擅长跳胡旋舞，有一次唐玄宗为跳舞的杨贵妃击鼓，情不自禁之下，把鼓都击破了。

例如唐代著名诗人白居易写的一首名为《胡旋女》的诗，把胡旋舞之美和舞者之美描绘的惟妙惟肖，诗中交代了胡旋舞的产地及在中原流行的大致情形，并提及善胡旋舞者如何受到唐玄宗的赞赏和器重。可以看出，

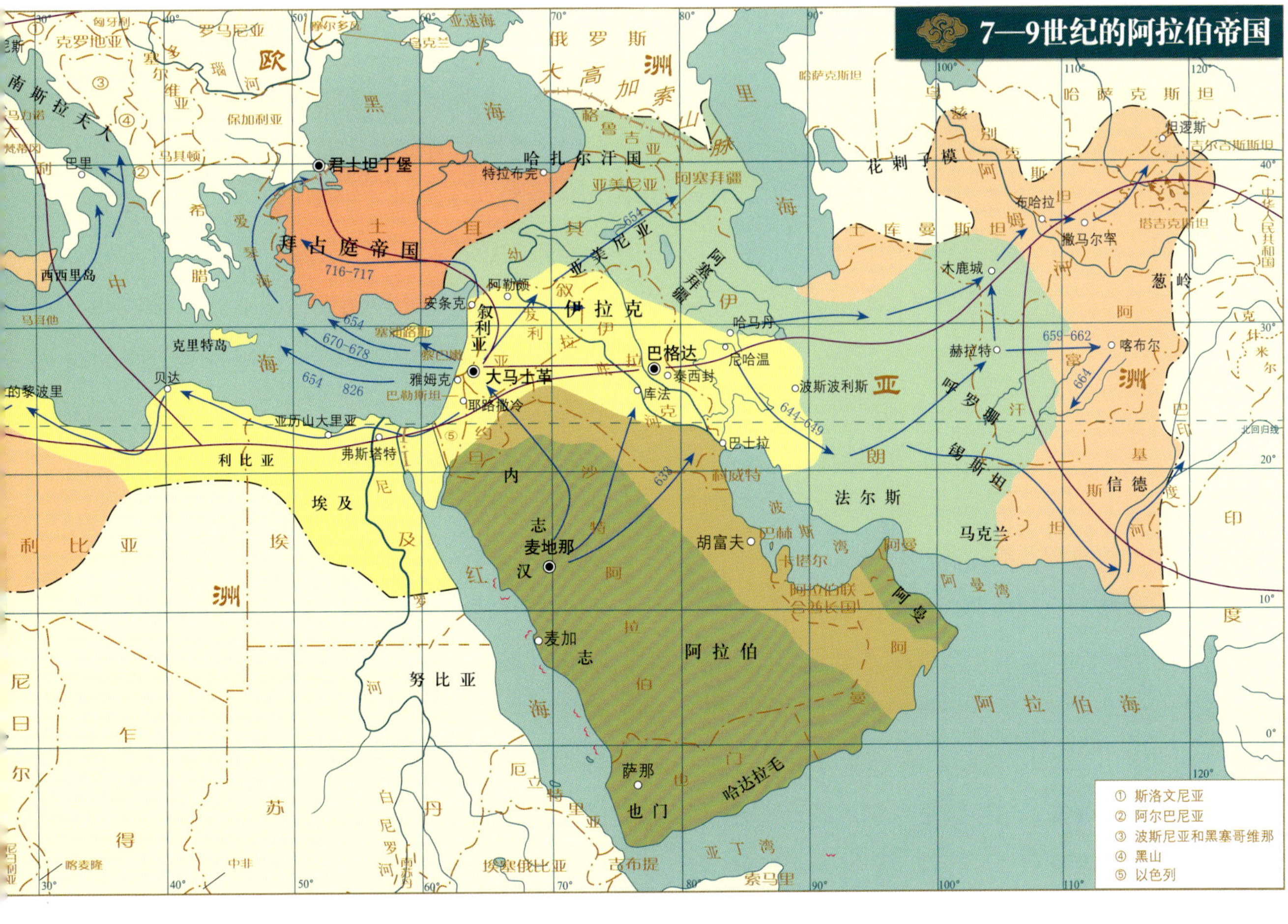

唐代高僧鉴真

身着唐服的阿倍仲麻吕画像

7—9世纪的阿拉伯帝国

丝绸之路历史 SICHOU ZHI LU LISHI

唐代宫乐图

白居易在描述此舞惊艳的同时，亦表达出对唐代君主沉溺于胡旋舞的批判态度。诗句如下：

胡旋女，胡旋女。心应弦，手应鼓。
弦鼓一声双袖举，回雪飘飘转蓬舞。
左旋右转不知疲，千匝万周无已时。
人间物类无可比，奔车轮缓旋风迟。
曲终再拜谢天子，天子为之微启齿。
胡旋女，出康居，徒劳东来万里余。
中原自有胡旋者，斗妙争能尔不如。
天宝季年时欲变，臣妾人人学圜转。
中有太真外禄山，二人最道能胡旋。
梨花园中册作妃，金鸡障下养为儿。
禄山胡旋迷君眼，兵过黄河疑未反。
贵妃胡旋惑君心，死弃马嵬念更深。
从兹地轴天维转，五十年来制不禁。
胡旋女，莫空舞，数唱此歌悟明主。

除此之外，祆教、景教、摩尼教等域外宗教也在唐代传入我国，这当然是丝绸之路上中外文化交流的重要内容之一。祆教又称波斯教、拜火教，祆教通过丝绸之路传入，唐代最为兴盛。当时长安城里的一些坊里设置有祆教祠，并把专门管理祆教的官员称之为"萨宝"。景教属于基督教的一支，创始者为叙利亚人聂思脱里，唐贞观九年（635年）阿罗本来到长安传教，自此三年后在长安的义宁坊建了一座大秦寺。根据现存的《大秦景教流行中国碑》记载，景教传到长安以后，在唐高宗与唐肃宗时期盛况空前，当时景教的寺院在中国各地纷纷建立。摩尼教的创始人是波斯人摩尼，该教大约在7世纪末传入中国。当时长安城建立有摩尼教寺，也有人称其为光明寺，之后又陆续在全国其他一些州县建寺，其发展盛况可见一斑。

在中外宗教交流方面，当然必须提到唐代高僧唐玄奘。玄奘于629年自长安私自出发，冒险前往天竺。沿途经凉州至瓜州，偷渡关隘，穿过沙碛到达伊吾（今哈密），于次年正月抵达高昌，在途经高昌国时，得高昌王麹文泰礼重供养，复欲强留玄奘以为国之法导，但他婉言谢

时的日本、朝鲜半岛、东南亚地区的影响亦非常之大。唐时期中华文化向外的扩散无疑非常之广，大约公元8—9世纪，中医学传到了阿拉伯地区，阿拉伯著名医学名著《医经》中讲到中医的诊脉；中国音乐至迟在唐初已传到了印度，因为玄奘赴印度求法时，印度戒日王与玄奘聊过"秦王破阵乐"。

唐王朝也吸纳兼容外来文化。对天竺天文历法的引入和应用，如唐代僧一行创制的"大衍历"就吸取了诸多天竺天文历法的成果。唐代域外乐舞的传入，对我国古代音乐舞蹈发展具有重要的历史意义。唐代的乐典设置了十部乐，包括燕乐、清乐、西凉乐、天竺乐、高丽乐、龟兹乐、安国乐、疏勒乐、康国乐、高昌乐，多数为西域少数民族和外国音乐，唐代许多著名音乐家多是西域、中亚人及其后裔。唐代舞蹈，尤其是由西域和中亚传入的胡旋舞、胡腾舞、柘枝舞，非常受当时各个阶层的民众喜爱。据说杨贵妃擅长跳胡旋舞，有一次唐玄宗为跳舞的杨贵妃击鼓，情不自禁之下，把鼓都击破了。

例如唐代著名诗人白居易写的一首名为《胡旋女》的诗，把胡旋舞之美和舞者之美描绘的惟妙惟肖，诗中交代了胡旋舞的产地及在中原流行的大致情形，并提及善胡旋舞者如何受到唐玄宗的赞赏和器重。可以看出，

唐代高僧鉴真

身着唐服的阿倍仲麻吕画像

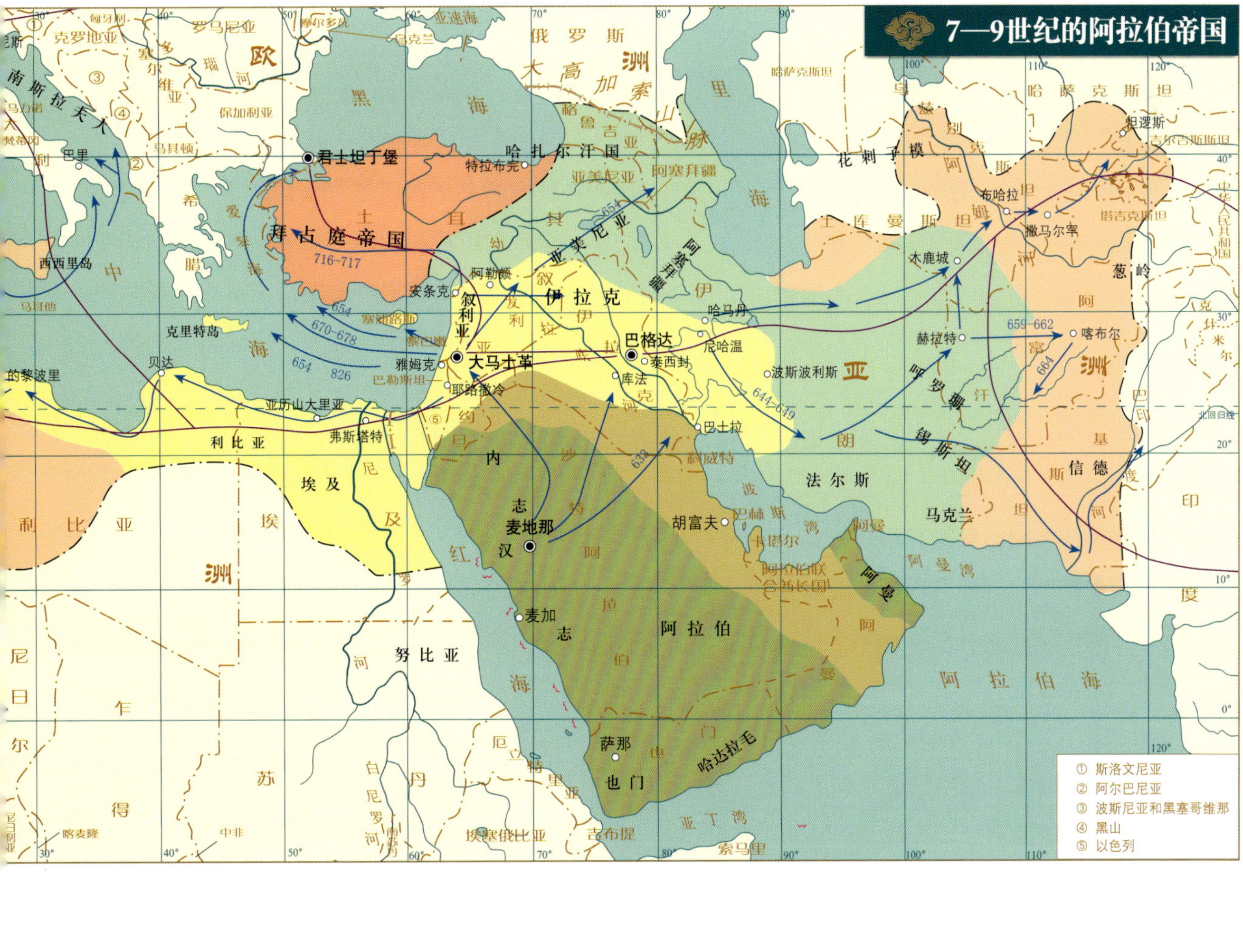

7—9世纪的阿拉伯帝国

丝绸之路历史 SICHOU ZHI LU LISHI

唐代宫乐图

白居易在描述此舞惊艳的同时，亦表达出对唐代君主沉溺于胡旋舞的批判态度。诗句如下：

胡旋女，胡旋女。心应弦，手应鼓。
弦鼓一声双袖举，回雪飘飘转蓬舞。
左旋右转不知疲，千匝万周无已时。
人间物类无可比，奔车轮缓旋风迟。
曲终再拜谢天子，天子为之微启齿。
胡旋女，出康居，徒劳东来万里余。
中原自有胡旋者，斗妙争能尔不如。
天宝季年时欲变，臣妾人人学圜转。
中有太真外禄山，二人最道能胡旋。
梨花园中册作妃，金鸡障下养为儿。
禄山胡旋迷君眼，兵过黄河疑未反。
贵妃胡旋惑君心，死弃马嵬念更深。
从兹地轴天维转，五十年来制不禁。
胡旋女，莫空舞，数唱此歌悟明主。

除此之外，祆教、景教、摩尼教等域外宗教也在唐代传入我国，这当然是丝绸之路上中外文化交流的重要内容之一。祆教又称波斯教、拜火教，祆教通过丝绸之路传入，唐代最为兴盛。当时长安城里的一些坊里设置有祆教祠，并把专门管理祆教的官员称之为"萨宝"。景教属于基督教的一支，创始者为叙利亚人聂思脱里，唐贞观九年（635年）阿罗本来到长安传教，自此三年后在长安的义宁坊建了一座大秦寺。根据现存的《大秦景教流行中国碑》记载，景教传到长安以后，在唐高宗与唐肃宗时期盛况空前，当时景教的寺院在中国各地纷纷建立。摩尼教的创始人是波斯人摩尼，该教大约在7世纪末传入中国。当时长安城建立有摩尼教寺，也有人称其为光明寺，之后又陆续在全国其他一些州县建寺，其发展盛况可见一斑。

在中外宗教交流方面，当然必须提到唐代高僧唐玄奘。玄奘于629年自长安私自出发，冒险前往天竺。沿途经凉州至瓜州，偷渡关隘，穿过沙碛到达伊吾（今哈密），于次年正月抵达高昌，在途经高昌国时，得高昌王麴文泰礼重供养，复欲强留玄奘以为国之法导，但他婉言谢

绝。离开高昌之后，玄奘西出吐鲁番盆地，转向天山南麓，一路西行，到达今阿克苏地区，再由此西行150km，越过天山支脉到达热海，即今吉尔吉斯斯坦伊塞克湖，复向西行，翻越天山进入碎叶水流域，他继续穿行于西域诸国，在克服了种种异常艰难险阻之后，终至天竺。在天竺的十余年间，唐玄奘曾请教过诸多著名高僧。贞观十七年（643年），唐玄奘启程回国。玄奘返国之路已大不同于赴印之旅，戒日王亲自送出很远，又派人护送，并赠大象驮经，一路还有一些国王迎送，其中，迦毕试国王就派人护送玄奘返程，护他翻越兴都库什山。此后玄奘随商旅一路向东，翻越葱岭，过喝盘陀国（今新疆塔什库尔干），又到疏勒，然后转向东南，过于阗，沿塔里木南道穿越西域，入玉门关，回到阔别了多年的长安，一路上共携带了657部佛经回到中土。唐贞观十九年（645年），当玄奘回到长安时，受到唐太宗的热情接待。之后唐玄奘在长安城内慈恩寺译经讲经。另外，由玄奘大师口述，其弟子辩机撰写的《大唐西域记》，堪称中国历史上的经典游记，后来到了明代演绎成了妇孺皆知的神话小说《西游记》。

唐玄奘西行图
（日本东京国立博物馆藏）

丝绸之路历史 SICHOU ZHI LU LISHI

宋代的丝绸之路
SONGDAI DE SICHOU ZHI LU

唐末，回鹘诸部纷纷外迁，其中，西迁西域的回鹘在各方势力的斗争下找到生存机遇，成立了安西回鹘政权，此后又逐渐衰落，代之而起的是北庭回鹘，他们建立了高昌回鹘王国。高昌回鹘控有天山以东的广大地区，与河西毗连。辽朝建立后，高昌归附并与辽朝保持着朝贡贸易，双方联系密切，同时也与中原王朝有着频繁的政治、经济交往。于阗在五代、北宋时主动与中原王朝保持良好联系。

喀喇汗王朝是9世纪到13世纪在塔里木盆地西部与帕米尔高原北部由操突厥语的民族建立的政权，也称黑汗王朝。在9世纪中后期，形成了高昌回鹘、于阗国，喀喇汗王朝（黑汗）三个地方政权。其后，喀喇汗王朝向东吞并于阗国，与高昌回鹘并立对峙于西域。后又分裂为东、西二部，而东、西喀喇汗王朝又都臣属于西辽王朝，随着西辽的衰败覆灭，东西喀喇汗王朝最终也都消亡了。

自女真从东北兴起，不断挤压契丹统治，辽政权最终亡于女真建立的金国，一部分契丹人

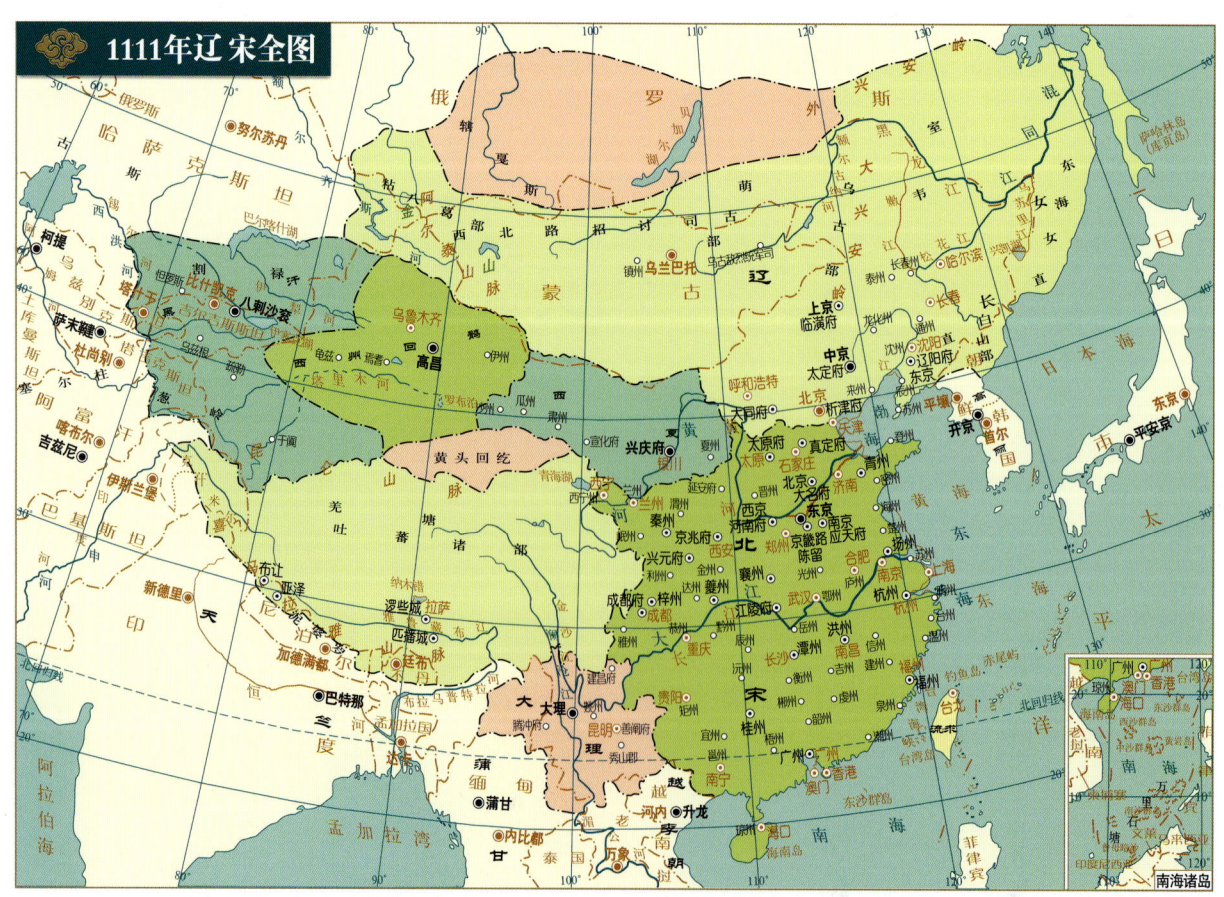

1111年辽宋全图

宋代

在皇族耶律大石的带领下西迁中亚，征服高昌回鹘，东、西喀喇汗王朝和花剌子模诸政权，建立西辽政权，统一了西域。西辽西征，控制了中亚地区形成较为长久的稳定，对中西交流与丝路贸易起到了促进作用。

陈桥兵变之后，赵宋王朝在中原建立，结束了唐末以来藩镇割据的战乱局面，但其统辖区域实际上仅限于中原、江南、岭南诸地，其北有契丹、女真两大政权相继崛起，西北有实力不容小觑的西夏政权与之并立，西南有吐蕃、大理称霸一隅。处在多方势力并存的地理格局之下，通往西方的交通不可避免受到西夏、吐蕃等政权与部族的干扰，即陆上丝绸之路东段和中段的主要连接地段——西北地区也并非处在宋朝统一政权控制之下，其局势错综复杂。因此，通往中亚乃至西欧的陆上交通并非一以贯通。然而，商业交往却并未因此隔断，宋与西夏、吐蕃等政权在辖区边境设置了诸多官方"榷场"，进行有控制的物资交换，贸易方式多样。另外，与前代相比，宋代经济中心和政治中心的南移，加之航海技术的进一步发展，海上丝绸之路有了较大的发展。

茶马互市 CHAMAHUSHI
丝绸之路上的宋、辽、西夏、吐蕃

唐代安史之乱以后，中央集权制的唐帝国开始衰落，藩镇割据、边防空虚，周边辽、西夏、吐蕃、大理、回鹘等少数民族地方政权迅速壮大。

北宋与辽针对燕云十六州的归属问题，曾发生数次战争。景德四年（1007年），双方签订了澶渊之盟，此后两国关系趋于缓和，商业贸易与文化交往取代了冲突与战争。据史料记载，北宋时代，辽曾派遣使节出使开封共有300次左右，人数在700人以上。官方的货物交往以马匹、毛织品、珍禽、金银、丝质彩帛为主，除官方交易外，辽朝时节及其随员常会携大量私有物品入宋交易。宋的印刷业比较发达，辽朝为发展文化事业，命南下使节大量收购书籍，甚至一些宋帝王与臣僚议论边事的文书也被辽人收入囊中，这些事情曾致使宋廷君臣大为震惊。

北宋与西夏的关系较为复杂，双方处于战和不定的胶着状态，为此耗损了大量的人力、物力和财力。庆历二年（1042年）双方议和，此后西夏向宋入贡有22次之多，贡物主要包括马匹、鞍、橐驼、香物、药材等，其中马匹和药材，是宋亟需之物；宋回赐的物品往往也十分优厚，主要包括金、银、帛、茶、书籍、衣物和手工业品等。据时人估计，西夏通过贡赐贸易和榷场贸易的收入达到了300多万两白银，超过当时宋辽间的贸易额。西夏政权为增强统治，努力发展文化教育事业，曾求赐予国子监印书和大量佛经。西夏仿照中原地区的汉字，创造了西夏文。印刷技术与书籍的传播，为西夏诸地带来了汉文化，客观上促进了当地文化教育事业的发展，有力地推动了民族之间的交流与融合。

吐蕃与北宋的关系也较为复杂。李唐时期，吐蕃极盛一时，是唐帝国主要边患。唐末五代时期，吐蕃势力衰落，它的东部部族以西凉府、河湟青唐为中心，散处于今甘肃、

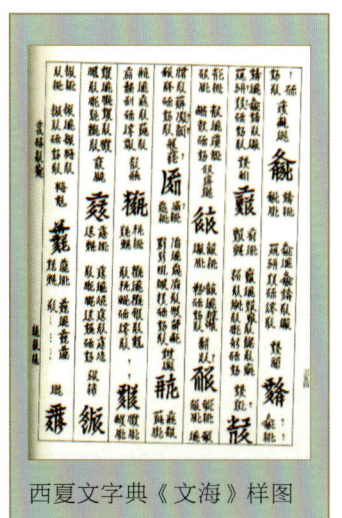

西夏文字典《文海》样图

丝绸之路历史 SICHOU ZHI LU LISHI

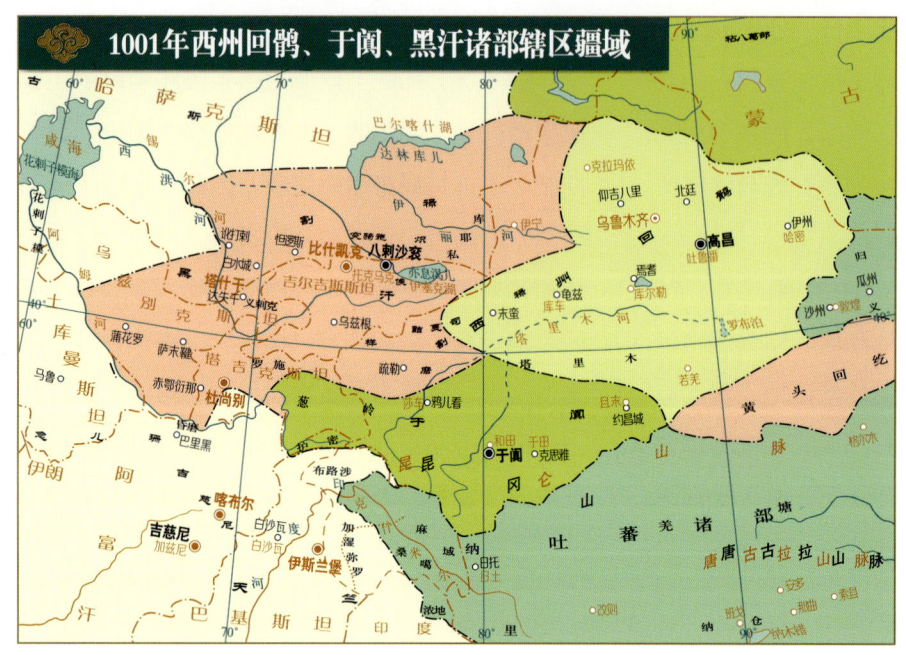

1001年西州回鹘、于阗、黑汗诸部辖区疆域

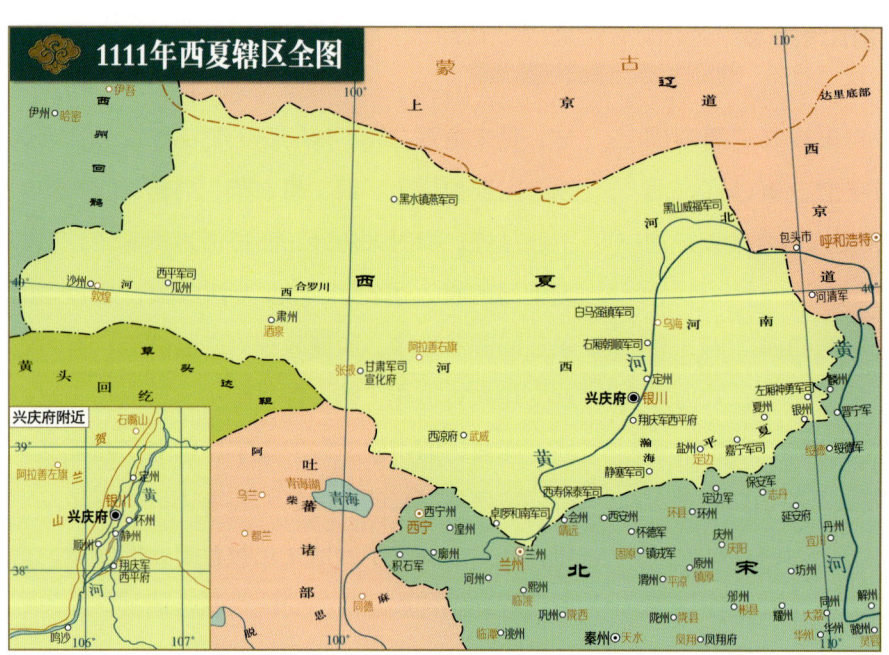

1111年西夏辖区全图

青海一带，各部落互不统属。北宋初期，吐蕃衰微，对宋采取既有入贡献地，又有掠夺扰边的策略。由于西夏崛起，北宋无法与之前一样从西夏获得更多马匹，不得不依靠吐蕃诸部供给，这促进了宋廷对吐蕃态度的转变，马匹贸易成为了吐蕃与宋王朝交好的纽带。当然，吐蕃为了获取马匹的市场利益，也希望与宋保持正常交往和贸易关系。北宋中期，吐蕃与宋的良好关系进一步提升，双方在军事上合作，共同对付西夏。北宋后期，宋蕃关系又开始逐渐交恶，战争多于和平。

分布在新疆南部的于阗，向宋廷进贡了大量的玉石、珍珠、珊瑚、翡翠、象牙等物品；龟兹、高昌回鹘等政权也遣使向宋进贡佛牙、琉璃器、琥珀盏等；使团朝觐与在甘肃等沿边地区榷场的固定商贸活动，成为西域同中原地区商业交流的主要方式。西域地区的商贾将土产或中亚、西亚的物品运送到了中原，而当时西域诸政权广泛使用的辽宋钱币就是这些商业贸易的直接证明。

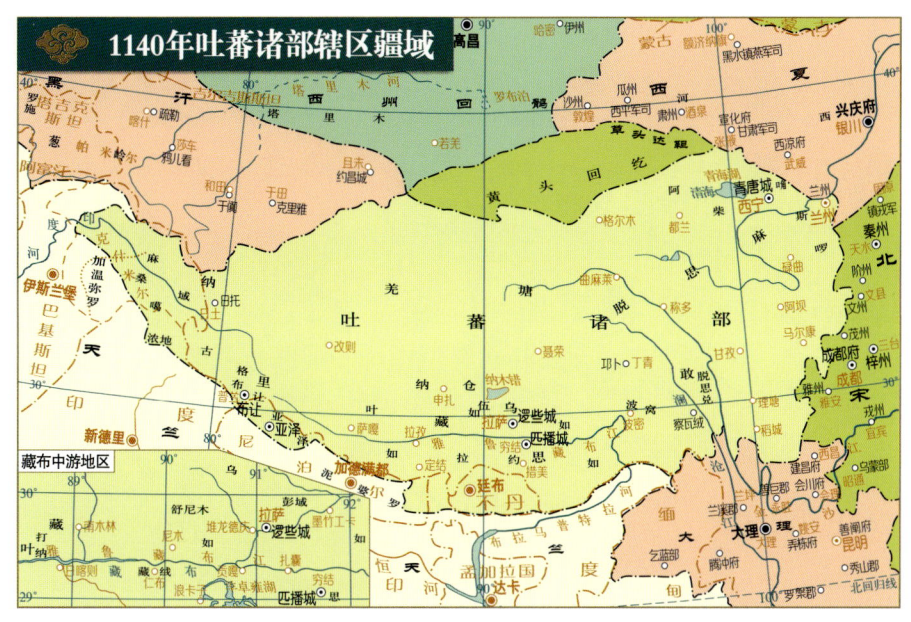

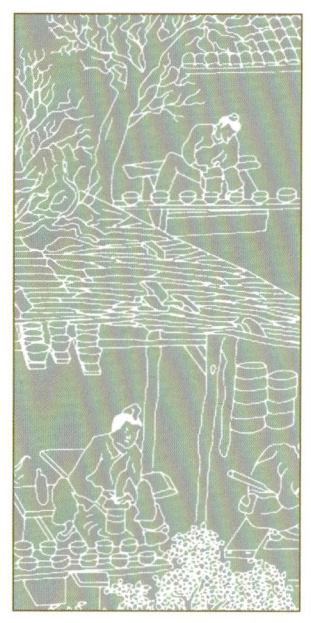

喀喇汗王朝归并于阗后，从丝路南道疏通了去河西地区和北宋的通道，而与辽朝在阿尔泰山接壤，因此同辽、宋贸易频繁。西辽统一西域各个政权后，在一定程度上消除了各地的阻碍，进一步促进了西域同中原的贸易往来。

两宋王朝对外机构与经营的"榷场"
LIANGSONGWANGCHAO DUIWAIJIGOU YU JINGYING DE QUECHANG

北宋在各个交通要道和都城开封设置了为数不少的外事机构，专门负责对外事宜。这些机构辖于鸿胪寺之下，对不同的国家和民族设置专属的机构来接待，如"往来国信所"负责接待辽朝使臣，"都亭西译及管干所"负责接待西来使者等。为方便外事交流，还在东京设置礼宾院专门提供翻译服务，以辅助并保障政治协商和商业贸易的顺利、有序进行。

除设置专门政治管理机构外，宋还在沿边地区设置了诸多"榷场"。"榷场"是指辽、宋、西夏、金朝各自在接界地点设置互市的市场。榷场贸易应各地商贸交往需要而产生，其设置也常因双方政治关系好坏而兴废无常。

中原地区向北方输出的主要是农产品、茶叶、布帛、瓷器、漆器、手工业制品以及海外香药之类。辽、金、夏地区输往南方的商品则有牲畜、皮货、药材、珠玉、青白盐等。贸易额达到几十万，据时人估计，其数额甚至可以抵消宋朝政府每年对辽、夏的岁赐，成为当时国家财政收入的重要组成部分。边民、官府、驻防官兵及各族商人是贸易活动的主要参加者，榷场贸易受官方严格控制。榷场领辖于所在地区的监司及州军长吏，又另设专官，稽查货物，征收商税；宋金之间的榷场制度，小商人10人结保，每次准许携带一半货物到对方榷场交易；还有官牙人评定货色等级，交易双方须由官牙人从中斡旋，不得直接接触，牙人从中收取牙税；各方的榷场交易商品种类也有严格规定，如战马、铜铁、硫黄、焰硝、箭笴等军用物资，一般严禁出境。榷场满足了当时边民的日常生活之需，促进了内地和少数民族的经济文化的交往和繁荣。

两宋之际，虽然官方榷场的设立为互市提

丝绸之路历史 SICHOU ZHI LU LISHI

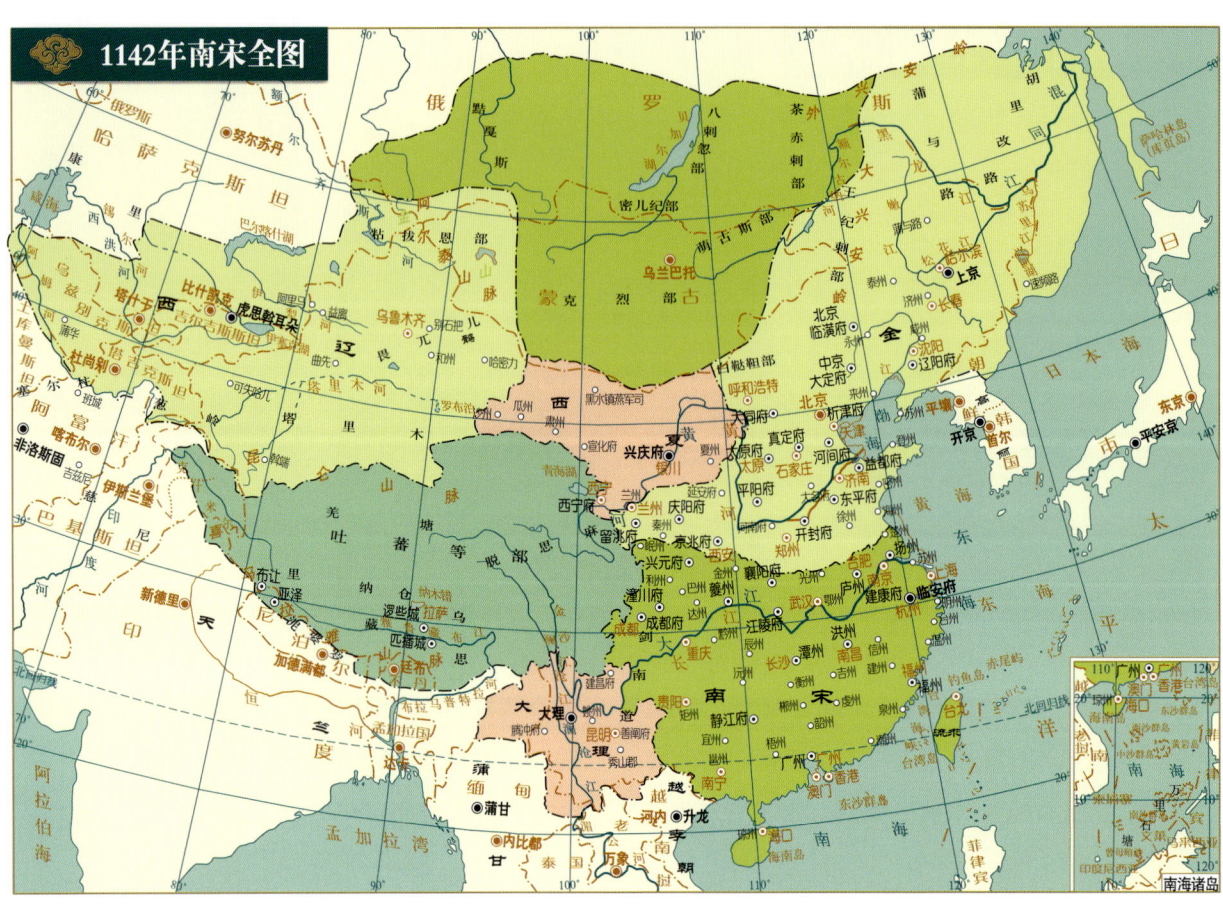

1142年南宋全图

宋代"榷场"景象

供了便利，但内陆地区政权分立，关卡重重，中西陆路交通常遭受多方阻断，榷场贸易也时有中断。但民间的经济、文化交流，让丝绸之路这条古老的贸易通道在两宋时期并未衰落。不过对南迁后的宋朝而言，西北交通毕竟因为丝路沿线互不统属，因此在经营西北陆路丝绸之路的同时，宋朝开始发展海上丝绸之路，曾在南泉州、广州等地设置"市舶司"，相当于现在的海关，其职能专门负责东南地区的海上贸易。

北宋开宝四年（971年）设市舶司于广州，以后随着海外贸易的发展，陆续于杭州、明州（今浙江宁波）、泉州、密州（今山东诸城）设立市舶司。宋代市舶官制变化十分频繁，北宋前期，市舶司由所在地行政长官和负责地方财政的转运使共同负责，而由中央政府派人管理具体事务。元丰三年（1080年），免除地方行政长官的市舶兼职，而由转运使直接负责市舶司事务，后又专设提举官。南宋时，各处市舶司曾一度并归转运司，或由提点刑狱司、提举茶事司兼管，但为时不长。至元十四年（1277年），元王朝在泉州、庆元（今浙江宁波）、上海、澉浦（今属江海盐）等四处港口设立"市舶司"。

元代的丝绸之路

YUANDAI DE SICHOU ZHI LU

元朝可谓中国古代唯一由北方草原游牧民族建立的全国性王朝。1206年铁木真创建蒙古国于漠北，将曾经分散游牧、争论不休的北方草原各部逐渐凝聚成为统一的蒙古民族共同体。此后的一个历史阶段，成吉思汗铁木真及其子孙率领所向披靡的蒙古铁骑，旋风般席卷了亚欧大部分地区，经过了三次大规模西征，把蒙古国发展为一个疆域空间庞大的世界性帝国。三次西征兵锋远及中亚、西亚及东欧，极大地改变了欧亚政治地理格局，也影响了世界历史发展的进程。西域地区在蒙古西征的过程中纳入了蒙古治下，这是蒙古对天山南北统一管辖的新时期，属于西域地区变迁史上的一个重大事件，客观上亦促使了欧亚大陆丝绸之路的全线贯通。

蒙古西征与丝路贯通
MENGGUXIZHENG YU SILUGUANTONG

元代欧亚大陆丝绸之路的贯通，与蒙古帝国的三次西征有着千丝万缕的联系。12—13世纪的中国，主要分属于南宋、金、西夏、吐蕃诸部等。此外，西北有畏兀儿、哈剌鲁和西辽数个民族政权；西南主要有吐蕃和大理。各政权间或连年征战，或孤立自守，互不统属以至于丝路交

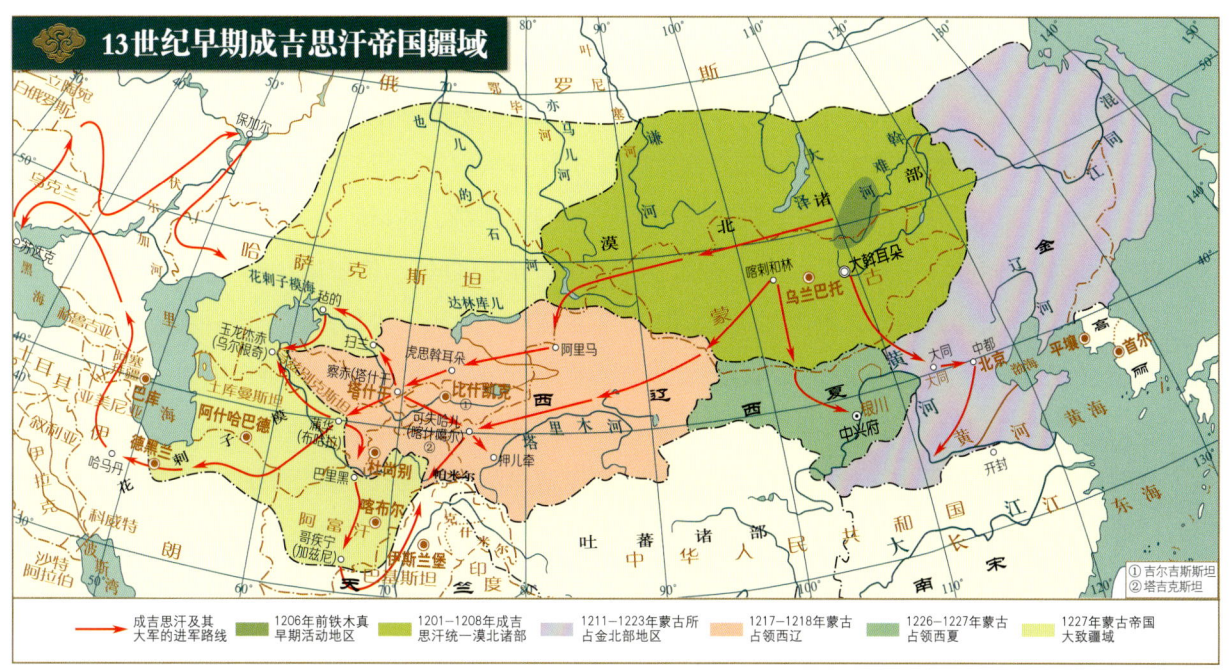

丝绸之路历史 SICHOU ZHI LU LISHI

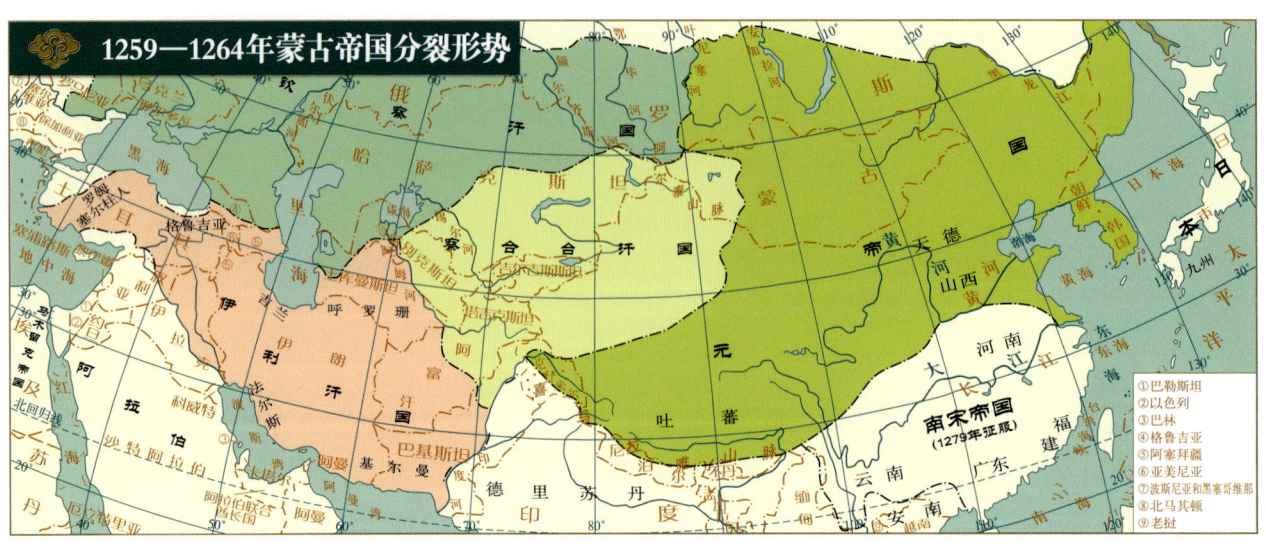

1259—1264年蒙古帝国分裂形势

通阻塞。同时期,中亚地区属于花剌子模帝国,其统辖印度河到波斯湾、阿塞拜疆的广大地区,扼守东西交通必经之地;中东的阿拔斯王朝亦无力操持内外经贸。此时的欧洲,拜占廷帝国逐渐衰弱;其他国家也都自顾不暇,无力干预外部世界。而正在此时,成吉思汗的蒙古国却异军突起。

第一次西征(1218—1223年),征伐对象是花剌子模,属于中亚的伊斯兰教古国,曾经的辖区中心位于阿姆河下游,都城是玉龙杰赤(今土库曼斯坦库尼亚乌尔根奇),以前是西辽的藩属国,但后来在摩诃末国王在位时,摆脱了西辽统治,并开疆拓土,将都城迁移至撒马耳干(今乌兹别克斯坦撒马尔罕),随即成为当时中亚地区最强大的势力。当后来蒙古国崛起之后,双方有了经济交流。然而,在1218年的一次正常商贸往来中,蒙古派遣的一支商队进入花剌子模之后,被当时花剌子模将领杀死,财物被劫掠。随后成吉思汗又派使臣前去交涉,又被杀死。1219年,成吉思汗以此为由,亲率约20多万大军(当时花剌子模的军队大约有40万),分兵四路:第一路由术赤率军征伐锡尔河下游与咸海地区;第二路由窝阔台率军进攻剌城及花剌子模旧都玉龙杰赤;第三路军讨伐锡尔河中游地区;第四路由成吉思汗亲率兵进攻阿姆河以北的新都撒马尔罕。当时的花剌子模国势已经渐衰,虽坐拥40万军队,但面对机动性强、彪悍骁勇的蒙古铁骑,已然力不从心。1223年,花剌子模亡国,国王摩诃末战死,其子扎兰丁逃至印度。此后,蒙古军开始东撤,第一次西征告终。这一时期,蒙古势力深入中亚、渗透东欧,为后来察合台汗国和伊利汗国的建立打下了坚实根基。

第二次西征(1235—1241年),即元太宗窝阔台派遣拔都(成吉思汗之孙、术赤之子)等诸王率军征服钦察、斡罗思等未臣服诸部。1235年,窝阔台在和林会议上任命拔都为统帅,统军15万。1236—1237年,蒙古军攻灭伏尔加河中游的不里阿尔(今保加利亚),招降了大部分钦察军。之后开始进入俄罗斯平原,相继征服也烈赞、莫斯科、弗拉基米尔等公国或者城市,至1241年,俄罗斯、乌克兰平原已经基本被征服。之后,拔都开始分兵南北两路,继续西征欧洲诸国。南路由拔都亲自统帅,进攻马扎尔(今匈牙利),都城佩斯被蒙古军队攻占之后,蒙古军队追击马扎尔国王到亚得里亚海畔,仍未俘获逃离的国王,随即返回。北路由诸王拜答儿及大将兀良合台率领,进攻孛烈尔(今波兰),在今波兰西部击溃了孛烈尔国联军,转而南下与西征的南路军队汇合。此次蒙古西征势力已经开

元代

始深入欧洲腹地，震动了整个欧洲。1242年，蒙古军行进至今捷克一带之时，蒙古大汗窝阔台的死讯传到军中，拔都得知后班师东归，第二年拔都结束西征，之后建立了东起也儿的石河，西到斡罗思，南起巴尔喀什湖、里海、黑海，北到北极圈附近的辽阔广大的钦察汗国。

第三次西征（1252—1260年），即元宪宗蒙哥（成吉思汗之孙，托雷之长子）派其弟旭烈兀总领波斯之地，并率领十万大军西征波斯以西未服诸国，主要包括木剌夷国（今伊朗马赞德兰省）、阿拔斯王国（汉文史籍称为黑衣大食，其都城位于今伊拉克巴格达）。1253年西征开始出兵，1256年抵达木剌夷国，木剌夷国原本是伊斯兰教什叶派的一支建立的宗教政权，但是此政权常常广募敢死之士从事暗杀行为，且不恪守伊斯兰教戒律，被其他的穆斯林看作是异端。就在蒙古军抵达之际，其教主鲁克奴丁投降，都城遭毁，其人被屠杀殆尽。1258年，蒙古军攻杀阿拔斯王国，纵火屠城，据说当时死者有80万人之多，此时黑衣大食被蒙古铁骑征服而亡国。1259年，蒙军开始西征叙利亚，但当旭烈兀得知大汗蒙哥死讯之后，立即率其余军队东撤，此时蒙古西征结束。当旭烈兀东撤返抵波斯时，获知忽必烈继任大汗之位，于是不再继续东归，就地建立伊儿汗国而自立为汗，其疆域东起阿姆河和印度河，西面则包括小亚细亚在内的大部分地区，南抵波斯湾，北至高加索。

蒙哥的死讯，致使蒙古帝国的短暂统一也随之告终，蒙古帝国权力直接继承者统辖的区域也开始大为缩减，最后仅限于东方，此后察合台汗国、伊勒汗国和金帐汗国（或称钦察汗国）则开始各自作为独立国家发展。曾经的蒙古帝国，在定居的波斯王国和中国的统治不到一个世纪就衰落灭亡了，而在金帐汗国和察合台汗国统治时间相对较长。

在蒙古初次西征之前，高昌畏兀儿亦都护

新疆图说丝绸之路经济带核心区

069

丝绸之路历史

政权就因不堪忍受西辽压迫，归附蒙古，后来活动于今霍城一带的哈剌鲁部（即葛逻禄）首领也归附成吉思汗，自此，天山北路大部分归属蒙古。1218年前后，蒙古大军击溃西辽守军，天山以南诸城依次归降，西辽国亡，蒙古全面控制了西域政局。自唐末以来西域纷争割据的局面就此结束，西域纳入了蒙古治下，也为其后元朝管辖西域奠定了基础。

蒙古帝国在西域设置最早的官员是达鲁花赤，意即镇守官。窝阔台在位时期，在天山北路建别失八里行尚书省。此后，元朝在平定西北藩王之乱过程中，又在西域设置一系列管理机构，诸如宣慰司、元帅府等机构，管理天山南北各地事务。元朝后期，由于平定西北宗王叛乱的现实需要，又在西域设置了诸多军事管理机构，行政组织也日益军事化。1295年，元朝设置了北庭和曲先塔林两个都元帅府以镇护天山南北。这些军政机构的设置，反映了西域各地同中央政府之间的关系更加密切，对促进和保障西域地区经济发展做出了贡献。

对于归附后的畏兀儿亦都护政权，蒙古及元中央政府对其管理形式也在发生着变化。最初是由亦都护自主管理国事，而蒙古大汗派遣官员或设置机构进行监督。其后，又由亦都护身兼两职而慢慢过渡到由元朝政府直接管辖域内事务。

随着元朝后期政治衰败，对西域控制也愈加松弛，察合台汗后裔建立的察合台汗国大体上掌握了西域以及中亚诸城邦的管辖权。察合台汗国后期分裂为两部，东察合台汗国建府于阿克苏，控制了天山南北，使得西域地区免于政治动乱。东察合台汗国后来又再次分裂。明朝建立后，为开辟同西方的贸易通道，也派军队西行，最终攻破哈密城，于1406年设置哈密卫，靠当地世族首领统治管辖。卫所是明朝驻兵的地方，但哈密卫不同于明朝在其他地区设置的卫所，是专为管理边疆事务设置的军政合一的地方行政机构。哈密卫的设置，在一定程度上稳定了西域和中原地区的经济文化交流。

整体看来，后来帖木儿帝国的兴起标志着蒙古帝国时代的终结。蒙古西征军队规模之大、征伐范围之广，在世界征战史上可谓空前。在一个世纪左右时间里，蒙古铁蹄穿越和深入延绵万余千米的欧亚大陆。在西征过程中，有较多的汉、蒙族等各族人群的西迁，其中不乏掌握各种手工艺的人。因此，在蒙古铁骑所到之处，也播

元代

撒了东方文明的火种，客观上促使东方文化西传。蒙古西征的另一个作用是进一步沟通了欧亚大陆的往来，东西交通通达程度也有了相应的增强。元朝在环绕着天山南北的道路上设置了许多"站赤"，意即驿站。"脉络相通"的站赤，在维护丝绸之路的畅通，与密切西域同中央之间的关系上起到了至关重要的作用，改善了西域同中原的交通线。元朝时，西域同中原地区的商业贸易仍然十分密切，而通达的交通线是贸易交流的前提条件，尤其在帝国辖区统属一致时期，虽然短暂，但也为丝绸之路沿线当时东西方经济文化群体之间的往来交流打开了一扇便利之门，正如元代人形象比喻，"适千里者，如在户庭；之万里者，如出邻家。"

元代历史虽然短暂，但其在通往伊利汗国、钦察汗国直到其最西境的驿路，各个驿站将四通八达的道路链接成为一张庞大的交通网络。元人朱思本说："西海（今地中海）虽远在数万

13世纪马可·波罗出行路线

① 列支敦士登　② 圣马力诺
③ 克罗地亚　　④ 黑山
⑤ 波斯尼亚和黑塞哥维那

丝绸之路历史 SICHOU ZHI LU LISHI

里外,而驿使贾胡时或至焉。"14世纪上半叶,意大利的一位名叫帕戈罗提的商人,长期受雇为英国王家所属佛罗伦斯巴尔底公司代理人,也说过有关当时的丝绸之路通达情况:当时从亚速海东岸的塔纳到中国,无论昼夜一路上都十分安全。他还根据其他商人的记述和报告编写了一本名为《诸国志与商务指南》的书,其中较详细地记载了从欧洲的塔纳通往中国的途程:塔纳→阿斯特拉罕→萨莱→玉龙杰赤→讹答剌→阿力麻里→甘州→杭州→大都,并附了当时各地的交易商品种类和价格等。由此可见,元代欧洲商人来往中国的商旅数量颇多,可见当时连接中国与欧洲的丝绸之路还是相当便利的。

《长春真人西游记》与《马可·波罗行记》
CHANGCHUNZHENREN XIYOUJI YU MAKEBOLUO XINGJI

马可·波罗

元代丝绸之路上,除了蒙古西征的军队,也有众多商贾和使者频繁往来,人口流动与文化交流自是非常普遍。留存至今的两部比较有名的著述,对这一时期东西方的文明交往有着诸多记述,其一是东方的《长春真人西游记》,其二是西方的《马可·波罗行记》。

《长春真人西游记》是由丘处机的弟子李志常据师父西行之旅见闻撰写的。丘处机(1148—1227年),字通密,道号长春子,山东栖霞人,金末元初道教主流全真道掌教,在道教史上,丘处机被奉为全真道"七真"之一。由于他在思想、政治、文学、养生和医药等方面见识颇广,被南宋、金、蒙古帝国统治者以及民众所敬重,并因以74岁高龄而远赴西域劝说成吉思汗止杀爱民而闻名于世,当时西行行程大约17 500km路程。1219年冬,成吉思汗派遣侍臣至莱州(今山东掖县),敦请长春真人丘处机赴西域相见。第二年正月,丘处机率领门徒十余人启程开赴西域。1221年春取道漠北,一路西行,当年十一月抵达撒麻耳干(今撒马尔罕)。1222年4月在今阿富汗兴都库什山觐见了成吉思汗,当年10月开始东归。后来,丘处机弟子李志常根据与师父的西行见闻,撰写了《长春真人西游记》。游记开篇记载了丘处机拒绝金和南宋的邀请,以及后来成吉思汗铁木真派刘仲禄来请丘处机,他率弟子自山东出发,经今北京、宣化、达赉诺尔、呼伦贝尔、乌兰巴托、杭爱山、科布多、阿尔泰山、准噶尔盆地、轮台、天山、撒马尔罕、铁门关等地,抵达今阿富汗境内觐见成吉思汗。游记记述了丘处机曾三次向成吉思汗讲道,并随从其返回蒙古,其间曾多次劝谏成吉思汗止杀。游记中还记述了远赴中亚途中的见闻,对于了解和研究13世纪中亚历史、蒙古历史有着重要意义。

元代曾有诸多欧洲人沿着丝绸之路，到访过东方的古中国，其中最为著名的就是马可·波罗，而他之所以被世人熟知，是缘于他的一部名著《马可·波罗行记》。这部著作让欧洲人得以了解中亚和中国，对东西方发展有很大的贡献。马可·波罗（Marco Polo，1254—1324年），意大利威尼斯商人、旅行家及探险家，曾随父亲经丝绸之路到达中国。当时他们沿古丝绸之路，进入可失哈耳（今新疆喀什），再经斡端（今新疆和田）、沙州（今甘肃敦煌西）、甘州（今甘肃张掖）、凉州（今甘肃武威）、宁夏（今宁夏银川）、天德军（今内蒙古呼和浩特东白塔），于1275年抵达上都。据说马可·波罗善辞令，深得忽必烈宠信，客居中国达十七年。期间，他曾多次奉命出使各地，游历了陕西、四川、云南、河南、江浙等行省数十城，自称担任元朝官员，奉命治理扬州三年。1291年获准返国，从泉州（今福建泉州）启程，沿海上西行，经两年时间始达伊利汗国，然后继续西行，于1295年抵威尼斯。返回到威尼斯后，在一次威尼斯和热那亚之间的海战中他成为俘虏，于狱中口述其中国旅行之经历，由鲁斯蒂谦代写了《马可·波罗行记》。

《马可·波罗行记》全书分为四卷，每卷又分章，每章叙述一个地区或一个历史事件，共有229章。第一卷内容是前往中国经过的中东和中亚；第二卷叙述元代中国社会和忽必烈；第三卷记述当时东方的沿海地区，包括日本、印度、斯里兰卡、东南亚等；第四卷叙述了当时发生在蒙古与俄国等国之间的战争。在这本游记中所记述的国家和城市地名多达100多个，包括气候、山川、物产、居民、商贾贸易、宗教信仰、风俗习惯等诸多人文地理要素。该书对于了解和研究中古时代的地理学、中西交通与中意关系等方面，具有重要意义。

元代八思巴文印

丝绸之路历史 SICHOU ZHI LU LISHI

明代的丝绸之路
MINGDAI DE SICHOU ZHI LU

明代西域与中原王朝的经贸往来
MINGDAI XIYU YU ZHONGYUAN WANGCHAO DE JINGMAO WANGLAI

元代至正二十八年（1368年）农历正月，朱元璋在江苏南京（应天府）登皇帝位，即明太祖，建元洪武。当年全国并未完全统一，北边的元顺帝此刻在上都（今蒙古正蓝旗东部）形成了北元政权，另外还有元朝宗王和诸路军阀尚占据着山西、陕西、甘肃，以及东北和云南等地。此后明朝花费了20多年的时间才完全统一了全国。

明王朝在1421年迁都北京。与宋代相比，明朝抑制商业贸易的发展，着重发展农业。设置了一个世袭的军户阶级，使之定居在边境和其他战略地点，即军屯。明初，全国人口大约6 000万，随着农业技术改进和农作物引进，人口又开始增长。16世纪以后，西班牙和葡萄牙商人到达中国沿岸地区，并引进了较多的农作物品种，比如玉米、甘薯、花生等，也包括了烟

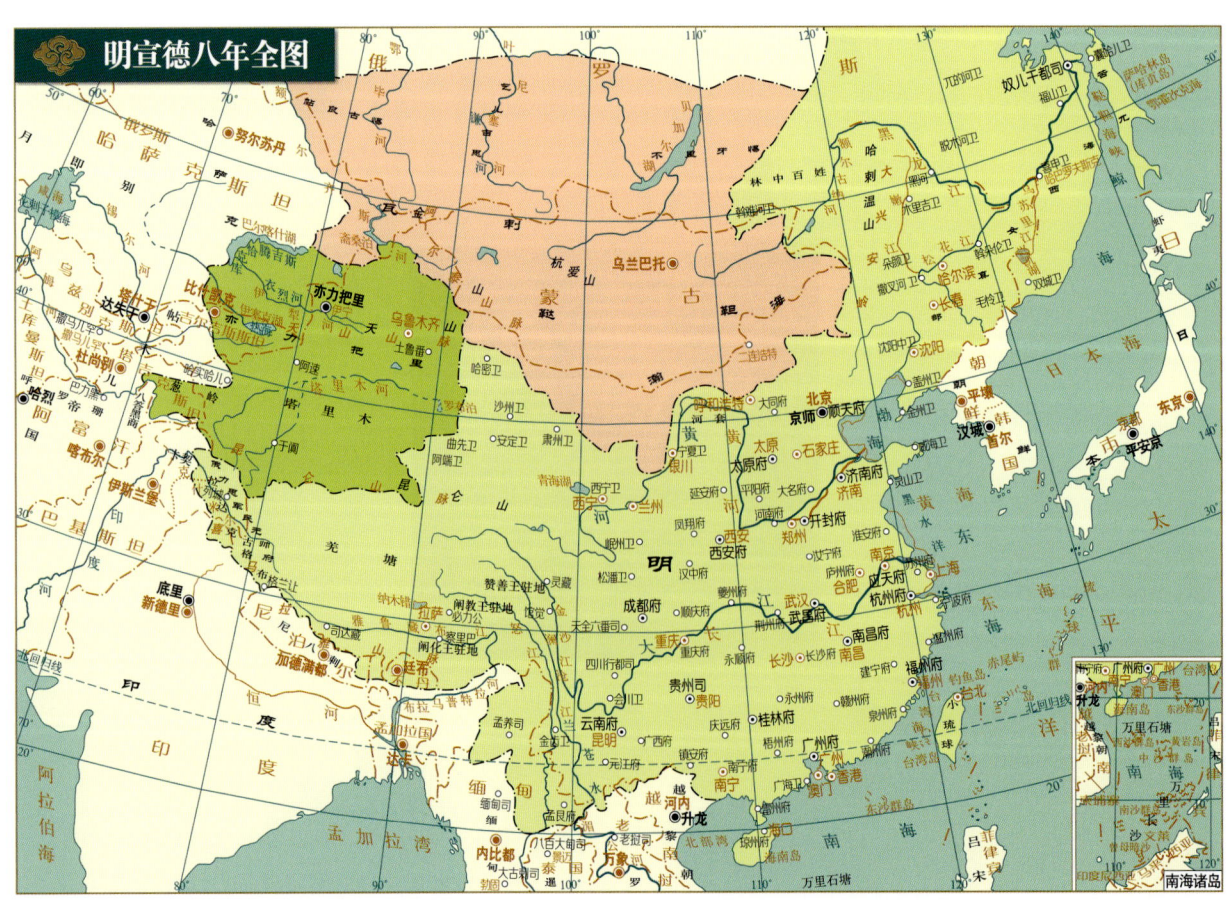

草。这些新作物，尤其是耐旱高产的农作物，对农业发展起到了重要作用，具有较大历史意义。

明朝初期，欧洲还没有远洋探险和海外殖民活动，因此明代重建了汉唐时代传统的朝贡体制。明太祖禁止私人对外贸易，希望所有贸易都在朝贡制度下运转。到了明成祖时期，朝廷派出一系列的使团访问周边国家和地区，其中最著名的是郑和七次出洋，头三次最远到达印度，第四次到达霍尔木兹海峡和波斯湾，后三次则到了非洲的东岸。但遗憾的是，与15世纪的欧洲人远洋航行的目的相比，郑和的远洋航行目的不是探险和贸易，而是把遥远的国家和地区都纳入到以自我为中心的朝贡体制框架之中。

虽然此一时期海上丝绸之路开始兴起，但陆路丝绸之路保持着以往频繁的中西交流状态。明朝时期，西域各地同中原王朝之间的经济商贸往来非常密切。在丝路西域段，当时吐鲁番城就是其中的一处交通要道，比如《皇明经世文编》中记载《吐鲁番夷情》有云："诸夷欲入贡作买卖者，必假道于此，别无道路。"

哈密、安定、曲先等卫
HAMI、ANDING、QUXIAN DENGWEI

哈密城亦是其中的一处交通孔道，值得一提的是，明代在此设置的哈密卫，最主要职责是专门护送、保卫东往西来的使节、商旅和僧徒。哈密卫在组织和保护商业活动方面起了重要作用，正如《明实录》所记载"每岁各处回回进贡者至此，必会少憩，以馆款之，或遇番寇劫掠，则人马可以接护。"当时"西域诸夷者凡三十八国"，朝贡皆经过哈密，正是通过哈密卫，"四方异域……之使辐辏阙廷""四方奇珍异宝、名禽殊兽进献上方者，亦日增月益"。这一时期中

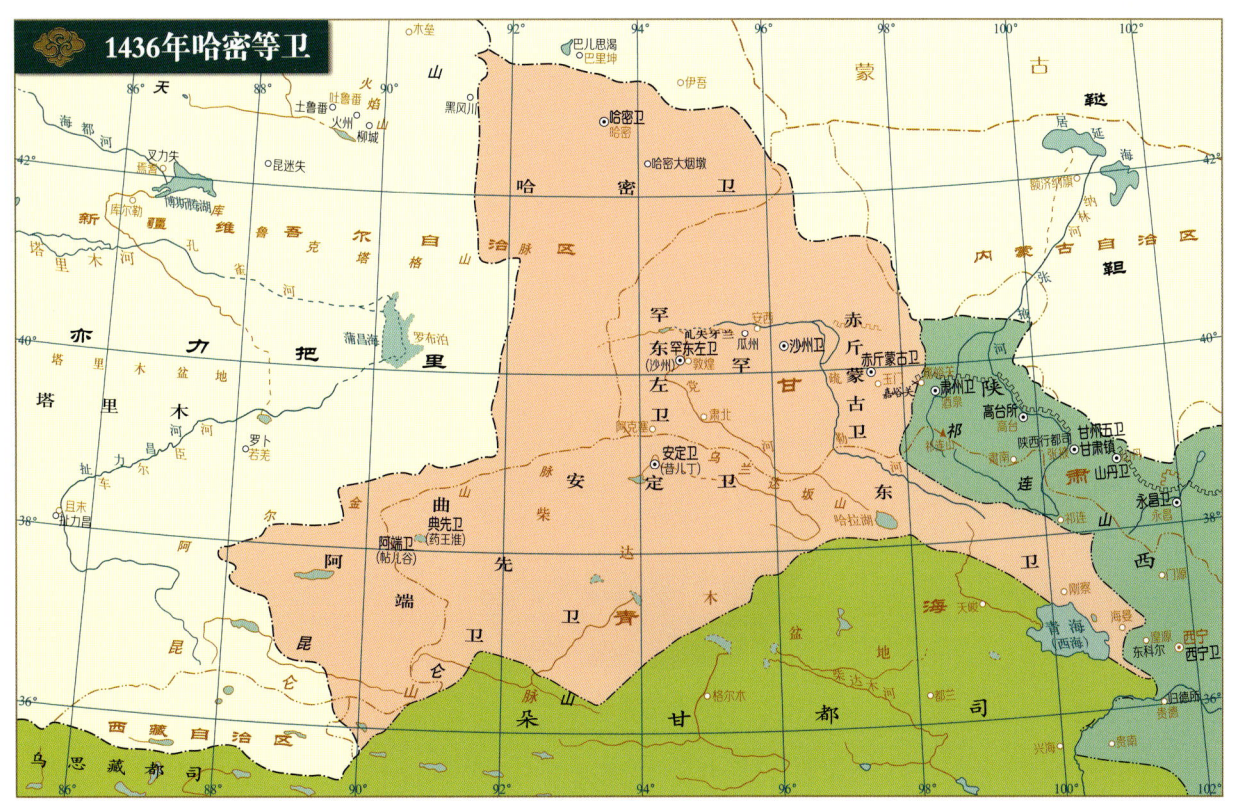

丝绸之路历史 SICHOU ZHI LU LISHI

原地区同西域各地的经济往来关系，主要包括两种：

第一种是"朝贡"与"封赐"关系。这种关系既是西域与中原王朝隶属关系的一种表现，亦是经济互动的一种特殊方式。朝贡多由官方统一组织，主要表现是互遣使臣与商队。例如，东察合台汗国入明朝进贡的人数和来往频繁，这在明代汉籍史料记载中常常以"累求通贡"词句形容。公元1427年东察合台汗国歪思汗遣使臣马黑迭力迷失等189人入明朝贡，同年又遣满法黑儿者共计259人前往朝贡。可见，当时不仅进贡的人数很多，次数也颇为频繁，有时一年达数次之多，到了明嘉靖年间，满速儿汗一次遣使人数多达294人。明王朝当时对各地进京献贡的使团给予了诸多优惠政策，如《大明会典》中有载："既名贡使，得给驿传，所贡之物，劳人运至。自甘肃抵京师，每驿所给酒食刍豆，费之不少。比至京师，又给赏及予物，直其获利数倍，以此胡人慕利，往来道路，贡无虚月。"另外，西域各地诸汗王室宗族凡是遇婚丧嫁娶等情况，只要向明王朝通报，明朝即赐钱物若干。西域朝贡使臣入明频繁，使明王朝疲于应付，于是在成化和嘉靖年间开始规定朝贡的次数及人数。

第二种是"互市"关系。明朝当时有规定，朝贡使臣可"量带方物来京贸易"，进贡之后，在招待使节居住之所（会同馆）开市五天，允许官民各行人等持货入馆，相互贸易。即利用进贡之机，入朝进贡者携带当地特产到中原贸易，可以换取所需物品。另外，明王朝先后在兰州、凉州、甘州、宁夏和大同等地设置"马市"，方便了西域诸地与内地之间的经济贸易。据《明实录》记载，当时东察合台汗国卖给明朝马匹的价格不等：中等质量的马，每匹3 000贯；下等质量的马每匹2 500贯；下下等马则2 000贯，骡驹1 000贯。除过马匹交易，还有以回回青（一种染料）、刀具和毛皮，换取中原地区的茶、大黄、麝香、绸缎、铁器和药材。

纵观有明一代，包括东察合台汗国统辖天山南北大部分地区的历史时期，明王朝除了设置了哈密卫之外，再没有在西部之地设置其他行政管理机构，但是双方之间的政治、经济和文化上的联系一直较为密切。

明犀角雕玉兰花杯

清代的丝绸之路

QINGDAI DE SICHOU ZHI LU

清王朝的疆域形成及其治理
QINGWANGCHAO DE JIANGYUXINGCHENG JIQI ZHILI

清王朝继承了中国历代王朝传统，在清代康、雍、乾三朝百余年来的时间里，清廷经过从东北雅克萨战争与《恰克图条约》中俄界约签订，到漠北统一与出兵青藏，再到西北的平定准噶尔，以及西南地区的改土归流等等一系列政治、军事、外交方面的策略运作和国家治理，最终形成了清代全盛时的辽阔疆域，并且实施了有效统治，建立了一个统一的多民族国家。清朝全盛时疆域十分辽阔，北起漠北和外兴安岭，南至南海东沙、中沙、南沙及西沙诸群岛，西起巴尔喀什湖与葱岭，东至库页岛和台湾，整个疆域面积超过了1 300万平方千米。

清代是我国近代疆域最后形成与统一多民族国家得以确立的时期。明清之交，厄鲁特蒙古控有天山南北，清代定鼎中原，结盟蒙古。噶尔丹继任初期遣使入贡，臣属清朝，其后又发动叛乱，被清朝出兵平定。乾隆十年（1745年），准噶尔部首领噶尔丹策凌病死，此后各部势力内斗纷争，沙俄也借势内侵，影响西北边疆安全。而此时清朝财政充裕，军力强盛，遂借此时机出兵伊犁。1755年，清朝发兵5万，分两路向准噶尔部发动进攻，早已不满上层统治的准噶尔部民众纷纷向清军投诚，清军迅速平定了准噶尔内乱。此后清军又于1756年再次进军伊犁，统一了天山以北地区。

清军在进军伊犁的时候，大小和卓率当地维吾尔群众归附清朝。清朝命小和卓留驻伊犁，派兵送大和卓回归天山南路统帅旧部。大和卓在清军帮助下迅速消除异己势力，掌控了天山南路，并表示效忠清朝。然而当伊犁发生阿睦尔撒纳叛乱时，小和卓不仅参与其中，还潜回天山南路煽动大和卓叛乱。1758年，清军出兵天山南路，对大小和卓用兵，于次年平定了大小和卓叛乱，天山南北遂全部统一。

乾隆年间，被称作新疆的有数个地方，一是云南乌蒙府，即今云南昭通一带；二是贵州古州，今榕江地区；三是贵州西部安顺镇宁一带；四是四川大小金川地区。清军在平定大小和卓之乱后，时人奏疏包括皇帝诏书中也常称西域为新疆，为区别其他几个新疆，也常以西域新疆称呼今新疆地区。

其时所称新疆的地方，多是少数民族聚居地区，中原王朝先后于当地设置管理机构，行使主权。清中叶以来，中央政府相继派遣流官到边疆少数民族地区任职，以取代世袭的土司制度。可见称呼新疆是缘于改革土司制度，采用新的地方行政管理方式后对少数民族地区的一种通用叫法，所以直至清中后期，依然有士人以旧有西域之名称呼今新疆地区。

清朝平定大小和卓之乱，改革西域原有的

丝绸之路历史 SICHOU ZHI LU LISHI

管理体制,尤其是维吾尔族的伯克制,使其纳入清朝地方官制的轨道,很可能是出于此种原因,而将西域称为新疆,官方文献中多以西域新疆出现。新疆作为一个固定地名,并正式建省,是光绪十年(1884年)前后的事情。1865年,浩罕军官阿古柏入侵新疆并建立了侵略政权,沙俄也趁机出兵占领了伊犁。1875年清政府以左宗棠为钦差大臣督办新疆军务,收复新疆。在全国人民的支持下,清军仅用一年半时间就消灭了阿古柏政权,收复了除伊犁以外的新疆地区。1882年,清政府经过与沙俄的艰巨谈判,最终又从其手中收回了伊犁。

在收复新疆的过程中,左宗棠向清廷提出来在新疆建省的议题,并提出了"他族逼处,故土新归"的论点。1884年,清朝正式在新疆建省,取故土新归之意,改称西域为新疆。新疆作为一个固定地名而沿用至今,而其他几个新疆的名称便渐渐弃置了。

作为统一的多民族国家,清王朝针对汉族和边疆各民族的历史文化传统之较大差异,在治理过程中,创建了管理边疆事务的机构及制度。当时,管理边疆事务的机构称为"理藩院",管理的主要地区包括北部、西北部和西南边疆,涉及边疆地区的行政建置、社会经济、民族立法、宗教文化等等。清王朝统治和管理边疆地区实行的制度,可以简要总结为两点:一是"分而治之",即区域性立法,依法治理;二是"因俗而治",即力求基本不改变当地原有生产生活方式和习惯。清廷以"分而治之""因俗而治"等策略统治辽阔疆域与治理边疆地区,其收效颇大。

在统一稳定的空间格局背景下,传统的陆路丝绸之路上中西方之间的政治经济文化交流,在有清一代尤其是清中叶,又开始了新的繁荣期。与此同时,明代形成的较大规模海洋丝绸之

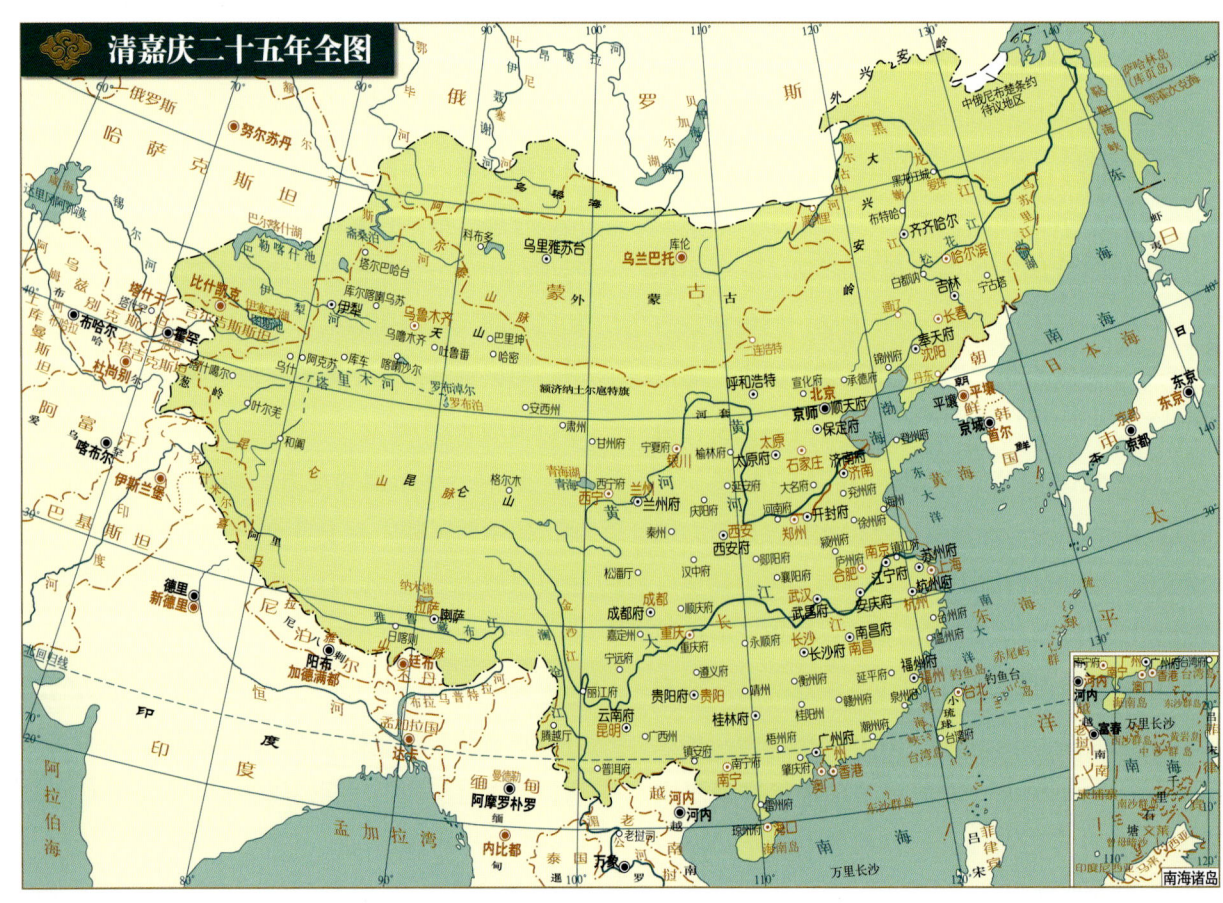

路上的中西方友好交往，在清中叶进一步被推向新的高潮。

清朝丝路贸易的全面发展

自清康熙中期以来，伴随西欧资本主义的全球性扩张，古代中国传统对外贸易格局开始发生了深刻的变化，当时中国对外贸易主体的三个国家分别是荷兰、俄国和英国，主要表现为：以南洋贸易为中心的中荷贸易、以恰克图为中心的中俄贸易、以广州为中心的中英贸易。持续数十年甚至百年之久的中西方大宗贸易交往，不仅对当时中国社会经济由传统向现代转型发展影响深刻，而且对西方诸多层面也产生了深远的影响。

海上丝绸之路商贸的大发展

清初海禁解除之前，明末的中外贸易，主要表现为沿海商人以丝绸、瓷器等手工业品，换取西班牙和葡萄牙商人从美洲殖民地运来的大量白银。当时双方交易的路线主要有三条，第一条是西班牙人从墨西哥西海岸经由太平洋到吕宋岛，然后与中国沿海商人进行交易；第二条是西班牙人从墨西哥、巴拿马到塞维利亚、里斯本，绕过好望角，经由马六甲，抵达澳门，购买中国货，然后辗转全球其他地方进行销售；第三条是英国和荷兰商人将西班牙的白银通过交易方式运到东南亚，购买中国商人的大宗手工业品。

清廷为加强对外贸易的管理，曾最先在厦门、广州、云台山（今江苏连云港）、宁波等地设立了四处海关，专向出入海上的船只抽税。康熙中期，广州开始设立"金丝行"和"洋货行"。后来，清廷为了实现国家对进出口贸易的控制，防止内外商人直接接洽逃税漏税，将"金丝行"进一步发展成为专门经营国内贸易的机构，称"福潮行"。"洋货行"则改为负责对外贸易，称为"外洋行"。

清中叶全面解除海禁之后，东南亚各国、日本、琉球以及欧洲荷兰等国的商船来华贸易者络绎不绝，输入清朝的域外商品种类空前繁多，主要包括东南亚的棉花、大米、香料、药材、金银、海参、玳瑁、珍珠、玛瑙、犀角、象牙、热带水果、珍稀禽兽等；英美等西方国家的毛料制品、洋布、玻璃镜、自鸣钟表、灯具、金属工艺品、火枪火炮武器等。在众多国家当时输往中国的商品中，主要是毛织品、金属器和印度棉花。清朝输出商品的种类也异常繁多，主要包括茶叶、丝绸、生丝、布匹、瓷器、漆器、陶器、铸器、铜器、锡器及其他诸多物品。在清朝出口的

丝绸之路历史

物品中,所占份额最大的是茶叶,其次是生丝。

然而,在当时中国市场上,西方国家出口的大宗毛料制品和金属制品,基本处于滞销境地,而清朝出口的商品又不断增加,致使西方国家对于清朝出现贸易逆差,其大量资本开始流入清朝,直到19世纪初,东印度公司将大量罪恶的鸦片输入中国之后,这种局势才开始出现翻转。

清代中叶海上丝绸之路上的中西商贸大发展,对当时中国尤其是沿江、沿海区域的传统经济格局产生过积极影响,形成了如"蚕桑—丝织""植棉—棉织""植茶—制茶"等诸多代表性专业化生产区域。受到这些区域经济发展的带动效应,清朝内陆的一些区域也开始出现了积极的商品经济景象,然而,乾隆中后期开始,清朝启动了一系列如《防范外夷规条》等管制外商活动的制度,由此开始限制外贸。对内商出海贸易控制、对外商入华贸易的控制越来越违反经济规律,这通常称为闭关政策,此对外贸易政策,背离了当时历史发展趋势与双方经济需求。或许正因为清廷实施闭关锁国政策,致使清朝贻误了参与当时经济全球化的历史机遇,与西方诸多国家相比,其综合国力愈来愈弱,以至于后来无法抵御八国联军侵华,最终与大英帝国、美利坚合众国、日本帝国、俄罗斯帝国(沙俄)、法兰西第三共和国、德意志帝国、意大利王国、奥匈帝国、比利时王国、西班牙王国和尼德兰王国(荷兰)签订了赔款最多、签订方最多的丧权辱国的《辛丑条约》。

陆路丝绸之路商贸的大发展

在《尼布楚条约》签订之后,清廷与俄国双方之间的贸易关系正式确立。俄国当时是与清廷有正式商业贸易关系最早的欧洲国家,在条约签订之后的三四十年时间里,清廷曾允准俄国商队每3年来北京一次贸易,还可以免税贸易80日,但每次人数不能超过200人。然而,俄国商队每次的人数都多达近千人,且年年交易,致使走私商人猖獗,后来清廷调整贸易政策,只允许俄国的国家商队入华贸易。俄国商队当时以廉价购得毛皮绒等皮货高价出售给清廷,之后再廉价购得清廷的丝绸、茶叶、药材等,转手之间获取巨额贸易利润。

在清雍正朝时期,清廷与俄国正式签订了《布连斯奇界约》和《恰克图条约》,此后,以恰克图为中心的中俄陆路贸易格局开始形成。当时清廷从恰克图出口给俄国的物品主要包括丝绸、生丝、茶叶、棉布、烟草等,其中茶叶的出口需求连年增加;而俄国通过恰克图出口的商品主要是毛皮。据一些相关研究可知,此陆路通商以来,清廷与俄国之间的贸易发展迅猛,在1792—1800年,贸易额增长了近70%。恰克图贸易所获税收颇丰,曾被俄国列为八项财政预算之一。

新疆地处亚欧大陆中部,在丝绸之路的交通要冲,作为丝路必经之道,于此时又延续了其在经济文化交流中的作用。宋代海路开辟,水上交通渐盛,新疆的沟通作用稍有下降。但是作为西部地区对外贸易的前沿,新疆在对中亚的贸易交流中依然有不可替代的作用。清朝统一新疆,社会比较稳定,经济获得较大发展,内外贸易再度活跃起来。

清代中叶之后,在当时中亚、中国边疆地区与内地之间的经济需求推动下,清廷经由传统丝绸之路与中亚商贸往来甚为频繁,内地丝绸、布匹、茶叶及其他产品持续经由新疆,源源不断地运送至中亚;与此同时,中亚的农、畜产品及玉石等亦被运往内地。中亚、清代中国边疆与内地的商贸活动,既加强了区域之间的联系,又促进了社会经济发展,为历史上西部边防巩固和多民族国家统一做出了应有的贡献。

清政府为了促进新疆内外贸易的正常发展,

制定了有关的贸易章程和相关政策。据文献记载，已知的章程就有《哈萨克贸易章程》《回民出卡贸易章程》，前者是关于游牧新疆沿边地区的哈萨克各部进入伊犁等地贸易的规定，后者是关于南疆维吾尔民众出卡到中亚地区进行贸易的规定。两个规定监管虽然严格，但由于清政府在统一新疆后的对外贸易中基本很少征税，许多外来商人见有利可图便纷纷进入新疆各地，这样的结果就是新疆沿边地区出现了很多对外贸易的城市。

值得一提的是，在清代新疆与内地之间的诸多农牧业产品贸易中，丝绸的官营贸易有着较为详实的历史记录，描绘出当时中亚和中国之间贸易繁荣之景象。虽然在15世纪以后，伴随欧洲航海业的大发展，陆路丝绸之路古道逐渐失去了昔日繁荣，但实际上，新疆地方与中亚及周围诸民族之间的经济文化交流仍在频繁往复，始终未有中断。这条在古代陆路交通史上占有重要地位的天山廊道段，仍然对东西方经济、文化交流起着重要作用。

近代以来，随着晚清政府的衰朽没落，中国边疆危机加重，许多西方探险家也纷纷进入中国进行探险考察。其中，沙俄最早进入新疆地区，借探险之名，行侵略之实。其后英法等国相继有探险队进入新疆、甘肃等地考察探险，虽然这其中伴随着大量的文物掠夺与情报获取等活动，但是却由此打开了逐渐尘封的丝路历史之门，让世界更多地看到丝绸之路和新疆地区在构建古代经贸文化交流上的巨大贡献，也让我们更加意识到对丝路历史抢救保护的紧迫。在斯文赫定、斯坦因等人发掘抢掠文物之后，我国政府与考古学界也加紧了对新疆丝路文明的保护，如黄文弼等学者更是历时多年，足迹遍布全疆，考察抢救文物，传播保护丝路文明。他们对于丝路文化的保护令人敬佩，相信今天的我们更有必要也更有能力传承丝路文化，保护丝路文明。

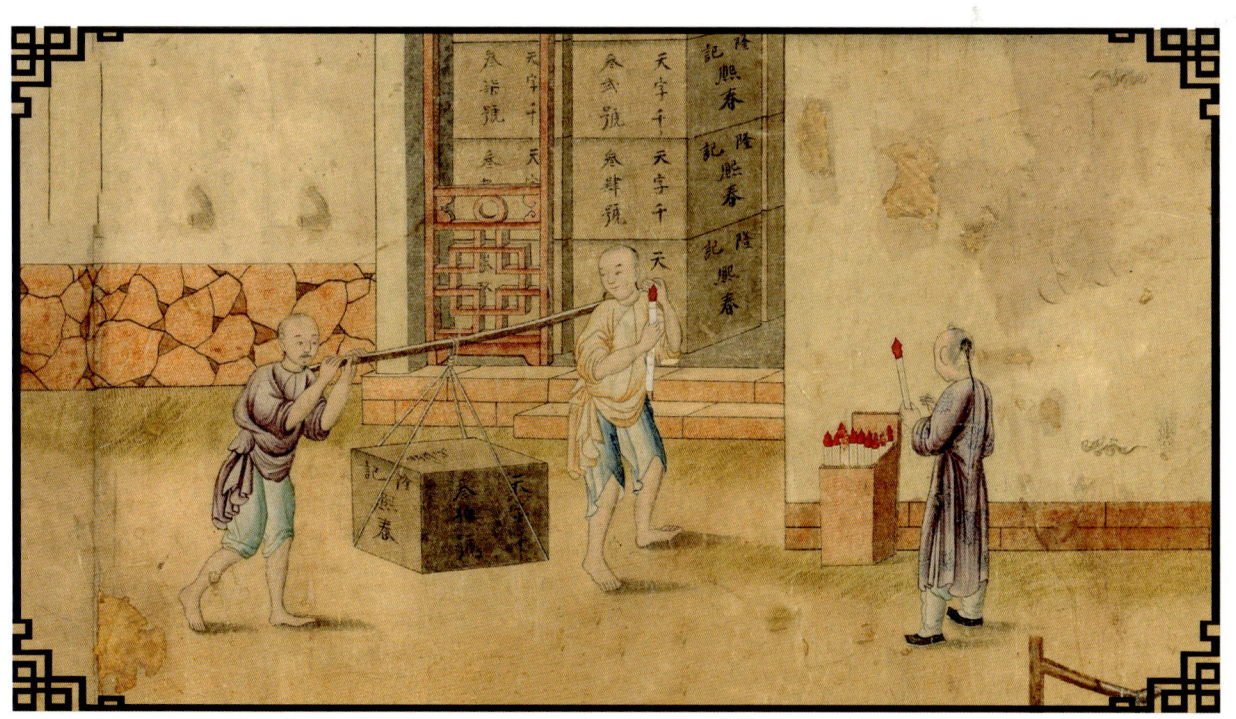

清乾隆农耕商贸图外销壁纸

丝绸之路
Silk Road

核心区 自然地理与人文景观

HEXINQU
ZIRAN DILI YU RENWEN JINGGUAN

核心区自然地理与人文景观

HEXINQU ZIRAN DILI YU RENWEN JINGGUAN

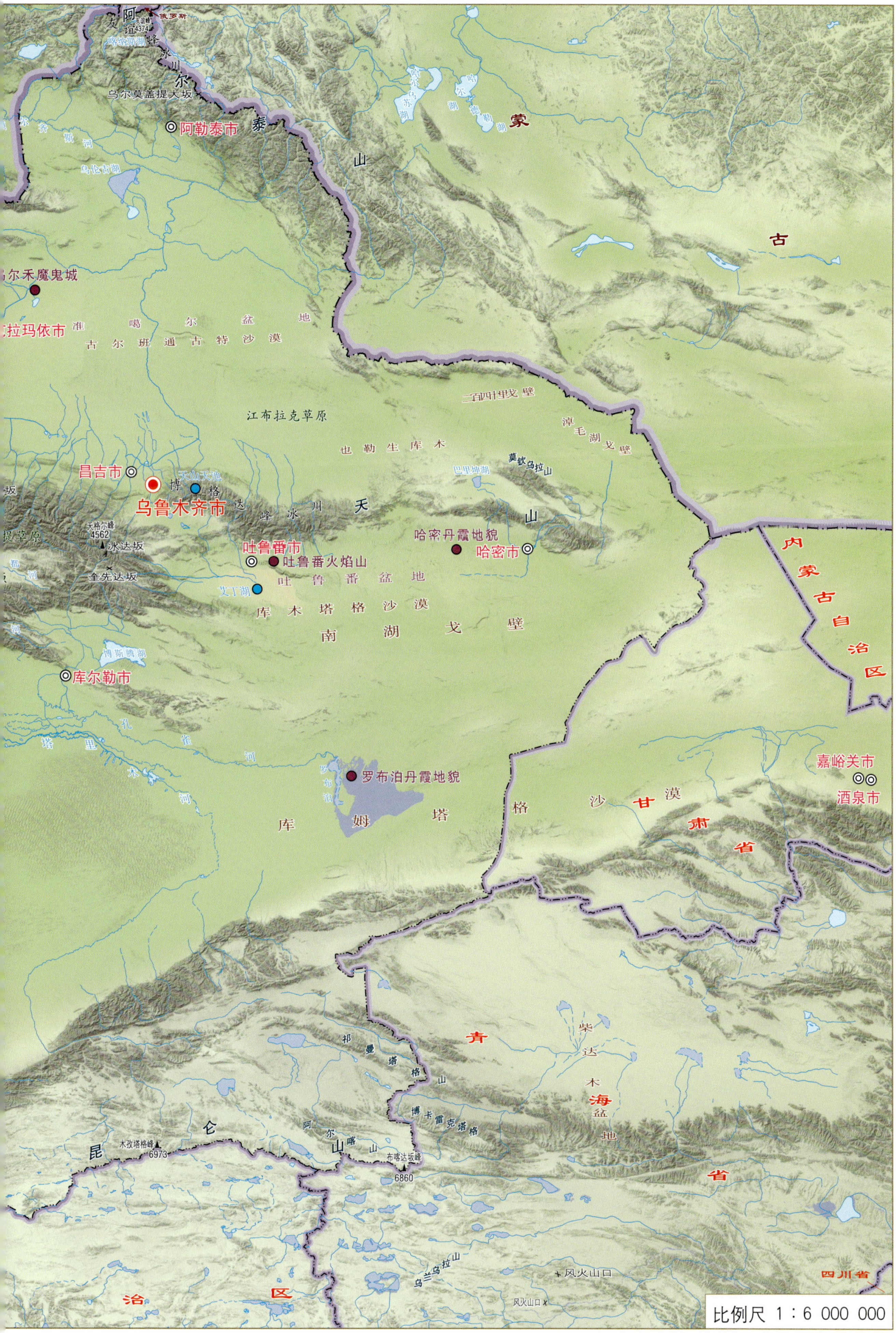

自然地理景观总图

比例尺 1:6 000 000

图说丝绸之路经济带核心区

核心区自然地理与人文景观

山 脉

阿尔泰山

阿尔泰山是亚洲中部大型山系之一，横跨中国、俄罗斯、蒙古和哈萨克斯坦四国。呈北西—南东走向，长约2 000km，南北宽250～350km，平均海拔1 500～3 000m。最高峰友谊峰海拔4 374m，是阿尔泰山最大的冰川作用中心和最大的冰川集中分布区。阿尔泰山属于中亚最北部的山脉，是西西伯利亚与南部干旱盆地的自然分界，是世界第六大河——鄂毕河的两条最大支流额尔齐斯河和鄂毕河的发源地，维持着针叶林和大面积高山植被的主要生态生物过程，拥有从荒漠草原到冰雪带的完整山地垂直自然景观以及数量众多的湿地、河流和湖泊。

中国境内为阿尔泰山中段南坡，西起中国与哈萨克斯坦边境，北连俄罗斯，东至新疆木垒县与蒙古接壤，其余脉可至北塔山以东。从86°E延伸至94°E，全长约750km。最南端为北塔山，最北边为友谊峰，北纬向上从45°N扩展至49°N，平均宽度60～140km，东部余脉宽约20km。新疆阿尔泰山横亘新疆北部，南北被古尔班通古特沙漠和俄罗斯乌科克高原夹持，包括了阿勒泰地区的吉木乃县、哈巴河县、布尔津县、阿勒泰市、福海县、富蕴县、青河县和昌吉回族自治州的奇台、木垒等县市。

新疆阿尔泰山由一系列连绵不断的高大山地组成，呈北西—南东走向，最高峰友谊峰海拔4 374m，位于山地西部，与俄罗斯、蒙古接壤。在纵向上，地势自西北向东南降低；横向上，自北向南逐级下降。新疆阿尔泰山脊线平均海拔2 500～3 500m，高出南面准噶尔盆地3 000m。新疆阿尔泰山具有明显的大陆性气候

特征。春秋温暖，冬季寒冷，全年无夏。由于山体阻挡作用，大西洋、北冰洋湿润气团通过额尔齐斯河河谷直接到达本区，加之山地垂直高度变化大，森林密布，对光热水资源起着阻滞和再分配的作用，故雨量充沛。光热资源比较丰富，是全疆降水量最多的地区之一，被称为新疆的"湿岛"之一。新疆阿尔泰山地质地貌的形成演化是地球内动力与外动力相互作用的结果，在断块隆升山体的基础之上，经过第四纪以来的冰川作用、流水作用等各种外营力作用，形成了群峰林立、沟壑纵横的断块山脉与中小型山间断陷盆地，雄伟壮观的山地夷平面与阶梯状地貌，以及典型的现代冰川地貌、古冰川地貌、峡谷地貌、构造地貌等地貌类型。

新疆阿尔泰山位于阿尔泰山地生物地理省（Udvardy）和阿尔泰—萨彦生态区（Global 200），包含阿尔泰山地森林和森林草原、阿尔泰高山草甸和苔原两个亚生态区。拥有IUCN/SSC一级生境类型5个（森林、灌丛、草地、湿地和裸岩区），18个二级生境类型，15个亚生态系统、58个子生态系统。分布着8个植被型、22个植被亚型和56个植物群系。自上而下保留了完整的阿尔泰山南坡典型垂直自然带谱：冰雪带、高山苔原带、高山稀疏植被带、高山草甸带、亚高山草甸带、森林草原带和荒漠草原带，成为阿尔泰山南坡特有和珍稀动植物自然栖息地和避难所。

核心区自然地理与人文景观

新疆阿尔泰山位于北方的西伯利亚、泛北极、欧亚、北极—高山、蒙古等生物区系的交会区，是欧洲—西伯利亚泰加林分布的最南缘，是阿尔泰山南坡地方特有种及珍稀植物种的起源地和集中分布区。拥有维管束植物87科412属1 159种，苔类26种，藓类218种，地衣235种，大型真菌151种；IUCN物种红色名录（2016）收录53种；CITES（2016）收录7种；地方特有植物物种89种。拥有野生脊椎动物34目78科403种，其中兽类87种，鸟类278种，爬行类8种，两栖类2种，鱼类30种；IUCN物种红色名录（2016）收录动物物种380种；CITES（2016）附录Ⅰ收录5种、附录Ⅱ收录50种；阿尔泰山特有动物物种62种。

新疆阿尔泰山展现了世界上最具代表性的寒温带干旱区山地综合自然景观，具有显著的景观多样性，集壮观的雪山冰峰、优美的森林草甸、清澈的河流湖泊、宏伟的花岗岩地貌景观于一体，各类自然要素完美地组合在一起，展现了独特的景观和自然美，季节性的色彩变化进一步丰富了自然景观美。独特的地理环境和位置使阿尔泰山成为"草原丝绸之路"的必经之地，长期以来一直是中西方文化交流的要冲，绵亘蜿蜒的新疆阿尔泰山昭示着"草原丝绸之路"曾经的繁荣与深厚的历史积淀，阿尔泰山是一座名副其实的金山。

喀喇昆仑山

喀喇昆仑山是除极地外全球冰川发育最集中的地区，也是世界山岳冰川最发达的山系，被称为"雪峰冰川王国"。喀喇昆仑山位于西昆仑山与西北喜马拉雅山之间，整个山体呈西北—东南走向，是我国与克什米尔地区的界山，为若干横向断陷盆地所分割，山势断断续续，从帕米尔高原东南部一直延伸到羌塘高原，长约1 100km，宽100～220km。

喀喇昆仑山山体宏大，山势雄伟，山体绝大部分在4 000m以上，平均海拔近6 000m。喀喇昆仑山聚集了世界14座海拔8 000m以上高峰的4座，包括世界第二高峰——海拔8 611m的乔戈里峰，也是新疆最高山峰。乔戈里系塔吉克语，意为"高大雄伟"。因其为喀喇昆仑山脉上由北至南排列的第二座高峰，国际登山界又将其称为K2。喀喇昆仑山的高大山峰，包括20座7 500m以上的山峰，都集中分布在以乔戈里峰为中心的300km之内，形成世界上气势最大的"高峰群"。

喀喇昆仑山的形成与印度次大陆向北位移并与欧亚大陆碰撞有关，大地构造期开始于白垩纪，持续到第三纪；山地抬升始于晚第三纪，目前仍在进行。岩性以花岗岩、片麻岩、结晶板岩及千枚岩为主，南北两侧主要为石灰岩和云母板岩。南侧沉积岩常为花岗岩侵入体所切割，若干地区有板岩出露。喀喇昆仑山地震活动频繁，震级甚至高达9级以上。

喀喇昆仑山山岳冰川发达，冰川大部分融水流入印度河支流，自东至西为努布拉河、协约克河、希加尔河、洪扎河和吉尔吉特河；东北部冰雪融水则补给叶尔羌河，向北流入中国，消失在塔克拉玛干沙漠中。喀喇昆仑山主山脊的东、西段已为后期冰雪融水道所切穿，主分水岭北移。东段已移至主山脊以北40多千米处，西段移至主山脊以北100多千米处。

喀喇昆仑山垂直气候差异明显，空气稀薄，太阳辐射强烈，温度变化巨大，并常有强风。海拔3 000m的谷地，年降水量均不足100mm，属干旱荒漠。冰川积累区年降水量在1 000mm以上。冬春受西风环流影响降水丰

特征。春秋温暖，冬季寒冷，全年无夏。由于山体阻挡作用，大西洋、北冰洋湿润气团通过额尔齐斯河河谷直接到达本区，加之山地垂直高度变化大，森林密布，对光热水资源起着阻滞和再分配的作用，故雨量充沛。光热资源比较丰富，是全疆降水量最多的地区之一，被称为新疆的"湿岛"之一。新疆阿尔泰山地质地貌的形成演化是地球内动力与外动力相互作用的结果，在断块隆升山体的基础之上，经过第四纪以来的冰川作用、流水作用等各种外营力作用，形成了群峰林立、沟壑纵横的断块山脉与中小型山间断陷盆地，雄伟壮观的山地夷平面与阶梯状地貌，以及典型的现代冰川地貌、古冰川地貌、峡谷地貌、构造地貌等地貌类型。

新疆阿尔泰山位于阿尔泰山地生物地理省（Udvardy）和阿尔泰—萨彦生态区（Global 200），包含阿尔泰山地森林和森林草原、阿尔泰高山草甸和苔原两个亚生态区。拥有IUCN/SSC一级生境类型5个（森林、灌丛、草地、湿地和裸岩区），18个二级生境类型，15个亚生态系统、58个子生态系统。分布着8个植被型、22个植被亚型和56个植物群系。自上而下保留了完整的阿尔泰山南坡典型垂直自然带谱：冰雪带、高山苔原带、高山稀疏植被带、高山草甸带、亚高山草甸带、森林草原带和荒漠草原带，成为阿尔泰山南坡特有和珍稀动植物自然栖息地和避难所。

核心区自然地理与人文景观

新疆阿尔泰山位于北方的西伯利亚、泛北极、欧亚、北极—高山、蒙古等生物区系的交会区，是欧洲—西伯利亚泰加林分布的最南缘，是阿尔泰山南坡地方特有种及珍稀植物种的起源地和集中分布区。拥有维管束植物87科412属1 159种，苔类26种，藓类218种，地衣235种，大型真菌151种；IUCN物种红色名录（2016）收录53种；CITES（2016）收录7种；地方特有植物物种89种。拥有野生脊椎动物34目78科403种，其中兽类87种，鸟类278种，爬行类8种，两栖类2种，鱼类30种；IUCN物种红色名录（2016）收录动物物种380种；CITES（2016）附录I收录5种、附录II收录50种；阿尔泰山特有动物物种62种。

新疆阿尔泰山展现了世界上最具代表性的寒温带干旱区山地综合自然景观，具有显著的景观多样性，集壮观的雪山冰峰、优美的森林草甸、清澈的河流湖泊、宏伟的花岗岩地貌景观于一体，各类自然要素完美地组合在一起，展现了独特的景观和自然美，季节性的色彩变化进一步丰富了自然景观美。独特的地理环境和位置使阿尔泰山成为"草原丝绸之路"的必经之地，长期以来一直是中西方文化交流的要冲，绵亘蜿蜒的新疆阿尔泰山昭示着"草原丝绸之路"曾经的繁荣与深厚的历史积淀，阿尔泰山是一座名副其实的金山。

喀喇昆仑山

喀喇昆仑山是除极地外全球冰川发育最集中的地区，也是世界山岳冰川最发达的山系，被称为"雪峰冰川王国"。喀喇昆仑山位于西昆仑山与西北喜马拉雅山之间，整个山体呈西北—东南走向，是我国与克什米尔地区的界山，为若干横向断陷盆地所分割，山势断断续续，从帕米尔高原东南部一直延伸到羌塘高原，长约1 100km，宽100～220km。

喀喇昆仑山山体宏大，山势雄伟，山体绝大部分在4 000m以上，平均海拔近6 000m。喀喇昆仑山聚集了世界14座海拔8 000m以上高峰的4座，包括世界第二高峰——海拔8 611m的乔戈里峰，也是新疆最高山峰。乔戈里系塔吉克语，意为"高大雄伟"。因其为喀喇昆仑山脉上由北至南排列的第二座高峰，国际登山界又将其称为K2。喀喇昆仑山的高大山峰，包括20座7 500m以上的山峰，都集中分布在以乔戈里峰为中心的300km之内，形成世界上气势最大的"高峰群"。

喀喇昆仑山的形成与印度次大陆向北位移并与欧亚大陆碰撞有关，大地构造期开始于白垩纪，持续到第三纪；山地抬升始于晚第三纪，目前仍在进行。岩性以花岗岩、片麻岩、结晶板岩及千枚岩为主，南北两侧主要为石灰岩和云母板岩。南侧沉积岩常为花岗岩侵入体所切割，若干地区有板岩出露。喀喇昆仑山地震活动频繁，震级甚至高达9级以上。

喀喇昆仑山山岳冰川发达，冰川大部分融水流入印度河支流，自东至西为努布拉河、协约克河、希加尔河、洪扎河和吉尔吉特河；东北部冰雪融水则补给叶尔羌河，向北流入中国，消失在塔克拉玛干沙漠中。喀喇昆仑山主山脊的东、西段已为后期冰雪融水道所切穿，主分水岭北移。东段已移至主山脊以北40多千米处，西段移至主山脊以北100多千米处。

喀喇昆仑山垂直气候差异明显，空气稀薄，太阳辐射强烈，温度变化巨大，并常有强风。海拔3 000m的谷地，年降水量均不足100mm，属干旱荒漠。冰川积累区年降水量在1 000mm以上。冬春受西风环流影响降水丰

富，夏季亦有一定数量的降水，形成降水的两个明显峰值，以冬春为主。正常年份，喀喇昆仑山受印度洋西南季风影响范围较小，但西南季风强大年份常带来暴雨性降水，造成洪水与泥石流灾害。年最热月0℃等温线约在海拔5 600m处。年0℃等温线约与4 200m等高线相一致，广大山区终年低温。

喀喇昆仑山气候寒冷干旱，土壤贫瘠，植物生长受到严重限制，植物种类不到1 000种，以旱生、超旱生小灌木和半灌木的荒漠植被类型为主，覆盖度常在10%以下，不少地方寸草不生。代表性动物为野牦牛、藏羚羊、岩羊、藏野驴等高地型物种，南坡山麓地带有野驴、短耳兔和土拨鼠，鸟类有砂松鸡、西藏雷鸟、鹇鸪、朱鹭、白鸽及红花鸡等。喀喇昆仑山属于典型的高寒荒漠山地垂直自然景观，自上而下为冰川积

雪、高山灌丛、高山草甸、亚高山草原、山地草原、山地荒漠。冰川与沙漠交融，动物与湖水共处，对比强烈又和谐自如，增添了喀喇昆仑山的神秘。

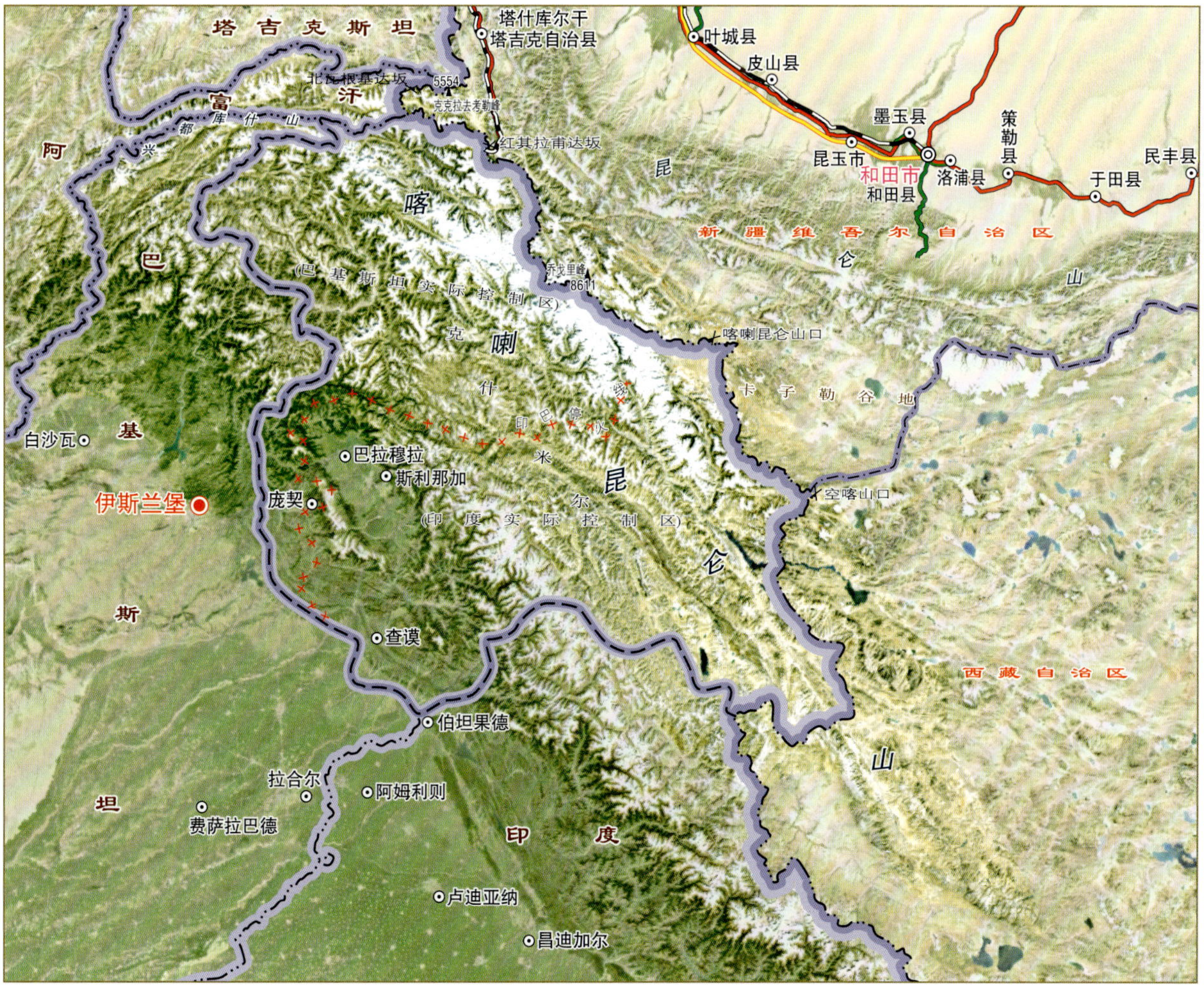

核心区自然地理与人文景观

天山

横亘于新疆中部的天山，在中国老百姓眼里是以"天"为姓的山，被称为"通天之山"，是世界最大的纬向独立大山脉，是世界上距离海洋最远的巨大山系，也是全球干旱区最大的山系。在世界七大山系、亚洲三大山系的排名中，天山山系占据着显赫的位置。位于中国境内的新疆天山，西起中国与吉尔吉斯斯坦边界，东至新疆哈密星星峡戈壁，从74°E延伸至95°E，全长1760km。最南端为巴什索贡山，最北边为阿拉套山，纬向上从40°N扩展至45°N，平均宽度达300km。新疆天山是准噶尔盆地和塔里木盆地的天然地理分界，南北被塔克拉玛干沙漠和古尔班通古特两大沙漠夹持，跨越了喀什地区、阿克苏地区、伊犁哈萨克自治州、博尔塔拉蒙古自治州、巴音郭楞蒙古自治州、昌吉回族自治州、乌鲁木齐市、吐鲁番地区和哈密地区等9地、州、市。

新疆天山长1760km，占天山总长度2/3以上，由3条大山链及其20多条山脉和10多个山间盆地或谷地构成。纵向的三条巨大山链，分别为南天山、中天山和北天山，横向为阶梯状山地。南天山全长1100km，平均海拔4000m，托木尔—汗腾格里山结是整个天山的最高峰区，6000m以上的高峰超过15座，天山最高峰托木尔峰海拔7443m。中天山长约800km，近东西走向，山地平均海拔约3000m，最高峰为艾尔宾山，海拔4835m。北天山全长1300km，分为东、西两段，东段最高峰为博格达峰，海拔5445m，西段海拔最高峰区为依连哈比尔尕山结，海拔超过5000m的山峰21座，最高峰5289m，是北天山现代冰川分布最集中区。

新疆天山横亘新疆全境，巨大的山系改变了区域大气环流，导致了南北两部分明显的自然气候差异；高差悬殊，气候类型复杂多样；大部分山区属中温带半干旱区，南坡山麓地带属暖温带干旱区；气候明显比周边的中亚沙

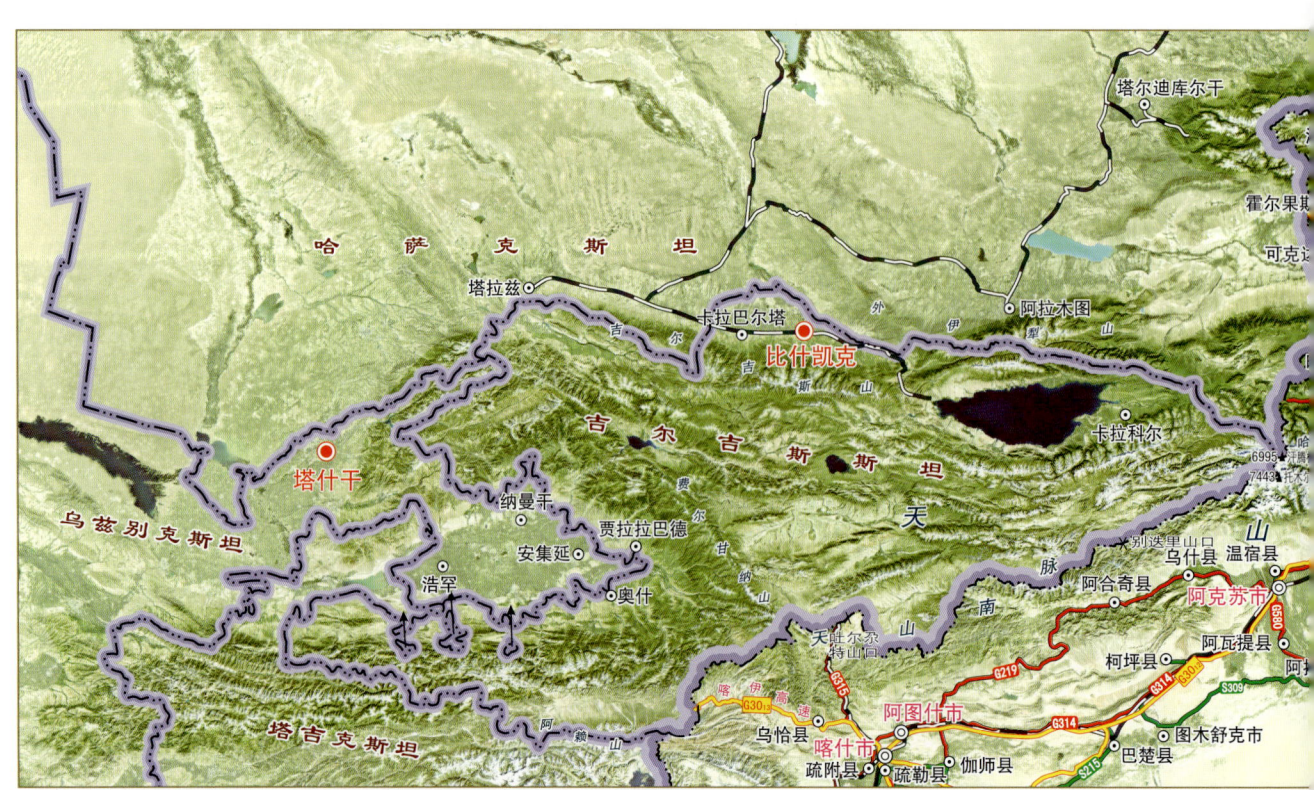

漠、塔里木盆地、准噶尔盆地湿润,成为荒漠中的巨大"湿岛"。新疆天山幅员辽阔、特征典型,综合反映了全球温带干旱区景观美学、地质地貌、生态环境和生物多样性等诸多自然品质,在科学研究、美学欣赏、保护管理等方面都具有全球突出的普遍价值。

新疆天山以独特的山盆地貌格局、深处内陆的地理区位和温带干旱大陆性气候,在全球山地生态系统类型中独具特色,成为温带干旱区山地生态系统的最典型代表。突出反映了中亚干旱区植被随地貌与气候变化正在发生的演变过程,是全球200(Global 200)生态区"中亚山地草原与林地生态区"天山针叶林、天山山地草原草甸和天山山麓干旱草原生态区的重要组成部分。新疆天山发育了3个典型垂直带谱:温带荒漠垂直带谱、暖温带荒漠垂直带谱和温带荒漠草原垂直带谱,南北坡发育了7个完整的垂直自然带,在全球范围内具有唯一性,突出代表了温带干旱区山地生态系统的空间分布特征和演变规律,成为研究全球气候变化下干旱区山地生态系统生物群落演替的杰出范例。植被区系成分多样,保留了大面积的天山野果林,拥有52种野生果树,是野生欧洲李的唯一起源地,是众多古近纪残遗物种的避难所,突出代表了帕米尔—天山山地生物地理群落演变和进化的过程。共有维管束植物2 622种,脊椎动物550种,第四纪冰期之前的残遗植物物种94种,各类珍稀濒危植物110种,珍稀濒危野生动物367种,特有植物118种,特有动物22种,具有显著的生物多样性,是中亚山地众多珍稀濒危物种、特有种的最重要栖息地,突出代表了这一区域由暖湿植物区系逐步被现代旱生的地中海植物区系所取代的生物进化过程。

新疆天山展现了世界上最具代表性的温带干旱区山地综合自然景观,具有显著的景观多样性,展示了独特的自然美。东西向绵延的新疆天山巍然横亘于北侧准噶尔荒漠和南侧塔里木荒漠之间,形成了"两漠夹一山"的独特自然地理奇观。从西部海拔7 443m的托木尔峰到东部海拔5 445m的博格达峰,绵延的雪山冰峰构成了广

核心区自然地理与人文景观

袤中亚荒漠壮观而优美的天际线。新疆天山拥有壮观的雪山冰峰、优美的森林草甸、清澈的河流湖泊和宏伟的红层峡谷,世界上很少有像天山这样将反差巨大的炎热与寒冷、干旱与湿润、荒凉与秀美、壮观与精致奇妙地汇集在一起,给人以强烈的视觉冲击。天山不仅是中国和中亚地区的"天上之山",也是丝绸之路上的绿色走廊,自古以来,有无数神话传说、诗歌词赋和音乐绘画赞美天山。时至今日,新疆天山仍是中国最具代表的景观名片之一。

山脉

帕米尔高原

帕米尔高原是由天山、喀喇昆仑山、昆仑山、喜马拉雅山、兴都库什山等五大山系汇聚而成的世界最大山结，地处欧亚大陆腹地，横跨中国、塔吉克斯坦和阿富汗三国，平均海拔5 000~7 500m，号称"世界脊梁"。中国帕米尔高原位于新疆西南部，地处37°N~39°N和73°E~76°E，南北长约230km，东西宽约130km，面积约30 000km²。最高峰公格尔峰海拔7 719m，公格尔九别峰海拔7 595m，慕士塔格峰海拔7 509m。

帕米尔高原是在地壳板块构造运动作用下形成的，6 000万年至2 000万年前，在印度板块向欧亚板块推进、挤压作用下，青藏高原地区从北到南陆续隆起了数座巨型山脉，在帕米尔高原汇聚成世界最大山结，像辐射线一样由中心向各方向放射。该区域有印度洋板块和亚欧板块碰撞的地缝合线，是古特提斯洋消亡闭合的结果，也是重要的构造转折部位，几条构造边界汇聚于此，其中麻扎—康西瓦断裂带是最主要的一条板块构造缝合带。

帕米尔高原地处中亚干旱荒漠区，具有寒

核心区自然地理与人文景观

冷、干旱、强辐射的大陆性高原气候特点。海拔2 000～3 000m的山谷年平均温度为3～7℃，海拔3 000～4 000m山坡年平均温度为–1.5～4.2℃，海拔4 000m以上山峰年平均温度在–6℃以下，极端最高气温32℃，极端最低气温–39.1℃。年平均无霜期112天，年平均降雨量为20～30mm，年蒸发量高，空气稀薄，气压低，日照充足。

中国帕米尔高原水系属于塔里木河流域，主要河流从北到南分别为克孜勒河、盖孜河、叶尔羌河，最终汇入塔里木河。河流补给以冰雪融水为主，海拔4 000m以上山峰终年积雪，冰川广布，冰川面积为2 696.1km²。

在高寒干旱的生态环境中，中国帕米尔高原形成了典型的高寒荒漠植被类型，发育了结构明显的垂直自然带谱。海拔4 300～4 500m的区域分布着帕米尔高原特有的山地高原旱生荒漠植被类型，建群种为昆仑蒿，伴生种仅有少量的针茅和合头草，土壤类型为高山荒漠土。海拔4 000～4 300m的区域由旱生草本植物组成，建群种为冷旱生的紫花针茅和银穗草，次优势种为蒿草、苔草和亚高山丛生禾草，种类较高山寒漠多，土壤类型为亚高山草原土。海拔2 700～4 000m的区域为耐干旱严寒的典型荒漠草原植被，建群种为各种蒿类和针茅，土壤类型为山地棕钙土。海拔1 800～2 700m的区域为垂直自然带谱的基带，植被稀疏，种类单一，土壤类型为山地棕漠土。

经初步统计，中国帕米尔高原共有种子植物59科303属963种（含变种），其中裸子植物12种、被子植物951种，植物种类相对贫乏。植物区系优势科全部为世界分布科，反映了帕米尔高原的气候残酷性，夏季干旱少雨、冬季寒冷干燥的气候使温带的许多成分虽有分布却难以形成优

势，唯有广布性的大科以其庞大的种系和适应能力在该地区恶劣的生境下取得优势。

中国帕米尔高原属于喜马拉雅喀喇昆仑和帕米尔交会区的高原动物区系，在全球高山区域占有独特的席位，是许多特有和濒危物种的重要栖息地，包括IUCN动物红色名录的珍稀野生动物雪豹、马可波罗盘羊等。马可波罗盘羊是帕米尔高原特有种，也是该区域的旗舰种，IUCN红皮书将其列为濒危物种（EN级别），CITES将其列为附录Ⅱ收录物种。塔什库尔干自然保护区是我国唯一以马可波罗盘羊为保护对象的自然保护区。

帕米尔高原，古称葱岭，是古代丝绸之路中道与南道和现代中巴经济走廊必经之地，千百年来，塔吉克族和柯尔克孜族世代在此居住。有无数的使者、将帅、王侯、艺家、文人、僧侣、商贾往来跋涉，留下了无数浓墨重彩的画卷和撼人心魂的诗篇，促进了东西方之间的社会、经济和文化交流。

核心区自然地理与人文景观

昆仑山

昆仑山被称为"万山之祖"的昆仑山，充满神话色彩，是横贯中国西部的高大山脉。昆仑山西起帕米尔高原东部，东到柴达木河上游谷地，于97°E～99°E处与巴颜喀拉山脉和阿尼玛卿山（积石山）相接，全长约2 500 km。南北最宽处在90°E，达350 km；最窄处在81°E附近，为150 km。山势宏伟峻拔，峰顶终年积雪，屹立在塔里木盆地与柴达木盆地之南。山脉北部与盆地的高差达3 500～4 500 m，南部与高原的高差达500～1 500 m。

昆仑山脉与塔里木盆地和柴达木盆地间均以深大断裂相隔。昆仑山地区以前震旦系为基底；古生代时为强烈下沉的海域并伴有火山活动，古生代末期经华力西运动褶皱上升，构成昆仑中轴和山脉的中脊；中生代产生拗陷，经燕山运动构成主脊两侧4 000 m以上的山体。昆仑山脉与秦岭构成分隔中国南部与北部的纬向山脉。

昆仑山脉的新构造运动极其强烈，晚第三纪以来上升4 000～5 000 m。叶尔羌拗陷中的砾石层厚度约2 500 m，河谷高阶地上分布有第四纪火山凝灰岩和火山角砾岩，克里雅河与安迪尔河上游均保存有中更新世玄武岩流与火山口，东部昆仑山第四纪以来上升了约2 800 m。

昆仑山北坡濒临最干旱的亚洲大陆中心，属暖温带塔里木荒漠和柴达木荒漠，山前年降水量小于100 mm，西部60 mm，东部20 mm，若羌仅为15～20 mm。年降水量随山地海拔增高而略增，暖温带荒漠被高山荒漠所取代，由特有的垫状驼绒藜与西藏亚菊组成。源于昆仑山脉北坡的诸河流，汇流于塔里木盆地与柴达木盆地内流水系。

昆仑山脉西高东低，按地势分为西昆仑、中昆仑和东昆仑3段。西昆仑山是青藏高原西北边缘向南呈弧形的内陆高大山地，平均海拔为

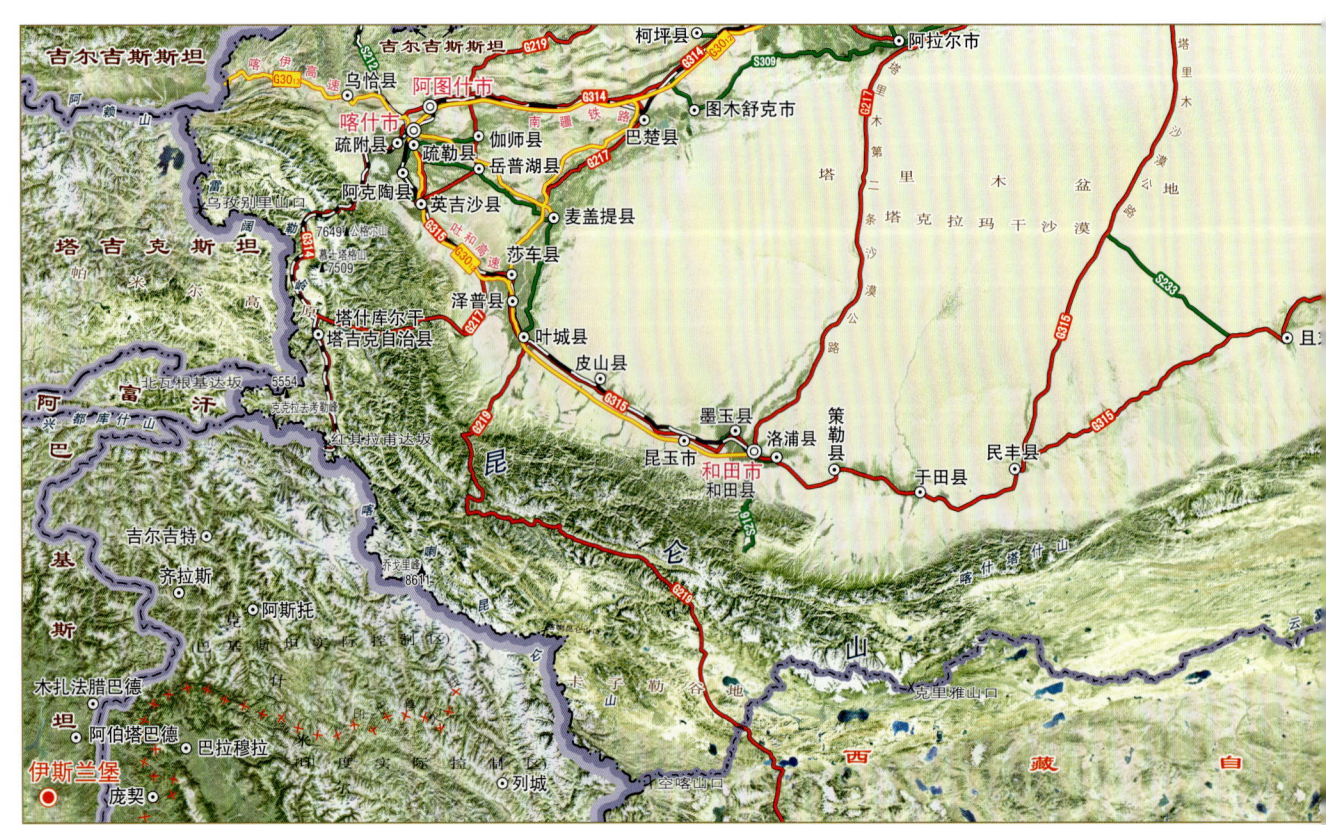

山脉

5 500~6 000m，海拔在7 000m以上的山峰3座，6 000m以上的山峰7座，最高峰昆仑峰海拔7 167m，高亢的地势和寒冷的气候使之成为青藏高原最大的现代冰川作用中心之一。河谷年降水量仅为25~30mm，雪线附近降水量则为300 mm左右；北坡降水量大于南坡，年均温0℃等温线大致沿4 000m等高线通过，最高山带年均温为-15~-7.5℃。主要河流有叶尔羌河，靠冰雪融水补给，在塔里木盆地北部汇入塔里木河。西昆仑北坡为山地荒漠和高寒荒漠景观。低于2 700m的前山及中山带下部为红沙与合头草荒漠，上部为昆仑蒿为主的草原化荒漠。2 700~3 000m的下部沙土地带为合头草荒漠，上部为紫花针茅、银穗羊茅占优势的山地草原，阴坡出现小片雪岭云杉林，与山地草原构成山地森林草原。3 100~3 900m干旱冰碛丘陵与冰水冲积扇分布着雌雄麻黄为主的灌木荒漠。4 500~5 500m的高山为刺矶松、高寒棘豆高寒半灌木荒漠。9 500~6 500m的高山下部为高寒稀疏植被，上部为寒冻风化带。6 500 m以上为高山冰雪带。

中昆仑位于新藏公路与车尔臣河9个达坂山之间，平均海拔5 000~5 500m，海拔6 000m以上的山峰有8座，主要河流有喀拉喀什河、玉龙喀什河、克里雅河、尼雅河及安迪尔河；中昆仑山地下部为合头草、红沙半灌木荒漠，棕漠土；上部为沙生针茅、短花针茅为主的草原化荒漠，棕钙土；向上过渡为针茅、昆生葱、昆仑蒿为主的高寒荒漠草原；在海拔4 500m的山地内部坡麓及岩屑坡上，垫状驼绒藜、糙点地梅组成稀疏的高寒荒漠；海拔4 500~5 500m下部为稀疏植被，上部为寒冻风化带，更高山峰则为冰雪带。

东昆仑向东略呈扇形展开，分为3支：北支祁漫塔格山，其南隔以阿牙克库木盆地，东延为唐松乌拉山、布尔汗布达山；中支阿尔格山，东延为博卡雷克塔格、唐格乌拉山与布青山，地形上与阿尼玛卿山相接；南支为构成青南高原上的主体山脉可可西里山，东延与巴颜喀拉山相接。东昆仑山平均海拔4 500~5 000m，海拔6 000m以上的山峰4座，5 000m以上的山峰8座。

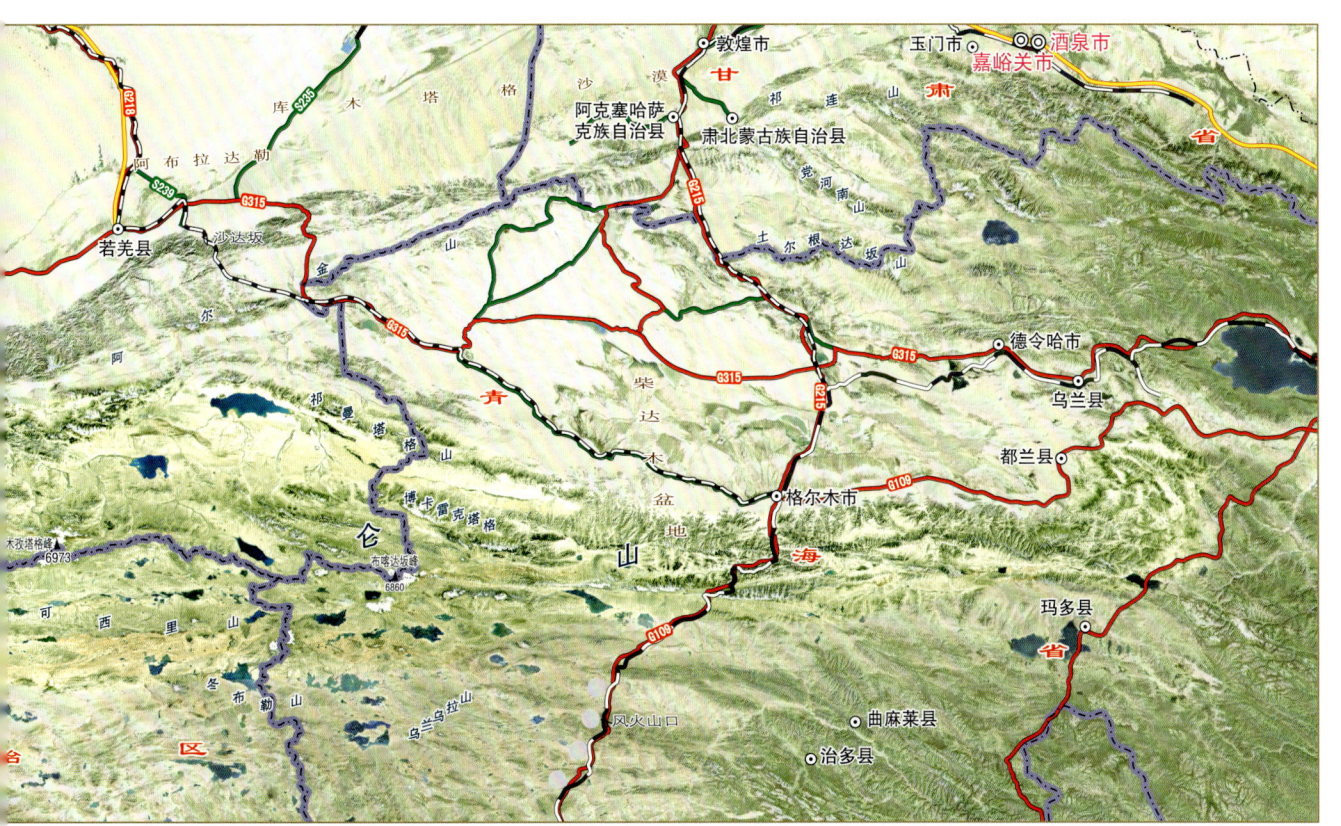

核心区自然地理与人文景观

HEXINQU ZIRAN DILI YU RENWEN JINGGUAN

盆 地

准噶尔盆地

准噶尔盆地是中国第二大内陆盆地，西北干旱区五大自然地理单元之一，位于天山与阿尔泰山之间，西至准噶尔西部山地，东抵北塔山，东西长约850km，南北最宽处约450km，整个盆地略呈等腰三角形展布，总面积约180 000km²。该盆地属于低位盆地，盆地平均海拔约500m，最低点为艾比湖，湖面海拔189m。准噶尔盆地地势东高西低，微向北倾，盆地地貌区域划分为阿尔泰山前平原区、额尔奇斯—乌伦古两河之间平原区、乌伦古河南侧基底平原区、古尔班通古特沙漠区、艾比湖区、南部古老冲击平原区、天山北坡山前倾斜平原区。

准噶尔盆地是晚古生代和中新生代形成的大型叠加性沉积盆地，陆相沉积的最大厚度达

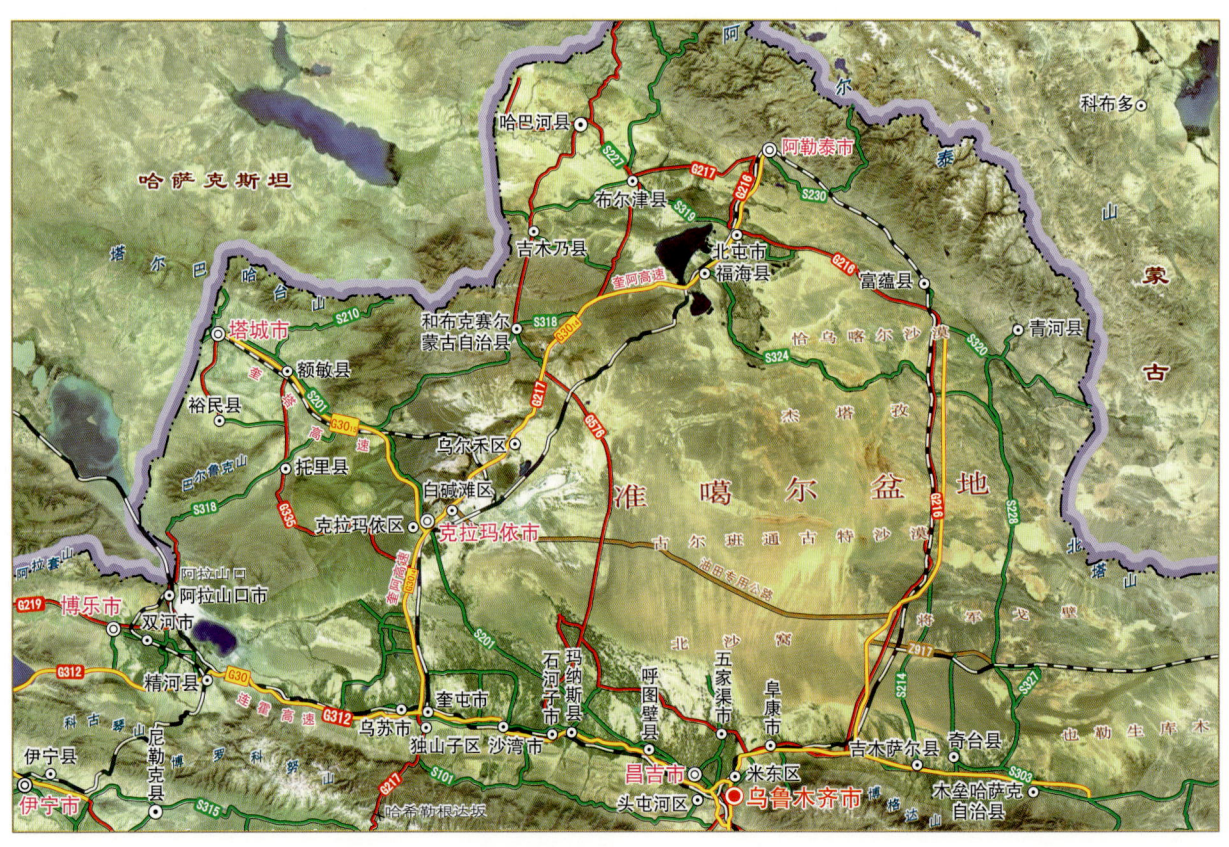

盆地

16 000m以上，形成演化大体上经历了二叠纪盆地初期形成阶段、中生代盆地统一发展阶段和新生代盆地萎缩定型阶段3个阶段。

准噶尔盆地属于典型的温带大陆性干旱气候，北部、西部年平均气温3～5℃，南部年平均气温5～7.5℃，东部为寒潮通道，是我国同纬度最冷之地。准噶尔盆地的荒漠环境是干旱气候环境的指示剂，敏感地反映气候的干湿冷暖变化过程，表征着东亚季风气候与地中海气候过渡区域的气候特征，在气候变化研究中有着不可替代的区域特性和学科意义。

由于独特的山地湖盆结构和大气环流系统，准噶尔盆地的生态与气候环境形成了环状展布的地理格局，在垂直地理分布上有着明显的气候与环境差异。高山带终年白雪皑皑，冰川耸立；中低山带降水充沛（年降水量在800～1 100 mm），季节性积雪深厚（最大积雪深度达80～150 cm），森林和草甸生长茂盛，被覆盖度较高；丘陵和山前平原降水急剧减少（年降水量在180～320mm），荒漠化明显；盆地中心的古尔班通古特沙漠年降水量仅为80～160mm，由于季节性积雪和冻土作用，沙漠生长和发育了良好的沙生植物，形成了我国最大的固定和半固定沙漠。

准噶尔盆地地表水多为山区河流和山泉沟，发源于阿尔泰山和天山山脉。北部额尔齐斯河属于外流河，流入北冰洋；其余均属于内流河，消失于盆地低洼部位。阿尔泰山区（包括准噶尔西部山地）河流以季节性融雪和雨水补给为主，3—5月水量相对丰富。天山山区河流属于冰川融水、季节性融雪、雨水、地下水混合型补给，全年水量集中于5—8月。

因独特的气候环境，受西风余泽，冬有积雪，早春有雨，准噶尔盆地生物景观为我国其他荒漠所罕见。植被呈非紧缩型分布，白梭梭和梭梭群系是该区域荒漠植被的重要组成。早春短命植物丰富，春夏之交由其繁茂生长而形成的季相"草甸"景观异于我国其他荒漠区域。准噶尔盆地荒漠植物区系形成于第四纪，有种子植物30科121属425种，区系组成以古地中海成分和华夏成分为主体，并与中亚荒漠区系相互渗透，缺乏特有植物物种。

准噶尔盆地地处西伯利亚与中亚的交会区，动物区系复杂，种类繁多，中亚荒漠动物群和北方草原动物群占优势，广布种分布较多。鹅喉羚、野驴是准噶尔盆地的常见种，准噶尔盆地东北部是普氏野马的原产地。盆地东部的卡拉麦里山有蹄类野生动物自然保护区，是以保护和发展普氏野马、赛加羚羊、蒙古野驴和鹅喉羚等有蹄类野生珍贵动物及其栖息生境为主的野生动物类型自然保护区，保护区面积达到12 821 km²，是我国低海拔荒漠区域内为数不多的大型有蹄类野生动物自然保护区，是野生动植物物种的"天然基因库"，是从事生态研究和生态监测的理想基地，其生态区位和物种多样性无法替代，具有重要的干旱区基因保护价值、生态价值、科研价值。

吐鲁番盆地

吐鲁番盆地位于天山山脉东部的吐鲁番盆地是亚洲中部封闭性的大型山间断陷盆地，是我国海拔最低的内陆盆地，面积约50 000km²。盆地北侧及西侧有天山高大支脉博格达山和喀拉乌成山，平均海拔3 500m以上；南侧为低矮的剥蚀山地觉罗塔格山，东部以僚墩隆起与哈密盆地隔开。盆地内发育近东西走向的火焰山，海拔500～800m，主要由第三系红色泥岩组成。火焰

核心区自然地理与人文景观

山将吐鲁番盆地分隔成两个次级单元；北部为博格达山与火焰山之间的纵向洼地，南部为火焰山冲积平原及艾丁湖盆地。吐鲁番盆地整体地势以大倾角自北向南倾斜，最低处为艾丁湖面，海拔 −154.31m。

来自6 000km以西的大西洋含水气流，经长途输送来到吐鲁番盆地上空后，已变成干冷气流，由于下沉增温作用，不能形成较多降水；北方来自北冰洋的含水气流，翻越天山进入吐鲁番盆地后，水汽所剩无几，加之受到盆地上升的热空气流影响，很难形成降水。因此吐鲁番盆地降水来源十分稀少，年平均降水量仅有27.3 mm，降水主要集中在4—9月；盆地中心降水在20 mm以下，最少的托克逊县仅有7 mm；四周次之，山区较大。

吐鲁番盆地属于极端干旱炎热的大陆性气候，素有"火州"之称。年平均气温大于10℃，极端最高气温达到48℃，盆地中心年平均气温大于40℃的日数在30天以上，芒硝湖达到72天，是吐鲁番盆地的炎热中心，最高气温居全国之首。

吐鲁番盆地冬季处于大陆高压中心附近，天气较为稳定。进入春季以后，盆地内辐射增强，增温较快，形成地区性热低压，引起盆地中心气压梯度增大，热气上升。北方的冷空气经过白杨河谷迅速向盆地奔泻而来，形成强烈的西北大风，盆地西北部的三十里风区和东北部的百里风区常有陆地上罕见的12级大风。

吐鲁番盆地干旱酷热，蒸发量高达3 000 mm以上，全靠山区降水形成的16条地表河流和地下水维持盆地的绿洲生态系统，河流多为季节性小河流，出山口后不久便潜入地下。北部的博格达山和西部的喀拉乌成山是盆地地表水和浅层地下水的源地，天山南坡冰雪覆盖面积小，河流补给少、流程短、水量小。源自博格达山的河流南潜过程中遇到隔水的火焰山阻挡，上升到地表形成泉流，汇集后沿火焰山的几个切口南流，形成"火焰山水系"，继续南流不久后重新潜入地下，至艾丁湖盆北缘再度出露，最终汇聚于艾丁湖中。

古代的吐鲁番人民为了把天山雪水引来滋润这片戈壁荒漠中的绿洲，避免雪水沿途高温蒸发，发明了以挖掘明渠、暗渠、竖井、涝坝等相结合的引水方法——坎儿井。在发展的兴盛时期，吐鲁番盆地共有1 700多条坎儿井，总长度超过4 400 km。有着2 000多年历史的坎儿井，为吐鲁番文明作出过突出贡献，是吐鲁番地区各族人民赖以生存和发展的重要生命源泉，被誉为"生命之泉"。

吐鲁番盆地的土壤和植被类型也反映了干旱荒漠环境中特有的垂直地带性规律。与天山北坡相比，盆地缺乏连续成片的森林带，植物稀疏矮小。海拔4 000 m以上为冰雪带；海拔2 000～

盆地

4 000m为亚高山草甸带和山地草原带，植被覆盖率40%左右；海拔1 000~2 000m为山地荒漠草原带和荒漠带，山地裸露广泛，阳坡多为荒漠草原，河谷有针阔混交林；海拔400~1 000m为戈壁砾石带，基本无植物生长；海拔400m以下的平原绿洲区以外生长着少量耐旱耐盐植物，艾丁湖周围地表为盐壳和盐沼，无植物生长。

塔里木盆地

塔里木盆地是欧亚大陆中部山盆格局中的巨型内陆盆地，是世界最大的极端干旱封闭型盆地，深居欧亚大陆腹地，北靠天山，西邻帕米尔高原，南接青藏高原北缘的喀喇昆仑山、昆仑山、阿尔金山，周边高山平均海拔4 000~5 000m，东侧山体略低，仅有一个宽约70km的谷地与河西走廊相通。盆地地处37°N~42°N之间的暖温带，内部平均海拔900~1 000m，呈不规则菱块状，东西长1 500km，南北最宽达600km，面积555 900km²。塔里木盆地属于典型的暖温带大陆性干旱荒漠气候，气候特征表现为降水稀少、变率大，气温变化剧烈，大风、沙尘暴活动频繁。盆地年降雨量大部地区介于25~40mm，东部地区-15mm以下，年潜在蒸发能力在2 100~3 400mm；年平均气温11℃。

塔里木盆地是一个地台与盆地相叠置的多旋回复合盆地，周围高大山系的现代轮廓由悠久的造山运动、印度板块和欧亚大陆碰撞等地质构造演化而成。地质构造基本格局划分为"三隆四坳"。"三隆"为塔北隆起、塔中隆起和塔南隆起；"四坳"为库车坳陷、北部坳陷、西南坳陷和东南坳陷。这一复合型盆地经历了古生代地台和中、新生代内陆盆地两个大的发展阶段。震旦纪末，天山及昆仑山开始从地台上分离，逐渐发展为地槽；早古生代末，加里东运动使塔里木盆地地台发生大型隆起、坳陷及东西向、北东向断裂；海西运动晚期天山、昆仑山地槽关闭形成褶皱山系，地台集聚抬升；海西运动后塔里木盆地由地台进入内陆盆地发展阶段；印支至燕山期，天山、昆仑山上升，盆地相对下沉，喜马拉雅运动期，塔里木盆地由分割性的断陷形成大型统一的坳陷盆地。

核心区自然地理与人文景观

受印度板块持续向北的强烈推挤作用，青藏高原、帕米尔高原和天山山地在新近纪末期以来强烈隆起，塔里木盆地经历了相对下降、盆缘变形、湖盆沉积中心迁移等演化历程，由河流搬运来自周围山地大量的碎屑物在盆地沉积形成广泛的冲积洪泛平原，成为塔克拉玛干沙漠发育的物质基础。塔里木盆地与周边山地垂直高差巨大，自山地到盆地中心发育了极高山—高山—中山—低山—丘陵—洪积扇—冲积洪积平原—塔克拉玛干沙漠完整的层状地貌带，持续进行着冰川作用—冰缘作用—流水侵蚀—干燥剥蚀—流水堆积—风蚀风积等地貌过程。

盆地内地貌可划分为山前倾斜平原、大河冲击平原和塔克拉玛干沙漠。山前倾斜平原由天山南麓山前倾斜平原、昆仑山和阿尔金山及帕米尔高原山前倾斜平原组成。坡度一般为8°，宽度10~30km，厚度1 000m，表面由厚砾石层覆盖，透水性强，地表植被稀疏。根据沉积类型可分为山前洪积—冲积平原和冲积扇两部分。大河冲积平原主要有叶尔羌河和塔里木河干流冲积平原。塔里木河干流河道与河岸均由较疏松的细沙粉沙沉积物组成，河岸易被遭剧烈侧蚀和崩塌；河水泥沙含量很高，河道坡降很小，大量泥沙淤积，主河道南北迁移摆动频繁，发育成平原游荡型曲流地貌，形成了由粉细沙沉积物组成的平均宽度达60~80km的冲积洪泛平原。洪泛平原上发育了河曲、牛轭湖、河间洪水洼地、古河道、湖泊、沼泽地、灌丛沙丘等多种微地貌类型。由于盆地封闭，形成了极端干旱的气候环境。在中更新世以来漫长的地质构造过程中，受内外营力作用，接受了第四纪以来大量风沙堆积物，盆地中央逐步演化形成了亚洲最大的内陆流动和半流动沙漠——塔克拉玛干大沙漠。

塔里木盆地植被是在当地特殊地质背景、气候、生态环境下，长期演变、进化而形成的，具有抗旱、抗寒、抗盐碱、抗风沙的特点。组成塔里木盆地的植被区系有2 500种左右，是荒漠地区山地植物种类中最为丰富的。植物地理成分复杂，以亚洲中部成分占优势，还有中亚荒漠成分、北温带—欧亚温带成分等。塔里木盆地西部喀什冲积平原和叶尔羌河谷平原植被以灌木荒漠、多汁盐柴类荒漠和柽柳灌丛为主，砾质戈壁上植被为无叶假木贼荒漠，沙壤砾质戈壁上植被是稀疏的琵琶柴和盐生草群落，山间谷地洪积物上植被主要为由裸果木、灌木紫菀木等组成的灌木荒漠。河谷上部有小沙冬青、灌木紫菀木丛生植物，盐渍化低地分布植物有芦苇、獐茅、甘草、骆驼刺、假苇拂子茅等盐化草甸和苔草沼泽草甸及盐穗木、盐节木、盐爪爪等盐生植物，河旁分布有胡杨、灰杨林，沙丘边缘有稀疏骆驼刺、花花

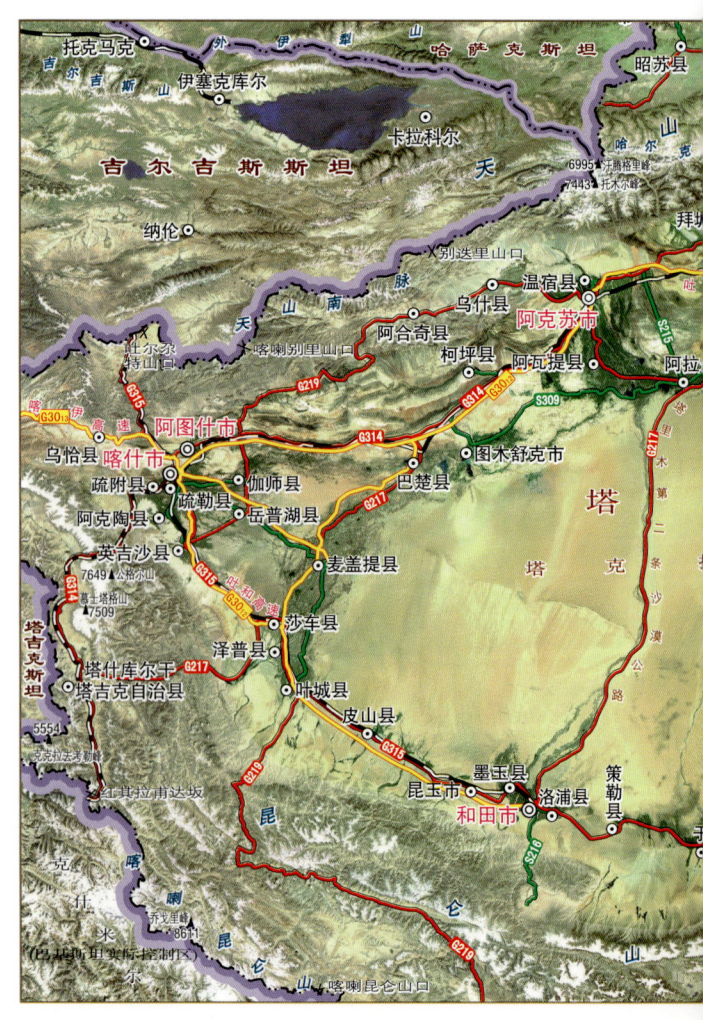

盆地

柴、柽柳等植物。塔克拉玛干沙漠植被以半灌木和小半灌为主。盆地南缘的山前洪积扇带基本上无植被，大部分为光裸的沙丘和砾石戈壁，仅在凹沟中有稀疏的琵琶柴、五柱琵琶柴等植物，或以泡泡刺、膜果麻黄、塔里木沙拐枣等为建群种的荒漠超旱生灌木。天山南麓山前平原砾质戈壁上有大量膜果麻黄荒漠和喀什霸，沙丘上以梭梭柴与喀什沙拐枣、多枝柽柳为主，草甸盐土或结皮盐土上分布有柽柳、多汁盐柴类灌木（梭梭柴、琵琶柴、盐穗木等），罗布泊低地平原植物十分稀少，以多汁盐柴类盐漠群落为主。

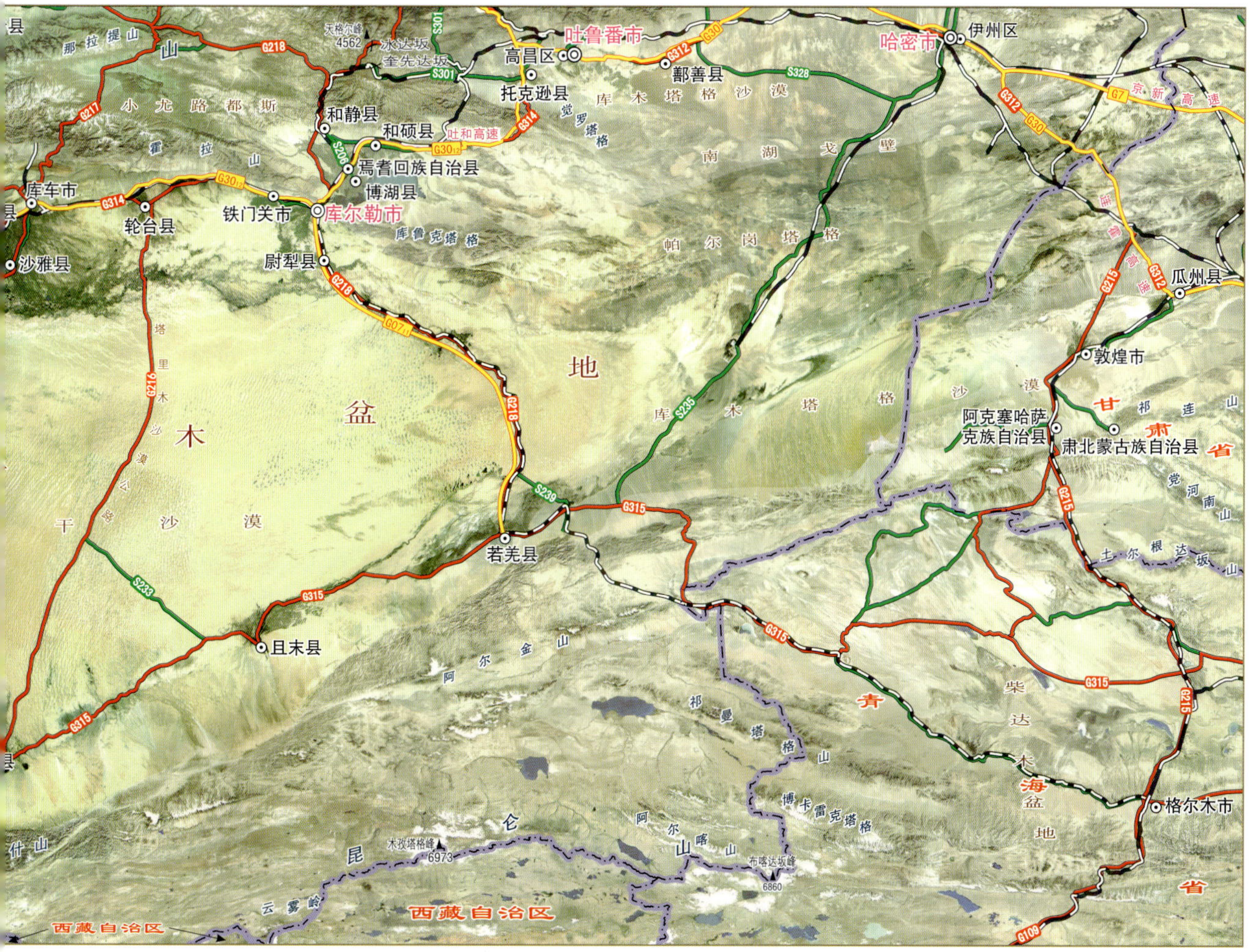

核心区自然地理与人文景观

沙漠

古尔班通古特沙漠

古尔班通古特沙漠地处准噶尔盆地中南部，位于44°11′N～46°20′N和84°31′E～90°00′E，东西绵延412km，南北最宽处225km，面积48 800km²，约占全国沙漠面积的6.8%，是我国第二大沙漠，是准噶尔盆地的主体部分，是具有特殊景观的生态系统。沙漠北部和南部自古以来就是北疆的冬牧场。

古尔班通古特沙漠由于降水相对较多，植被发育较好，沙丘稳定性程度较高。固定、半固定沙丘的面积占整个沙漠面积的97%，是中国面积最大的固定、半固定沙漠。由索布古尔布格莱沙漠、霍景涅里辛沙漠、德佐索腾艾里松沙漠、阔布北—阿克库姆沙漠组成，整体地貌特征表现为高山与盆地相间分布，固定、半固定沙垄与丘间地相间分布。

古尔班通古特沙漠系第四纪冰期的冰水沉积物形成，沙粒以石英矿物为主，粒级为中细粒沙。沙丘类型以线性沙垄或树枝状沙垄为主，约占总面积的80%。局部分布有沙垄—蜂窝状沙地，新月形流动沙丘仅见于沙漠边缘少数地区。沙丘高度一般在10～20m，局部沙丘高达80～100m。沙丘密度较小，丘间地广泛发育且面积较大。疏松的石英沙上主要的土壤类型是固定和半固定风沙土，少数为流沙。

古尔班通古特沙漠四周被高山环绕，东到太平洋、西到大西洋、北到北冰洋的距离都在

沙漠

3 000km以上，海洋湿气流难以到达，形成了极端干旱的温带大陆性气候，冬季寒冷漫长，夏季干旱炎热。月均温小于0℃达5个月（11—3月），最冷月1月均温在-20℃上下。6—8月均温在21℃以上，最热月7月达23～27℃。无霜期135～150天，全年日照时数2 700～3 100小时，是全国日照时数较高地区之一。年平均降水量100～150mm，四季分配较均匀，冬春有积雪，最大积雪深度在20cm以上，冬春干旱相对不明显，显著区别于我国其他沙漠。年蒸发量在2 000mm以上，干旱是古尔班通古特沙漠的主要气候特征。

古尔班通古特沙漠是巨大的沙质荒漠，沙漠中没有地表径流，不形成水文网，地下水位很深且矿化度很高，沙漠边缘地下水深度约5～16 m，沙漠内部大部分地区超过16m。沙漠内部生长的植物无法利用地下水，只能依靠湿沙层、少量的大气降水或沙层凝结水。

古尔班通古特沙漠的植物，除了短命和类短命植物（利用冬春降水，迅速完成生活史，逃避干旱），以及少数长营养期1年生植物外，几乎全为旱生和超旱生植物。古尔班通古特沙漠植物区系包括亚洲中部成分、中亚成分和哈萨克斯坦成分，植物种类贫乏，群落类型简单。主要的群落类型包括白梭梭群落、梭梭群落、混合怪柳群落、红杆沙拐枣群落、蛇麻黄群落、驼绒藜群落、地白蒿群落、沙蒿群落和短叶假木贼群落，还有准噶尔无叶豆群聚、羽毛三芒草群聚和巨麦草群聚等3个重要的群聚类型。此外，还拥有艾比沙拐枣、角果藜、准噶尔无叶豆等特有植物物种。

古尔班通古特沙漠严酷的自然条件是动物生存的极端环境，但仍是一些野生动物的栖息地。常见的哺乳类动物有子午沙鼠、大沙鼠、狼、鹅喉羚、兔狲、赤狐等，鸟类有凤头百灵、巨嘴沙雀、欧斑鸠、戴胜、红尾伯劳、雕鸮等，爬行类动物有荒漠沙蜥、密点麻蜥、沙蟒等。

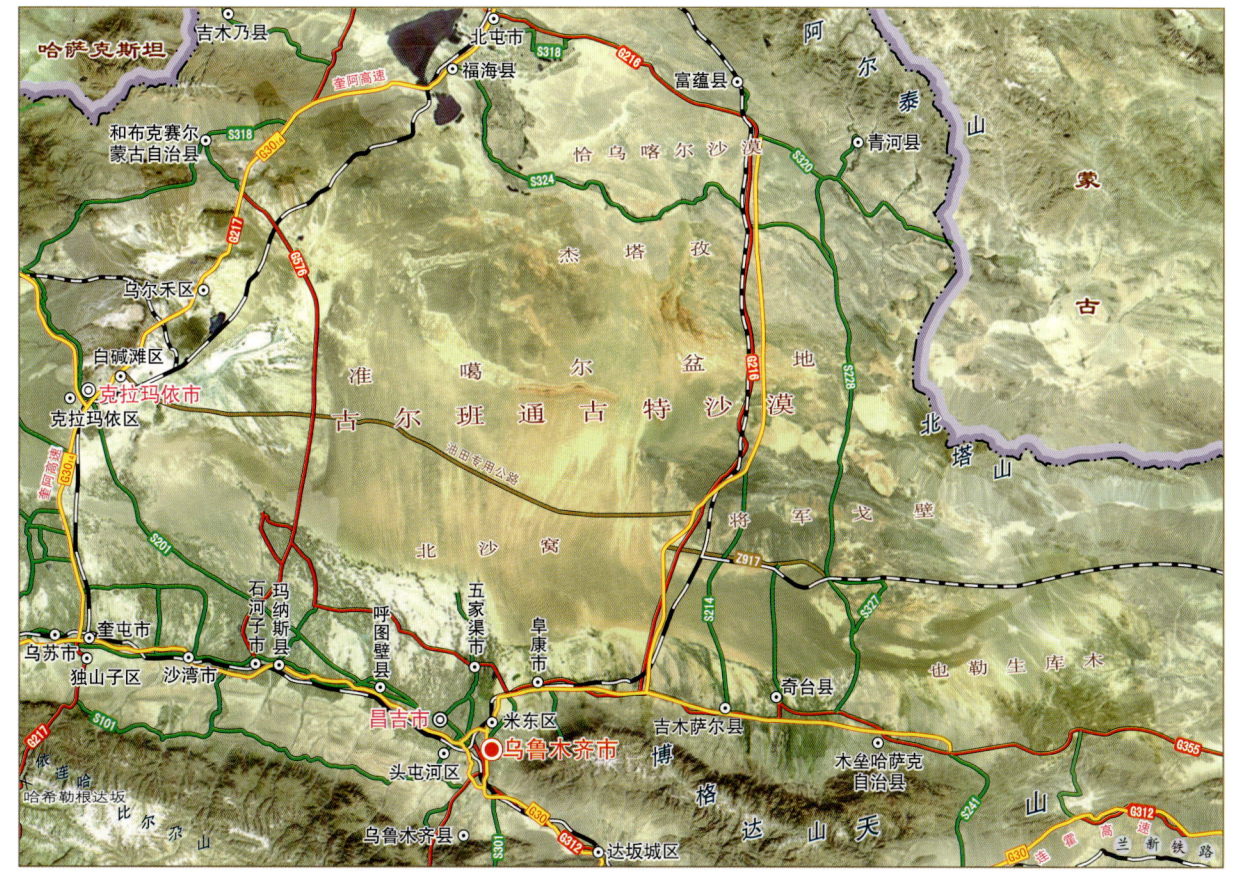

核心区自然地理与人文景观

塔克拉玛干沙漠

塔克拉玛干沙漠是世界上最大的封闭盆地型流动沙漠，北起中国新疆和静县，南至于田县，西起乌恰县，东至若羌县。东西方向从75°E延伸至88°E，南北向由36°N延伸至42°N。东西长1 130km，南北宽约400km。以和田河为界将沙漠分为东、西两部分。南北被天山和昆仑山两条巨大的山链包围，东部与吐鲁番盆地接壤。地势西南高、东北低，西南部海拔1 100~1 250m，东北部低洼处为800~1 000m，平均海拔840~1 200m。塔克拉玛干沙漠面积337 600 km²，占塔里木盆地总面积的63.7%，占中国沙漠总面积的47.4%，流动沙丘面积占沙漠总面积的85%，集中连片的流动沙丘规模近290 000 km²，居世界第一位。

塔克拉玛干沙漠属于典型的大陆性暖温带极端干旱气候，降水稀少、变率大，气温变化剧烈，大风、沙尘暴活动频繁。年均降雨量15~20mm，年均蒸发量高达2 500~3 400 mm，干燥度74.3（干燥度指数0.013）。光热充足，太阳辐射总量高于同纬度东部地区。沙漠下垫面反射率高达30%，平均有效辐射比其他同纬度地区高。温度变化大，昼夜温差达40℃以上，7月份平均气温为25℃，1月份平均气温为-10℃，夏季最高温度达45℃，冬季最低温度在-20℃以下。风沙、浮尘和沙尘暴天气较多，全年有1/3是风沙日，沙尘暴的年平均日数为60天，大风风速达30 m/s。起沙风速极低为4.1 m/s，4—7月扬沙、尘暴、浮尘日高达20日左右，6月可高达26天。

新近纪末期以来，塔里木盆地周边山体强烈隆起改变了大气环流，形成巨大雨影区。盆地内部盛行东灌气流和频发的低空急流，盆地中央热低压与周边高寒下沉冷空气共同作用，形成完善的内陆封闭型盆地大气环流系统和极端干旱环境。塔里木盆地经历了相对下降、盆缘变形、湖盆沉积中心迁移等演化历程，由周边山地的144条河流及无数季节性溪沟搬运来自周围山地大量的碎屑物在盆地沉积形成广泛的冲积洪泛平原。在地质构造、流水和风力等内外营力作用下，盆地内部"就地起沙"并逐步连片，演化形

成了塔克拉玛干沙漠。

塔里木河干流自西向东贯穿塔克拉玛干沙漠。由于河流多次改道和泛滥，残留较多的干涸河道，形成垄状岗地与河间低地及河沼洼地相间的流水地貌。河流冲击平原地势平坦、汊流较多、水网紊乱、河曲充分发育。冲积平原地势低平区由于地下水埋浅，地下水矿化度高，发生现代积盐过程，形成盐积层或盐结壳，发育了典型的盐积地貌。河流冲积平原在封闭型盆地大气环流系统和极端干旱环境下，受东灌气流和频发低空急流作用，形成风蚀地貌，为沙漠形成提供了丰富的沙源物质和风沙堆积物质，并在此基础上，发育了以沙丘地貌、丘间地负地貌、灌丛沙丘为典型代表的风积地貌。

塔克拉玛干沙漠风向风速变化各异，受水分、植被、地形等多种复杂因素影响，经过周围环境漫长地发展演化，逐步发育了类型丰富、形态各异、空间组合多样的沙丘地貌，涵盖流动、半流动、半固定和固定等沙丘变异，被称为"世界沙丘博物馆"。除一般常见的沙垄、新月形沙丘及沙丘链外，显著区别于世界其他沙漠的地貌特征是广泛分布很多形态复杂的沙丘，主要类型有复合型沙丘链、复合型纵向沙垄、金字塔沙丘、鱼鳞状沙丘及穹状沙丘等，其中，以复合型沙丘链和复合型纵向沙垄分布面积最广、最为典型。复合型沙丘链长度自5～10 km不等，最长可达30 km；宽度一般在300～500 m，最宽为1 500 m；高度在80～200 m之间，具有高而陡峭的落沙坡。复合型纵向沙垄延伸很长，一般在10～20 km，最长可达45 km，表面覆盖许多迭置的沙丘链，沙垄高度一般在50～80 m，垄宽0.5～1 km。

塔克拉玛干沙漠拥有IUCN/SSC一级生境类型5个，包括森林、灌丛、草地、湿地和荒漠，主要生境区为沙漠生境区。拥有最为典型的冈瓦纳古陆残遗树种组成的温带荒漠、半荒漠内

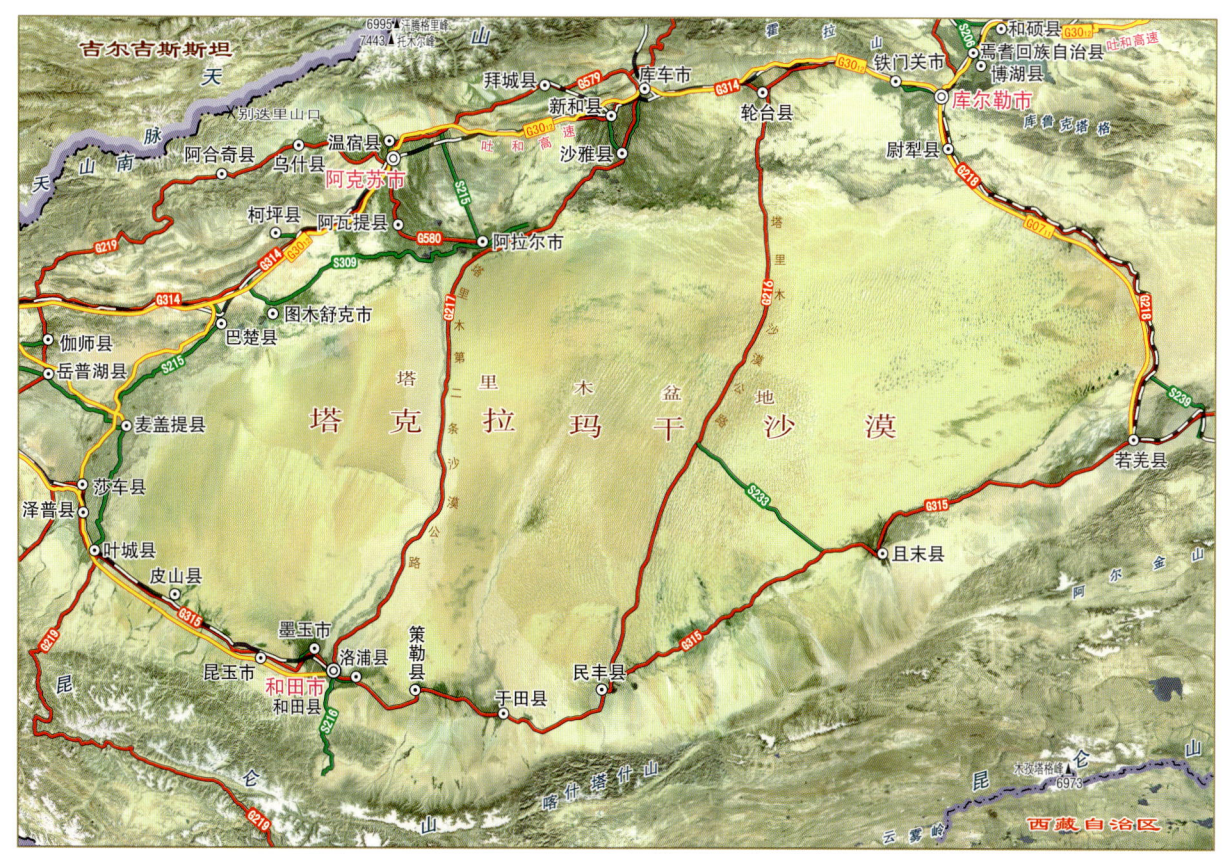

陆河岸森林生态系统——胡杨荒漠河岸林生态系统；根据其中优势植物种构成，可进一步划分为落叶小叶疏林亚生态系统、灌丛亚生态系统、荒漠亚生态系统、草甸亚生态系统、沼泽草甸亚生态系统、盐化草甸亚生态系统和湿地亚生态系统。在植被区划上，塔克拉玛干沙漠属于亚非荒漠植物区—亚洲中部荒漠亚区—塔里木盆地荒漠植被省；在生物地理区划上，属塔克拉玛干戈壁荒漠、大陆性荒漠、半荒漠生物群落；植物区系包括亚洲中部成分、中亚成分、古地中海成分和少量泛热带植物；自然植被类型可划分为5个植被型，9个植被亚型，38个植物群系和81个植物群丛；共有野生维管束植物58科180属389种，有宽叶红门兰、裸果木、中麻黄、沙生柽柳、管花肉苁蓉等珍稀濒危27科37属57种。塔克拉玛干沙漠陆生脊椎动物属古北界区系成分，动物分布型以北方型和中亚型区系成分占优势，高地型、东北型、东洋型等区系成分渗透其间，古北区鸟兽种类在区系中占绝对优势；共有野生脊椎动物30目71科185属306种；有野生双峰驼、塔里木马鹿、鹅喉羚等各类珍稀濒危野生动物306种；世界自然保护联盟物种红色名录（2017）收录260种，《濒危野生动植物种国际贸易公约》（2017）附录I收录4种、附录Ⅱ收录30种；共有新疆特有动物物种17种，包括塔里木兔、塔里木马鹿、鹅喉羚、新疆大头鱼、塔里木岩蜥、白尾地鸦等。

库木塔格沙漠

库木塔格沙漠地处吐鲁番盆地，位于新疆鄯善县，距离乌鲁木齐市290km，西行90km可达吐鲁番市，与鄯善县城仅隔2km。库木塔格沙漠平均海拔500m，最高点尤热克塔格海拔681m，东西长62km，南北宽40km，沙漠总面积2 291km²，是塔克拉玛干沙漠的一部分。

# 沙漠

库木塔格沙漠不是地壳运动产物，是风的杰作。来自东天山七角井风口的西南风和来自西天山达坂城风口的东南风经过长途跋涉，携带着大量沙砾，在库木塔格地区相遇碰撞，受阻于觉罗塔格山，风力减弱，沙砾在鄯善县流沙河与火焰山尾部沉积。久而久之，沙子不断聚集，形成无数个沙丘，组成了壮美的库木塔格沙漠。

库木塔格沙漠气候属极端干旱大陆性气候，气候极其干燥，年均气温11.3～11.9℃，年均降水量25.2～74.6mm，年蒸发量2 800～3 000mm，干燥度指数高达92。发育了典型的新月型沙丘链、金字塔沙丘及格状沙丘形成的高大沙山，局部发育有羽毛状沙丘。植被主要有草原化荒漠植被合头草、红砂、霸王、裸果木和膜果麻黄,荒漠植被梭梭、沙拐枣、多枝柽柳、短穗柽柳、沙生柽柳、白刺、泡泡刺、沙刺蓬、碱蓬及草甸植被芦苇、胀果甘草、盐穗木、盐爪爪、骆驼刺、罗布麻和花花柴。生存有国家保护野生动物鹅喉羚和珍稀濒危野骆驼等。

库木塔格沙漠是世界上唯一与城市相连的沙漠，是诠释古楼兰国消失的最后一片圣地，创造了"沙不进、绿不退、人不迁"的世界奇迹，是人与自然和谐生存的典型例证。2002年，库木塔格沙漠被评为国家级风景名胜区。

核心区自然地理与人文景观

湖 泊

喀纳斯湖

喀纳斯湖是新疆阿尔泰山中段南坡最大的山间湖泊，系构造断陷和冰川堰塞双重作用形成的湖泊，位于48°43′N～49°00′N和86°54′E～87°24′E之间。湖面海拔1 370km，长24km，平均宽1.8km，面积45km²，蓄水量53.8亿立方米，位居中国淡水湖第三。平均湖深120m，最大湖深197m，为中国内陆最深的冰碛湖泊，全国第二深的淡水湖。

湖泊

喀纳斯湖区域是中国唯一的四国接壤的自然保护区，是中国唯一的北冰洋水系——额尔齐斯河最大支流布尔津河的发源地，是中国唯一的大陆性苔原地带，是西伯利亚泰加林在中国唯一的延伸带，是中国唯一的古北界欧洲——西伯利亚动植物分布区，是中国蒙古图瓦人唯一的聚居地，是亚洲唯一具有瑞士风光特色的自然景观区。1986年被国务院批准为国家级自然保护区，2004年被国土资源部批准为国家地质公园，2007年被国家旅游局批准为国家AAAAA级旅游景区。

强烈的构造断陷是喀纳斯湖形成的主要因素。从大范围的构造背景看，喀纳斯湖的走向和区域内近南北向的古老褶皱河及断裂系统构造走向一致。喀纳斯湖箱状盆形、盆底凹槽，以及两岸陡峭的山坡、众多的断层三角面沿东西岸分布和盆底纵断面形态近于对称等，证明了湖盆曾发生过强烈的断陷作用。第四纪山谷冰川对谷底的刨蚀作用和终碛垄对谷地的堰塞作用也是喀纳斯湖形成的重要原因。喀纳斯冰川对湖区谷地的刨蚀作用强烈，湖岸边高出现今喀纳斯湖湖面数米、数十米甚至上百米不等的基岩上众多的冰川擦痕、羊背石以及U型谷地形态均可证明当时冰川的规模和冰川作用的强度。距今10 000年前，冰川终碛垄堰塞谷地，拦蓄冰川融水后，喀纳斯湖形成。

喀纳斯湖区域地处纬度较高的欧亚大陆腹地寒温带，具有大陆性气候特征，春秋温暖，冬季寒冷，全年无夏，雨量充沛。区内年平均气温为–0.2℃，年降雨量在780～1 114mm，年蒸发量为1 097mm，全年日照时数为2 157小时。

喀纳斯湖区域内共有大小湖泊300多个，大多

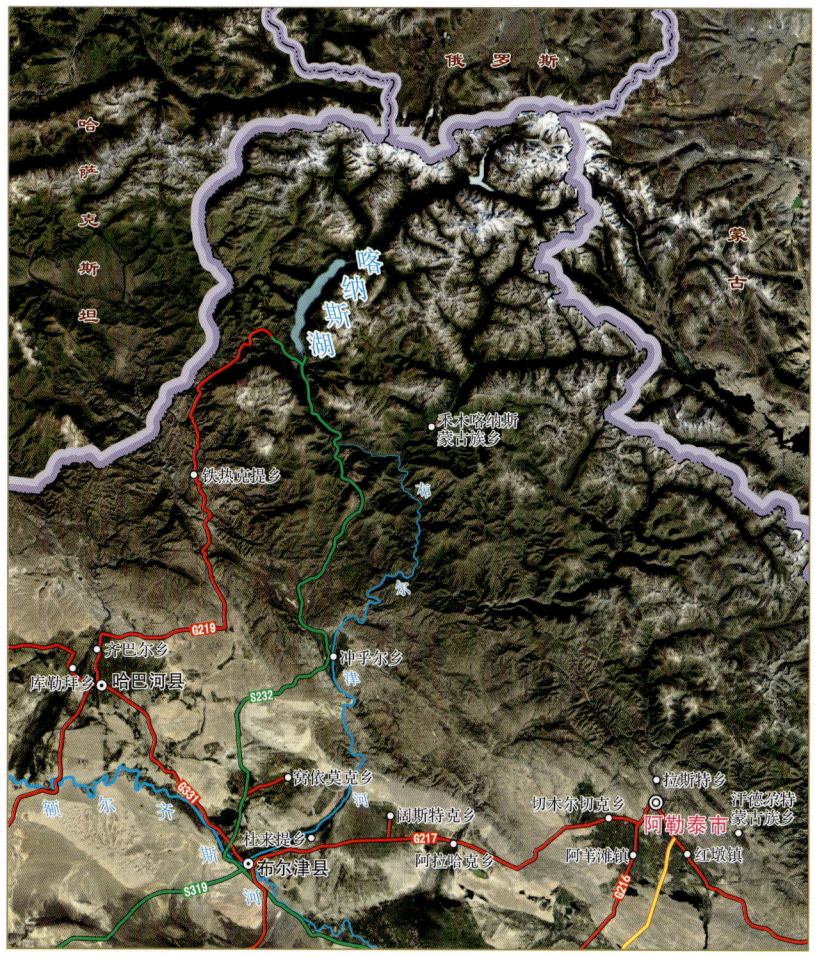

核心区自然地理与人文景观

位于现代冰川附近和现代冰缘作用带内，尤以喀纳斯湖东侧海拔2 500m以上的古夷平面上的分布数量最多。由冰川刨蚀的洼地积水而成的湖泊，数量多，面积小，大多在0.01～0.5 km^2。湖泊群冬季全部结冰，每年12月结冰，5月解冻。

受北半球西风气流影响，喀纳斯湖区域水热条件适宜，降水充沛，森林植被较茂盛，具有较完整的植被垂直带结构，是准噶尔温带荒漠与西伯利亚动植物区系的生态交错带，成为许多珍稀濒危物种的重要栖息地，对于动植物群落演变以及生物多样性保护具有重要意义。

喀纳斯湖区域植物区系属泛北植物区，欧亚森林植物亚区，阿勒泰地区。共有高等野生植物88科416属1 172种，其中珍稀濒危植物和特有种共34种，是育种及遗传研究的重要基因库。

喀纳斯湖区域动物属古北界、中亚亚界、哈萨克斯坦区、阿尔泰亚区、南阿尔泰山小区。区域内动物区系组成十分复杂，除分布有典型的泰加林群落的动物种类外，还有冻土苔原带向南扩散的种类、高山及亚高山草甸草原栖息的种类，以及准噶尔盆地盆地耐干旱的荒漠种类。区域内现已知的脊椎野生动物共有23目52科160种，包括兽类39种、鸟类117种、两栖及爬行动物7种、鱼类8种。

喀纳斯湖区域集冰川、雪峰、草甸、河流、湖泊、森林、草原、湿地等多种自然景观于一体，同时兼具浓郁、独特的图瓦民族风情以及石人、岩画等历史文化遗迹，其景观美学品质可概括为冰川雪峰雄姿美、河流湖泊形态美、森林景观季相美、高山草甸色彩美、天象景观动态美、游牧民族风情美。喀纳斯美妙绝伦的景观集群、独一无二的美学品质以及天人合一的美学意境，在世界范围内具有一定的垄断性、唯一性和独特性，具有极高的美学价值。

巴音布鲁克天鹅湖

巴音布鲁克天鹅湖是温带干旱区高寒湿地生态系统和天山河曲沼泽景观美的典型代表，是中国最大的天鹅繁殖地，也是全球野生天鹅繁殖的最南端。

天鹅湖位于新疆天山中部尤尔都斯盆地底部沼泽地，发源于艾尔宾山的开都河从西向东横穿而过。天鹅湖属于开都河流域，为开都河上游汇水区。水源补给以冰雪融水和降雨为主，局部地区有地下水补给，四周雪山形成的无数大小河流汇入开都河中，九曲十八弯的河道沿岸形成了大约1 000km^{2}的沼泽草地和湖泊。

九曲十八弯风景河段东西长30km、南北宽10km，沿岸沼泽草地和众多高山湖泊湿地相互串联，湖水潆回如带、清澈见底，水中生长着大量水生植物，绿草如茵，雪岭冰峰倒映湖中，形成神奇迷离、风光诱人的河曲沼泽自然景观，是新疆天山河曲沼泽景观的集中体现，被评为中国最美六大沼泽湿地之一。

巴音布鲁克天鹅湖鸟类资源丰富，共有灰鹤、白鹭、金雕、斑头雁、灰雁、大天鹅、小天

湖泊

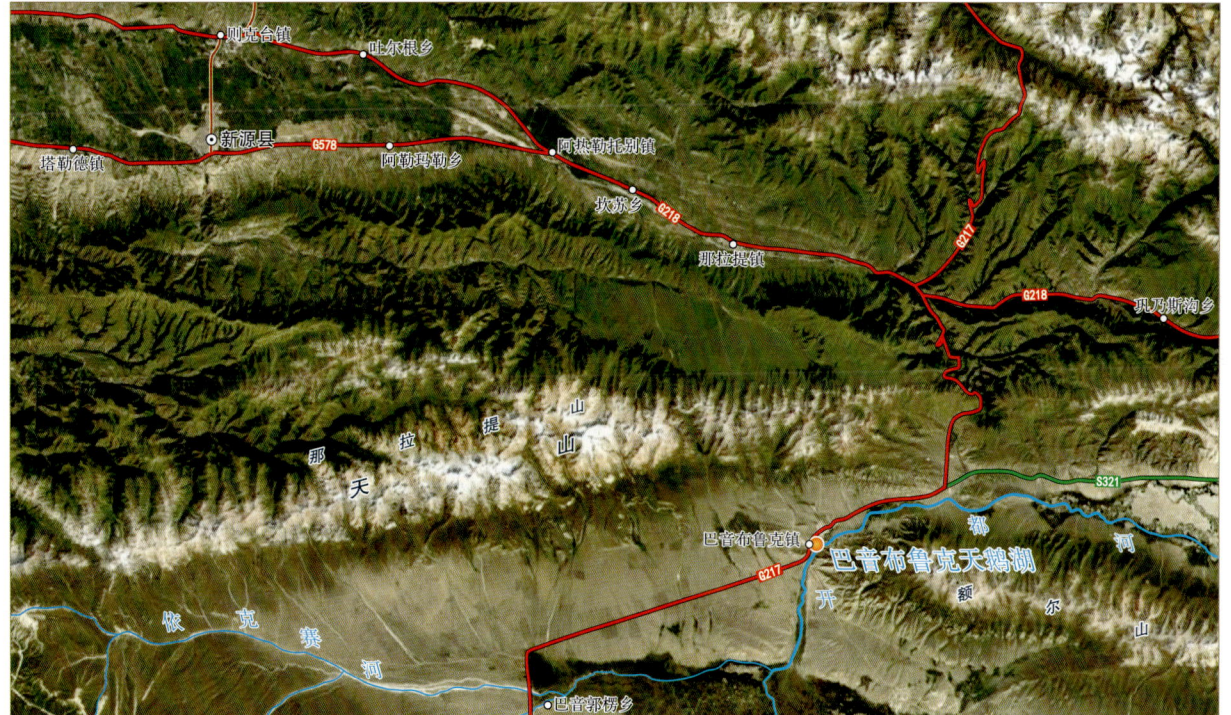

鹅、疣鼻天鹅等各种鸟类119种数十万只，是野生鸟类繁殖和渡夏的最佳栖息地。这里是中国最大的天鹅保护区，沼泽湿地栖息着近7 000只野生天鹅，是世界最大的野生天鹅繁殖群体，也是全球野生天鹅繁殖的南界。

连绵的雪岭，耸入云霄的冰峰，构成了天鹅湖的天然屏障。泉水、溪流和天山雪水汇入到湖中，水丰草茂，食料丰足，气候凉爽湿润，非常适宜于多种水鸟尤其是天鹅的繁衍生息。每年4月，上万余只天鹅、小天鹅、疣鼻天鹅和雁鸥等珍禽鸟类，从印度和非洲南部起程，飞到巴音布鲁克繁衍生息，到10—11月离开，居留期长达8个月。天鹅、湖水、天光、云影和山峰融成一片极为壮观的景致。

核心区自然地理与人文景观

博斯腾湖

博斯腾湖是新疆最大的湖泊,也是中国最大的内陆淡水湖,既是开都河的尾闾湖,又是孔雀河的源头。博斯腾湖地处天山南麓焉耆盆地东南部,位于41°56′N～42°14′N和86°40′E～87°56′E之间。2002年被评为国家级风景名胜区,2014年成为国家AAAAA级旅游景区。

博斯腾湖地区整体地貌分为现代河流三角洲平原区、博斯腾水域湿地区、库鲁克塔格山区和山前库代力克冲积平原区4部分。湖区降水稀少,蒸发量大,属温带干旱荒漠气候。年均日照时数3 074～3 143小时,日照率达67%～71%,年均无霜期为175天,年平均气温7.9℃。

博斯腾湖属南天山造山带中的山间断陷盆地,形成演化历史可以追溯到距今8亿年的前震旦纪。奥陶纪到早石碳纪,本区总体上为浅海环境。早侏罗纪,受印支—燕山运动作用,博斯腾湖所在的焉耆盆地以及大、小尤尔都斯盆地发生断陷。侏罗纪时期,本区上升运动强烈。距今3 600万年左右的渐新世,又开始陷落,堆积了大量渐新世—上新世的河湖相地层。新第三纪末,断裂带之间的博斯腾湖开始下沉。开都河上游相对上升,大尤尔都斯和焉耆盆间的准平原被强烈抬升下切,形成长达50km的开都河峡谷。山体抬升,大气降水增加,雪冰融水和降水源源不断补给,博斯腾湖形成。

博斯腾湖流域包括开都河、博斯腾湖、孔雀河3部分,流域总面积87 200 km²,入湖河流有10多条,主要入湖河流为开都河、黄水沟、清水沟等,开都河入湖径流量占所有

 湖泊

河流总入湖量87.4%。开都河分为东、西两支,东支汇入博斯腾湖大湖区,西支汇入博斯腾湖小湖区。大湖区是湖体的主要部分,东西长达55 km,南北平均宽约20 km;水位1 048 m左右,水域面积1 002 km²,湖水容积88×10⁸m³,平均水深7.38m,最大水深16m。大湖区西部分布有面积约400km²的小湖区和沼泽,小湖区面积52.5km²。孔雀河作为湖泊主要出流补给下游。

博斯腾湖湖水清澈,水温适中,尤其是宽展的西岸浅水区,是我国重要的优质芦苇生产地。其面积在2 670 km²以上,年储量20×10⁵t,年产量(9.5—13)×10⁵t。芦苇生长繁茂,株高可达80cm左右,枝干粗壮,品质优良,纤维长度在1~34 mm,长宽比为107:1,是造纸和人造纤维板的优质原材料。而芦苇对湖泊水生生物的繁衍非常有利。现有浮游生物77属130种,浮游动物58属104种,大、小湖区有水生维管束植物12科17种。除低等植物外,还有低等动物17种。它们是鱼类的主要饵料,现有鱼类24种,其中,新疆大头鱼是博斯腾湖的土著鱼类。此外,还引进养殖活虾、青虾、河蚌、珍珠蚌、中华绒蟹、古巴牛蛙等,年渔业捕捞量为3 000 t,是新疆最大的渔业生产基地。

博斯腾湖流域维系着巴州境内100万人的生产生活用水需求,支撑着巴州80%的工农业生产。流域上游的巴音布鲁克草原是开都河等众多河流的源头,是新疆重要的生态屏障。流域下游孔雀河不仅是塔里木河的主要补给来源,也是塔克拉玛干沙漠和库鲁克沙漠之间绿色走廊的主要补给水源,对维系整个塔里木河流域生态环境、改善局地气候有着举足轻重的作用和意义。

新疆图说丝绸之路经济带核心区

核心区自然地理与人文景观

赛里木湖

赛里木湖系蒙古语"赛里木淖尔"音译，意为"山脊梁上的湖"，是天山腹地最美的高山湖泊。赛里木湖地处天山西段北麓，位于博尔塔拉蒙古自治州境内，与伊犁哈萨克自治州接壤，东距博乐市区100km，南距霍尔果斯口岸86km。312国道沿湖岸东南贯穿而过，地理坐标为80°39′E~81°30′E，44°27′N~44°45′N。

赛里木湖盆地是在第三纪上新世到第四纪早更新世的新构造运动中，断裂下陷而形成的山间盆地，赛里木湖水域面积458km², 湖面海拔2 073m，水质透明度为全国之最（达12m），是新疆境内海拔最高、面积最大的高山冷水湖泊。赛里木湖封闭的水环境特征保留了第四纪以来高山湖泊完整的沉积系列，是干旱区高山封闭内流湖泊水文演变特征与变化趋势的真实记录器，记录了西天山地貌发育的全部历史，反映了中国西北与中亚地区第四纪气候与环境的几个变化阶段，同时也为西北地区第四纪地层划分提供了科学证据。赛里木湖在干旱区高山断陷湖中具有唯一性，拥有记录早更新世以来古气候、古环境演变的湖相沉积的标准剖面，在全球具有不可替代性，在湖泊水文环境演变及评估全球变暖对山地生态系统的影响等方面具有全球性意义。

赛里木湖是温带干旱区高山湿地生态系统的典型代表之一。受大西洋暖湿气流影响，加之独特的封闭式山盆地貌特征，赛里木湖发育了温带干旱区典型的高山湿地生态系统，被称为"大西洋的最后一滴眼泪"。赛里木湖湿地类型丰富，由内陆微咸水湖泊、湖滨淡水沼泽、常年和季节性内流河、亚高山湿草甸、冰川溶雪溪流以及地下潜流与涌泉等类型湿地组成，湿地总面积541.6km²，是全国173处重要湿地之一，2007年被国家林业局批准为新疆首个中国国家湿地公园。

赛里木湖是中国生物多样性关键区域的重要组成部分，深居干旱内陆区域，形成了由中温

湖泊

带、寒温带和寒带组成的鲜明气候带谱，发育了山地草原、山地森林、亚高山草甸、高山草甸、高山垫状植被和冰雪带等完整的垂直自然带谱，为野生动植物提供了多样的栖息地和生境区。初步统计，赛里木湖共有野生维管束植物71科399属959种，其中，蕨类植物17种，裸子植物9种，被子植物933种；共有各类脊椎动物241种，包括鱼类11种、两栖类2种、爬行类6种、鸟类167种、哺乳类55种；赛里木湖也是一些珍稀濒危物种和特有物种的集中分布区和栖息繁衍地。赛里木湖还是全球八条候鸟迁徙路线之一"东非—西亚迁徙线"的关键停歇站和涉禽鸟类迁徙的必经之地，也是温带干旱区重要的鸟类栖息地之一。

赛里木湖具有悠久的历史积淀和丰厚的文化底蕴，地处古丝绸之路北道交通要冲，自古以来就是东西方文化交汇融合之地和欧亚商贸的重要走廊，也是联通塔城地区和伊犁地区的重要中转

站，遗存了古驿站、烽燧、古墓葬、石人等丝路历史遗迹。景区自古就是塞人、月氏、柔然、乌孙、突厥等马背民族的家园，至今以蒙古族和哈萨克族为代表的游牧民族依然沿袭、传承、保留着几千年来的风俗和生活习惯，是国内草原游牧文化保存较为完好的区域之一。赛里木湖因其绝妙的自然景观和地理位置的重要性，千百年来，有众多帝王将相、文人骚客用诗歌词赋赞美它，被誉为"西来之异境，世外之灵壤""思想的湖"。

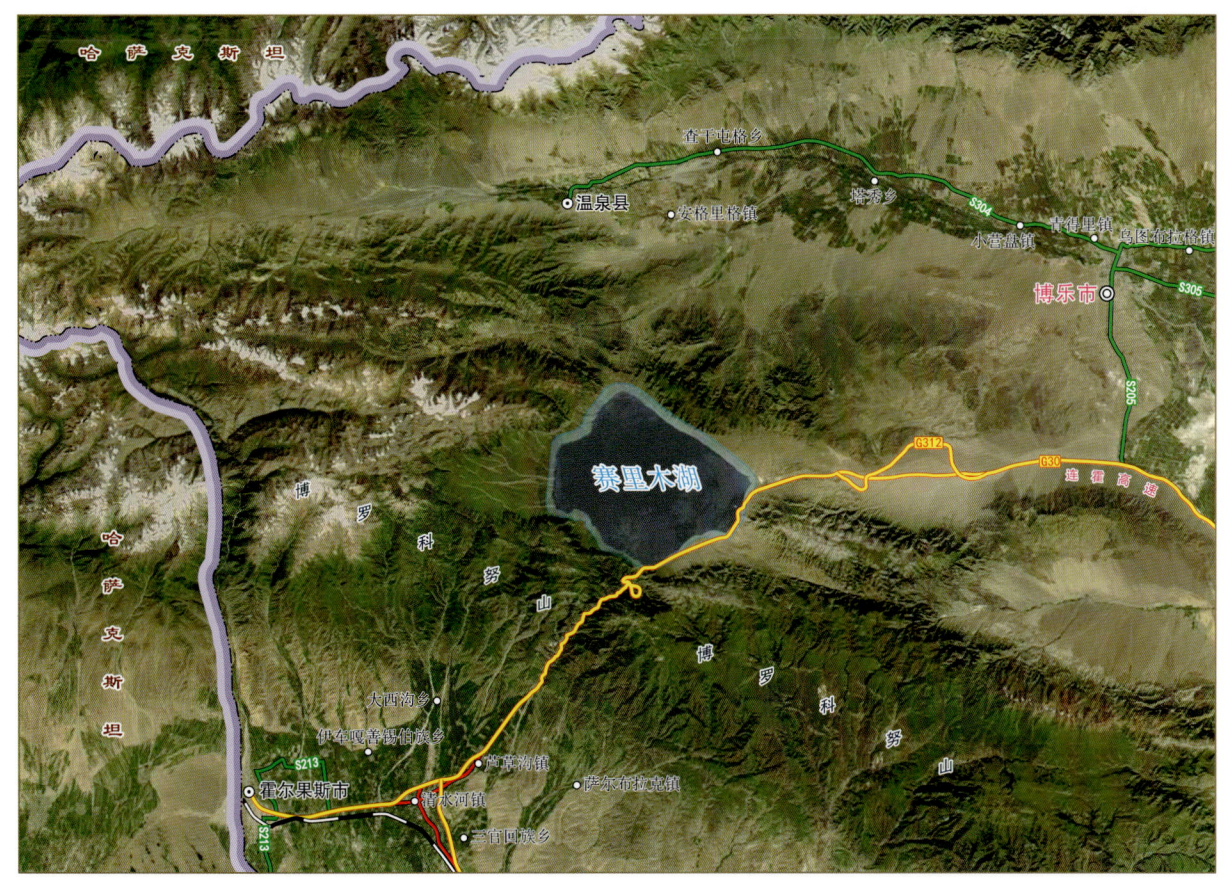

核心区自然地理与人文景观
HEXINQU ZIRAN DILI YU RENWEN JINGGUAN

天山天池

天山天池古称"瑶池",地处昌吉回族自治州阜康市境内、博格达山北坡中山带,距乌鲁木齐市97km,是新疆天山高山湖泊景观的最典型代表,先后获得国际人与自然生物圈保护区、国家级风景名胜区、国家AAAAA级旅游景区、世界自然遗产地等称号。

天山天池所在的博格达山在2.8亿年前的古生代,曾是大海。由于海西造山运动和海底火山喷发,海洋突起为陆地,形成博格达山的原始轮廓;中生代时期的燕山运动使博格达山脉再次隆升,并受长期的剥蚀夷平;新生代时期山地大幅度断块上升,形成当今博格达山脉。第四纪古气候的冷暖变化,多次冰期和间冰期的交替作用,又使博格达山地处于强烈刨蚀、侵蚀切割阶段,海拔3 500m以上的高山带,冰川地貌十分发达。天山天池形成并发育在三工河流域第四纪时期古冰川作用的槽谷内,在经冰碛物堰塞之后,槽谷两侧山地崩塌物覆盖于坝体上再次堵塞、涌高水位而成。天池海北大坝是第四纪山谷冰川作用形成的终碛垅,高达286m,是大自然创造的奇观。

天山天池属于典型的温带大陆性气候,但由于湖区位于天山北坡,属于大西洋气流和北冰洋气流的迎风坡,并且受山体屏障效应影响,并没有表现出温带大陆性气候特点,而表现为冬暖夏凉,降水充沛,积雪较深,无大风天气,无明显的春、秋季,冷暖季几乎等长的气候特点。年平均气温2.55℃,极端最高气温28.4℃,极端最低气温-28.2℃。年平均无霜期98.4天,相对湿度70%~85%。年均降水量443.9 mm,年平均蒸发量1 439 mm。

天山天池属于三工河水系,三工河发源于

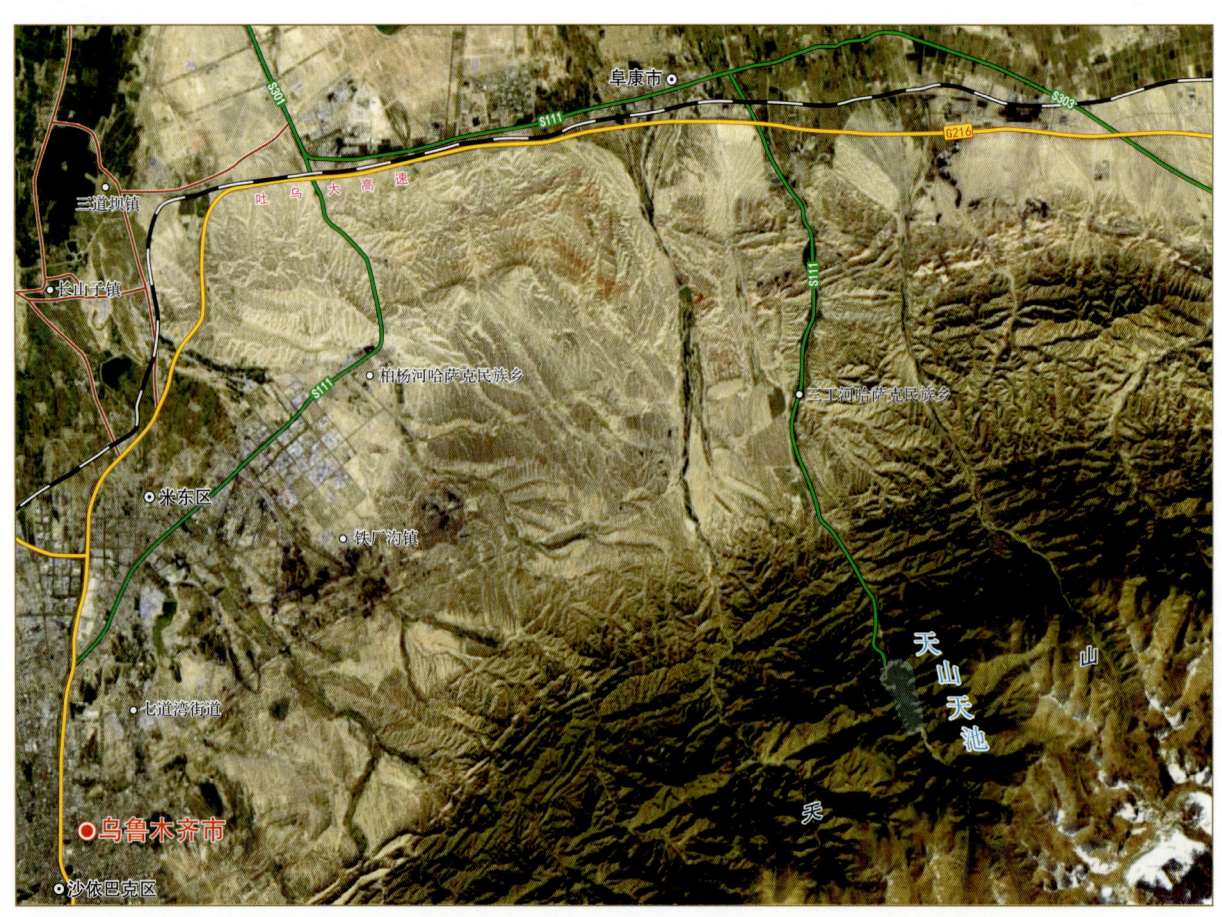

湖泊

博格达峰冰川，河流全长60 km，流域总面积310 km²。河水主要由冰雪消融水、大气降水和泉水补给。三工河上游源头自东而西有大东沟、将军沟、马路沟三条支流，均沿着古冰川槽谷发育，汇合后注入天池。天池位于三工河上游，湖面海拔1 910m，最大湖深达105m，总面积2.48km²，水深达102m，蓄水量1.6亿立方米。

天山天池区域自然植被有8个植被型、18个植被亚型和27个群系。山地常绿针叶林中的雪岭云杉群系是主要代表群系。主要植被类型有高山垫状植被、高山草甸、亚高山草甸、山地常绿针叶林、草甸草原和山地草原。共有野生维管束植物76科432属1 134种，天山桦、高山勿忘草、新疆方枝柏、西伯利亚落叶松、小斑叶兰、堪察加鸟巢兰等是珍稀濒危物种，博格达山棘豆、阜康阿魏、新疆麻花头、天山雪莲等是特有植物物种。此外，还分布有大量的第三纪残遗成

分，是该区域山地常绿针叶林、山地落叶阔叶林、荒漠河岸林、落叶阔叶灌丛、荒漠等植被类型的建群种或重要组成者，如雪岭云杉、光果甘草、新疆天门冬、天山花楸、膜果麻黄等。

天山天池区域共有各类脊椎动物25目56科181种，包括鱼类2种、鸟类1144种、兽类32种；还有各类昆虫668种。棕熊、马鹿、猞猁、狍、赤嘴潜鸭、赭红尾鸲等127种动物物种被列入IUCN物种红色名录。

天山天池区域拥有冰湖、河流等代表性水域景观，包括以冰川堰塞湖——天池为突出代表的大小湖泊12个，由雪山、森林、河流、湖泊、草甸共同构成一幅引人入胜的高山湖泊画卷，是新疆天山水域风光的集中体现。

核心区自然地理与人文景观

艾比湖

艾比湖是新疆第一大盐水湖，蒙古语中意为"向阳之湖"，也是准噶尔盆地的最低点，成为准噶尔盆地西南部地表和地下水的汇集中心。艾比湖地处准噶尔盆地西南，位于44°44′N～45°10′N和82°35′E～83°11′E之间，三面环山；西部为别珍套山，北部为天山山脉最北支阿拉套山南坡，南侧是北天山西段北坡，东部与准噶尔盆地平原相连；流域总面积50 621 km²，湖泊现今水域面积542 km²，海拔195 m，以地表径流直接补给湖泊的河流为博尔塔拉河和精河。

受西风环流以及蒙古高压和西伯利亚冷空气的影响，艾比湖表现为典型的中温带大陆性干旱气候特征。湖区气候干燥，年均气温8.3℃，年均降水95 mm，年蒸发量达1 315mm。西部阿拉山口是全国著名的大风口，全年8级以上大风达165天，最大风速55 m/s，大风多集中于4—6月。

艾比湖属构造带上的断陷湖泊，与哈萨克斯坦境内的萨克斯湖、阿拉湖处于同一断陷带上。该断陷带呈北西—南东走向，控制着一系列湖泊的延伸方向。各湖之间，由于后期构造运动而彼此隔离，处于不同海拔位置。艾比湖盆地在第四纪持续下降，周围山体上升。现艾比湖湖底地形平坦，坡度在0.5%以下，最大湖深2.8m，平均1.4m，储水量约7亿—7.5亿立方米。

艾比湖属盐湖，湖水矿化度很高，为92～137g/l，自西南向东北方向逐渐增大；湖泊西南部因受河水补给影响，矿化度较低。湖水pH为

湖泊

8.43~8.99，随着矿化度增加而减小，湖水化学类型为硫酸钠亚型。湖泊西北和东南有芒硝沉积，湖东有较大面积的石盐沉积，其余位置主要为含盐黏土和沙质黏土沉积。

艾比湖湿地种子植物有53科191属385种，包括裸子植物7种、被子植物378种。艾比湖南北两侧山麓发育砾质、石膏质荒漠土，植被为梭梭荒漠、麻黄荒漠；东部平原盐化土壤上发育琵琶柴荒漠；沙漠中发育半固定梭梭荒漠；湖滨盐土上为多汁盐柴类荒漠，由盐节木、盐角草、盐穗木等组成，也分布有较大面积的刚毛柽柳灌丛；河流下游河道、河汊处发育胡杨林、芦苇沼泽和低地草甸。

艾比湖作为一个典型的内陆干旱区封闭型湖泊，是准噶尔盆地西南环境变化的最敏感指示器。艾比湖就像一把保护伞维持着该地区乃至整个新疆北部的生态平衡。但是近年来由于艾比湖面积不断萎缩，每当大风掠过干涸的湖底，就会卷起细小的盐尘和沙粒，形成漫天尘暴，艾比湖反而成了中国四大沙尘暴策源地之一。保护艾比湖对于新疆西大门的通道建设和天山北坡产业带的发展具有重要意义，研究艾比湖的发展演变可为其他干旱区湖泊保护、整治、开发、利用提供可借鉴的经验。

核心区自然地理与人文景观

艾丁湖

艾丁湖又名"觉洛浣""艾丁库勒"和"月光湖",是吐鲁番盆地水系的尾闾和最后归宿地。艾丁湖地处东天山低位山间盆地——吐鲁番盆地腹地偏南,位于42°32′N~42°43′N和89°10′E~89°40′E,距吐鲁番市区40 km。湖盆东西长约40 km,南北宽约8 km,面积约200 km²,水域面积不定,被称为吐鲁番盆地的"盆底"。湖面海拔−154.31 m,是我国的最低洼地,也是世界第二低地。

艾丁湖属于典型的暖温带大陆性荒漠气候,日照充足,热量丰富,极端干燥,年均气温14.1℃,极端高温49.6℃,全年30℃以上高温天气达146天,高于40℃的高温天气持续40天左右,是"火州"吐鲁番的最热之地。年均降水量16mm,蒸发量高达3 000mm,特殊的地形和气候条件,导致艾丁湖气候不仅干旱,而且多大风和多干热风天气。

艾丁湖水源主要来自东天山天格尔山的阿拉沟河和博格达山南坡水系形成的白杨沟河、大河沿沟河、塔尔郎沟河等7条河流。由于上游生产生活用水量增大等原因,水源补给急剧减少,导致湖水面积急剧萎缩。艾丁湖在20世纪初面积为230km²,20世纪50年代面积为124km²,70年代为23km²,1993年小于10km²。2000年,由于艾丁湖流域诸河流进入特丰水年,水量增加,部分未利用水进入湖区,湖水面积达到75 km²。

地质历史上,艾丁湖曾经是一个相当大的淡水湖泊。受地质构造活动和气候及人类活动的共同作用,由淡水湖渐变成盐水湖,湖水面也不断

河流

平均降水量为54.6 mm；沙漠气候区多年平均气温高于12℃，多年平均降水量小于40 mm，空气干燥，日照强，风沙大，灾害性天气频繁。

叶尔羌河流域呈条带状分布，整体地貌分为喀喇昆仑山及昆仑山剥蚀山地和冲洪积平原两大地理单元。剥蚀山地包括海拔5 000 m以上的极高山区，广布冰川和雪山；海拔3 000～5 000 m的高山区，沟幽谷深，河流曲折，水势湍急；海拔2 000～3 000 m的中山区，河谷宽250～500 m，岩石裸露，植被极少，两岸分布有1—4级阶地；海拔1 500～2 000 m的低山丘陵区，河宽谷浅，两岸分布有1—5级阶地。冲洪积平原包括山区倾斜平原、扇缘潜水溢出带、冲积细土平原、冲积洪积平原和沙漠。

叶尔羌河流域拥有山地、平原和河流三大生态系统。山地生态系统包括高山寒冷垫状植被、高寒荒漠草原、山地森林草甸、河谷低地草甸、山地草原和山地荒漠等子系统；平原生态系统包括平原灌溉绿洲、平原荒漠、沙丘等子系统；河流生态系统包括沼泽湿地、河流湿地、荒漠河岸林等子系统。

核心区自然地理与人文景观

森林草原

巴音布鲁克草原

巴音布鲁克草原地处中天山的尤尔都斯盆地，是中国第二大草原，也是中国最大的高山草原。四面环山，总体地势较平缓，西部略高。尤尔都斯盆地是一个典型的高位山间断陷盆地，盆地内部地势平缓，沿盆地边山麓是由冲积扇、洪积扇联合组成的倾斜平原。盆地边缘有大量冰碛物组成的丘陵地，第四纪冰碛阶地以下为洪积扇带。

巴音布鲁克草原属温带大陆性干旱气候，夏季凉爽短暂，冬季寒冷漫长，无霜期极短。全年平均气温–4.6℃，极端高温28.3℃，极端低温–48.1℃。年平均降水量276 mm，降雨集中在6—8月份，占全年50%～70%；降雪集中于1—3月，年平均降雪为70.5 mm。年蒸发量1128 mm，平均相对湿度69%。

在中国植被区划上，巴音布鲁克草原属于新疆荒漠区、东疆—南疆荒漠亚区、天山南坡山地草原省、尤尔都斯盆地小区。该区域植物种数相对贫乏，但多样性相对丰富。其中被子植物54科245属681种，处于绝对优势地位。植物区

森林草原

系成分中，以北温带分布和旧世界温带分布成分为主，该区植物物种与中亚交流相对较多，与东亚交流很少。

根据《中国植被》的分类原则，巴音布鲁克草原的自然植被可划分为3个植被型，3个植被亚型，14群系。由于寒冷和冻土作用，这一区域缺少乔木，以典型高寒沼泽草甸为主。山坡和坡麓为广阔的紫花针茅高寒草原；潮湿的谷地底部发育着以苔草、发草、灯心草等构成的沼泽草甸和沼泽植被。

高寒草原主要类型有紫花针茅草原、座花针茅草原、假羊茅草原和杂类草草原。分布在海拔2500~2600m的地段，群落由座花针茅、紫花针茅、长芒针茅、拟绵羊茅、伏地龙胆、二裂矮陵菜、扁穗冰草、早熟禾、中亚芹等寒冷生植物组成。

那拉提草原

那拉提系蒙古语，意为"最先见到太阳的地方"。那拉提草原地处天山腹地那拉提山北坡、伊犁河谷东端巩乃斯河上游，地理位置介于43°01′N~43°15′N和85°17′E~85°28′E。那拉提草原是世界四大高山河谷草原之一，那拉提风景区规划总面积960 km²，2011年被授予国家AAAAA级旅游景区称号。

那拉提草原三面环山，西部敞开，东西长、南北窄，东高西低，包括山区、丘陵和河谷平原三大地貌单元。巩乃斯河流经那拉提草原全境。那拉提草原属温带大陆性湿润山地气候，冬长夏短。夏季多雷雨、冰雹天气，气候凉爽，昼暖夜凉；秋季降温迅速；冬季积雪较厚，平均积雪450 mm，最大积雪900 mm。年降水量600~

核心区自然地理与人文景观

800 mm。无霜期相对较长，为80～110天，年日照时数在2 400～2 700 h，年均温–2～2℃，大于等于10℃积温不足1 000℃。

那拉提草原在接受北冰洋湿润气流和中亚温暖气候的同时，受惠于周围河流和山地对本区气候的调节，降水丰富，夏无酷暑，冬少严寒，为山地草甸植被发育创造了良好的生态条件。那拉提草原植物区系丰富，植被类型多样，由多年生杂类草和禾草为建群种的山地草甸是本区植被类型精华所在。

海拔2 600～3 100 m的高山和亚高山带，发育着由寒中生的小莎草、禾草和杂类草组成的植物群落，优势种有线叶嵩草、矮嵩草、黑花苔草、细果苔草、白尖苔草、高山早熟禾、珠芽蓼等。

海拔1 600～2 600 m的阴坡沟谷地带，以雪岭云杉为建群种组成的优势群落，伴生有天山桦、天山花楸以及忍冬、小檗、欧亚圆柏等灌丛。天山花楸是第三纪落叶阔叶林的残遗种，属于典型的中亚成分。

海拔1 600～2 600 m的阳坡地带，由中生的多年生高大禾草和杂类草组成优势群落，包括地榆、唐松草、羽衣草、早熟禾、鸭茅、短柄草、雀麦、看麦娘、新疆党参等种属。河谷灌丛的优势种主要是锦鸡儿。

森林草原

唐布拉草原

唐布拉系哈萨克语，意为"印章、印记"，得名于阿吾拉勒山北坡唐布拉沟东侧几处突兀酷似"玉玺、印章"的岩石。唐布拉草原位于尼勒克县东部，自尼勒克县城沿伊犁河上游支流喀河溯源而上至独库公路，喀什河横贯全境，长达100多千米的唐布拉草原是一个狭长的河谷草原，有"百里画廊"的美誉，2003年被国家林业局评为国家级森林公园，著名影片《天山红花》曾在此拍摄外景。

唐布拉草原属喀什河河谷阶地平原和中低山地貌，土壤以山地灰褐色森林土和山地草原黑钙土为主，土壤厚度为20～80 cm。草原属温带大陆性山地气候，日照长，昼夜温差大，降水比较丰富，无霜期短。春季气温变化剧烈，秋季降温较快，冬季冷热悬殊，基本无酷暑。年平均气温5℃，1月份最冷，极端低温-39.9℃；7月份最热，极端高温37.4℃。年均降雨量500mm，高山区积雪终年不化。

唐布拉生物环境优越，植被类型多样。海拔2 200～2 500 m亚高山地带的阴坡或半阴坡，分布有以雪岭云杉为主的山地森林，伴生有山杨、天山花楸、天山桦等；海拔1 100～2 200m低山地带的阴坡、半阴坡或山麓地带分布有大面积连片的针阔混交林，锦鸡儿、金丝绣线菊、蔷薇、山柳等灌木形成季相分明、色彩斑斓的自然景观；喀什河两岸及各支流沟系的河床、河滩地带分布有密叶杨、沙棘、小叶白蜡等河谷阔叶林。

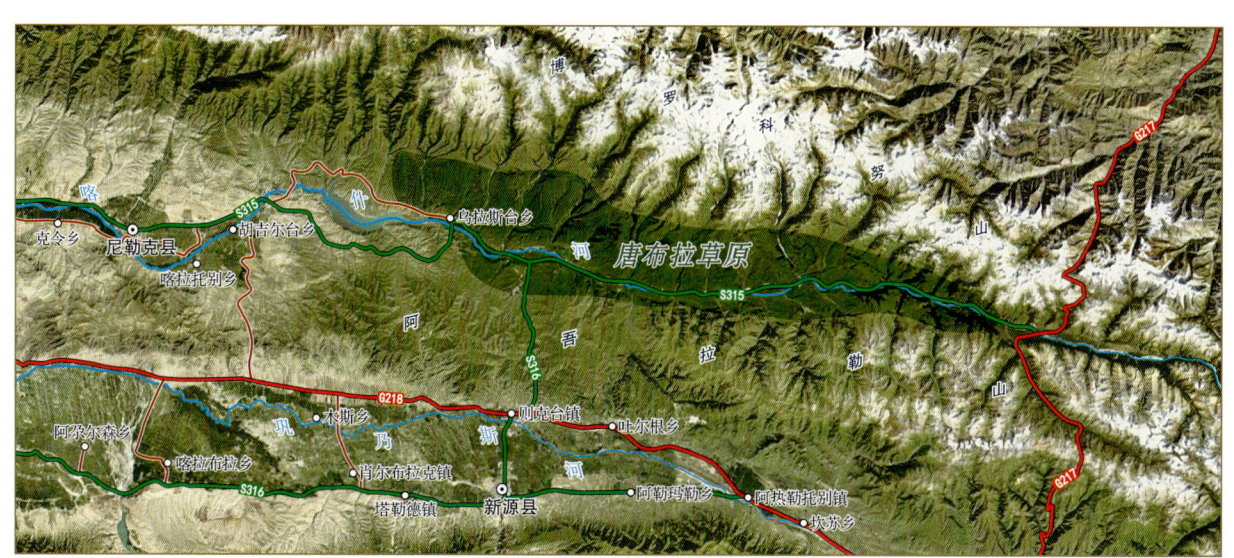

江布拉克草原

江布拉克系哈萨克语，意为"圣水之源"。江布拉克草原地处天山山脉东段博格达山北麓，准噶尔盆地东南缘，整体地势南高北低。江布拉克草原位于昌吉回族自治州奇台县境内，距奇台县城45km、乌鲁木齐市195km，是天山山地垂直自然景观、旱田人文景观、古丝绸之路

核心区自然地理与人文景观

历史遗存完美结合的典范。

江布拉克草原深居干旱内陆区域，相对高差超过3 000m，多年平均降雨量为350~500mm，中山带可达650mm，冬季逆温现象明显，森林带和草甸带都发育较好，森林带与山地草原带和草甸带交叉分布，形成了由中温带、寒温带和寒带组成的鲜明气候带谱，发育了冰雪带、高山垫状植被带、高山草甸带、亚高山草甸带、山地森林带、山地草原带、温带荒漠带等垂直自然带谱。

冰雪带（3 800~4 356m），终年覆盖永久冰雪，有大小冰川55条；高山垫状植被带（3 200~3 800m），为裸露石质荒漠，生长有雪莲、红景天等垫状植被；高山草甸带（2 800~3 200m），地形开阔，水草茂盛，生长着嵩草、狐矛、针矛、羽衣草、唐松草、珠芽蓼、老鹳草等植物，是优良的夏牧场；亚高山草甸带（2 600~2 800m），在阳坡疏林地上，发育着以苔草、羊茅、老鹳草等为代表的亚高山草甸，是良好的四季牧场；山地森林带（1 500~2 600m），阴坡和半阴坡谷侧生长着雪岭云杉，伴生天山桦、花楸、山柳等，林下有山芹、鹿蹄草、嵩草，是水源涵养的重要地带，也是野生动物繁衍生息之地；山地草原带（1 100~1 500m），地形呈丘陵起伏，沟谷相互交织切割，降水丰富，生长着针茅、羊茅、绢蒿、野燕麦等植物，间有桦、杨、柳等阔叶树种，灌木以野蔷薇、茶藨子、小檗、绣线菊为主；温带荒漠带（650~1 100m），地形开阔平缓，起伏不大，土层深厚，以梭梭、锦鸡儿等为代表。

山地草原带所处的丘陵地带，发育了深厚而肥沃的山地栗钙土和棕钙土，气候相对湿润，形成了天山北麓典型的旱作农业。随山势起伏造就了阡陌纵横、错落有致的万亩立体麦田，是描绘在大地上的版画艺术。无论从规模还是审美的角度看，世界上绝少有地方能与江

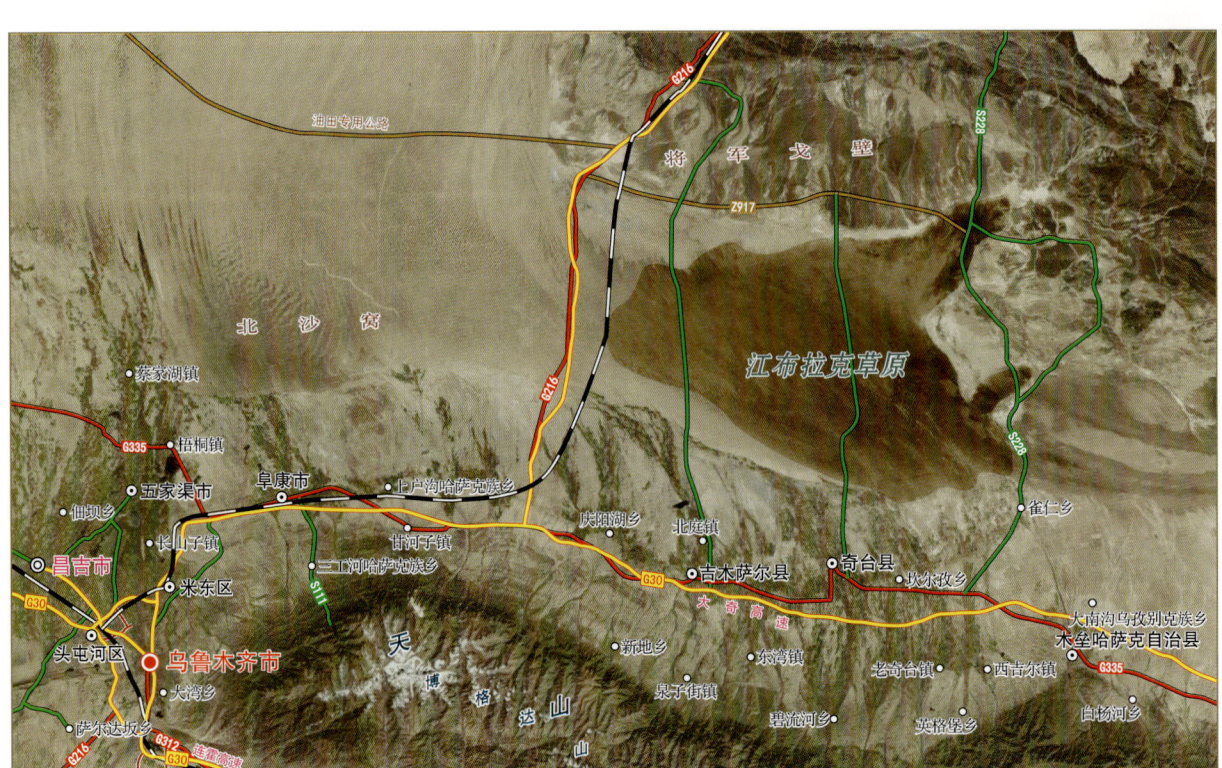

森林草原

布拉克高山麦田相媲美。江布拉克把雪山、冰川、湖泊、草甸、森林、灌木、峡谷等自然景观和麦田版画完美地融合在一起，展现了江布拉克特有的天山立体版画景观，是人类和自然共同创造的艺术杰作。

江布拉克旱作农业系统是至今仍在持续使用和发展的世界农耕文明的杰出范例。作为国家保护最完整的最早绿洲之一，是中国屯垦戍边文化和新疆农耕文化的重要发祥地。江布拉克旱田拥有2000多年的悠久农业种植历史，最早源于汉代军队屯田，经过历代军屯、民屯、官屯、商屯和农垦得以延续发展，成为当地居民主要的生产生活方式。江布拉克利用雪山冰川融水、森林涵养、天然降雨抢墒播种，再通过雨水浇灌麦田，形成了"雪山—草甸—森林—雨水—旱田—村落"的高山农业生态系统和独特的麦田文化景观，见证了两千多年的山地开发实践经验和新疆农耕文化传播的历史进程。所展现的干旱区山地农业、牧业和生态环境保护相适应的可持续发展模式，是人与自然高度和谐的突出例证。在世界农耕史上具有特殊意义，也是宝贵的世界农业文化财富。

核心区自然地理与人文景观

库尔德宁

库尔德宁是新疆天山生物多样性最丰富的区域，是中亚野果林的重要组成部分以及野苹果、野核桃、欧洲李等物种起源地和集中分布区，是全球雪岭云杉的适宜生境区与起源地。

库尔德宁位于新疆天山中部那拉提山北坡的恰普克谷地，总体地势南高北低，由东西走向的那拉提山与近南北向的塔许巴山相交构成，谷地西面开阔地势低，东面狭窄地势高。海拔在1 600～3 830m，最大相对高差达2 230m，区内有乌勒肯库尔德宁，沙特布拉克和协天德三条南北平行走向的主要沟系。

库尔德宁属温带大陆性半湿润气候，温凉湿润，春迟秋早，终年无夏，冬季相对温暖。年平均气温5～7℃，年降水量600～800mm，是天山降水量最丰沛的地区。独特的自然生态和地理环境，为野生动植物创造了适宜的生存条件，成为许多古老残遗物种的避难所。生物资源和特有种丰富，是天山生物多样性的关键区域。

库尔德宁分布着高大密集的雪岭云杉原始森林，是天山雪岭云杉集中分布区与起源地。雪岭云杉是第三纪古老树种，全世界仅分布在天山北坡，是天山特有种，有着4 000万年的演化历史，是现代天山形成和生物演化历史的活化石。

由雪岭云杉群系组成的温带山地常绿针叶纯林占据了库尔德宁1 500～1 600m的中山带的阴坡，成为中亚山地植被垂直带结构中的独特景观带。林带内外分布着山地落叶阔叶林天山桦群系和欧洲山杨群系。由密叶杨群系在河谷河漫滩内构成河谷落叶阔叶林。

海拔1 450m左右的河谷山地中，分布着大面积野果林，有众多第三纪残遗物种，集中保存着苹果、核桃、杏和李等世界广泛栽培果树的野生近缘种，也是濒临灭绝的野生欧洲李在世界上唯一的起源地和分布区。由新疆野苹果、野杏和野胡桃群系所构成的中亚山地野果林，构成了落叶阔叶林中最有景观和科学价值的组成部分。

森林草原

塔里木胡杨林

　　胡杨是杨属中最古老的一种，最早出现在白垩纪，属古近纪孑遗物种，被植物学家誉为古老物种的"活化石"。在2 500万年前的中新世，到达了天山山间盆地。在1 200万年前的上新世，其分布即遍及欧洲和非洲。在新疆库车千佛洞和敦煌铁匠沟的古近纪渐新世地层中都曾发现过胡杨叶化石，佐证了这里是全球胡杨起源地。胡杨林分布范围横跨欧、亚、非3个大陆，聚集在地中海周围至我国西北部和蒙古人民共和国的干旱、半干旱荒漠地带包括20个国家，其显著特点是分布区的不连续性和沿河流两岸呈走廊状天然林带。中国的胡杨林分布在西北地区的新疆、内蒙古自治区西部、青海省、甘肃省和宁夏回族自治区等5个省份，全国91.1%的胡杨林面积集中在新疆。其中塔里木河流域分布着世界上面积最大、分布最密集、起源最完整、受人类干扰程度

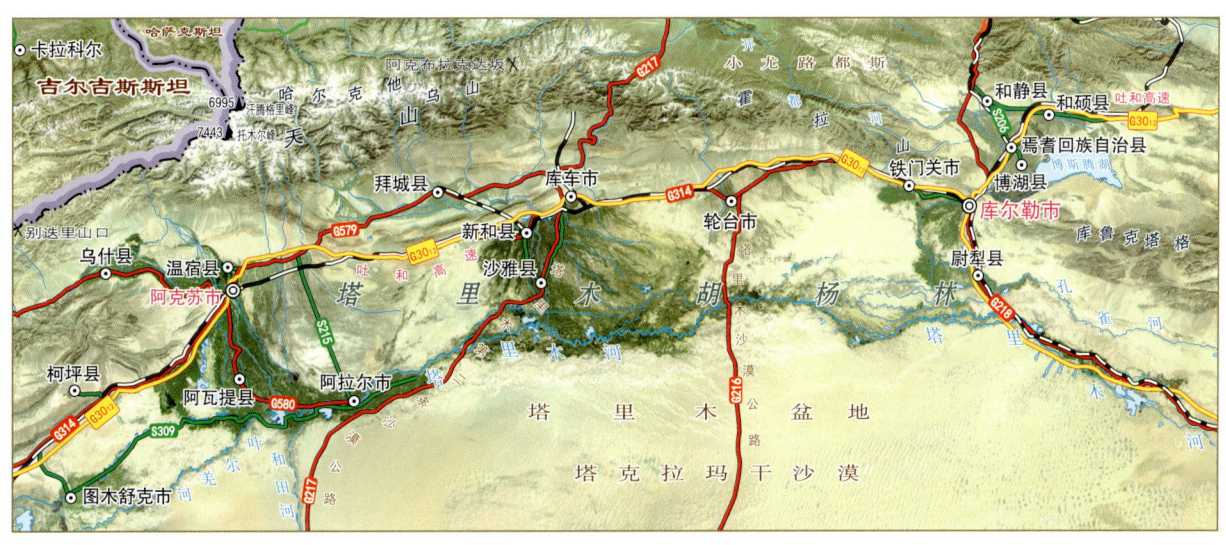

核心区自然地理与人文景观

最低的天然胡杨林，胡杨林面积超过350 km²，约占全球胡杨林分布面积的55.14%。

塔里木河流域是全球胡杨林的现代分布中心，占全球胡杨林分布面积的54%，对于维持干旱荒漠地区脆弱的生态平衡意义重大。提名遗产地保存了最高大密集、起源最完整、林相整齐、林龄结构最合理、受人类干扰程度最低的天然胡杨林，是全球胡杨林的现代避难所，汇集了全球胡杨最丰富的遗传多样性。胡杨林从种群起源上较为完整，包括种子实生和根蘖克隆的全部发生繁殖类型；遗传多样性丰富，汇集了种下遗传变异、生态变型和天然杂交系多达20多个，是全球胡杨、灰胡杨野生种质资源的重要种质资源原地汇集库，胡杨林被联合国粮农组织（FAO）列为全世界最急需优先保护林木基因资源名录中的优先重点保护物种。

胡杨林主要分布在塔里木河冲积平原两岸，呈走廊式带状分布，包括胡杨和灰胡杨两个物种。胡杨林与灰胡杨林在空间分布上存在差异：前者广泛分布于塔河流域沿岸河成阶地、洪积扇下部地下水溢出带、湖泊周围和古河道等地段；而后者则随河流水文条件的变化趋于缩小，仅分布在塔里木河源流的阿克苏河、和田河、叶尔羌河汇合口及塔里木河的上游区域的河漫滩及河床阶地，个别进入到中游。胡杨林形成、发展和衰亡的演变过程与塔里木河频繁迁徙、河道洪泛期流量、地下潜水状况、沿岸潜水位以及河漫滩沉积物之间有着极其密切的依存关系。胡杨林是一个非地带性的、不稳定的、多变化的隐域性森林植被类型。随着河流摆动而消失，维系着种群在不同空间上的自然更新和繁衍。

胡杨是文学创作的思想源泉和艺术创造的题材宝库。众多文学家挥笔洒墨，创作出了一批以胡杨为题材的诗歌散文等文学作品。胡杨生长的地方也常常是摄影爱好者的天堂，每到秋季，便有大批摄影爱好者于此追光逐影，尽情创作。胡杨生死三千年，"生而不死一千年、死而不倒一千年、倒而不朽一千年"，具有特殊的美学重要性，其顽强的生命力被前总理温家宝同志解读为中华民族坚忍不拔的精神象征！前总书记胡锦涛同志也曾表达新疆儿女"像天山雪松、绿洲白杨、戈壁红柳、沙漠胡杨一样根植和挺立于新疆大地"！

森林草原

昭苏夏塔

夏塔系蒙古语"沙图阿满"音译，意为"阶梯"。昭苏夏塔位于昭苏县西南山区，地理位置介于42°38′N~43°15′N和80°38′E~81°30′E，距县城70km，地处天山主峰托木尔峰北麓、伊犁河谷南缘，极高山、高山和山间谷地兼有，整体地势南高北低。夏塔展现了无与伦比的天山山地垂直自然景观画卷，是世界自然遗产新疆天山美学价值的标志性景观名片之一。

夏塔处在天山最大降水中心区，降水集中在夏季和冬季。中山带年降水量约500~600mm，高山带800~900mm，迎风坡高达1 000mm以上。夏塔属于伊犁河流域，主要河流为夏塔河。受断裂构造和流水切割地形影响，河床比降大，水流湍急。受第四纪冰期冰川作用，发育形成了夏塔谷地，谷地属于典型冰川"U"形槽谷，谷地平坦开阔，谷坡陡峭，达40°~50°。

夏塔河从谷地穿行而过，切割冲积形成了夏塔大峡谷，全长52 km，沿河成阶梯状跌宕而下，水穿崖壁，九曲回转。夏塔谷地为夏塔河上游汇水区。水源补给以冰雪融水和降雨为主，局部地区有地下水补给，四周雪山形成的无数大小河流汇入夏塔河中，河道沿岸形成了大面积的沼泽湿地和高山湖泊，夏塔大峡谷和夏塔九曲是峡谷河湾景观的集中体现。

夏塔是天山西部伊犁河谷垂直自然带的最典型代表，相对高差超过5 000m，完整的垂直自然带谱，孕育了独特的中亚山地植被群落，为野生动植物提供了多样的栖息地和生境区。基带为温带荒漠草原带。垂直自然带谱从上到下依次为冰雪带（3 700~7 443m）、高山垫状植被带（3 400~3 700m）、高山草甸带（3100~3400m）、亚高山草甸带（2 900~3 100m）、山地森林带（2 100~2 900m）、山地草原带（1 900~2 100m）、温带荒漠草原带（1 700~1 900m）。其中山地森林带和高山草甸带发育极好，草甸带与山地草原带和森林带交叉分布，从1 400m到3 500m，垂直幅度很广。

夏塔自古以来就是东西方文化荟萃交流的集点与桥梁，遗存了夏塔古城、夏塔古墓群、细君公主墓、夏塔草原石人、夏塔岩画、塔恩巴塔斯驿站等丝路历史遗迹。夏塔古道是古代连通南北疆政治、经济、文化和军事往来的最重要通道，是丝绸之路天山廊道上最为险峻知名的一条文化风景道和线性历史博物馆。

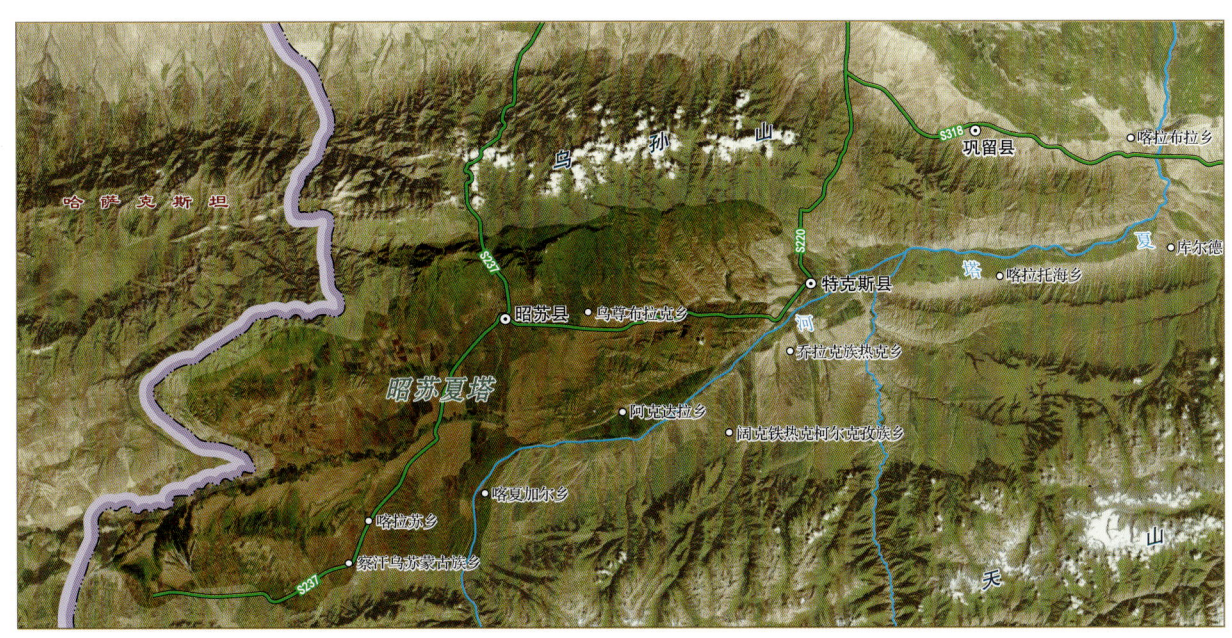

核心区自然地理与人文景观

喀拉峻草原

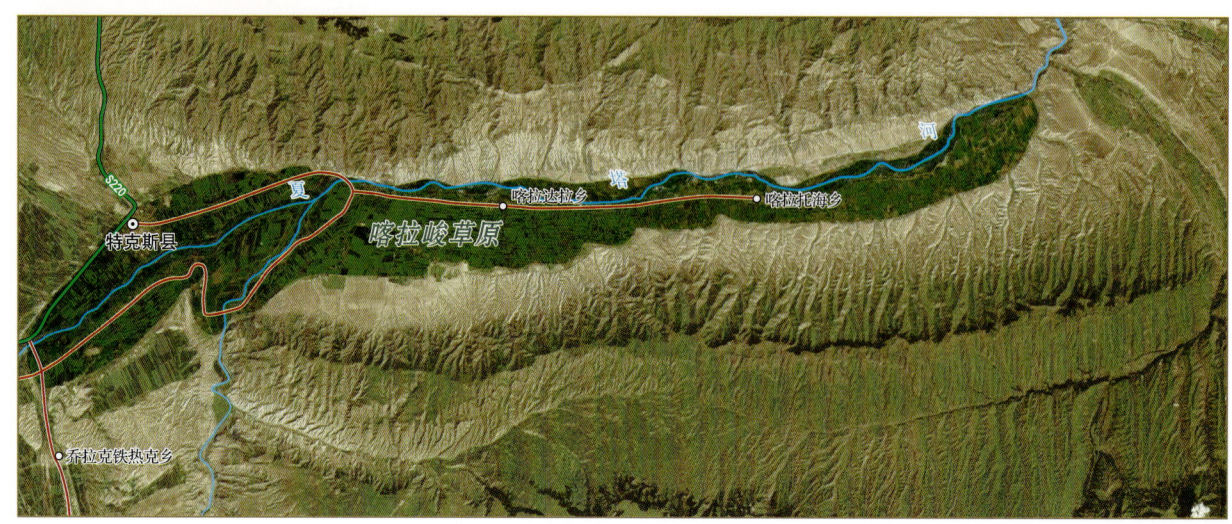

喀拉峻草原拥有天山美学价值最高的景观资源，从高山草甸、亚高山草甸、云杉纯林、云杉阔叶混交林、野果林、低山草甸到山地草原各种生物景观类型丰富多样，景观组合大气秀美。生物多样性、地貌多样性和气候多样性造就了景观美学多样性，使喀拉峻成为温带干旱区山地综合自然景观美的突出代表。

喀拉峻草原位于新疆天山中部的喀拉峻山，海拔在1 820～3 910m，最大相对高差达2 090 m。北部地势较为平缓，南部分布又被河流切割形成的巨大峡谷。喀拉峻山东西绵延，山峦跌宕起伏，山顶是浑然一体的高台地貌，被近南北向河谷深切。

喀拉峻草原位于伊犁谷地，属温带大陆性半湿润气候，春迟秋早，终年无夏。年平均气温5～7℃，1月平均气温-8℃，7月平均气温18℃。年平均蒸发量为1 100～1 200mm，年平均相对湿度70%，气候干燥度小于4，无霜期120天。降水比较丰富，山区积雪较厚，一般可达70～90cm。

喀拉峻地处比依克山北麓，由绵延近百公里的山地北坡组成，是天山山系二、三级夷平面分布最典型地区。山体近东西走向，平均海拔

森林草原

3 000 m。山顶处于亚高山带，多平坦浑圆，二级夷平面分布广且保存较好。中生代地层覆盖于古生界之上，形成起伏和缓的地形，下伏古生界，三级夷平面发育。

喀拉峻自然植被有8个植被型、17个植被亚型和39个群系。代表性植被类型有高山垫状植被、高寒草甸、亚高山草甸、山地常绿针叶林、山地落叶阔叶林、旱生常绿针叶灌丛和山地真草原等。

高寒草甸由高山杂类草草甸、苔草、禾草及杂类草草甸和嵩草及杂类草草甸构成，是这一区域面积较大的植被类型。山地草甸植被发育良好，从低山区到高山区均有草甸分布。喀拉峻是天山山地草甸的最典型代表。

常绿针叶灌丛主要由欧亚圆柏群系和新疆方枝柏群系构成。山地真草原以针茅和羊茅为主要建群种和优势种，分布带较狭窄。山地草甸与常绿针叶林及高山植被交错分布，由禾草及杂类草草甸及高草杂类草草甸构成，分布面积最大。高山植被主要以垫状植被簇生囊种草群系为主，也是这一区域的主要植被类型之一。多成片状与高寒草甸及山地草甸混合分布于2 800～3 600m的山地森林线以上至雪线附近的砾质陡坡上。

核心区自然地理与人文景观

冰 川

友谊峰冰川

友谊峰区域是阿尔泰山最大的现代冰川作用中心，现代冰川规模宏大，也是中国海拔最低的冰川区。仅在我国境内就有冰川210条，冰川和永久积雪覆盖总面积在400 km²以上，其中冰川面积和冰储量分别为209.51km²和13.4km³，分别占我国阿尔泰山冰川面积和冰储量的71.46%和70.08%。

喀纳斯冰川是由友谊峰（海拔4 374m）西南坡发育的两支冰川汇合而成的复合山谷冰川，是喀纳斯河上游源头区最大的冰川，也是阿尔泰山最大的冰川，其上部分布有多级粒雪盆，冰川长10.8km，面积达31.85km²，冰川最高点海拔4 374m，雪线海拔3 250m，冰舌末端海拔2 416m，成为我国冰舌末端最低的冰川。喀纳斯冰川冰舌长达12km，最大厚度超过130m，最小9m，冰面坡度极缓，为1.0°～1.5°。

友谊峰区域冰川地貌类型齐全，是欧亚内陆山岳冰川地貌的模式地。由于第四纪冰川作用

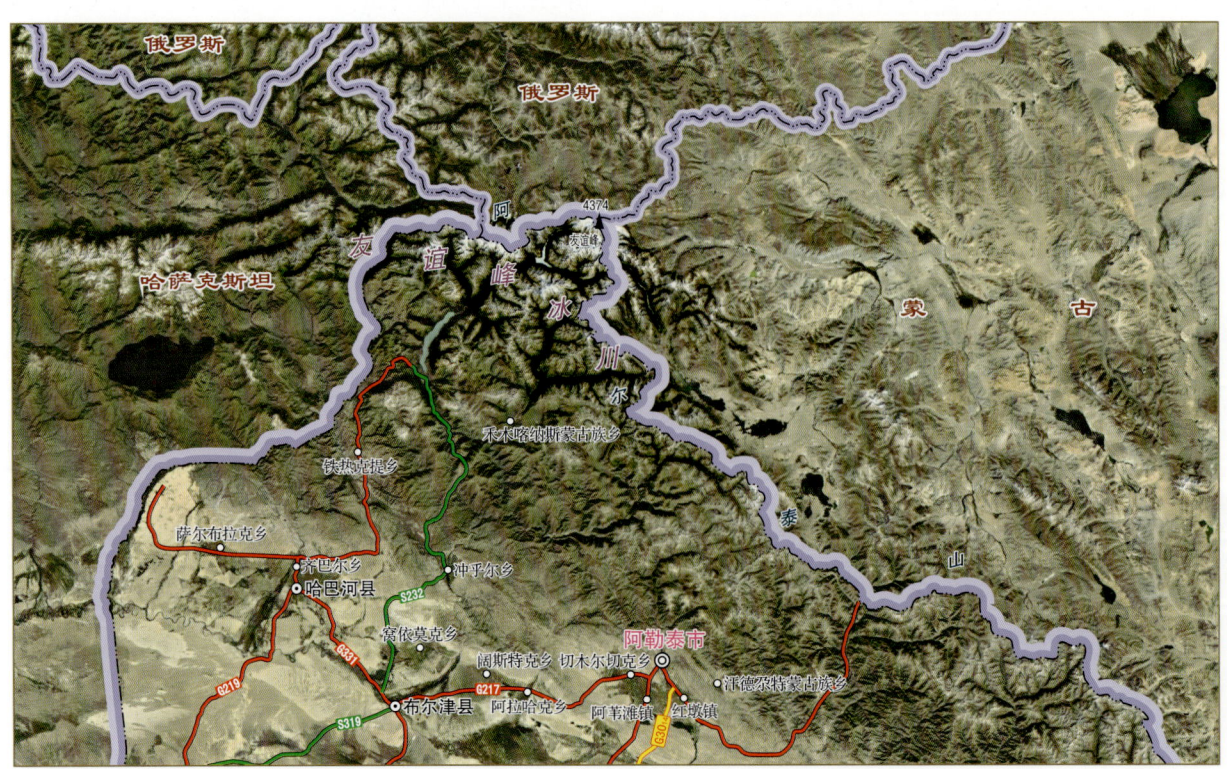

 冰川

强烈的刻蚀、堆积作用，喀纳斯冰川地貌和冰川遗迹种类繁多，特别发育有冰斗、角峰、刃脊、U形谷、悬谷、冰刻槽、羊背石等冰蚀地貌；冰漂砾、冰碛垄、冰碛湖、冰碛台地、冰碛湖滩等冰碛地貌；冰塔林、冰桥、冰川裂隙、冰洞、冰蘑菇、冰上河、冰下暗河等冰川地貌；以及岩屑坡、季节性雪崩槽等冰缘地貌。

慕士塔格峰冰川

慕士塔格峰有"冰川之父"之称。山体浑圆，状似馒头，常年积雪，雪线海拔约5 200m，冰山地貌十分发育。该峰主要有4条山脊：南山脊、西山脊、西北山脊、东北山脊，西坡坡势平缓，但多裂缝，北坡和东坡均十分险峻。平缓的西坡是滑雪的好场所，每年吸引了大量登山滑雪爱好者。慕士塔格山是世界上最高的能滑雪的山，成为世界登山滑雪圣地。

慕士塔格山和周边的公格尔山冰川面积巨大，共有现代冰川466条，冰川面积898.08km²，冰层厚度达100m左右，几乎整个山体都被冰层所覆盖，形成巨大冰帽，呈放射状向四周山谷延伸。慕士塔格山有现代冰川101条，冰川面积345km²，雪线高度4 800～5 200m。东坡的可可西里冰川长达21km，面积达到86.5km²；西北坡的羊布拉克冰川长达20km。公格尔山有现代冰川327条，冰川面积640.15km²；北坡的克拉牙—克拉冰川长达20km，气势磅礴，景观奇异。

慕士塔格山和公格尔主峰周围巨大的山顶和山峰使许多山地突出在海拔5 000m雪线以上，高大的山体像屏障一样突起在帕米尔高原东缘，阻拦了高空过往水汽，使本区高山带能获得较多的降水补给，为冰川发育提供了极为有利的条件。

慕士塔格山和公格尔山的现代冰川多分布在海拔4 000m以上高山地带，主要围绕山峰周围和山脊两侧分布，冰川在平面上呈放射状、羽状或斑点状。按形态类型可分为冰帽冰川、山谷冰川、冰斗—山谷、冰川—冰斗冰川、冰斗—悬冰川和悬冰川等6种类型。冰帽冰川、托木尔型山谷冰川和峡谷山谷冰川是本区规模较大而特殊的几种形态类型的冰川。

冰帽冰川分布在慕士塔格山和公格尔山的上部，冰川雪线以上的面积远大于冰舌面，围绕源自高峰的冰川冰沿着山坡下伸，然后分成若干短小冰舌，分布在山坡上。冰帽冰川的补给区与

核心区自然地理与人文景观 HEXINQU ZIRAN DILI YU RENWEN JINGGUAN

冰舌区在形态上没有明显差别，没有一般所谓的"粒雪盆"。冰体运动靠冰层本身重力向下移动为主，冰层构造单一，很少有强烈的冰褶皱。

托木尔型山谷冰川以慕士塔格山北坡的科克晒力冰吉勒尕冰川、公格尔山北坡的克拉牙依拉克冰川和东坡的且木干木孜吉勒嘎冰川为代表。这类冰川规模大，粒雪盆与冰舌区较为短小，冰川补给主要靠山顶冰崩雪崩和支冰川汇合，冰川消融较强烈，热喀斯特发育，冰面表碛发育。

峡谷山谷冰川，主要发育在慕士塔格山和公格尔山南坡，冰川中上段完全发育在两侧近乎直立的绝壁峡谷中，依靠冰帽和冰崩补给，有时上下断开成为"再生冰川"。由于坡度陡峻，冰层被束缚在狭窄的谷地中，两侧强烈受挤，因此冰面显得相当破碎，冰舌下段常伸出峡谷外相当距离，冰面有冰塔地形和热喀斯特地形发育。

托木尔峰冰川

托木尔峰地区位于新疆天山最西端、塔里木盆地北缘，是由四条山脉相交组成的巨大山汇区，为东西走向的托木尔山、汗腾格里山、哈拉周里哈山和南北向的子午山脉。整个山汇区地势高峻，平均海拔5 400～6 600m，6 000m以上高峰有20多座，拥有天山最高峰托木尔峰（海拔7 443m）。高山区存在一级夷平面，有利于冰雪聚积。加之峡谷幽深陡峭，山顶与沟谷相对高差巨大，达2 000～3 500m，有利于冰雪储存，为大规模冰川发育提供了有利地势条件。

托木尔峰地区终年低温，降水充沛。降水主要来自西风环流带来的湿润气流，多集中在6—8月。南坡和东部雪线附件降水量可达800mm，冰雪积累区在1 000mm以上。丰富的降水以及优越的低温条件，在有利地形地势配合下，发育了本区巨大的冰川群。

托木尔峰地区是天山最大现代冰川发育中心，有冰川670条，冰川面积2 706km^2，冰川储量474 km^3，是世界著名的仅次于乔格里峰的世界第二大山岳冰川集中分布区。世界上中纬度地

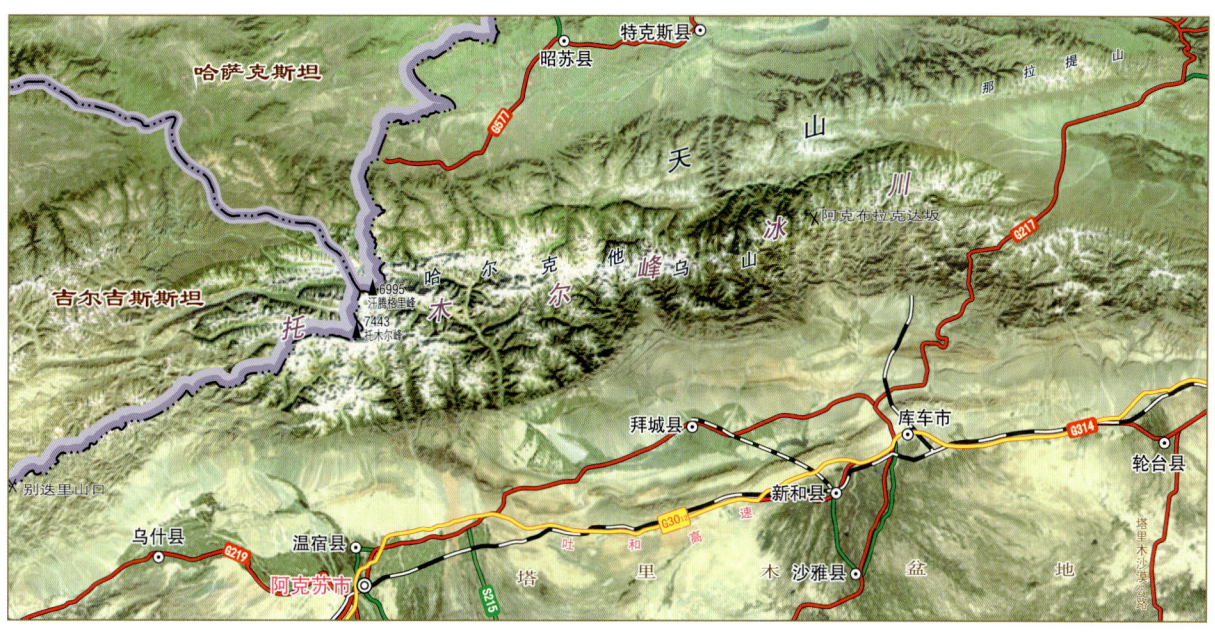

带共15条面积超过300km²的特大型冰川,有3条分布在该区域,为汗腾格里冰川、土格别里奇冰川和托木尔冰川3个超大型冰川;其中,汗腾格里冰川最大,长61.1 km,面积544.9 km²,上游在中国境内,下游在吉尔吉斯斯坦境内;土格别里奇冰川是第二大冰川,长37.8 km,面积337.97 km²;托木尔冰川长32 km,被评为中国最美六大冰川第2名。

按冰川形态划分,托木尔峰地区冰川可分为山谷冰川、冰斗冰川、悬冰川以及它们之间的过渡类型冰川,大型山谷冰川又称为托木尔型冰川。受大地构造格局影响,该区域托木尔型冰川具有全球代表性,其主要特征表现为冰川规模大,水量丰富,多为树枝状山谷冰川;冰川补给除降水外,主要靠冰、雪崩和接纳冰川汇流;消融区冰面表碛密布;冰舌区热融喀斯特现象相当发育;冰舌末端现代终碛不发育。

核心区自然地理与人文景观

博格达峰冰川

博格达峰是东天山最高峰，海拔5 445 m。两侧盆地冬季受强大的内蒙古冷高压控制，寒冷而干燥。峰顶冰川积雪终年不化，温度常年在冰点以下。夏季高空盛行西风环流，是典型的中纬度西风带大陆型气候。气温年较差和日较差大，降水量少而变率大，且集中分布在夏季，占全年降水的77%左右。

以博格达峰主峰山体为中心，共发育了201条现代冰川，面积135.18 km²，主要位于南坡的古班博格达河、黑沟和阿克苏河以及北坡的三工河、四工河、甘河子沟及白杨河等河流源头。该区域的冰川融水是白羊河流域、吐鲁番—哈密盆地和柴窝堡盆地可靠的补给水源，但近年来，博格达峰的冰川快速萎缩已经影响到了吐鲁番坎儿井的水量。

博格达峰北坡有一条冰舌呈扇形展开的大冰川，称之为扇状分流冰川，南北两支冰舌分别为三个岔冰川和四工河冰川。四工河4号冰川，是冰斗山谷冰川，长3.2 km，面积2.96 km²，最外侧终碛距冰舌末端520 m。三工河3号冰川是一条发育在大东沟源头残破古冰斗后壁上的悬冰川，面积0.52 km²，是晚更新世晚期由大东沟源的粒雪盆经过进一步溯源侵蚀形成，冰后期中，冰斗壁被古班博格达河切穿。黑沟8号冰川是博格达峰南坡最长的山谷冰川，长7.1 km，面积5.61 km²，冰舌末端海拔3 380m，是博格达峰地区最稳定的冰川。

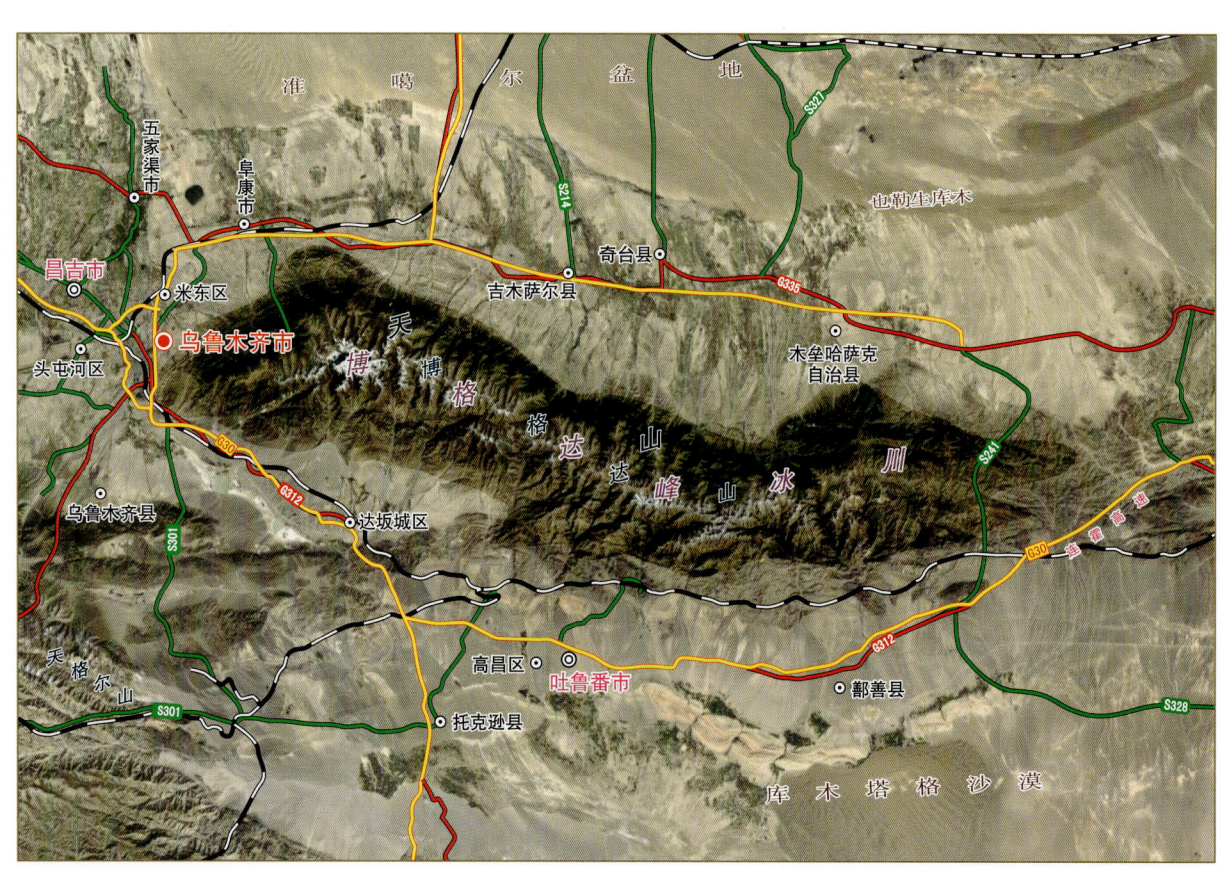

乔戈里峰冰川

喀喇昆仑山的高大山峰，包括20座7500m以上的山峰，都集中分布在以乔戈里峰为中心的300km之内，冰川作用强烈，冰川面积达18 009km², 占山体总面积37%，有102条冰川长度超过10km，拥有世界上中低纬度8条长度50km以上的特大冰川中的6条，是世界山岳冰川最发达的区域。南坡的蔷薇冰川，面积达1 180km²，成为世界山岳冰川之最；西南段的巴托拉冰川，高差达4 855m，为世界冰川最大垂直高差；北坡音苏盖提冰川长41.5km，面积达329km²，为中国最大的山岳冰川。喀喇昆仑山冰川类型齐全，山谷冰川、冰斗冰川、悬冰川、平顶冰川及其过渡类型应有尽有；冰塔林、冰瀑布、冰蘑菇、冰井、冰洞、冰上河等美不胜收。

喀喇昆仑山地处中亚内陆干旱地区，却发育了规模如此巨大的冰川，在于其独特的地理位置、地形地势和气候。喀喇昆仑山地处青藏高原

西北部边缘，冬、春接受西风环流降水，夏季由印度洋西南季风补给。喀喇昆仑山属于地中海冬雨型地区，地形阻塞作用使西风气流在高原西部形成低压槽，把南来的湿润气流输送至高山，带来较多的降水。6 000m以上高山区域常年平均温度低于-10℃，为冰川发育提供了必需的温度条件。喀喇昆仑山相对高差大，山势险峻，冰崩、雪崩频繁，为冰川提供充足的物质补给。

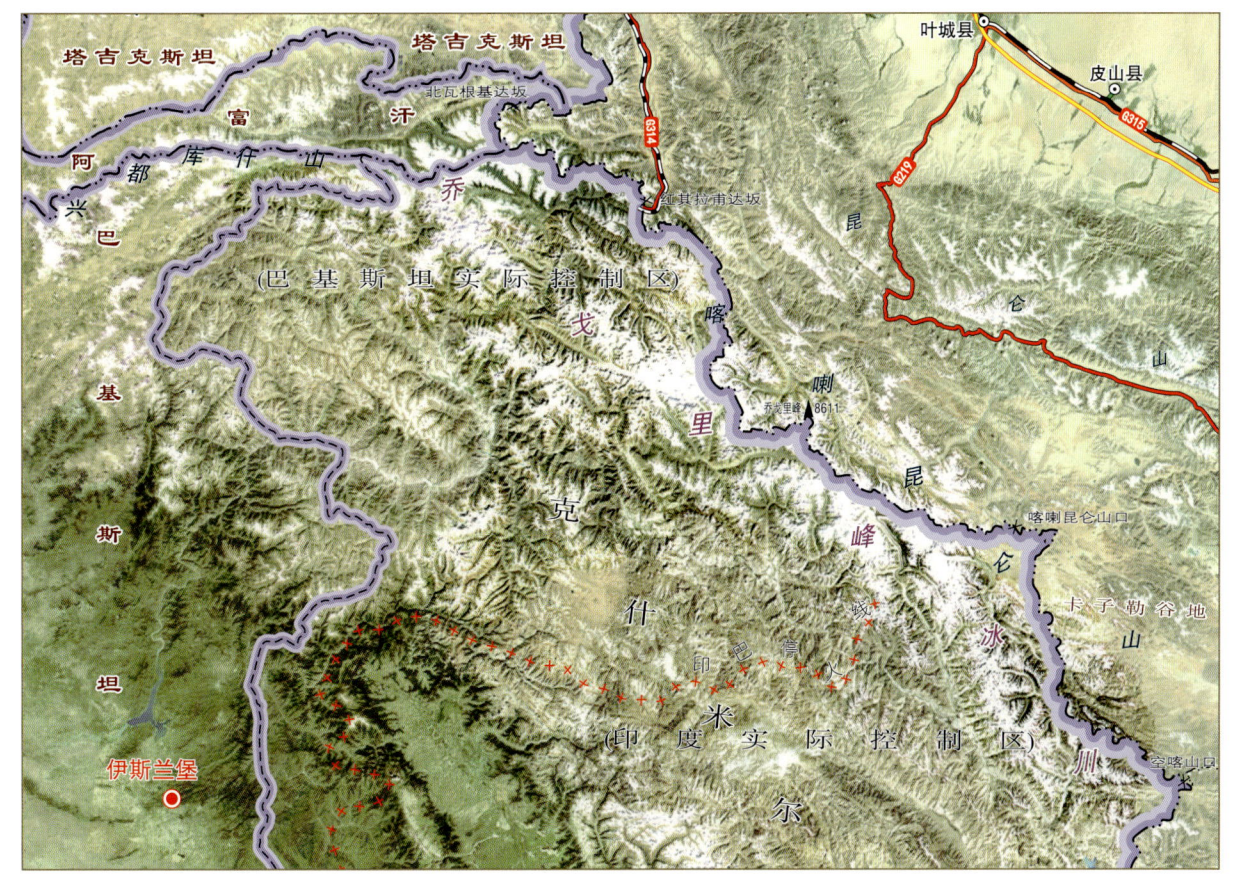

核心区自然地理与人文景观

HEXINQU ZIRAN DILI YU RENWEN JINGGUAN

特殊地貌

托木尔大峡谷红层地貌

托木尔大峡谷拥有天山南北两侧褶皱及断裂构造带中规模最大、美学价值最高的红层峡谷地貌，是天山峡谷风光的典型代表。托木尔大峡谷是典型的地缝式隘谷，总长度20 km，宽约25 km，发育在低山丘陵深厚的红层沉积地带，托木尔峰区域的红层峡谷由三条呈"川"字形的主谷、12条支谷、若干条小支谷组成。

在古天山剥蚀夷平阶段，托木尔大峡谷所在的新疆天山南麓山前凹陷盆地堆积了巨厚的古近纪和新近纪红色湖相和河流相沉积，受新构造运动的强烈作用，形成东西向带状分布的褶皱山地并整体抬升。在后期断裂活

特殊地貌

动以及流水等外营力作用下，岩体受垂直节理分割和差异性风化作用，形成了群峰耸峙、峡谷深切、风景优美的干旱区山地型红层地貌。

托木尔大峡谷地貌形态主要有峡谷、宽谷、峭壁、褶皱、断崖、柱状峰丛、土林、孤峰等类型，形状有城堡状、群鸟状、宫殿罗马柱状、帆船状，以及各种动物和人物造型，惟妙惟肖，精美绝伦。红层地貌单体形态类型丰富，各种不同类型的红层地貌巧妙组合。红层峡谷幽深曲折、红层崖壁雄伟壮观、红层山峰俊秀挺立，红层洞穴千姿百态，红层象形景观丰富多彩，令人叹为观止，展现了天山峡谷景观的独特魅力，堪称世界罕见的大自然鬼斧神工之作。

核心区自然地理与人文景观

哈密雅丹地貌

哈密盆地北依哈尔里克山，南抵觉罗塔格山，东西向延伸180km，是中国最大的断陷低位山间盆地。属典型的极端干旱温带大陆性气候，干旱少雨，夏季炎热，冬季酷寒，全年大风。极端最高气温43.9℃，极端最低气温−35.1℃。年平均降水量34～39.7mm，全年盛行偏北风和西北风，兰新铁路沿线红旗坎至了墩段为世界闻名的"百里风区"。

哈密盆地的地质构造、岩性、地形地貌和气候条件，为大面积雅丹地貌的发育提供了良好的基础。盆地西部广泛分布着中新生代以及第四系砾岩、砂岩和泥岩，在东西长约100km，南北宽约40km，面积约2500km²的范围内发育了数十个不同类型的雅丹地貌群，最典型壮观的雅丹地貌集中分布在十三间房和了墩两个断裂带附近。

哈密盆地雅丹地貌类型丰富多样，既有发育初期阶段的方山、锯齿形山脊等类型，也有发育旺盛阶段的垄岗状、鲸背状、城堡状等类型，还有发育晚期的孤立残丘、塔林、锥状等类型，涵盖了从表面风化初始阶段、雅丹地貌雏形阶段、雅丹形成阶段到雅丹地貌消失阶段等完整的地貌类型。此外，还发育了规模巨大的最具全球代表性的城堡状雅丹地貌群，城堡状雅丹高达60m，沟槽深切130m，垄岗长至数千米。

构成哈密雅丹地貌的主要岩石为陆相的中新生代砂岩和泥岩，以及第四系砂岩和泥岩。前者多形成城堡状地貌，以泥岩为主则易形成丘陵状地貌，后者则形成典型的垄岗状地貌。形成雅丹地貌的外力作用主要为风化作用、流水作用、风蚀作用、重力崩塌作用。其中，早期以风化作用和流水作用为主，中期以风蚀作用为主，晚期则主要为重力崩塌作用。哈密雅

特殊地貌

动以及流水等外营力作用下，岩体受垂直节理分割和差异性风化作用，形成了群峰耸峙、峡谷深切、风景优美的干旱区山地型红层地貌。

托木尔大峡谷地貌形态主要有峡谷、宽谷、峭壁、褶皱、断崖、柱状峰丛、土林、孤峰等类型，形状有城堡状、群鸟状、宫殿罗马柱状、帆船状，以及各种动物和人物造型，惟妙惟肖，精美绝伦。红层地貌单体形态类型丰富，各种不同类型的红层地貌巧妙组合。红层峡谷幽深曲折、红层崖壁雄伟壮观、红层山峰俊秀挺立，红层洞穴千姿百态，红层象形景观丰富多彩，令人叹为观止，展现了天山峡谷景观的独特魅力，堪称世界罕见的大自然鬼斧神工之作。

核心区自然地理与人文景观

哈密雅丹地貌

哈密盆地北依哈尔里克山，南抵觉罗塔格山，东西向延伸180km，是中国最大的断陷低位山间盆地。属典型的极端干旱温带大陆性气候，干旱少雨，夏季炎热，冬季酷寒，全年大风。极端最高气温43.9℃，极端最低气温-35.1℃。年平均降水量34～39.7mm，全年盛行偏北风和西北风，兰新铁路沿线红旗坎至了墩段为世界闻名的"百里风区"。

哈密盆地的地质构造、岩性、地形地貌和气候条件，为大面积雅丹地貌的发育提供了良好的基础。盆地西部广泛分布着中新生代以及第四系砾岩、砂岩和泥岩，在东西长约100km，南北宽约40km，面积约2500km²的范围内发育了数十个不同类型的雅丹地貌群，最典型壮观的雅丹地貌集中分布在十三间房和了墩两个断裂带附近。

哈密盆地雅丹地貌类型丰富多样，既有发育初期阶段的方山、锯齿形山脊等类型，也有发育旺盛阶段的垄岗状、鲸背状、城堡状等类型，还有发育晚期的孤立残丘、塔林、锥状等类型，涵盖了从表面风化初始阶段、雅丹地貌雏形阶段、雅丹形成阶段到雅丹地貌消失阶段等完整的地貌类型。此外，还发育了规模巨大的最具全球代表性的城堡状雅丹地貌群，城堡状雅丹高达60m，沟槽深切130m，垄岗长至数千米。

构成哈密雅丹地貌的主要岩石为陆相的中新生代砂岩和泥岩，以及第四系砂岩和泥岩。前者多形成城堡状地貌，以泥岩为主则易形成丘陵状地貌，后者则形成典型的垄岗状地貌。形成雅丹地貌的外力作用主要为风化作用、流水作用、风蚀作用、重力崩塌作用。其中，早期以风化作用和流水作用为主，中期以风蚀作用为主，晚期则主要为重力崩塌作用。哈密雅

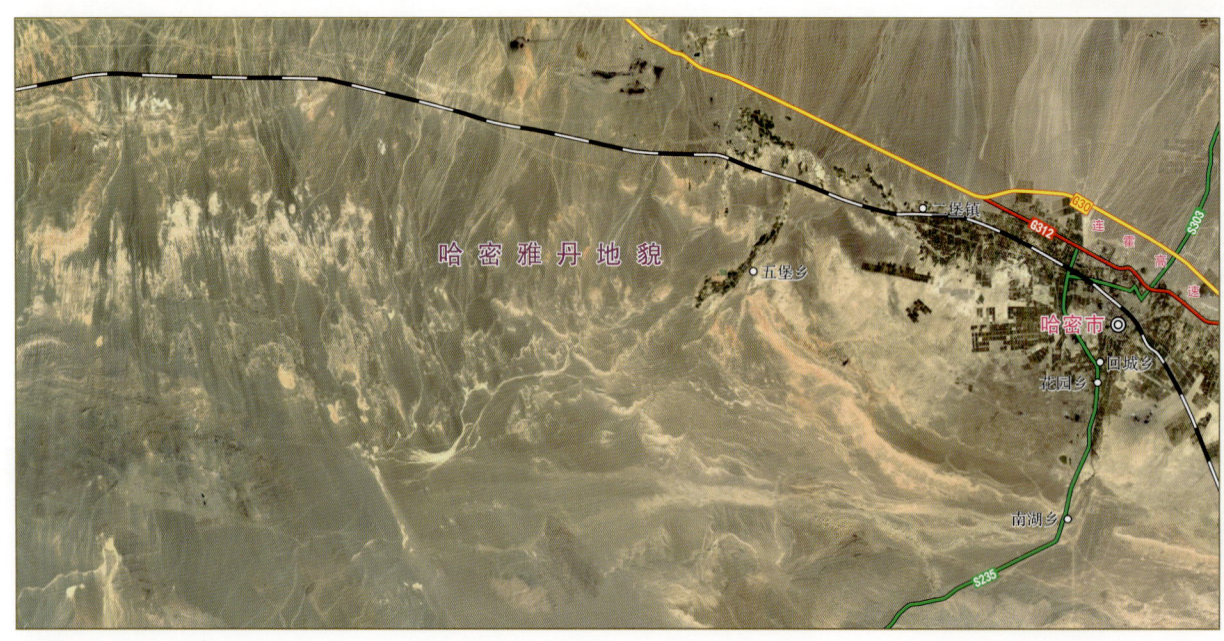

特殊地貌

丹展现了雅丹地貌从初期表面风化初始阶段、早期雅丹地貌雏形阶段、中期雅丹形成阶段到晚期雅丹地貌消失阶段等完整的地貌发育演化过程，反映了不同空间位置、不同发育阶段、不同类型、不同序列、不同外力作用的雅丹地貌地质历史演化过程，是正在进行的雅丹地貌地质过程的突出例证，是全球重要的雅丹地貌演化模式地之一。

核心区自然地理与人文景观

库车大峡谷

库车大峡谷国家地质公园位于天山山脉南麓、塔里木盆地北缘、库车市城北64km处，由库车大峡谷、大小龙池、曲勒塔格山组成，总面积502km²。发育了典型的库车地貌景观，极具科学价值和视觉震撼力；大小龙池是南天山不可多得的高山湖泊景观；库车河剖面是南天山造山带的天然博物馆。丰富多彩的地质地貌景观，与古老的龟兹文明相映成辉。库车大峡谷于2004年入选"中国十大最美峡谷"之一而享誉全球。

在地质演化史上，早二叠世末的晚海西构造运动是本区最为强烈的一次构造运动，结束了塔里木盆地北部和南天山广大地区的海侵历史。随着南天山局限洋盆关闭，塔里木盆地向南天山发生俯冲，南天山褶皱带不断向南挤压，于海西晚期在造山带边缘发育成为近东西向延伸的前陆盆地。晚二叠世到第四纪期间的多次构造地质作用，造就了库车大峡谷国家地质公园举世罕见的地质奇观。

公园地质遗迹景观类型主要有库车地貌、冰川地貌、火山岩峰丛、地质剖面、地质灾害遗迹、水体景观等。库车地貌是2005年中国地质大学（武汉）在《新疆旅游地质遗迹资源调查与评价报告》中首次提出的一种新的地貌类型。其涵义是指在季节性流水主导作用下，伴有崩塌作用和干旱气候条件的共同影响，发生褶皱构造的陆相中新代砾岩、砂岩、泥岩等岩层，形成的以迷宫式峡谷与城堡式山岭为主的地貌形态。

库车大峡谷近似南北弧形走向，开口处稍弯向东南，末端微向东北弯曲，由主谷和4条支谷组成，全长超过5km。谷端至谷口处自然落差200m以上，谷深幽静，峰回路转，谷底最宽53m，最窄处0.4m，为典型的地缝式隘谷。峡谷内到处是陡崖峭壁，奇峰异石，有神犬守谷、旋天古堡、显灵洞、玉女泉、卧驼峰、月牙谷、一线天、悬心石、虎牙桥、情未了、南天门、千佛洞、盖世谷、一帆风顺、企鹅峰、迷宫、神蛇谷、金字塔、雄狮回头、神风洞、卧佛冲石、摩

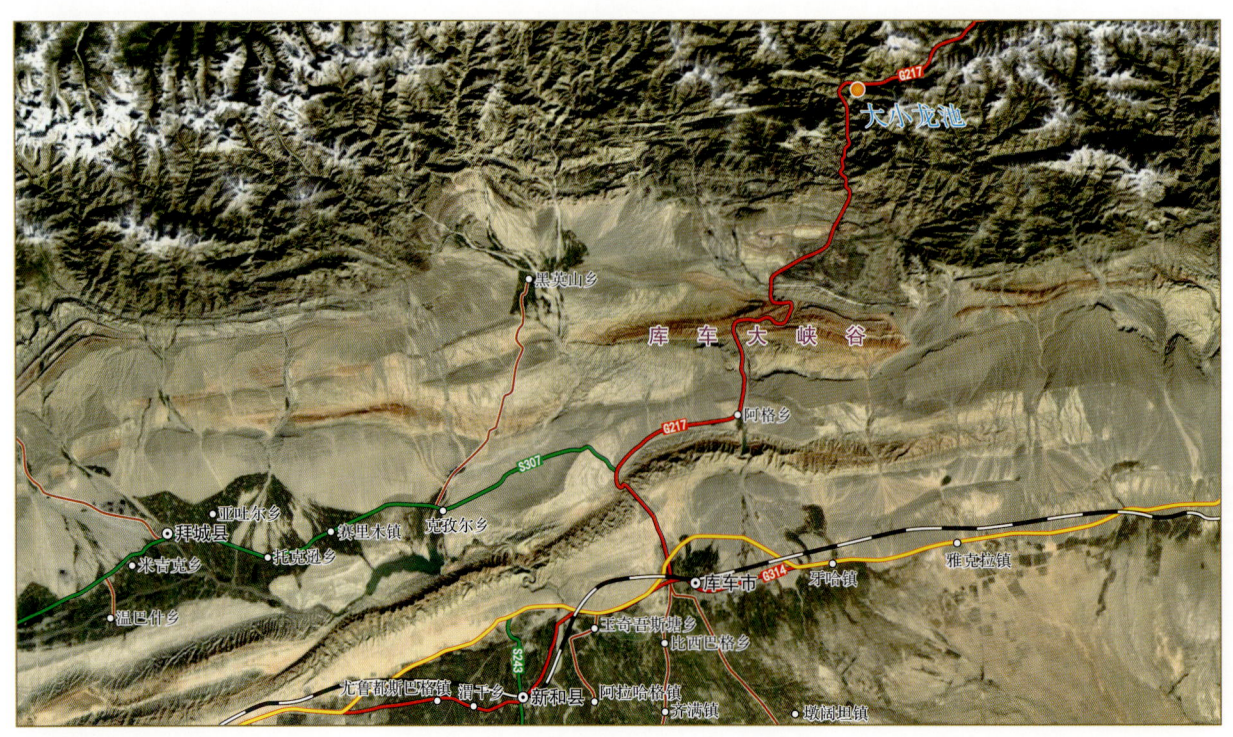

特殊地貌

天谷、摩天洞、八戒亲子、仙女峰、鲨鱼峰、情侣峰、赤壁、卧驼等42处景点。在库车大峡谷两侧，还分布有老鹰沟峡谷、克孜勒亚峡谷、依西克其克峡沟、回音谷、红果沟峡谷、砾石堆沟峡谷等多条峡谷，构成一个峡谷群。

令人称奇的是，距谷口1 400m深处，高约35m的崖壁上，有一始建于盛唐时期，尚存壁画丹青的千佛洞遗址。就文字记载和绘画艺术而言，在古西域地区至今已发现的300多座佛教石窟中绝无仅有，实属罕见。

库车大峡谷国家地质公园以库车地貌、第四纪冰川遗迹、地质大剖面、火山岩峰丛、古代冶炼遗址以及古龟兹文化为特点，以干旱地区库车地貌观光游览、龟兹文化及维吾尔族风情体验、宗教朝圣、科学考察、休闲度假和养生健身为主要功能，公园景观特色在欧亚大陆腹地干旱山区具有典型性、稀有性和极高观赏性，是研究新疆天山构造带，乃至天山隆升与环境变迁典型案例的重要地区，也是西域文明荟萃地和古丝绸之路上的一颗璀璨明珠。

核心区自然地理与人文景观

吐鲁番火焰山

吐鲁番火焰山位于天山东段南麓吐鲁番盆地中部，是在内外地质作用力下形成的不可再生的地质现象和地质遗迹景观，极富美学价值。对于研究吐鲁番盆地形成演化、环境变迁也有极高的科学价值，是古丝绸之路上高昌国的标志，也是现今吐鲁番的旅游地标。吐鲁番火焰山以其独特的地貌、干热的气候、浓厚的西域文化，吸引着国内外众多游客慕名而来。

火焰山整体地势北高南低，呈东西走向，长约40km，南北宽5~8km，平均海拔230~

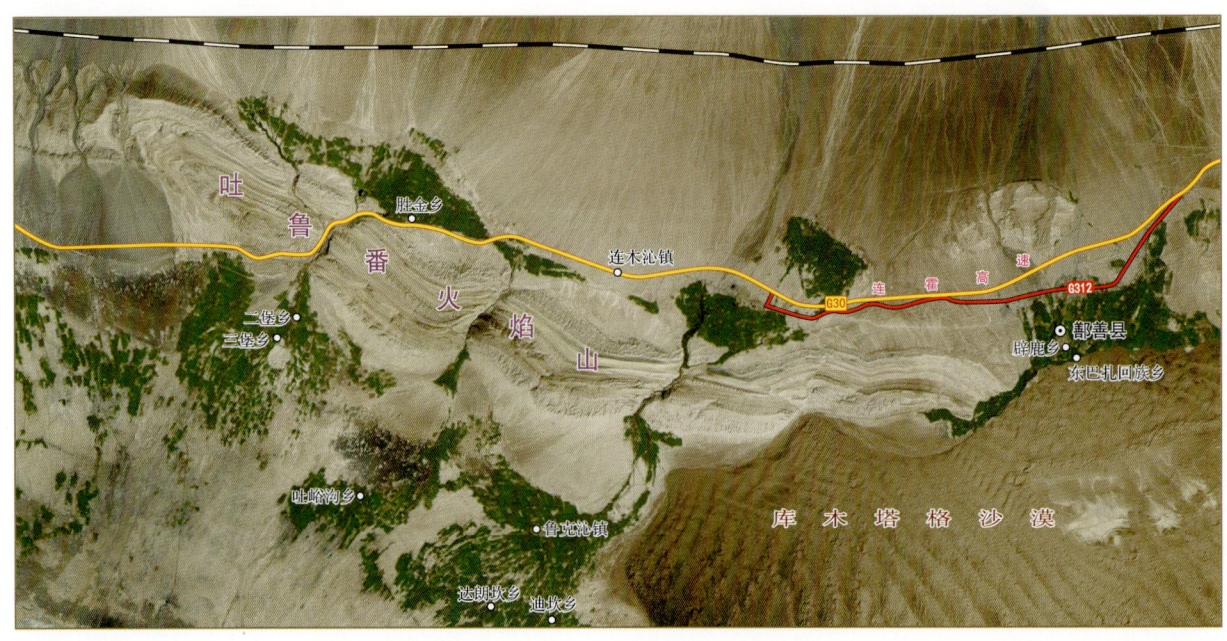

特殊地貌

500m，最高峰海拔851m。地貌类型从北向南呈规律性变化，依次为博格达山区、山前强倾斜冲洪积平原、低山丘陵区、盆地冲洪积平原、湖滨平原、山前砾石戈壁带到最南部觉罗塔格中低山区。火焰山属温带极干旱荒漠气候，年均气温14.4℃，最高气温47.7℃，最低气温-25.2℃，6—8月平均最高气温在38℃以上。年均降雨量16.4mm，年均蒸发量为2 844.9mm。区域内地表水由火焰山水系构成，为泉水形成的河流；天山冰雪融水形成的地表径流在山前冲积扇地带渗入地下形成潜流，至火焰山附近溢出地表形成泉水河流。

距今6 500万年的喜马拉雅造山运动期间，火焰山区域褶皱隆起，形成火焰山山体。隆起过程中，山体发育东西向和南北向两组断裂和一些不规则的裂隙，这些断裂在后期流水等外力作用下形成峡谷和断崖绝壁；长期的雨水冲蚀和风蚀作用，对山体表面已形成的冲沟、一线天等景观进一步精雕细琢，犹如一系列有序排列、状若熊熊燃烧的火焰。这些美景经《西游记》而传播世界，家喻户晓。

火焰山整个山体全部由赤红色、橘红色砂岩、砾岩和泥岩组成，这些岩层由侏罗纪、早白垩纪砂粒和泥土堆积而成。当时气候异常炎热，堆积物中铁元素经高温氧化，雨水淋溶，形成大量红色氧化铁，构成了现今的火焰山红色山体景观。

火焰山地貌形成的景观形态，其视觉震撼力之强是世界罕见的。以火焰山背斜为主体，构成大型单面山，表面发育火焰状冲沟的城堡式山岭和迷宫式峡谷、石林和土林有机结合的地貌。微地貌以城堡、绝壁、金字塔形孤峰、单面山、冲沟、土林、峡谷等类型为主，冲沟和土林分布密集，成片发育。

罗布泊雅丹地貌

罗布泊位于中国第一大内陆盆地——塔里木盆地，是全球典型极端干旱区之一，是除两极以外世界最荒凉的区域。其北部、东北部和东部分布着大面积的雅丹地貌群，面积约3 400km²，是中国雅丹地貌第二大面积分布区。岩性为新近纪和中晚更新世的湖相、河相泥

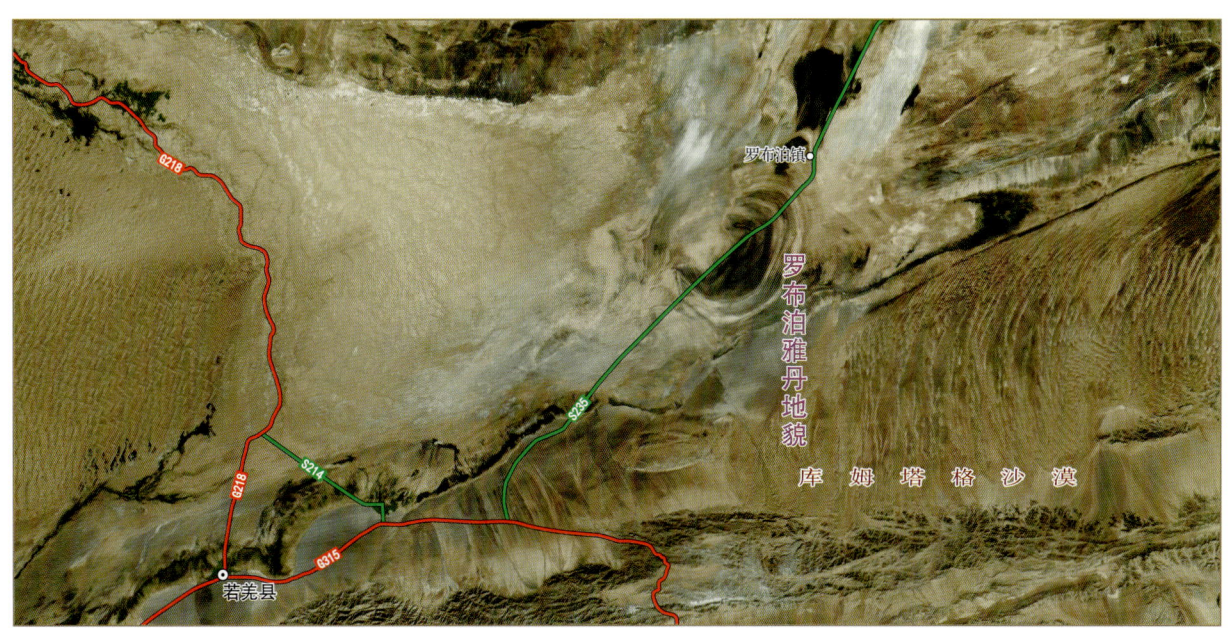

核心区自然地理与人文景观

岩、粉砂岩、蒸发岩，颜色以浅棕色、灰白色、白色、土黄色为主。龙城雅丹地貌群位于罗布泊北部，分布面积约1 800 km²，主要经风的吹蚀作用形成。其上部由灰黄色含石膏单晶粉质黏土组成，中部由灰绿色粉质黏土夹薄层粉砂组成，含少量石膏晶体，下部由灰绿与灰黄色粉质黏土夹薄层石膏组成。

白龙堆雅丹地貌群位于罗布泊东北部，分布面积约1 000 km²，先经流水作用，再经风的吹蚀作用形成，由灰白、灰黄色粉质黏土与灰白色钙芒硝夹石膏组成。三垄沙雅丹地貌群分布于罗布泊东部，总面积超过600 km²，由棕黄色湖相粉质黏土夹粉细砂组成，主要经流水侵蚀作用形成。罗布泊雅丹地貌大多呈大面积连片的风蚀城堡状和鲸背状，其中，三垄沙垄岗状雅丹地貌最为典型，犹如大规模的舰队组合排列，"舰队出海"是其代表性景观。

乌尔禾魔鬼城

准噶尔盆地是中国第二大内陆盆地，广泛分布侏罗纪和白垩纪的砂岩、泥岩和砾岩。受流水侵蚀和风力共同作用，在乌尔禾魔鬼城集中发育了呈灰绿色、棕红色和土黄色的大面积雅丹地貌群。此处常年大风，强劲疾风在风蚀城堡穿梭，声音犹如魔鬼哭喊之声，因而得名魔鬼城。

乌尔禾魔鬼城地处准噶尔盆地西北边缘的乌尔禾盆地内，位于塔城老风口外侧，海拔350 m，集中分布在魔鬼城景区、帽顶山、沥青山、艾里克湖西北一带，面积约120 km²，雅丹地貌以城堡状和佛塔状地貌为主，由多个高低不一的垄岗叠加而成，垄岗单体高5~15 m。受大地构造控制，垄岗沿北西向定向排列。在乌尔禾盆地边缘和山脊分水岭两侧，从高向低，可以完整地看到雅丹地貌发育的早期、中期与晚期阶段的地貌景观。

特殊地貌

核心区自然地理与人文景观

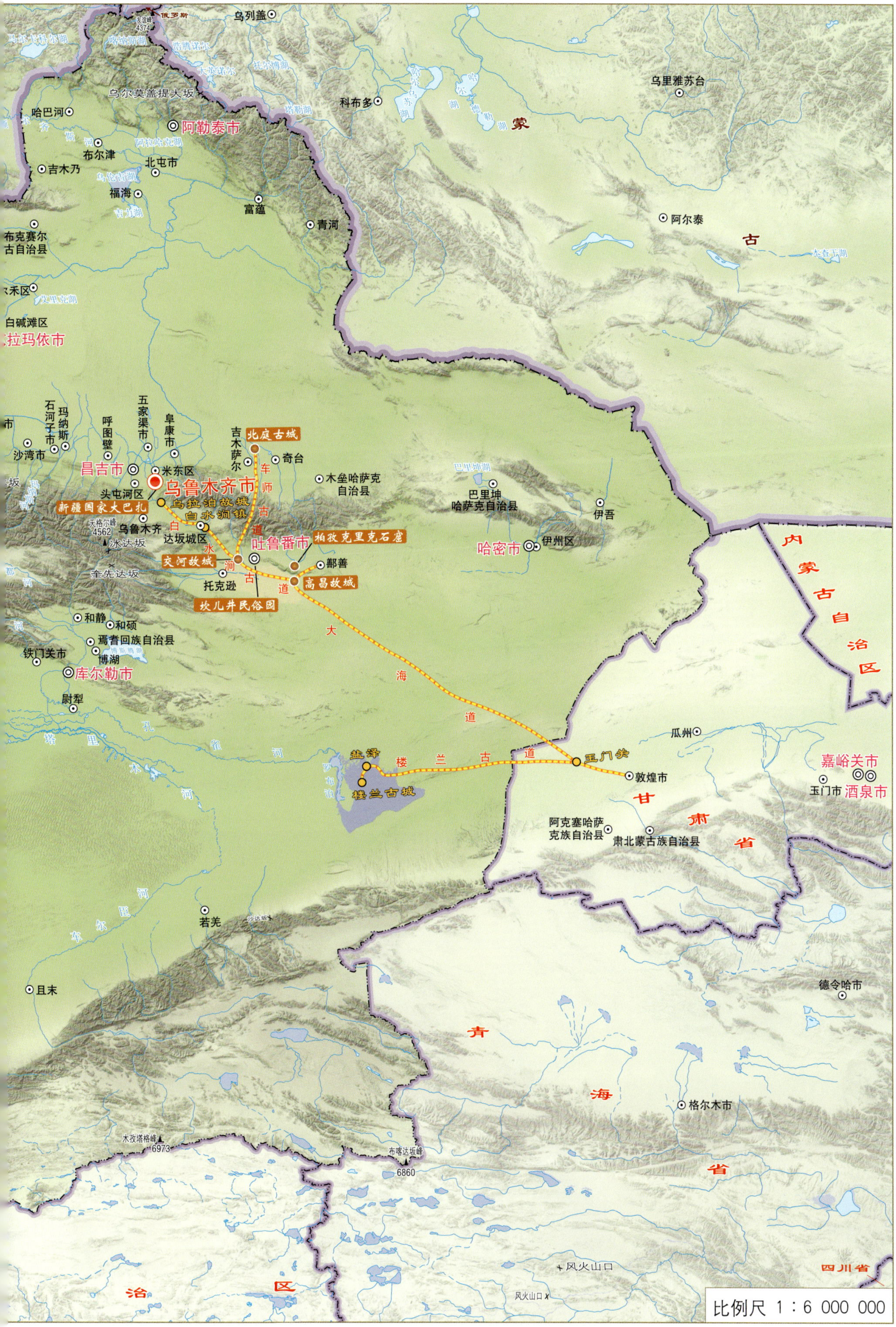

人文景观总图

比例尺 1∶6 000 000

图说丝绸之路经济带核心区

核心区自然地理与人文景观

新疆的民族文化及建筑

北 线

新疆国际大巴扎

新疆国际大巴扎位于新疆乌鲁木齐市天山区二道桥商业圈，是一座集旅游观光、民族商贸、餐饮、民族艺术展示、零售为一体的旅游观光景区。

整体规划面积 40 000m²，建筑群落总面积 100 000m²，由6个楼群组成。在建筑风格上，采用土黄色为主色调，融合了东西方的建筑因素，是乌鲁木齐市的标志性建筑之一。巴扎内拥有3 000个民族手工艺品商铺、3 000m²的广场、可容纳1 000人就餐的民族宴会厅和80m高的观光塔以及附属清真寺。第一欢乐广场坐落在大巴扎的中心位置，观光塔塔体以维吾尔传统砖石拼接工艺外敷，伴有维吾尔族"十二木卡姆"大型浮雕，内设电梯直通塔顶"西域史诗"展馆。宴艺大剧院融宴会与艺术剧院为一体，可同时容纳千人就餐与欣赏歌舞。

这里集西域文化、建筑、民族商贸于一体，是新疆旅游产品的汇集地和展示中心。鲜明的地域建筑风格，重现了古丝绸之路的繁华，集中体现了浓郁的民族特色和地域文化。

特克斯八卦城

特克斯县是新疆维吾尔自治区伊犁哈萨克自治州下辖县，地处伊犁河上游的特克斯河谷地东段，是中国唯一建筑完整而又正规的八卦城。2004年被新疆维吾尔自治区政府列为自治区级历史文化名城。

特克斯县成立于1937年，由时任伊犁屯垦使的邱宗浚亲自选地，依据周易八卦图形完成规划设计。八卦城总体呈近圆形，中心阴阳位置为广场公园，8条主街道由中心向八方辐射，4条环道围绕中心组成间隔350m的3个同心圆。一环路环绕中心八卦文化广场，路的外侧是商店和公共服务设施建筑群，楼宇首尾相接；二环路两侧主要分布的是党政机关和企事业单位，建筑密度较低，小楼被绿荫遮掩；三环路与四环路之间及周围地带，则是城镇居住小区，且大多为独家小院，其间保留有大面积果园。形成一环八街、二环十六街、三环三十二街、四环六十四条街的格局。

特克斯八卦城

核心区自然地理与人文景观

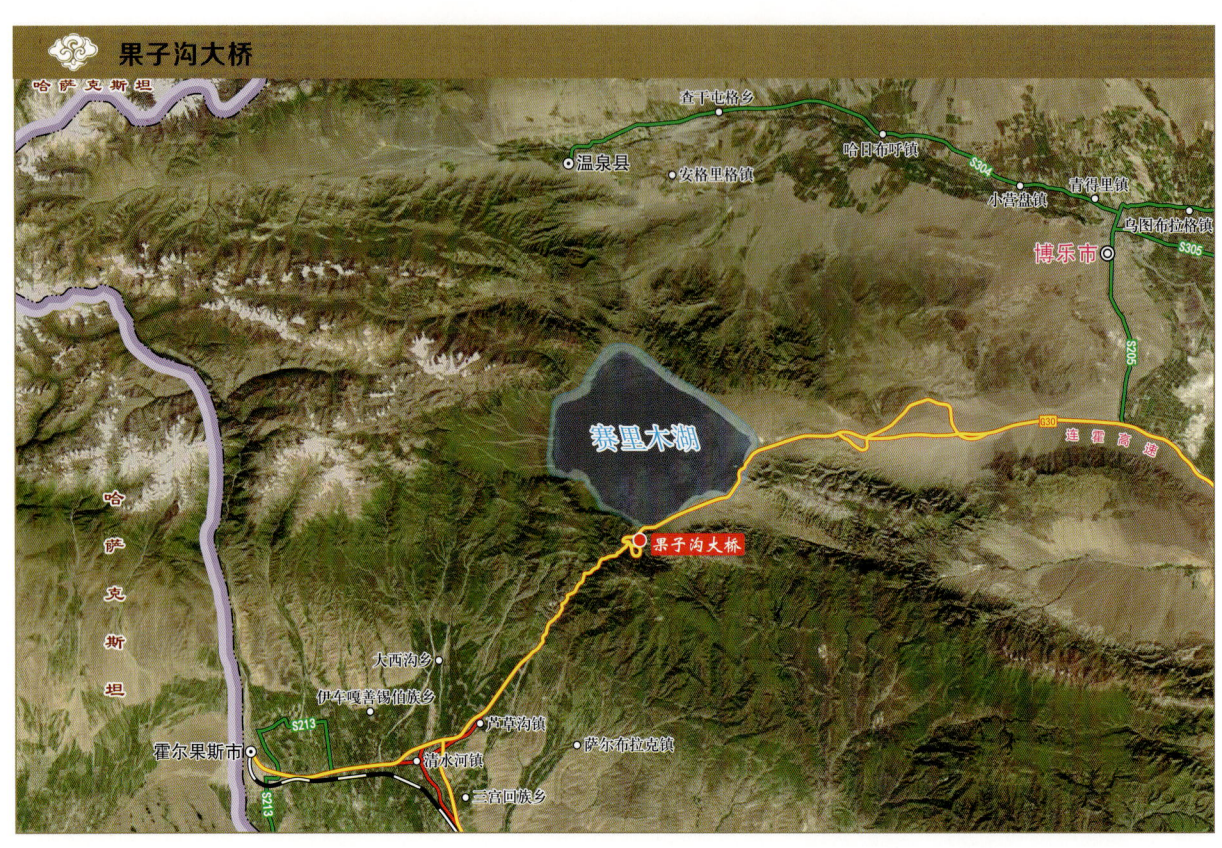

果子沟大桥

果子沟大桥位于伊犁地区霍城县城东北的40km处，是312国道乌鲁木齐—伊犁公路的必经通道，北上直达赛里木湖畔，南下直入果子沟峡谷。

果子沟大桥于2007年8月22日开始浇筑，2011年9月30日果子沟大桥正式通车。桥梁全长700m，桥面距谷底净高达200m，主塔高度分别为209m和215.5m，大桥主桥全部采用钢桁梁结构。果子沟大桥是自治区公路第一座斜拉桥，也是国内第一座公路双塔双索面钢桁梁斜拉桥。建成的大桥桥身与果子沟的美景浑然一体，为果子沟国家级风景区再添了一道美丽的风景线。

北庭古城

北庭古城内城位于外城中部略偏东北,现存角楼2个,马面11个,城门2个。在内城南、西、北外侧环绕一凹槽,为护城濠。城内外可辨识建筑遗迹有13处,其中,城外东侧1处、外城7处、内城5处。大多为土坯砌筑,个别夯筑。1988年,北庭古城被国务院正式批准为国家重点文物保护单位。

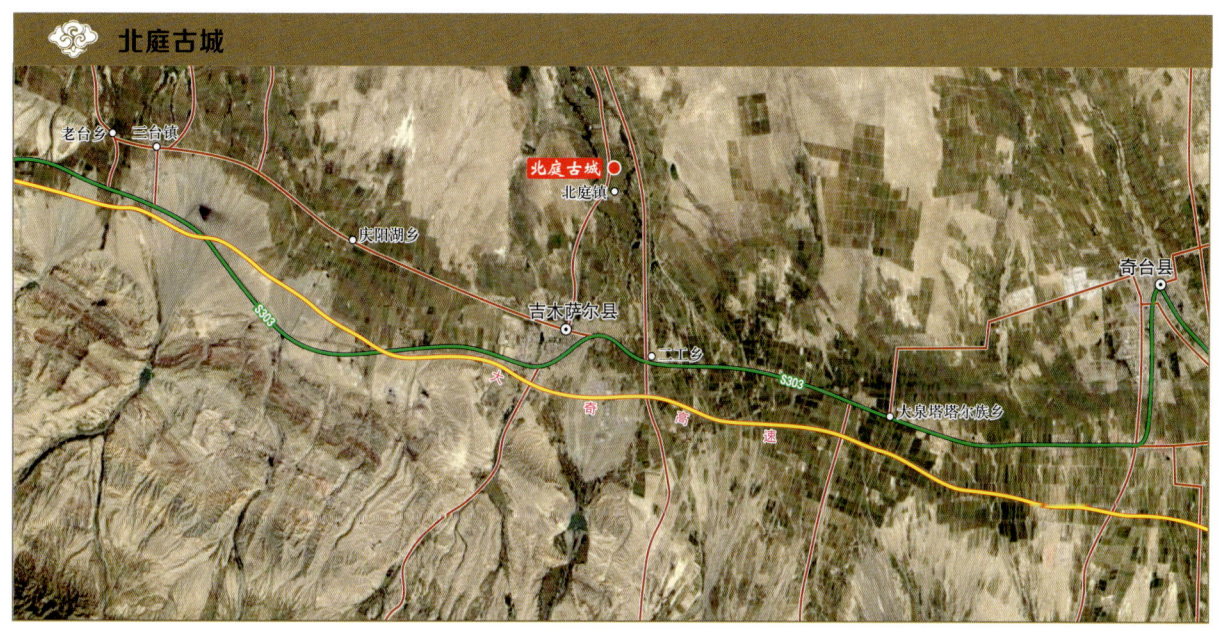

中线

库车王府

库车王府位于阿克苏地区库车县的老城区。库车府由王府和小王府两组建筑群东西相邻组合而成,北依北大街,坐北向南,排列而建。西侧一组为亲王府,主建筑4幢分南北两行排列。北侧的两栋王府建筑并立沿路街建。其中一幢是请中原工匠来疆修建的清式木构砖墙建筑,面阔八间、一明六暗、七檩硬山,有2米余宽的外廊,长约30余米,建在约2m高的土台上,坡顶有瓦。廊上围有精制的雕花栏杆,门窗宽大,充满开间。窗框内装有精细图案的木制花格,与清代官邸所建四合院建筑门窗相同,并镶配红、蓝玻璃。中间为大厅,东、西各带3间厢套,大厅与边厢的隔断为花格木长窗。后来在其东侧加建了南北走向的边屋,为土木结构,系仆人和贮藏用房,有拱门相通,边屋东又建一马圈和围墙,墙中段斜对拱门处建一大门,约四五米高,是清代王室垂花门廊的形式,是王爷府的主入口。另外一栋建筑在其西侧并立,是带外廊的厚墙小窗用房。两栋建筑之间亦有小墙相隔,有门相通,成为两个尺度适宜的内院。

库车王府修建于乾隆二十三年。在平定南疆大、小和卓木叛乱中收复库车后,乾隆帝封平叛中功劳卓著的米尔扎·鄂对伯克为辅国公,并且晋升亲王同时修建王府。后来由于连年战乱,王府变得十分凋敝。1877年,清军击溃了阿古柏,为重振王室,找到逃亡在外的鄂对后裔米尔扎·艾合米德王的儿子米尔扎·阿木提,使其继承父位。阿木提王以此在城南空地上请内地工匠

核心区自然地理与人文景观

修建了新王府。以后又陆续兴建了凉亭、马号、草料库、勤杂房等。20世纪初，第9代库车王买合甫孜又增建了平日常住的仿俄式居屋。1942年盛世才因库车王后裔关于保持王位的建议，遂于当年6月下文宣布达吾提·买合苏提继承库车王位。达吾提登位后，其弟在王爷府东面又新建小王府的两组院落。至此，库车王府遂告定型。

苏巴什佛寺遗址

苏巴什佛寺遗址位于新疆维吾尔自治区阿克苏地区库车县城西北20km处却勒塔格山南麓，阿格乡欧勒加斯村与兰干村之间的库车河两岸的冲击平台上，北依却勒塔格山，南临沙砾戈壁。整个遗址以佛塔为中心，四周建有庙宇、洞窟、殿堂、僧房等建筑物，保存较为完整。河道横贯其间，遗址分布在河道东西两岸的土丘上，称为西寺和东寺，主要建筑集中在西寺。

东寺遗址，分布于库车河东岸的山梁上，遗址呈不规则分布。东寺依山而筑，寺垣已毁，下存房舍、塔庙遗址，均为土坯建筑，墙壁高达十多米，有重楼。城内有3座高塔，颇宏伟。最北一座耸立在半山腰，可俯视全寺遗址。大部分遗迹都集中于地势起伏不平的河岸。该遗址南北长约500m，东西宽约140m，主要由北、中、南3座佛塔组成。南塔保存较好，塔身圆形，土坯筑成，塔顶呈穹形，塔身中部有一圈柱洞，可能存有木骨，塔周有围墙，墙上有十余个佛龛。

西寺遗址，位于库车河西岸，大部分遗址保存较好，该遗址南北长700m，东西宽190m左右。主要由北、中、南三塔，佛殿和南部寺院组成。北塔周围分布有佛洞，内残存壁画和龟兹文题记。西寺中依断岩处有一小围墙，呈方形，周长约318m，亦土坯筑，残高10m以上。墙内残垣密集，为僧舍所在地，遗址上有数座高塔，北面有佛洞1座，壁刻龟兹文和佛教人物像。佛殿位于遗址中部，周长300余米，内由佛塔、殿堂及数间房屋组成。遗址南部寺院其建筑遗迹大部分暴露于地面，整体略呈方形。大寺四周有围墙。

苏巴什佛寺的始建年代，在历史文献中没有明确记载。但是，《从出三藏记集》的描述中可知，早在7世纪时库车龟兹当地的佛教就已非常昌盛，俨然已成为西域重要的佛教文化中心。王国之内，从上至下的各个阶层的信徒们都虔心向佛，乐崇功德，不惜财力地供养僧人，广建佛寺。这一时期，苏巴什佛寺的旧称之一"雀梨大寺"开始见诸于文献记载。经过南北朝，苏巴什佛寺在隋唐时期又有了较大的发展。唐代高僧玄奘在《大唐西域记》中记载的昭怙厘寺即今苏巴什佛寺。隋唐后，该佛寺继续使用，从出土文物结合历史文献看，直到12世纪后，苏巴什佛寺才逐渐衰落。

作为新疆现存最大的佛教文化遗址，苏巴什佛寺在历史上曾经沿用近千年。它在汉唐时期丝绸之路上著名的龟兹古国享有盛誉，自魏晋至唐宋时期，一直是西域重要的文化中心之一，在东西方文化交流中发挥过十分重要的作用。该佛寺遗址具有较高的历史价值、艺术价值、科学价值和社会价值。

克孜尔尕哈烽燧

克孜尔咖哈烽燧库车县伊西哈拉镇道来提巴格村西北3km盐水沟台地上，北依却勒塔格山，西临盐水沟。烽燧始建于汉宣帝时期，唐代修复后继续使用。烽燧基部呈长方形，整体逐渐向上收缩呈梯形状，为夯土筑造，夯层厚10～20cm，中间加有红柳、树枝等物，起加固作用。烽燧南侧由于风力侵蚀等原因，呈现一自上而下的坚凹面。烽燧北侧尚存附属建筑坍塌后的堆积土包，旧时可能是由此登临而上。克孜尔尕哈烽燧为目前新疆保存年代最早、最完好的烽燧。

关于克孜尔尕哈烽燧民间还有着美丽的传说：有位国王的女儿刚刚出生，有一巫师对国王说："小女儿会被毒蝎蛰死。"国王担心失去爱女，让大臣谋划万全之策。有一个大臣建议修建一座高台让公主居住，但是公主仍然没有逃脱厄运。毒蝎从国王赐给公主的苹果中爬了出来蛰死了公主，故而"克孜尕哈"在维吾尔语中的意思是姑娘的住所。

库车王府、克孜尔尕哈烽燧、苏巴什佛寺遗址

核心区自然地理与人文景观

坎儿井民俗园

坎儿井民俗园位于吐鲁番市高昌区亚尔乡新城西门村，占地面积14 680m²距市中心3km。民俗园包括坎儿井、坎儿井博物馆、民俗街、民居宾馆、葡萄园等，它将具有悠久历史的坎儿井和具有民族特色的庭院式民居融为一体。

坎儿井是干旱地区人们进行农业灌溉的一种特殊水利工程。坎儿井主要分布在西亚和中亚的伊朗、阿富汗、叙利亚、巴基斯坦、乌兹别克斯坦、吉尔吉斯斯坦等地。

新疆的坎儿井，主要分布在吐鲁番、哈密、奇台、木垒、库车及和田、阿图什等地。它是一种利用地形的坡度和地下水水力坡度的相关关系，通过地下渠道可以自流地将地下水引到地面，进行灌溉和生活用水的无动力汲水工程。

坎儿井的结构由竖井、暗渠、明渠、涝坝等四部分组成。坎儿井开挖时根据耕地或拟垦荒地位置，向上游寻找水源并估计潜流水位的埋深，从而确定坎儿井的位置并且根据土层性质，确定暗渠的适宜纵坡。一般从下游开始，先挖明渠的首段和坎儿井的龙口，然后向上游逐段布置竖井开挖，最后挖暗渠。

竖井是开挖暗渠时，供工匠定位、上下、出土和通风的部分。暗渠是坎儿井的主体。暗渠的首部为集水段，集水段以下的暗渠为输水部分，一般在潜水位上干土层内开挖。暗渠的长度一般为3～5km，最长的超过10km。暗渠的出口，称龙口，龙口以下接明渠。明渠是暗渠出水口至农田之间的水渠。明渠与暗渠交接处建有"涝坝"（即蓄水池），主要用于蓄水，提高水温，调节灌溉。

与其他农业灌溉系统相比，坎儿井是一种独特的水利工程，是为适应干旱地区绿洲中的自然环境与地理条件而创造的农业灌溉系统。

坎儿井民俗园和交河故城

中线

交河故城

交河故城位于新疆维吾尔自治区吐鲁番市西10km的亚尔乡亚尔果勒村，1961年被列入首批国家重点文物保护单位。故城坐落在雅尔乃孜沟两条河之间的黄土台上，台地平面略呈柳叶形，西北东南走向，地势西北高，东南低，台地南北长约1750m，东西最宽处300m，周长约4100m，总面积37.6万平方米，建筑总面积22万平方米。

交河故城所在台地，正当火焰山与盐山交界处，控扼着两山之间的天然豁口。交河故城东、南面为吐鲁番盆地的腹地，北自大河沿，沿河越天山经唐代"他地道"通北庭城，西偏北沿盐山北麓，溯白杨河通唐代轮台城。穿过盐山豁口，西南通唐代天山县，进而经唐代银山道，翻过库鲁克塔格山脉可进入塔里木盆地，或经托克逊西侧的阿拉沟向西通伊犁河谷，地理位置非常重要。自古以来它就是连接内地与西域的门户，也是沟通塔里木、准噶尔两大盆地的孔道。

交河故城的基本布局形成于公元前1世纪到5世纪中叶的车师王国时期。在车师都城的基础上，高昌国和唐西州时期交河城有了稳定发展，到了回鹘高昌时期交河城开始衰落，蒙元时期基本废弃。

交河台地平面呈叶状，城市的建筑密集在台地中南部。台地北部主要是墓葬区。街道由南北向的长街和东西向的短横街组成，南北街道有中心大街和东西市区的长街。中心大街是整个交河城的轴心，位于城的中间。大街的南北两端正对着的是南北对称相望的高台建筑，北端的称中央大塔，南端是一处寺庙。称为高台寺庙，从它们的高台式的建筑形式和分别把守中心大街两出口的位置分析，它们明显可以起到对整个城市的防护作用。东西城区各有南北向狭长的干道，东干道保存较好。它从南城门附近向北从东城门内侧通过，通过东城密集的居民区，东城门与东城区一条重要的东西向的横街相接，交接处成"丁"字形，由"丁"字形街迂回便可进入中心大街。

核心区自然地理与人文景观

交河故城的城门目前发现并可以确定的有三个：东门、南门和西门。城门有两个特征：一是所有的城门都不和主干道直通，即它不能通过主干道直接进入城的中心区；二是城门结构本身，均是先在城门所建的区间挖出一基本为圆形的地下空间，在这一空间的外侧开小的门道供出入，称为瓮城。

交河故城的建筑方式有3种：一是"夯筑法"，二是"减地留墙法"，三是"版筑泥法"。其中"减地留墙法"，是交河城建筑的最基本方法。这种方法是在修整平坦的单位建筑区内，规划出居住室、墙、门及相关建筑设施的位置，用减地的方法在生土地中挖出居住室及其他建筑设施，相应地留下墙体等相关设施。

克孜尔石窟

克孜尔石窟位于阿克苏市拜城县克孜尔乡东南7km渭干河北岸断崖上，距拜城60km，建造时间约为2世纪至9世纪。1961年，国务院公布克孜尔石窟为全国重点文物保护单位。

石窟群总体为东西走向，绵延约3km。窟群分为4个区域：谷西区、谷内区、谷东区和后山区。正式编号洞窟270个，尚有一批未编号洞窟，其中窟形比较完整，壁画保存较好的洞窟约80个。现遗存壁画约10 000m²，此外尚有佛教经文残片、建筑、雕塑等。

克孜尔的洞窟构造形式多样，大体上分为中心柱窟、大像窟、僧房窟和方形窟等。以一座或多座中心柱窟或者大像窟为中心，配以僧房窟和方形窟，构成类似佛堂的组合关系。

中心柱窟是龟兹石窟最常见也是主要的窟形，它源于印度塔庙窟，但又有很大的差别。印度的同类洞窟，塔有基座，上为覆钵丘及平头，塔刹一般不与洞窟顶部相接，年代稍晚的洞窟，塔刹与窟顶相连，整体形象完全是地面佛塔的翻版。克孜尔石窟的中心柱都为直通窟顶的方柱

克孜尔石窟

体，塔柱两侧为低窄的辅道，因此只能说是象征意味的佛塔，具有龟兹地区的地方特色。尽管塔庙窟的形制不同，但都具有绕塔礼拜和供养的性质。

克孜尔中心柱窟规模都比较大，平面纵长方形，一般分为主室、后室和中心柱三部分。窟前崖面崩塌情况严重，保存有前室的洞窟很少。主室较为宽敞明亮，纵券顶式，壁面与窟顶相接处雕有叠涩的出檐。后室低矮窄小，横券顶式；有的后室后壁开一大龛，龛内原来塑有释迦牟尼涅槃像。中心柱设在后室前部，正壁开一大龛。龛内曾塑有一座佛像。

大像窟也是大型洞窟，数量较少。一般无前室，仅有主室、后室和中心柱三部分。这类洞窟的构造实际上属于中心柱窟的一种，与中心柱窟的差异主要是主室明显增高，中心柱正壁突出地安排了大立佛，扩大了后室空间。大像窟主室平面为纵长方形，纵券顶式。后室比主室略宽些，横券顶式，后壁设有涅槃台，台上原塑大型的释迦牟尼涅槃像。有的洞窟则残留了大像足下的半圆形像台。年代较晚的大像窟取消了中心柱。从残存的遗迹看，大立佛中部以上依崖壁塑造，下郡两侧向里凿进成横长方形低窄的后室，这样朝拜者就可以绕大佛作礼拜了。

方形窟一般有前室，但多崩毁，主室平面方形或横长方形。前壁正中开门，或一侧开窗。券顶，主室正中有砌佛坛，其上塑像。此外还有的窟顶为方格式藻井、多重斗四式藻井和穹窿顶，反映了龟兹不同时期石窟建筑的独特风格。

克孜尔千佛洞集中了最多的佛教本生故事和姻缘故事，每个菱形格就是一个佛教故事，体现了佛教从西向东传播的过程，是研究佛教历史不可多得的信息源。壁画中佛像线条圆润，表情生动，从衣饰图形上明显可以看出受印度画风的影响，形成了龟兹壁画的风格，壁画无论从造型上还是用色上都达到了极高的艺术水平。

新疆图说丝绸之路经济带核心区

核心区自然地理与人文景观

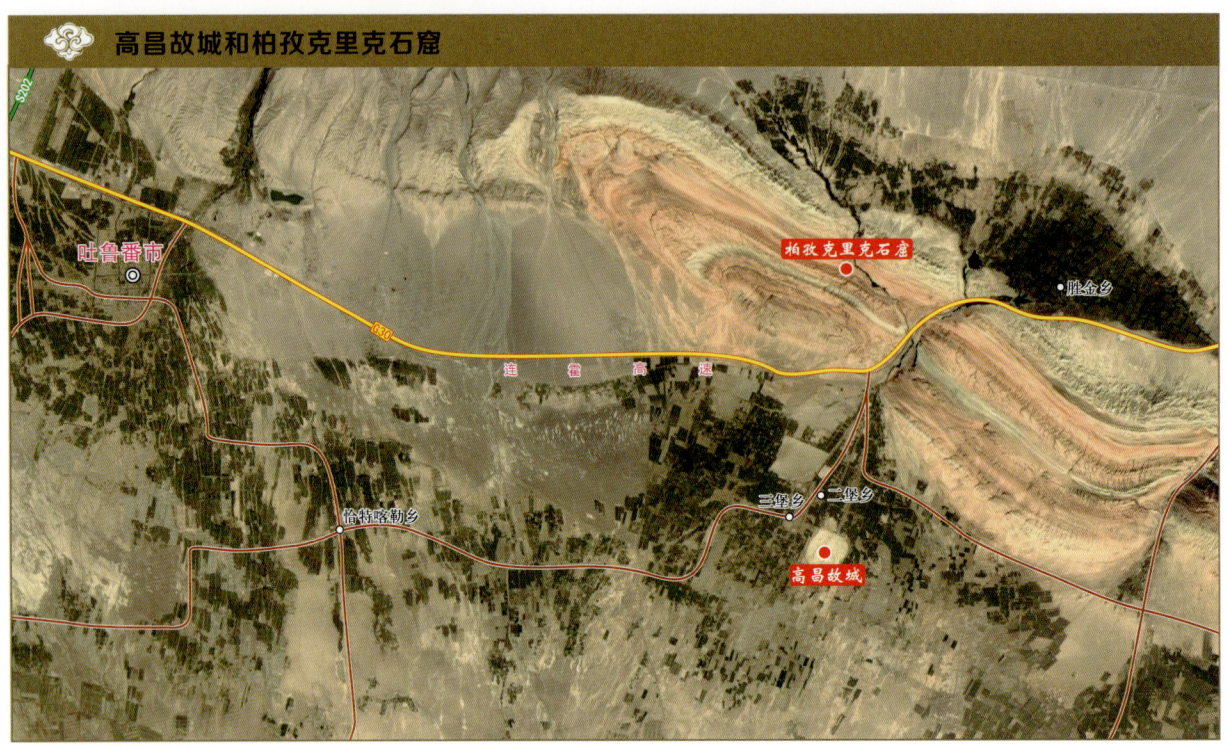

高昌故城和柏孜克里克石窟

高昌故城

高昌故城位于新疆维吾尔自治区吐鲁番地区吐鲁番市高昌区三堡乡哈拉和卓村。高昌故城始建于公元前1世纪，因其"地势高敞，人庶昌盛"而得名。西汉政府"置戊己校尉，使屯田车师故地"，称"高昌壁"。东汉延光二年（123年）年改名"高昌垒"，隶属凉州敦煌郡。十六国前凉建兴十五（327年）年设高昌郡，先后隶属于前秦、后凉、西凉、北凉。448年，沮渠氏北凉政权统一了高昌地区，居高昌为政治中心。460年，高昌建国，高昌城正式成为国都。640年，唐灭高昌国，以其地置西州，高昌为西州治所，同时亦为高昌县治所。866年，北庭回鹘控制吐鲁番，史称"回鹘高昌"或"高昌回鹘"，14世纪时废弃。

现在的高昌故城基本保持了14世纪末废弃时的城址规模，保留了外城、内城和宫城三重城墙遗址。外城城墙平面轮廓呈不规则方形，墙体为夯筑和土坯垒砌，墙体外附墩台和马面。外城内西南部主要为一座寺院遗址及其北、东、南三面的连排式房址。平面布局相对完整。寺院基址的平面呈矩形，四周高墙环绕。门向朝东，门道两侧有高大的建筑遗址。庭院的正面为佛殿遗址，殿内中心柱南面尚存佛龛。内城周长约3km，东墙残缺；西墙北段仅存数段残墙；南段有墩台状遗迹，墙体为夯筑而成。宫城位于内城城内北部，仅存南、西、北三面城墙。城内北部有一面积约900m²的土台。土台上有塔形建筑遗址。土台西侧有下沉式庭院遗址；南侧正中和西北角有台阶；南侧有大片建筑遗迹。地面上或疏或密地分布有直径、深度不等的圆坑，墙垣不存。

作为古代高昌历史上的政治文化中心，高昌城不仅战略地位重要，为兵家必争之地，而且长期以来是古代西域重要的政治、经济、文化、交通中心，并作为中央政府的辖区，在政治、经济、文化上与内地保持密切关系。

柏孜克里克石窟

柏孜克里克石窟位于新疆维吾尔自治区吐鲁番市高昌区东北约40余千米的火焰山主峰山腰、木头沟沟谷西岸的陡崖上，东南距高昌故城约10km，1982年被国务院公布为第二批全国重点文物保护单位。

柏孜克里克石窟千佛洞散布于火焰山木头沟沟谷西岸、南北方向1km范围内的断崖上，洞窟分三层修建，现存窟室83个，主要有礼拜窟、僧房窟和影窟3种形式，其中有壁画的洞窟有40多个。洞窟主要是回鹘时期的遗存，其中，11世纪的壁画是石窟群艺术中的精华。

洞窟的建筑形制主要分中心柱式、长方形券顶式、方形穹庐顶中堂带回廊式3类，其他类型均由这3种派生、演变而来。大型洞窟主要开凿于麴氏高昌和回鹘高昌强盛时期。

柏孜克里克千佛洞始凿于麴氏高昌国时期，唐西周时期，它发展成为伊、西、庭地区著名的窟寺，时称"宁戎寺"，窟寺所在的沟谷称"宁戎寺"。回鹘高昌国时期，宁戎寺成为王家寺院，香火繁盛，历代高昌王大都在此修建洞窟，同时重绘了大量的原窟寺壁画。13世纪末，高昌王室东迁甘肃永昌，柏孜克里克千佛洞衰落为民间寺院。14世纪晚期，伊斯兰教开始传入吐鲁番盆地。15世纪中叶以后，吐鲁番地方王国的统治者改信伊斯兰教，石窟寺遭到废弃，沦为无人管理的废墟。

柏孜克里克千佛洞是古代"丝绸之路"遗留下来的珍贵文化遗产之一，是古代中西文化交流的结晶，有独特的地方性、民族性、多元性等特征，在中国石窟艺术宝库中占有重要地位。

核心区自然地理与人文景观

南线

喀什噶尔老城

喀什噶尔老城位于新疆维吾尔自治区喀什地区喀什市内，老城区总面积共 8.36 km²，现有居民6.5万户，22.1万人，老城区人口密集，像阿热亚路、喀日克代尔瓦扎路等核心区，人口密度高达4.9万人/km²，建筑密度高达70%以上。

根据史料记载，喀什老城的形成时间大约是15世纪末期至16世纪初叶，街区基本格局的形成是在16世纪之后。当时许多街巷按行业自发形成了手工作坊和产销市场，如首饰巴扎、铁器巴扎等，还有以其行业为名的街巷，如喀赞其亚贝希（铁锅匠）巷、博热其（苇席匠）巷、塔哈其（麻袋匠）巷、巴格其（园艺匠）巷、阔孜其亚贝希（制陶匠）巷、切克曼其（制衣匠）巷、吐马克（帽子巴扎）巷等等。居民的居住场所也是生产、销售的场所，这些小生产者按商业销售发展的需要，逐渐形成了产销一体及特色各异的专业性街巷特色。

最有特色是那些未经过规划、随意建造的院落排列出来的很多小巷道，蜿蜒曲折，人行走在其中，如同在迷宫一般。这里的居民为了避免"迷路"，在地面的铺砖上做了标记：铺六角形砖的就可以走通，铺方形砖的表示该路无法通过。

这些街巷纵横交错，建筑参差不齐，房屋鳞次栉比，布局灵活多变，并以著名的艾提尕尔清真寺为中心向外放射延伸。街区民居土木、砖木结构并存为主，富有地方民族特色，使得高台民居成为喀什最受游客欢迎的至今还在使用着的人文风景区。

艾提尕尔清真寺

艾提尕尔清真寺位于新疆维吾尔自治区喀什地区喀什市中心艾提尕尔广场西侧，总面积16 800m²，由礼拜堂、教经堂、门楼和其他一些附属建筑物组成。寺门用黄砖砌成，门高4.7m，宽4.3m，门楼高约17m。门楼的两旁，不对称的各自耸立着一个18m高的宣礼塔，塔顶均立有一弯新月。进入清真寺大门后，是一个巨大的庭院，院内有花木及水池。南北墙边各有一排共36间教经堂，供主教阿訇讲经之用。礼拜堂在寺院西部的一个高台上，分内殿和外殿；寺顶由158根浅蓝色的立柱托着，呈方格状。顶棚上和木柱的四角，都是精美的木雕和彩绘的藻井图案。

清真寺始建于1442年，后经重修扩建，才有了如今的风貌。1955年新疆维吾尔自治区成立之际，进行了全面整修。1962年，它被确定为自治区首批重点文物保护单位。

1985年，又进行了一次整修，新盖了厕所和浴室。2000年，对艾提尕尔清真寺进行过大规模的修缮保护。2001年6月，艾提尕尔清真寺作为明代古建筑，被列入第五批全国重点文物保护单位名单。

艾提尕尔清真寺所在的喀什，是丝绸之路南线与中线的交会点，自古便有东西方文化在此交流。这个寺的始建与历次维修多与各时期的重大历史事件密切相连。作为伊斯兰风格建筑单体，艾提尕尔清真寺体现了历代工匠们高超的建造技艺。整个寺整体建筑立面为不对称造型，比例分割得当，院落布局合理，院内树木、水面、建筑相得益彰，构成了优雅清静的园林景观。

喀什高台民居

高台民居位于喀什市老城区东北端的悬崖上，民居建筑非常有特色。有巧妙的"过街楼"，有占街面一半的"半街楼"，还有盖在小巷十字路口上的"悬空楼"。这些未经规划、随意建造的楼上楼、楼外楼，排列出幽深、四通八达曲曲弯弯、忽上忽下的喀什高台民居小巷。沿着小巷内的任何一条小道走去，便可看到沿巷道修建的民居院落大门依墙外而开，门都是两扇的，一户挨着一户。

高台民居的建筑密度极高，鳞次栉比。相邻住户的房屋犬牙交错，这不仅与该地区建筑使用土木结构有着密切的关系，也是居民根据具体的实际需要而定，是充分利用地形和空间修建的结果。高台民居的建筑多为一层或二层，而且部分二层建筑物多采用"天窗"采光。民居的北面均不开门窗，门窗大都开向庭院，在外墙的高间还开有小高窗以利于采光和通风，这些都为提高建筑的密度创造了有利的条件。

香妃墓

香妃墓位于喀什市区东北部5km处的乃则尔巴格乡艾孜热特村。该墓始建于1640年，是一个具有维吾尔传统建筑艺术特色的古建筑群，占地约20 000m²。

香妃墓建筑群由门楼和高低礼拜寺、主墓室、加满礼拜寺、教经堂、果园、水池几大部分组成，平面整体呈长方形。这些建筑的营建时代、规模、形制各不相同，错落有致地形成一系列建筑组合。

香妃墓主体建筑主墓室位于陵园东部，建筑四周呈长方形，外观为四楼一拱，外壁有琉璃砖贴面，以深绿色琉璃砖为主，间以蓝黄二色带有图案的琉璃砖镶嵌。加满清真寺是香妃墓建筑群仅次于主墓室的宏伟建筑，位于陵园西北部，是一个大型清真寺。高清真寺位于陵园西侧，由于与另一较低的清真寺相连，对比之下得来高清真寺的名字。讲经堂位于陵园最北部。其余是果园水池及其他建筑。其中由喀什富翁欧玛尔捐助，修建于1927—1928年的高清真寺和加满清真寺的柱式装饰。

核心区自然地理与人文景观
HEXINQU ZIRAN DILI YU RENWEN JINGGUAN

丝路古道

丝路古道

楼兰古道

关于楼兰古道的最早记载来源于《汉书·西域传》，根据汉通西域的情况来看，从玉门关出发，过盐泽可到达楼兰。

楼兰道的具体线路是从玉门关启程，沿着疏勒河尾间河谷的亭隧向西南行。行至河谷尽头都护井处再转向西北，从而绕过三陇沙进入阿奇克沟谷，再从居卢仓处继续沿阿奇克沟谷北缘向西南前行，行至沟谷尽头的沙西井后再转向西北，沿罗布泊湖盆的东岸前进，逐渐进入险恶的白龙堆地带，然后再在湖盆东北部最狭窄的地方横穿湖盆，到达湖盆西岸后再继续在白龙堆中向西南方向穿行，出白龙堆便到了楼兰境内有人居住的地区，不久就可到达楼兰城了。

《魏略·西戎传》中记载的"中道"也就是汉通西域初期的楼兰道和北道，这条道路一直被使用到4世纪末。

虽然从4世纪末起，由于罗布泊水量的变化和吐哈盆地车师古道的通行，楼兰古道被阻断，但从公元前2世纪至4世纪末，它是中原与西域经济贸易的一条主要通道，特别是为汉朝统一西域作出了巨大的贡献。同时通过楼兰古道的丝绸之路，东西方文化的交流融汇也放射出了夺目的光彩。

核心区自然地理与人文景观

HEXINQU ZIRAN DILI YU RENWEN JINGGUAN

大海道

大海道是古代敦煌通往吐鲁番盆地的最近的一条道路。它的开通和使用始于汉代，唐代以后逐渐被废弃，同时大海道的记载也从历史文献中消失。

据唐《西州图经》记载："大海道，右道出柳中县（今鄯善县鲁克沁镇）界，东南向沙州

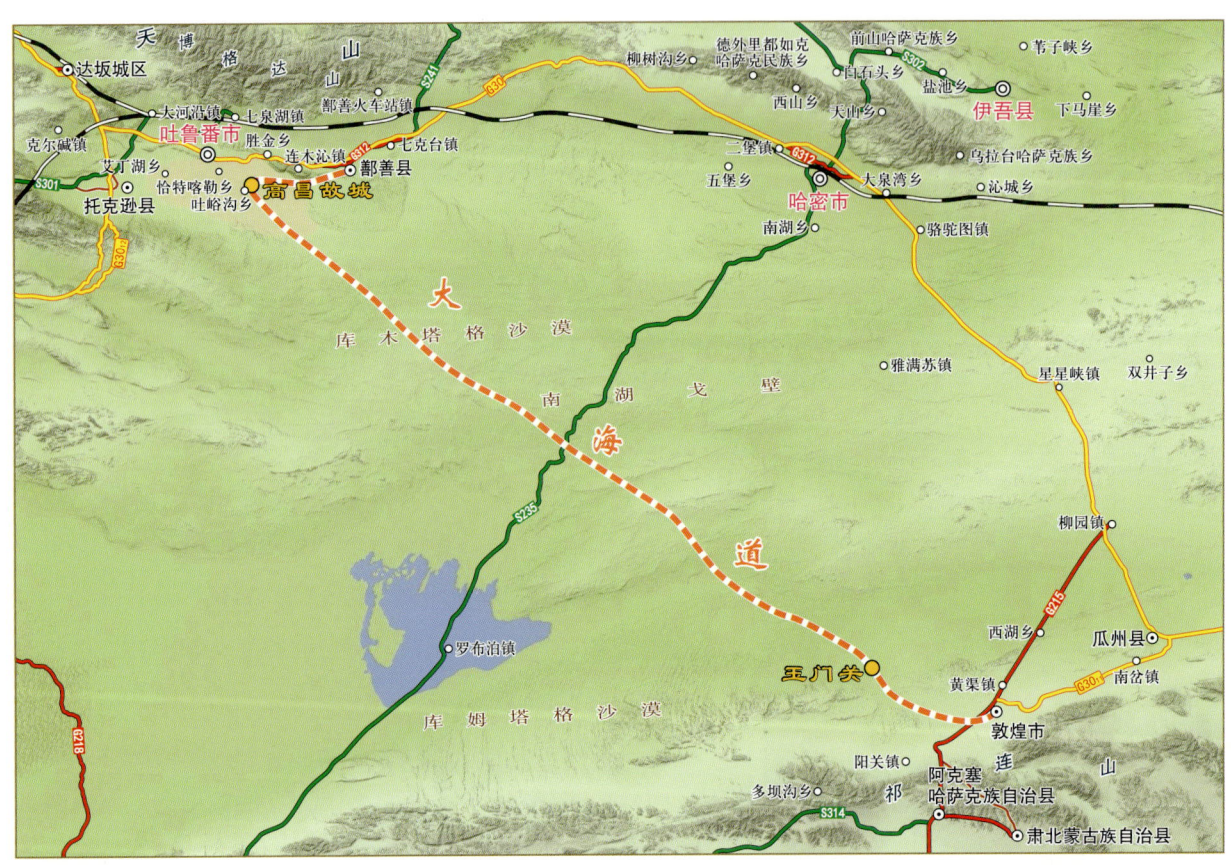

（今敦煌）。常流沙，人行迷误，有泉井咸苦，无草。行旅负水担粮，履践沙石，往来困弊。"裴矩《西域图记》云："在西州高昌县东，东南去沙州一千三百里，并沙碛之地，水草难行，四面危，道路不可准记，行人唯以人畜骸骨及驼马粪为标验。以其地道路恶，人畜即不约行，曾有人于碛内时闻人唤声，不见形。亦有歌、哭声，数失人，瞬息之间，不知所在。由此数有死亡，盖魑魅魍魉也。"

根据文献与考古调查资料可以推测大海道的具体路线：高昌故城—柳中古城—大阿萨古城—迪坎尔—恰舒阿山谷—秋格明塔什山谷—秋格明塔什布拉克泉—硝尔布拉克泉—喀瓦布拉克塔格北缘山谷—喀瓦布拉克泉—大洼地—笔架山谷地—新月形沙丘—疏勒河河谷—汉长城—小方盘城。

白水涧道

白水涧道在唐代文献《西州图经》中的记载，称"白水涧道，右道出交河县界。西北向处月以西诸番，足水草，通车马"。据史学界考证丝绸之路中道是由赤亭道—白水涧道—碎叶道构成。

其具体线路即今天乌吐公路的路线所在，从交河城沿大河沿河河谷北上，至博格达山主脊带下，过大河沿河，经潘家地古城，西过5个达坂，进入柴窝堡盆地，最后到达乌鲁木齐。

核心区自然地理与人文景观

瓦罕走廊

瓦罕走廊，东西长约400km，其中在我国境内由塔什库尔干县的公主堡至中阿边境近100km，南北宽约3~5km，最窄处不足1km，其余300km在阿富汗境内，因此国际上也称"阿富汗走廊"。走廊的主要部分位于阿富汗东北部，最宽处约75km，东西走向，北依帕米尔高原南缘，南傍兴都库什山脉最险峻高耸的东段（与巴基斯坦及巴控克什米尔相接），西起阿姆河上游的喷赤河及其支流帕米尔河，东接我国新疆塔什库尔干塔吉克自治县。中阿两国在狭长的瓦罕走廊东端相毗邻，边界线90余千米。

瓦罕走廊平均海拔4 000m以上，是中西文化交流的重要通道。晋安帝隆安三年，僧人法显从长安沿着早已形成的丝绸之路西行求佛，归来后著有《佛国记》。法显在书中描述经历葱岭这一段路程是"上无飞鸟，下无走兽，四顾茫茫，莫测所之，唯视日以准东西，人骨以标行路。"

这些已成为今日珍贵的史料，不仅记录了瓦罕走廊的奇险、奇美，也随着历史的变更，演绎成诸如汉日天种、西天取经等浪漫传奇的故事。

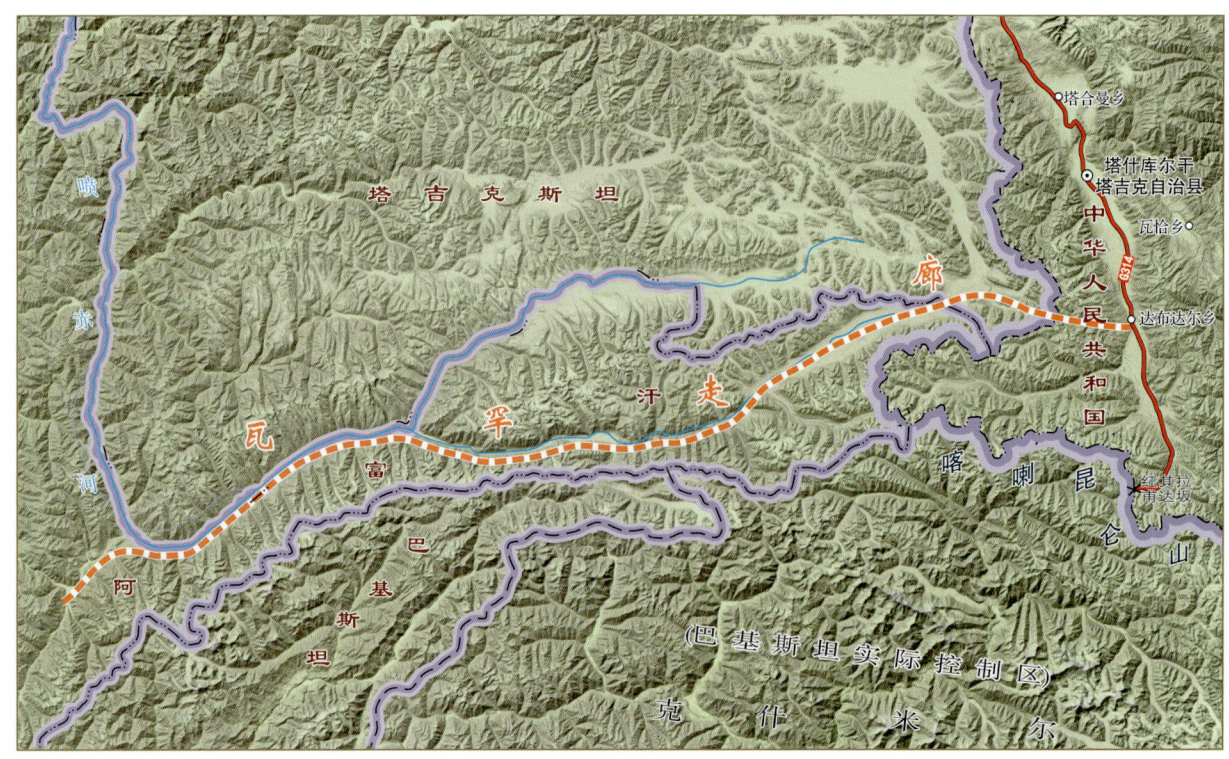

丝路古道

车师古道

车师古道是指由新疆昌吉回族自治州吉木萨尔县泉子街乡大龙口向南越过天山至吐鲁番市鲁克沁镇的通道，又称"金岭古道"。古道跨越天山南北，是一条有2 000多年历史的古道，西域早期重要的交通干线，也是我国气候垂直带和植被垂直带最有代表性的一条路线。

车师古道具体线路是由新疆吉木萨尔县泉子街乡大龙口南越天山至吐鲁番市鲁克沁的高山险道，全长200km。除秀丽的自然景观外，古道沿途还有许多人文景观，如琼达坂上的神秘古堡、五道桥附近的草原石人、五道桥与六道桥之间的石门雄关、泉子街一带的垄沟要塞，等等。

自汉唐以来，车师古道就是连接古丝绸之路中道与北道的捷径，其因沟通车师后国与前国，故称车师古道，唐代称"他地道"。

车师古道东接丝绸之路东段至长安，西接碎叶路至中亚，北接回鹘路至蒙古高原，南接西州路至柳中，为丝绸之路交通往来的咽喉要塞，也是丝绸之路上商旅和军队进入北疆的最方便道路。车师古道是安西都护府经吐鲁番，穿越天山到北庭都护府（吉木萨尔）的捷径。

《西州图经》残卷对车师古道有所叙述："他地道，右道出交河县界，至西北向柳谷，通庭州四百五十里，足水草，唯通人马。"类似的记载还见于《新唐书·地理志》西州交河县条："自县北八十里有龙泉馆，又北入谷百三十里，经柳谷，度金沙岭，百六十里经石会汉戍，至北庭度护城。"均指同一条道路。

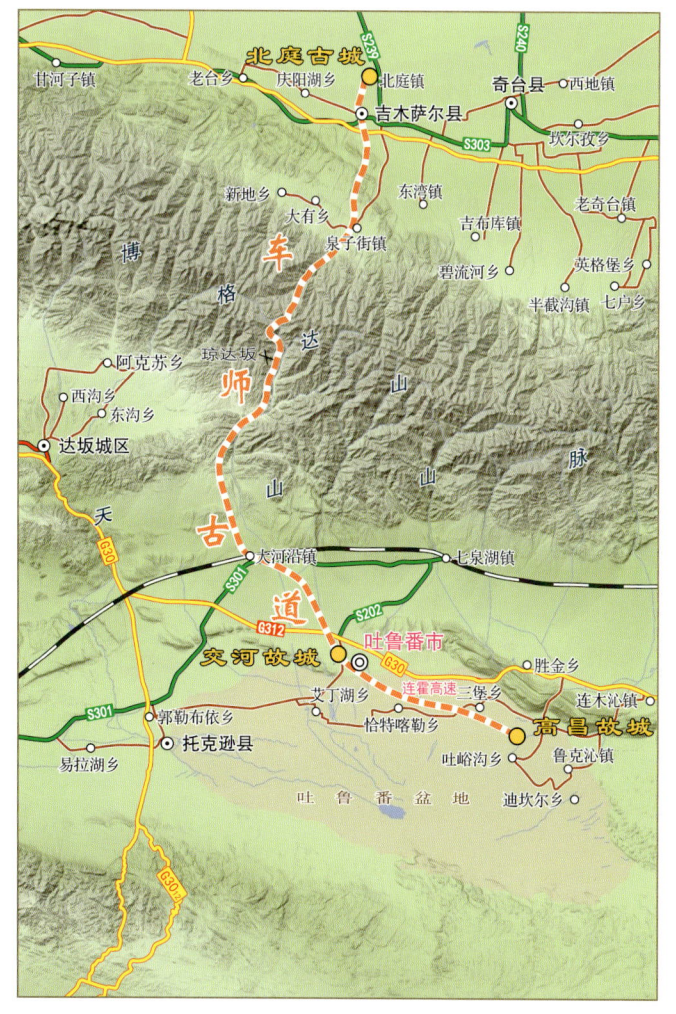

核心区自然地理与人文景观
HEXINQU ZIRAN DILI YU RENWEN JINGGUAN

乌孙古道

乌孙古道北接准噶尔盆地，南入塔里木绿洲，是连接天山南北的咽喉，也是古代龟兹国与乌孙国交流的要道。原来生活在河西走廊的乌孙族，进入天山腹地的伊犁河谷，建立当时西域国中最大的国家——乌孙国，走的就是这条道路。西汉时，细君公主、解忧公主、相夫公主下嫁乌孙王，亦通过此道。629年，玄奘西行取经，也经过这里，玄奘在《大唐西域记》中形容乌孙古道"暴风奋发，飞沙雨石，遇着丧没，难以全生"。

乌孙古道有多条，最有名的线路是从穹库什台牧业村出发沿穹库什台河逆流而上，翻越包扎墩达坂，然后沿库诺萨依而下，到科克苏河边。过河后顺流而下8km，进入阿克布拉克河谷，然后再上行到达阿克布拉克林管站。沿阿克布拉克河谷逆流而上到达海拔3 100m、近4km²的天堂湖。从天堂湖西面的马道绕过湖面，到达湖的南岸，然后翻越海拔3 900m的阿克布拉克达坂，进入博奥孜克里克河谷，出河谷即可到终点达拜城县的黑英山山口。

丝路古道

夏特古道

夏特，意为梯子。夏特古道位于新疆维吾尔自治区伊犁州昭苏县西南部的汗腾格里山下，是清代伊犁至阿克苏拜城的一条重要的交通驿道，也是古代丝绸之路上最为险峻的一条通道。其具体线路是从昭苏县夏特古城出发，由夏特古城进入夏特峡谷，然后翻越木札尔特冰川，越过木札尔特河，最后进入阿克苏地区温宿县的破城子，全长120km。

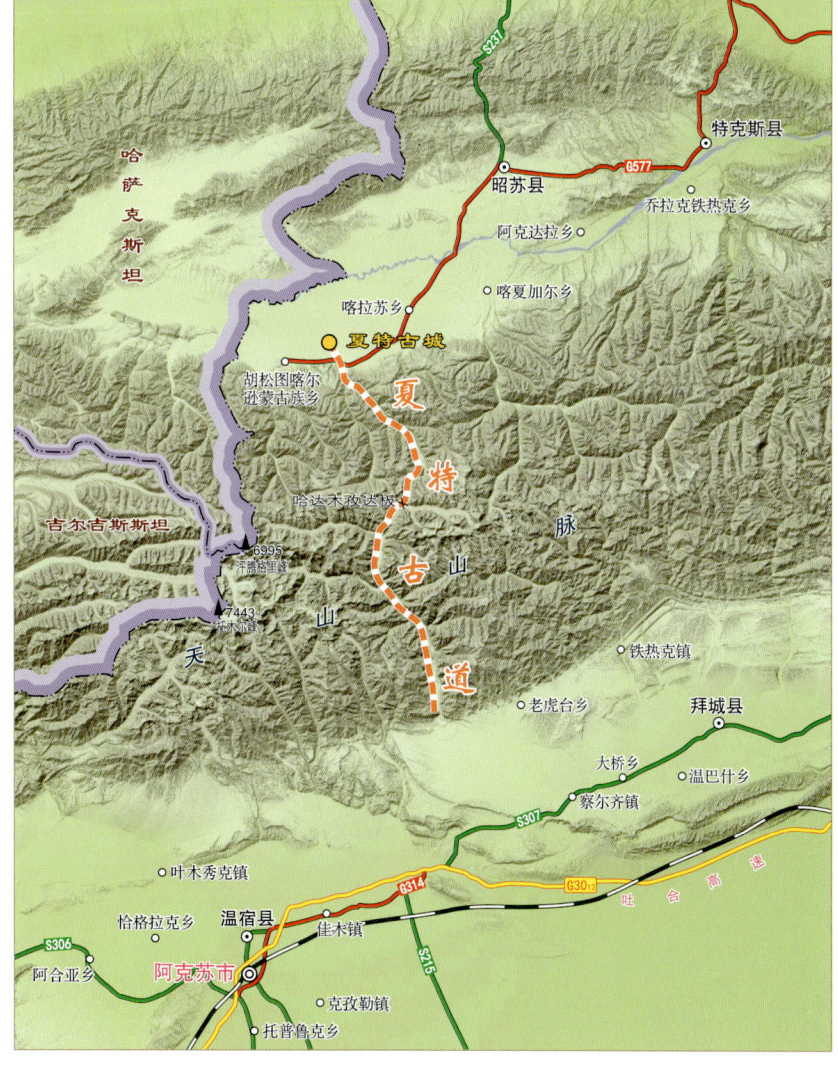

新疆 图说丝绸之路经济带核心区

丝绸之路
Silk Road

核心区周边国家

HEXINQU ZHOUBIAN GUOJIA

核心区周边国家

HEXINQU ZHOUBIAN GUOJIA

核心区周边国家分布

HEXINQU ZHOUBIAN GUOJIA FENBU

丝路经济带周边国家的面积、人口、首都（府）

国家或地区	面积（平方千米）	人口（万人）	首都（府）
俄罗斯	17 075 400	14310	莫斯科
印度	2 980 000	129 500	新德里
哈萨克斯坦	2 724 900	1 760.8	努尔苏丹
伊朗	1 636 000	7 840	德黑兰
蒙古	1 566 500	296	乌兰巴托
巴基斯坦	796 095	19 700	伊斯兰堡
土耳其	783 600	7 874	安卡拉
阿富汗	647 500	3 270	喀布尔
土库曼斯坦	491 200	684	阿什哈巴德
乌兹别克斯坦	447 400	3 100	塔什干
吉尔吉斯斯坦	199 500	566.3	比什凯克
塔吉克斯坦	143 100	839.8	杜尚别

蒙古

俄罗斯

哈萨克斯坦

印度

伊朗

塔吉克斯坦

巴基斯坦

土耳其

阿富汗

土库曼斯坦

乌兹别克斯坦

吉尔吉斯斯坦

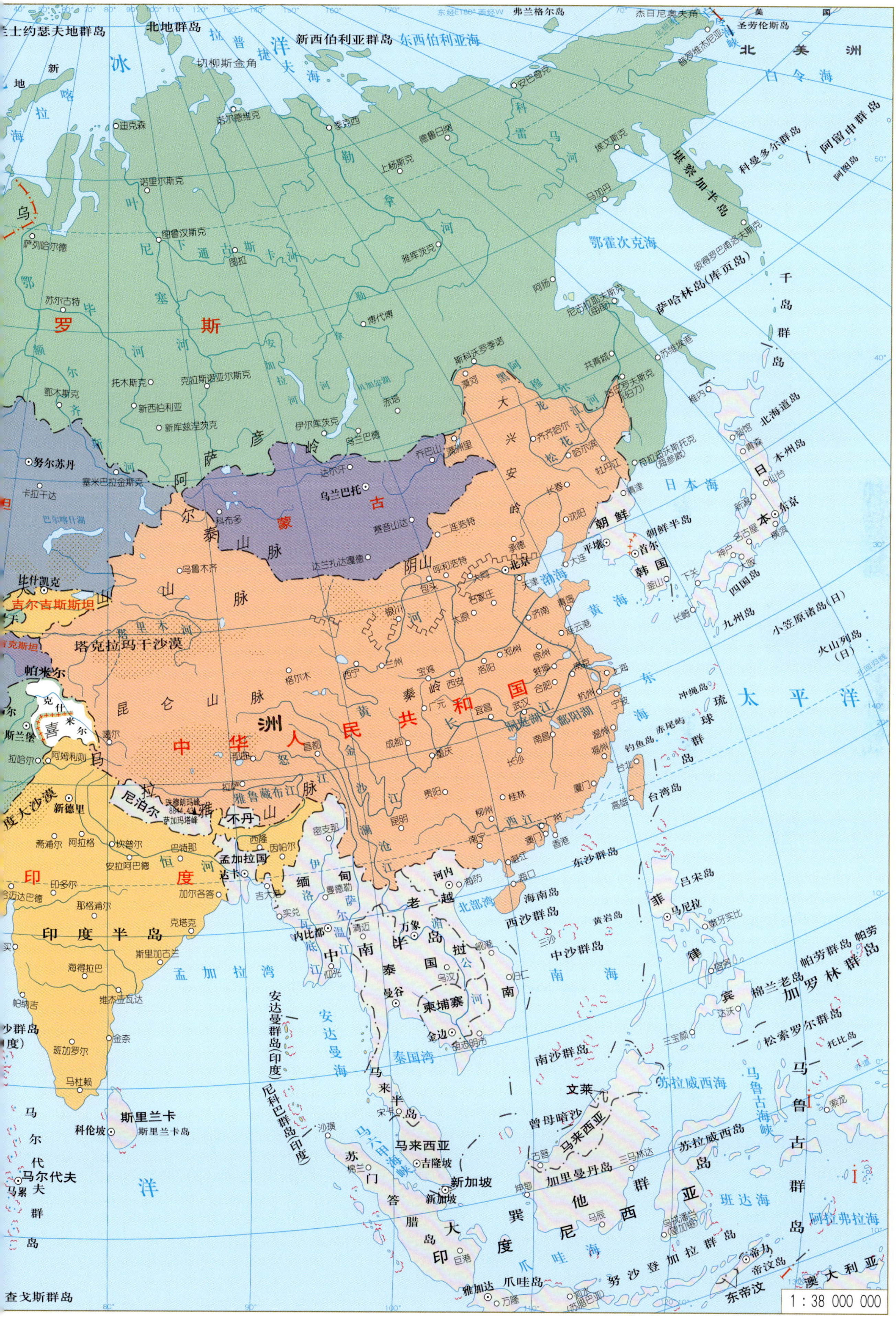

丝绸之路经济带核心区周边国家分布

1:38 000 000

核心区周边国家 HEXINQU ZHOUBIAN GUOJIA

蒙古

国旗 呈长方形，长宽比例为2:1，由竖排的两块红色夹一块蓝色作为背景，象征着进步、繁荣与永恒的蓝天。左边红色部分有一个黄色的"索永卜"，其中的火焰是"吉祥和兴旺的种子"，火舌、太阳和月亮三者结合代表国家昌盛，太极意味着国家和谐。两个三角形的箭头代表着国家的武装力量，太极上下的两个长方形方块有坚持正义和忠实之意，两侧的长方形则代表了全民团结似坚不可摧的城墙。

国徽 近似圆形，宗教色彩浓厚。外环为"万字不到头"图案，头顶三宝。圆面为蓝色，中间是象征蒙古族的骏马，马上有索伦布，马下有法轮。圆周由褐色和金黄色的花纹装饰，下方配以莲花宝座。

历史沿革

地处亚洲内陆的蒙古高原，在14世纪前，被绿汪汪的草原覆盖，喝马奶吃黄羊肉的游牧民族历来剽悍。13世纪，蒙古乞颜部的铁木真率领他的黄金家族子孙于1206年统一了整个蒙古草原，建立了蒙古帝国。之后击败西辽、花剌子模、西夏、金、南宋、俄罗斯等强国，建立起一个东起太平洋、西达黑海、北抵北冰洋、南至南海、面积超过2 200万平方千米的世界历史版图上的第一大帝国。

明朝建立后，元朝的残余势力退回塞外史称北元，但仍为一支不可忽视的力量。1388年，明太祖发起的第6次北伐方将其彻底击败，瓦剌、鞑靼、兀良哈部相继独立。17世纪末，蒙古高原被纳入清朝统治范围。

1911年，外蒙古在沙俄的保护下宣布"独立"，但一直未得到中国政府的认可。1945年，中华民国政府与苏联签订《中苏友好同盟条约》，按照条约于当年10月20日进行了外蒙古的独立公投。1946年1月5日，中华民国政府承认外蒙古独立。中华人民共和国成立后，于1949年10月16日与蒙古国建立外交关系，承认"蒙古人民共和国"。1992年2月，"蒙古人民共和国"改国名为"蒙古国"。

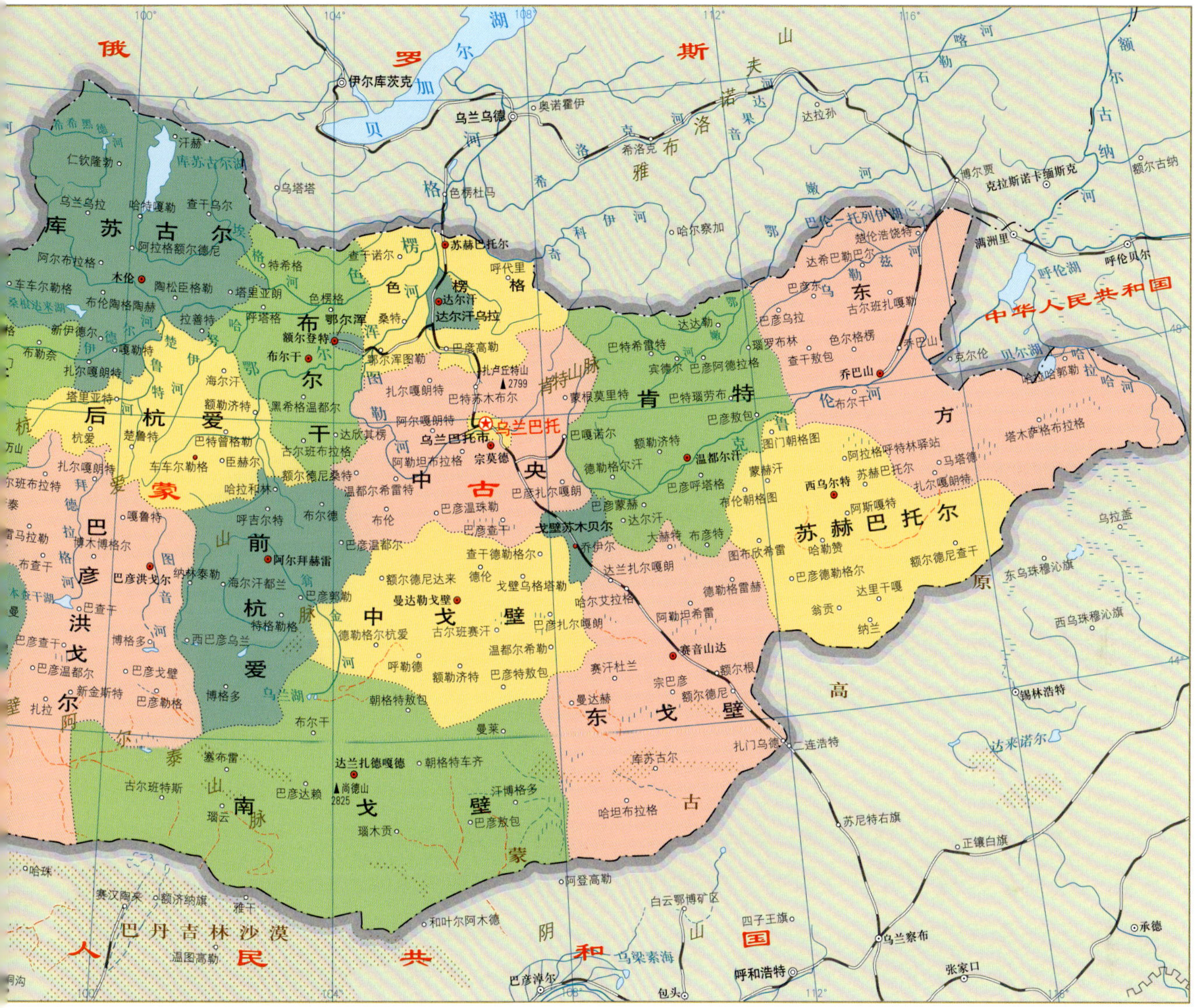

国家概况

蒙古国（英语：Mongolia），地处亚洲内陆的蒙古高原，东、南、西面与中国接壤，北面同俄罗斯为邻，陆地最西点到哈萨克斯坦的最东端只有38km。国土面积156.65万平方千米，排名世界第19位，是仅次于哈萨克斯坦的第二大内陆国。西部、北部和中部多为山地，东部为丘陵高原，南部是面积超过国土1/3的戈壁。地势西高东低，西部阿尔泰山的辉腾山（友谊峰）海拔4 374m，为全国海拔最高点，东部平原的呼和湖盆地海拔532m，为全国陆地最低点，全国平均海拔1 580m。降水量少，主要河流为色楞格河及其支流鄂尔浑河。

蒙古国属于典型的温带大陆性气候，冬季漫长寒冷，夏季短暂炎热，季节变化明显。常为全球最强大的蒙古高气压所笼罩，为亚欧大陆冬季"寒潮"的发源地之一。温差较大，夏季最高气温26℃，冬季最低气温-35℃。

蒙古国人口约312万，人口密度1.99人/km²，是世界人口密度最低的国家。蒙古族是国家民族构成的主体（占全国人口的95%），其中喀尔喀蒙古族约占全国人口的80%，少数民族主要是哈萨克、乌兹别克等突厥系民族，只占全国总人口的5%。1578年，已皈依藏传佛教的蒙古草原统治者俺答汗与三世达赖喇嘛会面，邀请其派人前往蒙古传

核心区周边国家

教，藏传佛教始盛行于蒙古。如今53%的蒙古人信仰藏传佛教，少数民族哈萨克人主要信仰伊斯兰教，还有少部分国民信仰萨满教和基督教。

行政区划上，蒙古国分为1市21省。乌兰巴托市位于北部图拉河北岸，最早是喀尔喀蒙古活佛哲布尊丹巴一世的驻地，现在是蒙古国的首都和最大的城市，居住了全国近一半的人口，其中70%的居民低于30岁，因此被称为"全球最年轻的城市"。

官方文字为西里尔蒙古文和回鹘式蒙古文，后者为传统蒙古文，也是中国境内蒙古族使用的主要文字。蒙古国实行议会共和制，国家大呼拉尔（议会）是最高权力机关，总统为国家元首和武装力量统帅，政府为国家权力最高执行机关，成员由国家大呼拉尔任命。国家实行多党制，目前共有16个注册政党。

资源与经济

畜牧业是蒙古国的传统产业，素有"畜牧业王国"之称，是国民经济的基础，也是蒙古国加工业和生活必需品的主要原料来源。蒙古国地广人稀，冬季持续时间较长，畜牧业生产仍以自然放养为主，现阶段仍难以实现大规模、现代化生产，受自然气候和牲畜影响较大。近两年蒙未发生暴雪灾害，也未爆发大规模疫情，畜牧业迎来丰收，牲畜存栏量连创历史新高。截至2016年底，蒙牲畜存栏量共计约6 154万头，平均每个蒙古人有近20头牲畜。

农业（主要指种植业）并非蒙古国国民经济的支柱产业，但关系国计民生，历来受到政府的重视。农业从业人口6万余人，产值约占农牧业总产值的1/4。蒙古国的主要农作物有小麦、大麦、土豆、白菜、萝卜、葱头、大蒜、油菜等。目前蒙古国国内小麦、土豆等作物生产可基本满足国内需求。

蒙古国矿产资源丰富，部分大矿储量在国际上处于领先地位。目前已进行开采且出口产品的大中型矿主要有：奥尤陶勒盖铜金矿（OT矿）、塔温陶勒盖煤矿（TT矿）、额尔登特铜钼矿、那林苏海特煤矿、巴嘎诺尔煤矿、图木尔廷敖包锌矿、塔木察格油田等。得益于丰富的矿产资源，矿产采掘成为近年来蒙古国经济快速发展的主要驱动力。2015年，蒙古国国内生产总值达到117.41亿美元，人均GDP为3967.83美元，属于中等较高收入国家。近年来，积极发展同西方发达国家和亚洲国家的经贸合作，2016年前三季度，蒙古国与世界155个国家和地区的贸易总额为57.808亿美元，同比减少9.6%。其中，出口总额33.328亿美元，同比减少5.9%；进口总额24.48亿美元，同比减少14.3%；贸易顺差8.848亿美元。

在巩固和发展对俄、中两国关系的基础上，蒙古国政府积极发展同西方发达国家和亚洲其他国家的经贸合作。1997年，加入世界贸易组织；2015年，外贸总额达到106.08亿美元。其主要出口商品为矿产品、纺织品和畜产品等，进口主要有矿产品、机器设备、食品等。主要贸易伙伴为中国、俄罗斯、欧盟、美国、韩国等。

蒙古国矿产资源

与中国的关系

中蒙两国拥有长达4 710km的边界线，是依山傍水的友好邻邦。蒙古是最早承认中华人民共和国的国家之一，两国于1949年10月16日建立外交关系。20世纪60年代初，两国签订《中蒙友好互助条约》和有关边界问题的条约。20世纪60年代中后期开始，两国关系经历了一些曲折。1989年两国和两国执政党实现关系正常化，1994年修订《中蒙友好互助条约》，并在此基础上签订《中蒙友好合作关系条约》，双方在政治、经济、文化、教育、军事等各个领域的合作不断得到巩固和发展。近年来，两国互利合作不断扩大。2017年，蒙古对中国贸易总额67.35亿美元，占其对外贸易总额的64.1%。其中对中国出口53.07亿美元，自中国进口14.28亿美元。中国已连续多年成为蒙古国最大的贸易伙伴和投资国。

中蒙两国于1951年起建立文化联系。1994年双方签署《中蒙文化合作协定》。近年来，根据中蒙两国政府文化交流计划，两国开展了多渠道、多层次、多形式的文化交流与合作。2008年5月，蒙古国立大学孔子学院揭牌。

2010年6月，乌兰巴托中国文化中心揭牌。2012年，中蒙相互举办"文化月"活动。2014年8月，中国文化周在蒙举办，双方还签署了《中蒙2014—2017年文化交流执行计划》。2015年，在蒙新设4个孔子课堂。

两国领事关系不断发展。2014年，中国驻扎门乌德总领馆开馆，蒙古驻海拉尔总领馆开馆。目前，双方对持外交、公务和因公普通护照人员互免签证。中蒙两国领事关系的发展，为推动两国经贸往来和人员交流起到了积极作用。同年，双方成立中蒙边境口岸管理合作委员会并签署相关协议。目前，北京至乌兰巴托之间有定期航班。

近年来，两国在军事安全领域保持良好合作。2015年6月，我国首次派员参加在蒙举行的"可汗探索2015"多国维和军演。同年9月，蒙军派方队来华参加"9·3"阅兵式。同年10月，国务委员兼国防部部长常万全访问蒙古。同月，中蒙首次联合反恐训练在蒙古举行。2016年8月，第九次中蒙防务安全磋商在乌兰巴托举行。

核心区周边国家 HEXINQU ZHOUBIAN GUOJIA

交通与旅游

蒙古国为内陆国，没有出海口，交通系统由铁路、公路、航空和河运网络组成。铁路和公路构成了交通网络的核心。蒙古国公路总长约49 250km，其中很多草原和戈壁公路只有路基，没有铺设柏油。铁路通车里程1 815km，担负着90%以上的货物运输和近四成的客运任务。从首都乌兰巴托出发，有前往莫斯科、北京、呼和浩特等城市的国际列车。蒙古国铁轨使用与俄罗斯1 520mm宽轨相同的标准，与中国1 435mm的标准轨不同，所以来往中蒙两国的列车需在边境停留几个小时调整轨距。

蒙古国有44个机场，其中一些具备国际通航条件，最重要的国际机场是距首都乌兰巴托中心20km的成吉思汗国际机场，从这里出发有前往中国、韩国、泰国、日本、俄罗斯、德国、土耳其等国的国际航线。

蒙古国草原风情独特，境内有3处世界遗产，主要旅游点有哈尔和林古都、库苏古尔湖、特列尔吉旅游点、成吉思汗旅游点、南戈壁、东戈壁和阿尔泰狩猎区等。由于地处亚洲内陆，交通不便，入境旅游人数和收入不高，2013年入境旅游人数仅有41.8万人，入境旅游收入2.8亿美元。

大不儿罕合勒敦山及其周围的神圣景观

肯特山脉位于蒙古的东北部，广阔的中亚草原和西伯利亚针叶林在此汇聚，形成了大不儿罕合勒敦山的独特风貌。在蒙古人眼中，大不儿罕合勒敦山的山脉、河流和敖包（萨满石堆）是神圣的，当地的祭奠仪式融合了古老的萨满教和佛教的教义。相传，这里还是成吉思汗出生和埋葬的地方。人们愿意相信大不儿罕合勒敦山见证着成吉思汗为统一民族而作出的巨大贡献。长久以来，蒙古人敬仰崇拜大不儿罕合勒敦山，使其成为民族统一精神的象征。

那达慕大会

蒙古族传统的体育竞技节日，由传统敖包祭拜发展而来，一般于每年七八月间举行。早期的那达慕大会有摔跤、射箭和骑马3个项目，现在加入赛布鲁、套马等其他民族传统项目以及蒙古长调、马头琴表演等文化活动，成为整个蒙古的狂欢节。规模最大的那达慕大会为每年7月11日至13日在乌兰巴托举行的国庆伊赫那达慕大会。其时也是每年前往蒙古旅游的黄金期。

蒙古国世界遗产

乌布苏盆地

横跨蒙古国乌布苏省、扎布汗省、库苏古尔省与俄罗斯图瓦共和国的乌布苏盆地，得名于乌布苏湖，面积1 068.5km²，是中亚最北部的封闭性盆地。乌布苏盆地拥有亚欧大陆东部的主要生物群系，西伯利亚大草原生态系统为各种各样的鸟类提供了栖息地，沙漠地区里生活着许多珍稀动物，如沙鼠、跳鼠和石纹臭鼬，而山区地带则是一些世界濒危动物的避难所，比如雪豹、高山山羊（盘羊）和亚洲野生山羊。因其多元的生态系统和众多的生物资源，2003年作为自然遗产列入《世界遗产名录》。

鄂尔浑峡谷文化景观

曾经是13—14世纪蒙古帝国首都所在的鄂尔浑峡谷，见证了蒙古帝国几个重要的历史阶段，也清楚地反映出游牧生活、游牧民族社会与管理和宗教中心的共生关联性，展现出鄂尔浑峡谷在中亚历史上的重要性。该遗产占地1 219.67km²，包括鄂尔浑河两岸辽阔的牧地与可追溯到6世纪的考古遗迹群。这里至今仍是蒙古游牧民族的放牧地。

阿尔泰山脉岩画群

在蒙古国境内阿尔泰山脉3处遗址发现的大量石刻遗迹与随葬的纪念碑展现了12 000多年来人类文化在蒙古国的发展。最早的岩画表明这一时期（公元前11000—公元前6000年），该地区还部分覆盖着森林，此处的山谷为猎人提供了大型狩猎的场所。其后，阿尔泰山地景观据推断已经变为今天的山地草原，这一时期的岩画表明放牧逐渐成为主导的生活方式。最晚期的岩画作于公元前1000年早期及斯基泰时期与后突厥汗国时期（7—8世纪），展示了此处的生活方式向马上游牧的过渡。这些岩刻为我们了解北亚地区的史前社会提供了富有价值的史料。

核心区周边国家 HEXINQU ZHOUBIAN GUOJIA

俄罗斯

历史沿革

俄罗斯人的祖先是东斯拉夫人。8世纪，东欧平原上形成了2个东斯拉夫部落联盟——北方的洛夫哥罗德和南方的基辅。862年，洛夫哥罗德内乱，来自北欧瓦良格部落的首领留里克趁势而入，建立了俄罗斯历史上伟大的留里克王朝。882年，留里克的继任者奥列格沿第聂伯河南下，攻占基辅，并将国家的中心迁至基辅，建立了基辅罗斯国家。留里克王朝开疆拓土的历史持续到13世纪，1235年，蒙古人派出15万人的"长子军"西征，相继攻克弗拉基米尔、基辅，侵入波兰、捷克、匈牙利、克罗地亚，最终定都萨莱，开始了金帐汗国对俄罗斯200多年的统治。

彼得大帝

14世纪，莫斯科公国崛起。此后的一个世纪，莫斯科公国陆续完成对周边公国的统一，并于1378年开始了反抗金帐汗国的斗争。1547年1月，伊凡四世在克林姆林宫举行加冕仪式，成为俄国第一任皇帝，自称"沙皇"。伊凡四世死后，俄罗斯陷入沙皇继承人的纷争中。1613年，米哈伊尔·诺曼罗夫在"缙绅会议"上被推选为新任沙皇，并于当年2月27日加冕，开始了诺曼罗夫王朝对俄国300年的统治。

列宁

17世纪上半叶，俄罗斯向东扩张，控制整个西伯利亚后，俄国人来到北美洲阿拉斯加的土地上。向西通过对波兰的战争占有了乌克兰。1689年8月，彼得一世亲政。他锐意改革，通过建立新式海军和陆军，大力发展工业，制定新的法律和制度，使俄国国力快速提升。

此后的叶卡捷琳娜女皇和亚历山大一世进一步提升了俄罗斯的实力和声望，特别是1812年获得对法卫国战争的胜利后，俄罗斯在欧洲的威望达到顶点。19世纪，俄罗斯已发展成为一个南起黑海、北至北冰洋、西始波罗的海、东达阿拉斯加，横跨欧、亚、美三大洲，国土面积2 280万平方千米的世界帝国。

但迟缓的工业革命步伐和日俄战争、第一次世界大战中的失败，使得诺曼诺夫王朝逐渐走向灭亡。1917年3月，尼古拉二世签署退位诏书，具有资产阶级民主革命性质的二月革命取得胜利，俄罗斯共和国成立。同年，列宁领导下的布

国旗 俄罗斯联邦的国旗最早是彼得大帝为俄罗斯海军设计的军旗，旗面由三个平行且相等的横长方形组成，由上到下依次是白、蓝、红三色。白色代表寒带；蓝色代表亚寒带，也象征俄罗斯丰富的地下矿藏和森林、水力等自然资源；红色代表温带，也象征俄罗斯悠久的历史和为人类文明作出的贡献。

国徽 俄罗斯国徽为盾徽，红色的盾面中央站立着一只金色的双头鹰，鹰头上是彼得大帝的三项皇冠，鹰爪抓着象征皇权的权杖和金球。双头鹰最早是拜占庭帝国的徽记，由索菲亚公主带入俄罗斯王室，象征着欧亚两个大陆的统一和各民族间的团结。

尔什维克发动了著名的"十月革命"，建立了世界上第一个社会主义国家——俄罗斯苏维埃联邦社会主义共和国。1922年12月30日，俄罗斯联邦、乌克兰、白俄罗斯和外高加索联邦共同成立苏维埃社会主义共和国联盟，简称"苏联"，1956年扩充到15个联盟国。但苏联在一系列政策上的失误最终导致国家于1991年12月25日解体，1993年12月12日，俄罗斯宪法获全民投票通过，国家名称为"俄罗斯联邦"。

国家概况

俄罗斯联邦（英语：The Russian Federation），简称俄罗斯。俄罗斯位于亚欧大陆北部，东西长9 000km，横亘11个时区，南北宽4 000km，跨越4个气候带，国土面积达到17 098 242km²，占地球陆地面积的1/9，是世界国土面积最大的国家。俄罗斯有14个陆上邻国，西北面有挪威、芬兰，西面有爱沙尼亚、拉脱维亚、立陶宛、波兰、白俄罗斯，西南面是乌克兰，南面有格鲁吉亚、阿塞拜疆、哈萨克斯坦，东南面有中国、蒙古和朝鲜，另有两个只有俄罗斯承认的国家阿布哈兹和南奥塞梯。东西北三个方向上分别与太平洋、大西洋、北冰洋相临，向南亦有通过黑海前往地中海的出海口，海岸线总长33 807km。

地形以平原和高原为主，地势东南高，西北低。境内的乌拉尔山、乌拉尔河和高加索山脉是亚欧两大洲的分界线。伏尔加河是欧洲第一长河；贝加尔湖是世界最深、储藏淡水量最大的湖泊，2015年总容积23 600km³，占全球淡水总量的1/5。大部分地区处于北温带，以大陆性气候为主，北部部分国土处于北极圈之内，属寒带气候。境内温差较大，1月、7月气温平均分别为-5℃～-40℃、11℃～27℃。

俄罗斯人口约1.46亿，人口总数位列世界第九，由于土地辽阔，每平方千米土地上只有8.5人，排名世界217位。俄罗斯是一个多民族国家，共有194个民族，其中，俄罗斯族占人口总数的77.7%，构成了国家的主体民族，主要少数民族有鞑靼、乌克兰、巴什基尔、楚瓦什、车臣、亚美尼亚、阿瓦尔、摩尔多瓦、哈萨克、阿塞拜疆、白俄罗斯等。国内主要宗教为东正教，约50%～53%的俄民众信奉；其他宗教有伊斯

核心区周边国家 HEXINQU ZHOUBIAN GUOJIA

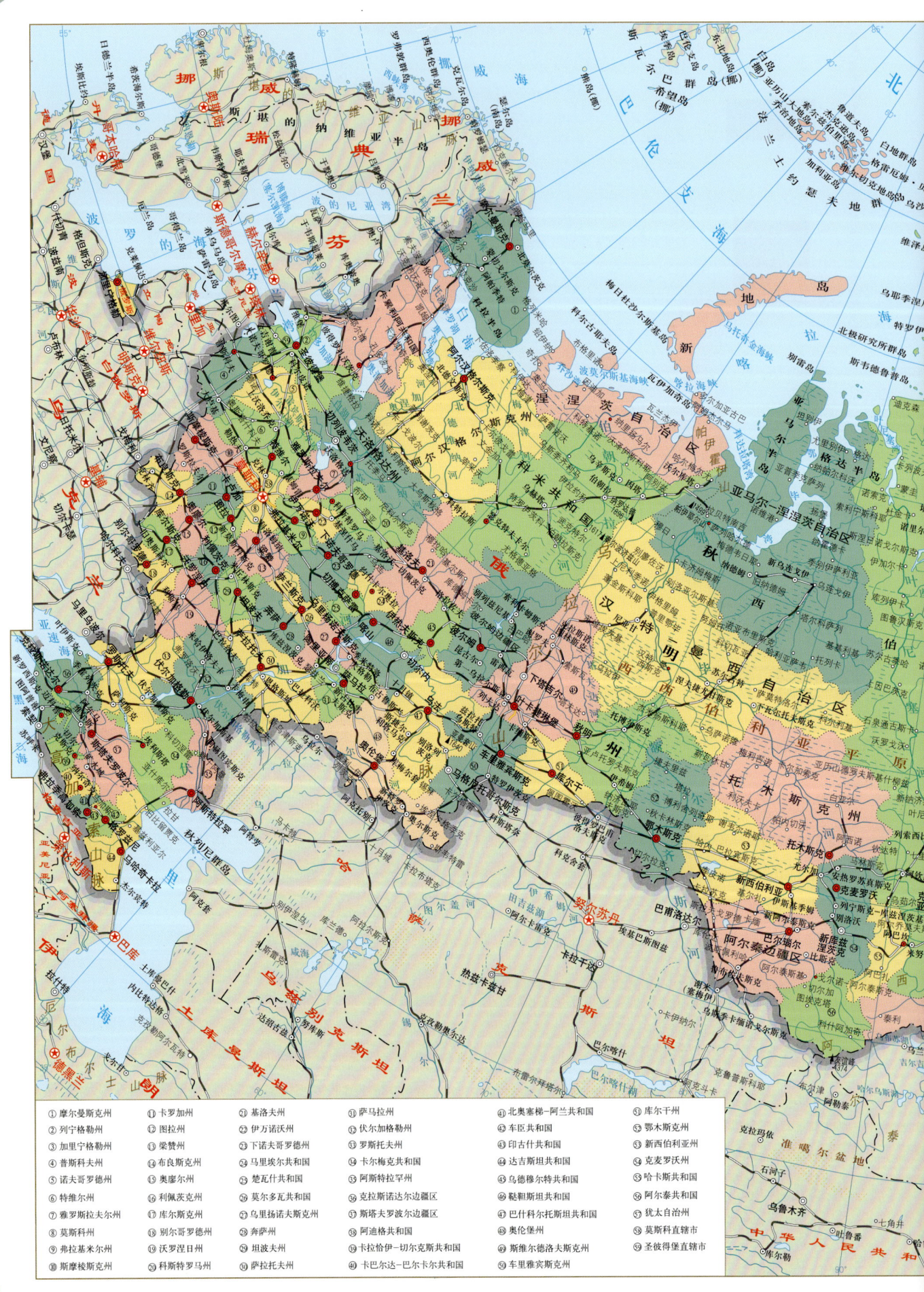

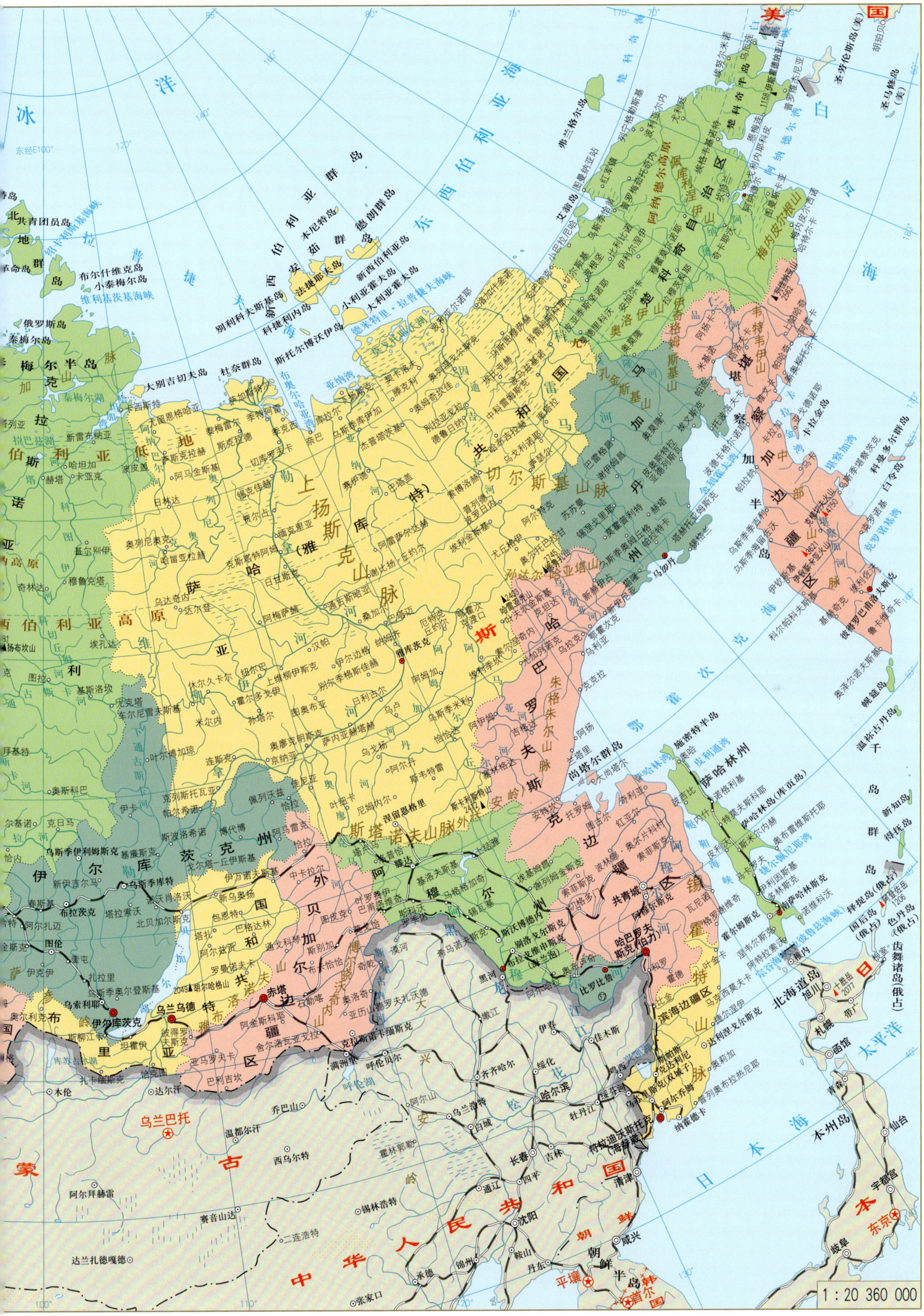

核心区周边国家 HEXINQU ZHOUBIAN GUOJIA

兰教、基督教和佛教。俄语属于斯拉夫语族的东斯拉夫语支，是俄罗斯国家唯一的官方语言，主要在俄罗斯和独联体其他成员国中使用。

俄罗斯目前由85个不同的联邦主体构成，包括21个自治共和国、8个边疆区、48个州、4个民族自治区、1个自治州、3个联邦直辖市。其中，由乌克兰危机产生的克里米亚共和国和塞瓦斯托波尔直辖市未得到国际社会普遍承认，很多国家仍将其视为乌克兰领土。

俄罗斯实行的是联邦民主制，总统是国家元首，拥有很大的行政权，同时也是国家武装部队首领和国家安全会议的主席，可以不经议会通过直接颁布法令，任期6年，连任不可超过2次，现任总统为2012年选举胜出的普京。俄罗斯联邦会议（议会）实行两院制，由联邦委员会（上院）和国家杜马（下院）组成，是俄罗斯联邦的代表与立法机关。政府是最高国家执行权力机关，2012年5月8日普京签署总统令，任命梅德韦杰夫为政府总理。实行多党制，普京领导的统一俄罗斯党在杜马中占绝对优势，其他政党包括俄罗斯共产党、俄罗斯自由民主党、公正俄罗斯党、亚博卢联盟、右翼力量联盟等。

俄罗斯是传统的军事强国。在苏联时期军事力量达到巅峰，冷战时是唯一能与美国匹敌的超级军事大国。苏联解体后俄罗斯继承了苏联80%的军事力量和60%军事工业，其中包括世界最大的核武器库，1艘航母、5艘巡洋舰、18艘驱逐舰、64艘潜艇和1 400多架飞机在内的先进装备，以及苏霍伊和米格设计局、"红宝石"中央设计局、莫洛佐夫设计局和乌拉尔机车车辆厂等世界著名的武器设计机构和工厂，武器出口和整体军事实力依然仅次于美国，排名世界第二位。

资源与经济

俄罗斯资源丰富，木材蓄积量821亿立方米，居世界第一位。天然气已探明蕴藏量为48万亿立方千米，占世界探明储量的35%，居世界第一位。石油探明储量109亿吨，占世界探明储量的13%。煤蕴藏量2016亿吨，居世界第二位。铁蕴藏量556亿吨，居世界第一位，约占世界总量的30%。铝蕴藏量4亿吨，居世界第二位。铀蕴藏量占世界探明储量的14%，黄金储量1.42万吨，分居世界第四和第五位。

此外，俄还拥有占世界探明储量65%的磷灰石和30%的镍、锡、锰、铜、铅、锌、钴、钒、钛、铬的储量，均名列世界前茅。已开采的矿物囊括了门捷列夫元素周期表上所列的全部元素，已经探明的资源储量约为30万亿美元，占世界资源总量的21%，所有自然资源总价值达到300万亿美元，是当之无愧的全球第一资源大国。

苏联曾经是世界第二经济强国，工业、科技基础雄厚。苏联解体后，俄罗斯继承了大部分苏联经济的遗产。但是，计划经济向市场经济的转型所带来的社会动荡、政权不稳和分配不公，使俄罗斯经济经历了连续五年的快速衰退。1998年的财政危机又导致卢布贬值、债务加剧，人民生活水平严重下滑。但是，凭借良好的工业基础和较高的资源价格，俄罗斯经济在1999年后复苏，2015年，经济总量达到13 659亿美元，人均GDP达到9 329美元，属于中高收入国家。俄罗斯经济十分依赖天然资源的出口，石油、天然气、金属，以及木材等自然资源占到总出口80%以上，国际市场资源价格的变化和金融体系动荡对俄罗斯经济影响巨大。2008年，全球金融危机和国际油价暴跌，2014年，国际原油价格下跌和西方制裁，都造成了卢布大幅贬值、资本加速外逃的局面。其主要进口商品是机械设备和交通工具、食品和农业原料产品、化工品和橡胶、金属和其制品、纺织服装类商品等。

俄罗斯工业发达，尤以重工业突出，机械、钢铁、冶金、石油、天然气、煤炭、森林工业及化工等为主，核工业和航空航天业占世界重要地位。但工业结构不合理，轻、重工业比例失调，轻工业发展缓慢。

俄罗斯矿产资源

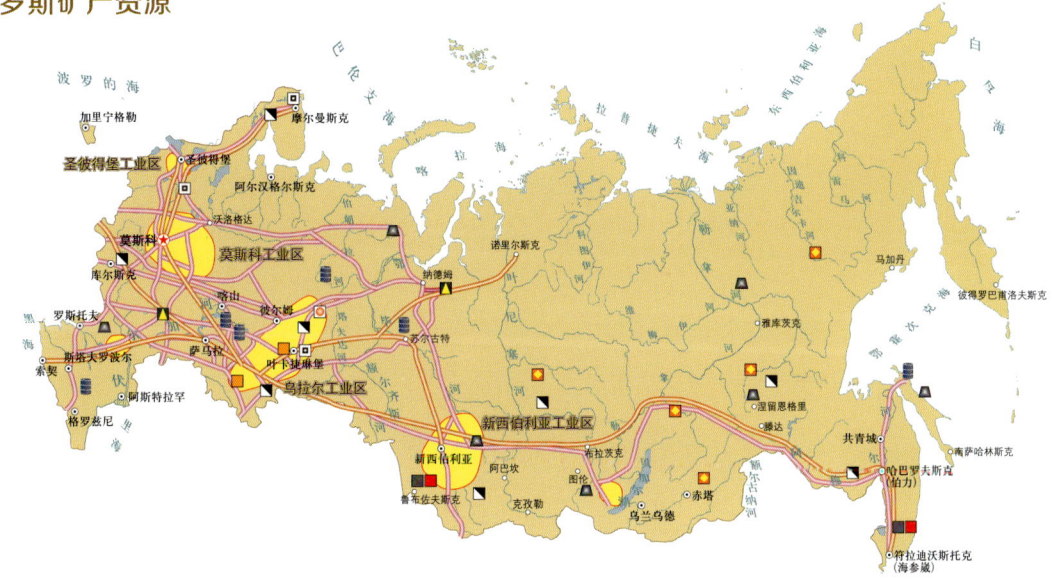

- 圣彼得堡工业区：这里的石油化工、造船、电子、造纸和航空等工业十分发达，也是俄罗斯食品和纺织工业最发达的地区。
- 莫斯科工业区：这里是俄罗斯工业最发达的地区，主要有钢铁、汽车、飞机、火箭和电子等工业部门。
- 乌拉尔工业区：这里主要生产石油、钢铁、机械等产品。
- 新西伯利亚工业区：这里主要生产煤炭、石油、天然气、电力、钢铁等产品。

与中国的关系

苏联解体后，俄罗斯继承了苏联与中国的外交关系，两国于1991年12月27日正式建交。从1992年两国"相互视为友好国家"，1994年宣布建立"建设性伙伴关系"，1996年确立战略协作伙伴关系，2001年签署《中俄睦邻友好合作条约》，2014年中俄全面战略协作伙伴关系进入新阶段。当前，中俄关系处于历史最好时期。两国高层交往频繁，形成了元首年度互访的惯例，建立了总理定期会晤、议会合作委员会以及能源、投资、人文、经贸、地方、执法安全、战略安全等完备的各级别交往与合作机制。双方政治互信不断深化，在涉及国家主权、安全、领土完整、发展等核心利益问题上相互坚定支持。积极开展两国发展战略对接和"一带一路"建设同欧亚经济联盟对接，务实合作取得新的重要成果。

中俄两国互为最大邻国，经济互补性强，在两国关系稳步发展的背景下，双边经贸合作发展迅速，中国已连续多年保持俄罗斯第一大贸易伙伴国的地位。2017年，双边贸易额达到840.7亿美元，能源、科技、通信、金融、交通是双方合作的重点领域。

核心区周边国家 HEXINQU ZHOUBIAN GUOJIA

交通与旅游

俄罗斯的交通以铁路和航空为主，由于人口和经济分布的不均衡，交通网络呈现出西部稠密、中东部稀疏的格局。

铁路总长度居世界第二位，是铁路运输量最大的国家之一。电气化铁路里程曾长期居世界首位，直到2012年才被中国超越。第二大城市圣彼得堡与太平洋西岸港口苏维埃港间的铁路为世界上最长的铁路线。首都莫斯科是欧洲铁路的重要枢纽。

由于国土辽阔，航空成为俄罗斯重要的交通方式，全国主要城市间均有往返航班。首都莫斯科有3个国际机场，是世界重要的航空港，中国北京、上海、广州、乌鲁木齐、天津、杭州等城市都有直飞莫斯科的航班。

内河航运主要集中在世界第一大内流河伏尔加河上。海港则集中在大西洋和太平洋沿岸，包括圣彼得堡、加里宁格勒、摩尔曼斯克、符拉迪沃斯托克、苏维埃港等。近年来，随着全球气候不断变暖，北极航线开通时间越来越长，北冰洋沿岸港口地位日趋重要。

俄罗斯旅游资源丰富，拥有得天独厚的自然景观和底蕴丰富的文化遗存，境内有贝加尔湖、金山—阿尔泰山等景色壮美的世界自然遗产10处，莫斯科克林姆林宫与红场、圣彼得堡历史中心及其相关古迹群等世界文化遗产16处。普希金、列夫·托尔斯泰、高尔基、柴可夫斯基、列维坦、列宾等大师们在文学、音乐和绘画领域的成就早已把俄罗斯壮美的形象传遍全球。20世纪红色革命的遗迹更是吸引着数以万计的游客前往旅游欣赏。在莫斯科红场上漫步，前往圣彼得堡看一场马林斯基剧院上演的《天鹅湖》，沿着贝加尔湖畔的步道在亚寒带针叶林中穿行，品尝最地道的俄罗斯大餐，在伊斯马伊洛沃市场购买俄罗斯套娃，成为不可获缺的俄罗斯旅游体验。

贝加尔湖

贝加尔湖位于西伯利亚东南部，占地31 500km²，是世界历史最悠久（2 500万年）且最深（1 700m）的湖泊。它拥有全球地表不冻淡水资源的20%，享有"俄国的加拉帕戈斯"之誉。由于年代久远和人迹罕至，贝加尔湖成为拥有世界上种类最多和最稀有的淡水动物群的地区之一，而这一动物群对于进化科学具有不可估量的价值。

莫斯科克林姆林宫与红场

由俄罗斯和外国建筑家于14—17世纪共同修建的克里姆林宫，作为沙皇的住宅和宗教中心，与13世纪以来俄罗斯所有重要的历史事件和政治事件密不可分。在红场防御城墙下坐落着俄罗斯传统艺术的骄傲——圣瓦西里教堂。

俄罗斯 东亚

圣彼得堡历史中心

圣彼得堡以其无数的河道和400多座桥梁，被誉为"北方威尼斯"，是彼得大帝实施的宏大城市规划的重要成果。此地与十月革命密切相关，曾改名为列宁格勒。其截然不同的巴洛克建筑风格和纯古典式建筑风格非常和谐，经典建筑遗存为海军部、冬宫、大理石宫，以及爱尔米塔什博物馆等。

俄罗斯世界遗产

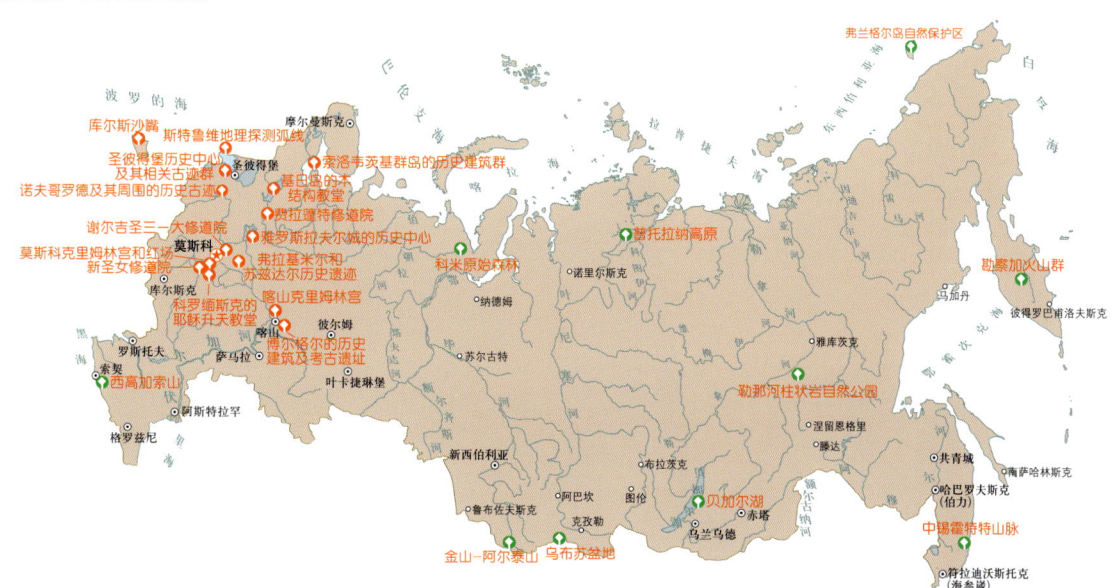

图说丝绸之路经济带核心区

核心区周边国家 HEXINQU ZHOUBIAN GUOJIA

哈萨克斯坦

哈萨克斯坦 中亚

国旗 呈长方形，长与宽之比为2∶1。旗地为浅蓝色，旗面中间是一轮金色的太阳，太阳放射出32道光芒，其下有1只展翅飞翔的雄鹰。靠旗杆一侧有一垂直竖条，为哈萨克传统的金色花纹图案。浅蓝色是哈萨克人民喜爱的传统颜色，代表天空，也象征康乐、和平、宁静。

国徽 圆形，以蓝、金为主色，突出表现哈萨克人传统的金色毛毡圆顶帐篷；上部饰带上的凌空飞腾骏马，象征游牧生活，底部饰带上是哈萨克文国名"哈萨克斯坦"。

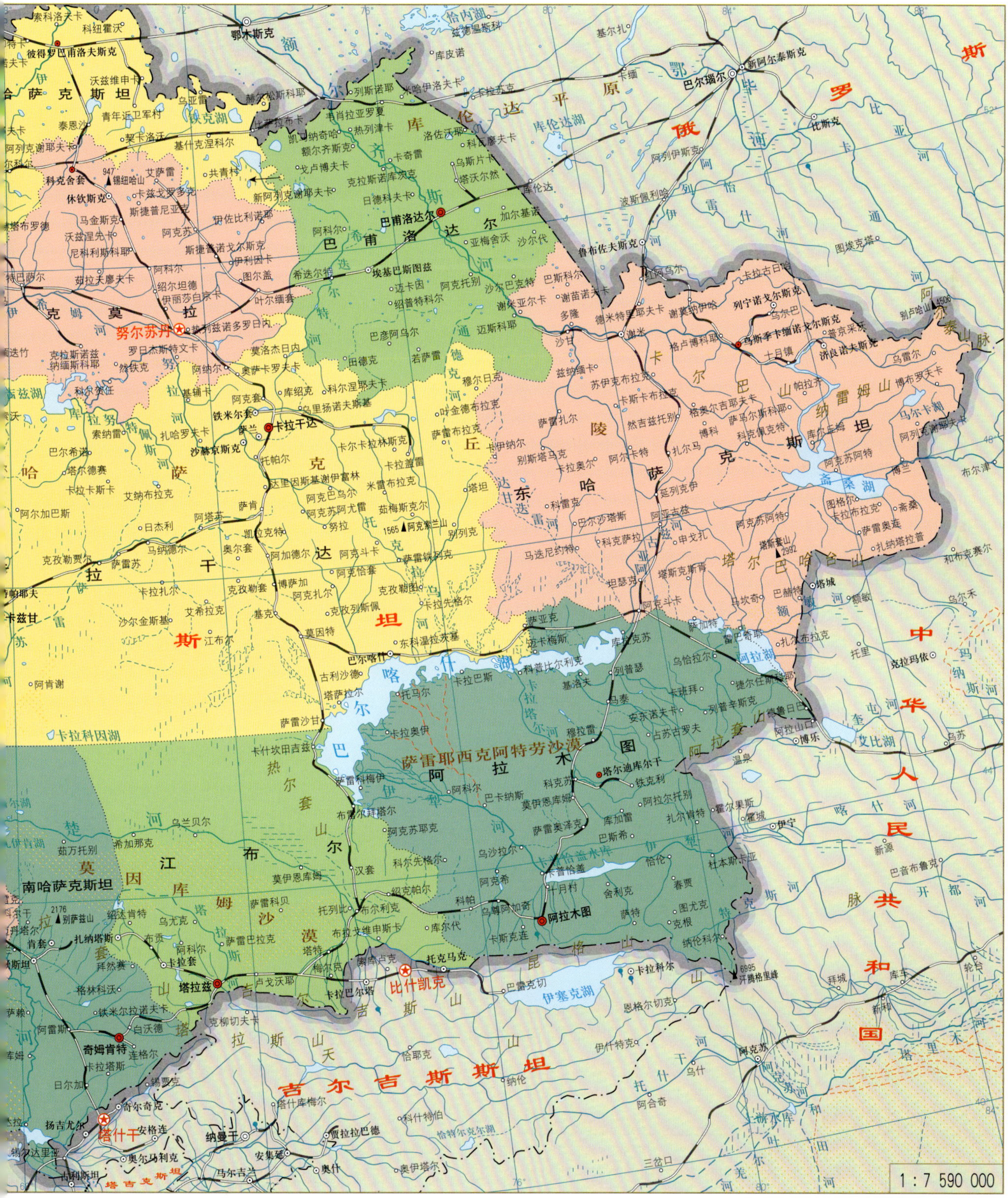

新疆 图说丝绸之路经济带核心区

1∶7 590 000

核心区周边国家 HEXINQU ZHOUBIAN GUOJIA

历史沿革

哈萨克斯坦的历史可追溯到公元前3500年的波泰文明，那时生活在哈萨克斯坦北部欧亚大草原的人们最早驯服了野马。公元前138—公元前119年，当张骞出访西域时，占领这片土地上的是西域强国乌孙。

6—8世纪先后出现了突厥汗国、突骑施、葛逻禄等封建国家。9—12世纪，西部和西南部、南部和东南部地区先后加入乌古斯、基马克和钦察等国。到13世纪初，被蒙古人征服，西北部并入金帐汗国，而东部和南部被并入察合台汗国。

15世纪由术赤系的苏丹克烈汗与贾尼别克前往蒙兀儿斯坦成立哈萨克汗国。16世纪初，哈萨克族基本形成，分为大玉兹、中玉兹和小玉兹3个汗国。17世纪，漠西蒙古建立的准噶尔汗国崛起，在其侵略下，大玉兹汗国被并入准噶尔汗国，小玉兹、中玉兹被俄国吞并。1757年，准噶尔汗国被清王朝所灭，大玉兹成为清帝国的藩属。19世纪后，清帝国衰落，俄国趁机于1864年强占了巴尔喀什湖以东以南的清帝国区域，哈萨克斯坦开始沦为俄罗斯帝国的殖民地。

1920年，成立吉尔吉斯苏维埃社会主义自治共和国，属于俄罗斯联邦。1925年，中亚各国按民族划界，改称为哈萨克苏维埃社会主义自治共和国。1936年定名为哈萨克斯坦社会主义共和国，并加入苏联。1991年12月16日，努尔苏丹·纳扎尔巴耶夫宣布哈萨克斯坦独立，是苏联解体中最晚独立的加盟共和国。

国家概况

哈萨克斯坦共和国（英文：The Republic of Kazakhstan），简称哈萨克斯坦或哈萨克。国名来自其主体民族哈萨克族，"哈萨克"代表着独立自主，"斯坦"译为土地或聚居地，哈萨克斯坦是指哈萨克族人的聚居地。

哈萨克斯坦横跨欧亚两大洲，以乌拉尔河为界，以西属于东欧东南部，以东属于中亚北部。西部毗邻里海，与伊朗、阿塞拜疆隔海相望，北部同俄罗斯接壤，东南方向与中国相邻，南面接壤的国家有乌兹别克斯坦、吉尔吉斯斯坦和土库曼斯坦，国境线的总长度达到1.05万千米。西部的伏尔加河下游到东部的阿尔泰山长达3 000km，北部的西西伯利亚平原到南部的天山山脉宽达1 700km，国土面积多达272.49万平方千米，位居世界第九，同整个西欧国家面积之和相当，是世界上最大的内陆国。

境内地形复杂，整体而言东南高、西北低，多平原和低地。西部里海沿岸低地地势最低，最低点为低于海平面132m的卡拉基耶盆地。东北部为图兰平原，中部逐渐向哈萨克丘陵过渡，再向东南部的天山山脉延伸。哈萨克斯坦的东部矗立着阿尔泰山、塔尔巴哈台山、准噶尔阿拉套山、天山等山脉。天山山系位于哈萨克斯坦的东南端，为中哈吉三国的界山，山脉长年被冰川所覆盖，最高峰就是天山的汗腾格里峰，海拔6 995m。

哈萨克斯坦属温带大陆性气候，1月气温最低可达-19℃，7月的平均气温19℃～26℃。国土西南部有大片的荒漠和半荒漠，北部地区和里海

均可接受来自海洋的暖湿气流，自然环境类似俄罗斯，较为湿润。

哈萨克斯坦人口总数为1 767万，其中，哈萨克族占66%，俄罗斯族占21%，乌兹别克族占3.0%，乌克兰族占1.9%，鞑靼族占1.2%，德意志族占1.1%，其他民族占5.8%。哈萨克斯坦独立之后，哈萨克族所占比例明显上升，俄罗斯族等族不断减少，哈萨克斯坦正在经历一个哈萨克民族化过程。

哈萨克斯坦以哈萨克语为国语，哈萨克语和俄语都为官方语言。大多数居民信奉伊斯兰教，此外还有东正教、基督教和佛教等。宪法规定哈萨克斯坦是"民主的、非宗教的和统一的国家"。

哈萨克斯坦实行总统共和制，总统是国家元首，决定着国家大政方针，并在国际交往中代表哈萨克斯坦，任期7年。议会是国家最高代表机构，行使立法职能，推行两院制（上、下两院分别称为参议院和马利日斯），上、下院是国家最高行政机关，行使哈萨克斯坦共和国的行政权，议员任期分别为6年和5年。

哈萨克斯坦实行多党制，目前有9个政党，纳扎尔巴耶夫总统出任党主席的"祖国之光"人民民主党是第一大党，在议会下院和地方议会拥有绝对多数席位。哈萨克斯坦共产人民党和"光明道路"民主党是主要反对党，尚不足以动摇人民民主党的统治地位，哈萨克斯坦政治保持着长期稳定。

资源与经济

哈萨克斯坦自然资源丰富，已知的矿藏有90余种。其中，钨储量排名世界第一，磷矿石和铬位居世界第二，铜、铅、锌、钼和磷的储量排名亚洲第一。重要的核原料铀储量丰富，产量世界第一，有"世界铀库"之称。铁、煤、石油、天然气储量也较为丰富，已知石油储量

核心区周边国家 HEXINQU ZHOUBIAN GUOJIA

100亿吨，煤39.4亿吨，天然气11 700万亿立方千米，是名副其实的资源大国。

独立伊始，哈萨克斯坦经历了由公有制经济向私有制经济转变的阵痛期，整个20世纪90年代上半期经济一直处在衰退的过程中。1998—2008年是哈萨克斯坦经济发展的黄金十年，得益于丰富的矿藏和持续攀升的大宗物资价格，GDP总量在10年内增长5倍，贸易额增长6倍，经济实力占中亚地区的2/3以上。2008年的金融危机重创哈萨克斯坦经济，经济增长率由前十年年均的10%骤降至2009年的1.2%。2010—2013年，伴随着世界经济复苏、需求恢复以及能源等大宗物资价格稳定的外围环境，再加上政府采取的宏观调控、产业结构调整、大力发展非资源产业、振兴本国中小企业、积极引进外资等得力措施，哈萨克斯坦出口恢复增长，经济强劲反弹，重回发展快车道。

至2017年，哈萨克斯坦国内生产总值达到1 390.03亿美元，在独联体国家中排名第二；人均GDP达到10 510美元，属于中等偏上收入国家。国家收入的增长对低收入人群产生了积极的影响，处于贫困线以下的人口由1997年的45%迅速下降到2015年的2.7%。能源、矿产和农牧业构成了国家经济的主体。独立初期，哈萨克斯坦继承了苏联在中亚的主要重工业基地，化学工业和航天工业尤为突出，轻工业相对薄弱。近年来，电子信息产业近年来的发展较为迅速。虽然农业只占GDP的5%，但雇佣了近1/4的工作人口，一举解决了哈萨克斯坦贫困和粮食安全的问题，并为经济多样化提供了一条重要途径。

2015年，哈萨克斯坦外贸额达到979.86亿美元，其中出口524.7亿美元，进口455.16亿美元。主要出口商品为石油（75.84%）、金属及其制品（9.36%）、化工产品（4.04%）、矿产品（3.93%）、动植物产品（2.68%）；主要进口商品为机械电子产品（22.85%）、交通运输设备（13.29%）、金属及其制品（12.67%）、石油（11.12%）、化工产品（8.41%）。主要出口国为意大利、中国、挪威、俄罗斯和法国，主要进口国为俄罗斯、中国、德国、美国和乌克兰。

哈萨克斯坦矿产资源

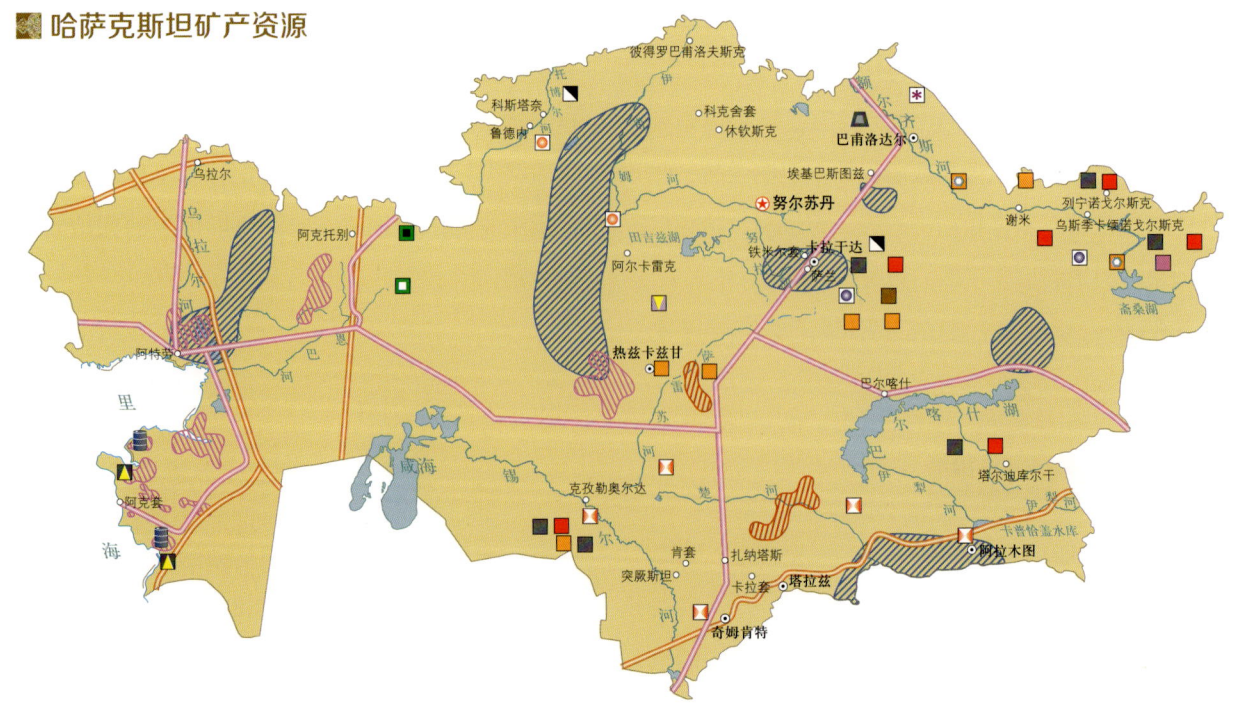

哈萨克斯坦 中亚

哈萨克斯坦农业资源

与中国的关系

中国于1992年1月3日与哈萨克斯坦建交，双边关系一直稳步发展。1994年4月，双方签署中哈边界协定，解决了长达1 700多千米的边界问题。2005年7月，胡锦涛主席出访哈萨克斯坦，双方签署并发表《中哈关于建立和发展战略伙伴关系的联合声明》，关系更加紧密。2006年12月，两国签署《中哈21世纪合作战略》，涉及经贸、能源、铁路、文化、教育等11个领域。

2013年9月，国家主席习近平对哈萨克斯坦进行国事访问。两国元首签署了《中华人民共和国和哈萨克斯坦共和国关于进一步深化全面战略伙伴关系的联合宣言》，习主席还首次提出共建丝绸之路经济带倡议。2014年12月，国务院总理李克强对哈萨克斯坦进行正式访问。访问期间，中哈两国达成依托"一带一路"开展产能合作的共识，双方签署了总额达140亿美元的30多个合作协议。2015年3月，哈萨克斯坦总理马西莫夫对中国进行工作访问。访问期间，中哈签署了加强产能与投资合作备忘录，以及两国开展钢铁、有色金属、平板玻璃、炼油、水电、汽车等广泛领域产能合作的33份文件，项目总金额达236亿美元。

目前，中国已发展成为哈萨克斯坦的第二大贸易伙伴，2017年商品贸易额达到180亿美元，其中中方进口63.6亿美元，以工业原料为主，包括石油、天然气、金属及其制品、化工产品和矿产；中方出口116.4亿美元，包括机械电子产品、金属及其制品、交通设备、服装和塑料制品。双方经贸关系互补，哈萨克斯坦是中国重要的能源、矿产供应国，中哈原油管道和中亚天然气管道是中国能源安全的重要组成部分和能源走廊。

核心区周边国家 HEXINQU ZHOUBIAN GUOJIA

交通与旅游

尽管拥有独联体国家第二长的公路通车里程和第三长的铁路通车里程，但相对于广阔的国土面积，哈萨克斯坦的交通网络并不十分发达。公路是哈萨克斯坦主要的运输方式，9.36万千米的公路里程承担了全国八成以上的运输量。境内有6条国际公路，承担了欧亚大陆之间过境货物运输的重要任务，意义非凡。

（1）塔什干—希姆肯特—塔拉兹—比什凯克—阿拉木图—霍尔果斯，长1 150km。

（2）希姆肯特—克孜勒奥尔达—阿克托别—乌拉尔—萨马拉，长2 029km。

（3）阿拉木图—卡拉干达—努尔苏丹—彼得罗巴甫洛夫斯克，长1 724km。

（4）阿斯特拉罕—阿特劳—阿克套—土库曼斯坦（边界），长1 402km。

（5）鄂木斯克—巴甫洛达尔—谢米—迈卡普沙盖，长1 094km。

（6）努尔苏丹—科斯塔奈—车里雅宾斯克，长891km。

铁路干线里程1.51万千米，承担着全国约8%的运输量，连接俄罗斯、中国和其他邻国的主要大城市。由于哈萨克斯坦曾是苏联的15个加盟共和国之一，所以铁路多以与俄罗斯连接的南北走向为主，阿拉木图是全国铁路网络的中心。

由于地处中亚腹地，航空是进出哈萨克

哈萨克斯坦世界遗产

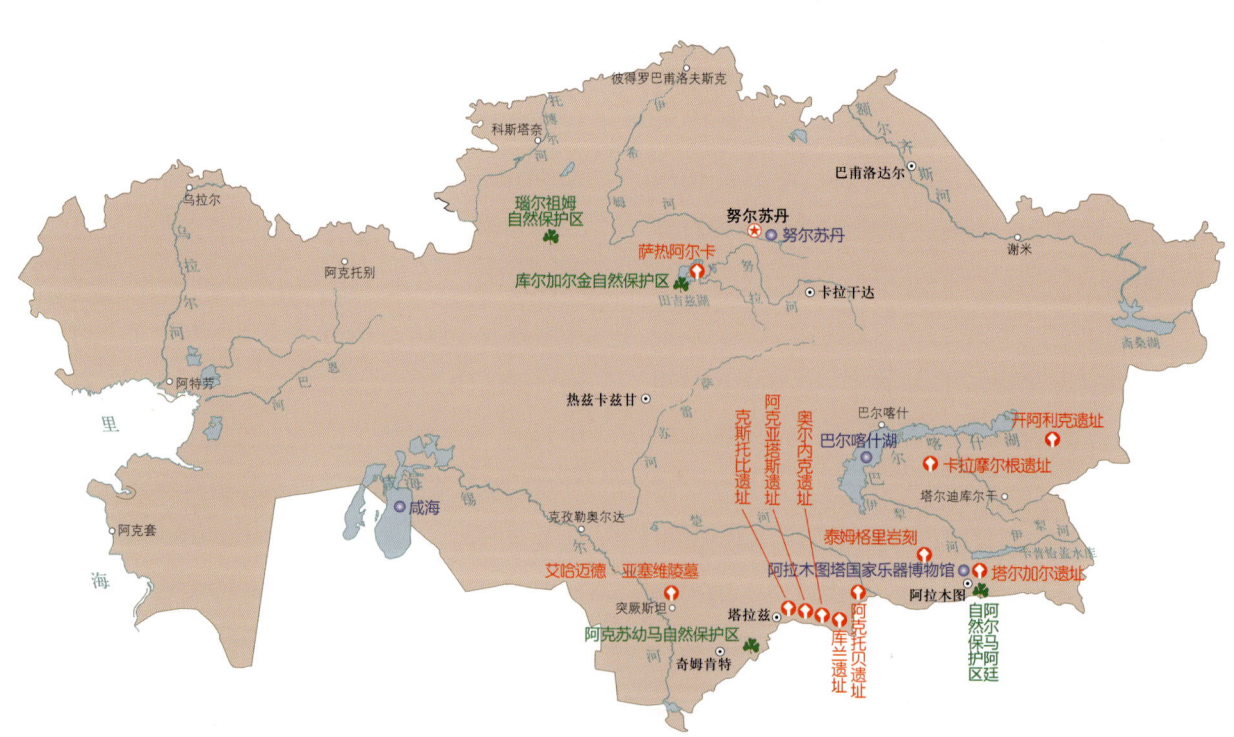

斯坦的最佳方式。从北京和乌鲁木齐出发，每周均有多架航班前往阿拉木图。如果仅在哈萨克斯坦东南部旅行，巴士和出租车就可满足乘客需求；如果想完成一个穿越哈萨克斯坦的长途旅行，火车显然更为快捷。

哈萨克斯坦是世界国土面积第九大国，在此旅行，可以体验广袤无垠的欧亚大草原风貌，可以在天山或阿尔泰山未开发的山谷中徒步，探索曾经的世界第四大内陆湖咸海，拜访隐藏在曼吉斯套沙漠中的地下清真寺。也可以在阿拉木图富丽堂皇的购物中心惬意购物，在极具民族风情的餐厅体验美味的马肉肠和马奶酒，或是前往努尔苏丹欣赏有如艺术品般的城市建筑，可以说，哈萨克斯坦极具中亚风情的自然景色和人文景观会让前来旅游的游客不虚此行。每年5—9月是前往哈萨克斯坦旅游的最佳季节。如果是观鸟爱好者，建议在每年4月至6月前往，此时草原湿地花团锦簇，候鸟成群。每年的11月至次年3月气候寒冷，但钦布拉克良好的滑雪设施会让滑雪爱好者流连忘返。

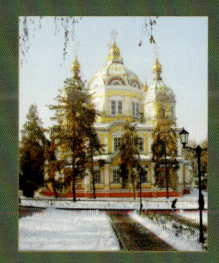

泰姆格里考古景观岩刻

泰姆格里考古景观岩刻位于辽阔而干旱的楚河—伊犁河山脉中的泰姆格里大峡谷，现存从公元前10世纪至20世纪初的5 000多个稀世岩刻。作品大多散布在远古人类居住的建筑和坟墓的遗址上，反映了当地人耕种、社会组织和宗教仪式等情况，也描绘出当年人类经济活动和社会生活的各个方面。

霍贾·艾哈迈德·亚萨维陵墓

霍贾·艾哈迈德·亚萨维陵墓位于哈萨克斯坦南部突厥斯坦，建造于帖木尔时期（1389—1405年）。陵墓的主人霍贾·艾哈迈德·亚萨维是伊斯兰苏菲教派的创始人，他用优美的诗歌传达神谕，深受教众欢迎，流传至今已成为世界文化瑰宝的一部分。整个陵墓建筑拥有数量庞大的入口和大量圆屋顶，更有多达35个房间围绕在中心寝室周围。陵墓大厅炼砖表面光洁，有如玻璃般纯净，令人惊叹。陵墓的北面入口极其美丽，拱顶的门是纯手工雕刻，并镶嵌有精致的象牙。该陵墓在对伊斯兰宗教建筑的发展作出巨大贡献的同时，也提供了中亚地区文化和建筑技术发展的独特见证，不愧为帖木尔时代建筑中的杰出代表。

核心区周边国家
HEXINQU ZHOUBIAN GUOJIA

吉尔吉斯斯坦

 **国旗** 呈横长方形，长宽比约为5：3。旗底为红色象征胜利，中间是姑娘的40条发辫环绕着毡房的顶。

 **国徽** 圆形，以蓝色和金色为主色。上方为太阳在天山升起之景象，下为展翅雄鹰。外围书写"吉尔吉斯斯坦共和国"，并以麦穗和棉花装饰。

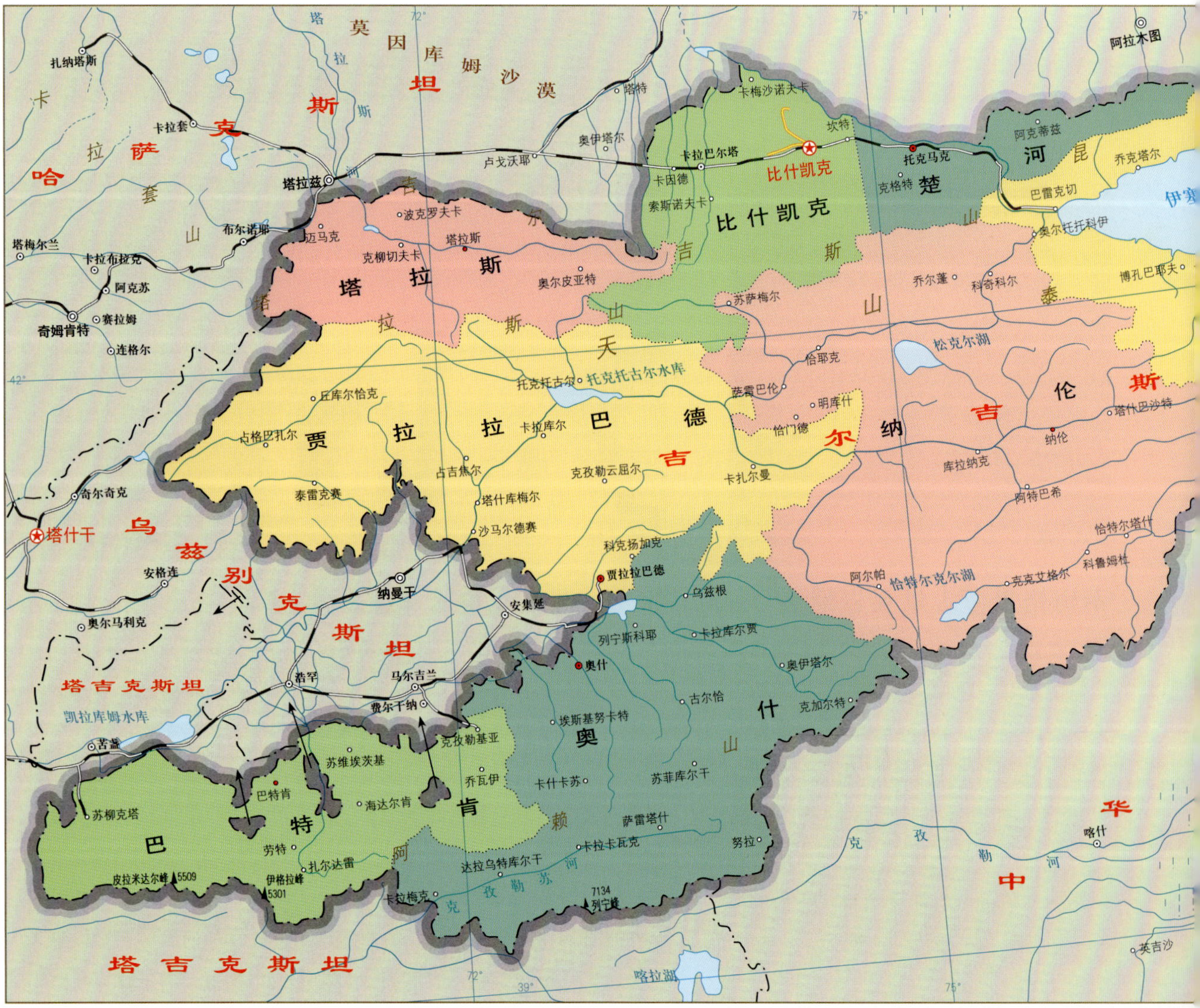

吉尔吉斯斯坦 中亚

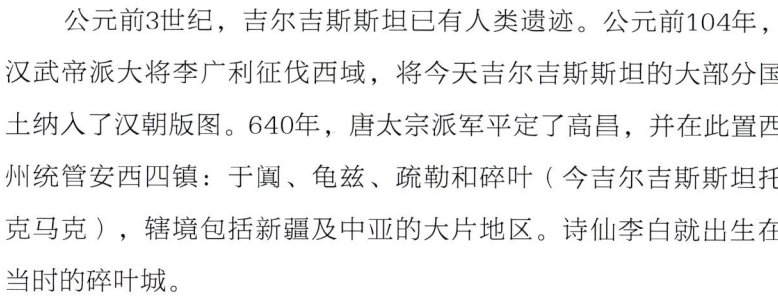

历史沿革

公元前3世纪，吉尔吉斯斯坦已有人类遗迹。公元前104年，汉武帝派大将李广利征伐西域，将今天吉尔吉斯斯坦的大部分国土纳入了汉朝版图。640年，唐太宗派军平定了高昌，并在此置西州统管安西四镇：于阗、龟兹、疏勒和碎叶（今吉尔吉斯斯坦托克马克），辖境包括新疆及中亚的大片地区。诗仙李白就出生在当时的碎叶城。

13世纪，吉尔吉斯斯坦领土为察合台汗国管辖；15世纪后半叶，吉尔吉斯民族在叶尼塞河上游基本形成；16世纪，沙俄血腥东扩，吉尔吉斯先民被迫迁居至此。17—18世纪，吉尔吉斯斯坦领土依然在中国版图内，其中，东部和南部属于新疆，西部属于清王朝的藩属浩罕汗国。

1864年，清王朝在沙俄军事威胁下签订《中俄勘分西北边界约记》，割让中亚和新疆西部的44万平方千米土地。1876年，浩罕汗国被沙俄吞并，吉尔吉斯全境成为沙俄领土。

十月革命后，吉尔吉斯斯坦建立了苏维埃政权。1936年成立吉尔吉斯苏维埃社会主义共和国，加入苏联。1991年8月31日宣布独立，改国名为吉尔吉斯共和国，并于同年12月21日加入独联体。

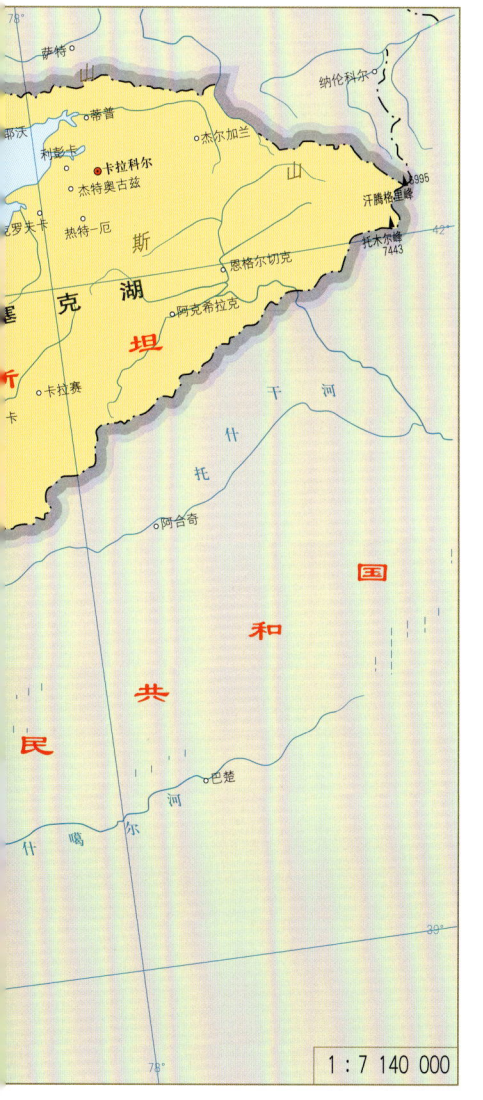

国家概况

吉尔吉斯共和国（英语：The Kyrgyz Republic），简称"吉尔吉斯斯坦"。国名来自于其主体民族吉尔吉斯，意为"草原游牧民"，首都为比什凯克。

吉尔吉斯斯坦位于欧亚大陆中心区域，是中亚东北部的内陆国，地缘政治地位十分突出，是中亚重要的交通枢纽。吉尔吉斯斯坦土面积较小，仅19.99万平方千米，在中亚五国中仅大于塔吉克斯坦。境内多山地，九成以上国土的海拔超过1 500m，三成地区的海拔超过3 000m，主要山脉有天山山脉和帕米尔山脉，其间点缀着伊塞克湖盆地和楚河谷地等低地。伊塞克湖是世界高海拔湖泊中的第一深湖，海拔高度达1 600m，面积6 300km²。吉尔吉斯斯坦属温带大陆性气候，气候干燥，夏天高温，冬季寒冷，境内山脉阻挡了部分暖湿气流，山地高原地区年降水量高于1 000mm。

吉尔吉斯斯坦人口总数678万，有90多个民族，其中，吉尔吉

核心区周边国家 HEXINQU ZHOUBIAN GUOJIA

斯族占68.4%，乌兹别克族占14.3%，俄罗斯族占9.5%，还有少量的乌克兰、东干、朝鲜、维吾尔、塔吉克族。吉尔吉斯斯坦是伊斯兰教居主要地位的多宗教国家，超过70%的居民信仰伊斯兰教，多属逊尼派，其他有东正教、天主教、犹太教和佛教。国语为吉尔吉斯语，俄语也是官方认可的语言。

吉尔吉斯斯坦属于政教分离的世俗国家，政治上推行民主改革并实行议会制，登记注册的政党有140个之多，故乡党、社会民主党、尊严党、共和国党和祖国党为吉尔吉斯主要政党。在中亚国家中政局较不稳定，2010年曾发生全国骚乱，对国民经济造成较大冲击。

资源与经济

吉尔吉斯斯坦自然资源丰富，黄金、锑、钨、锡、汞、铀等矿产资源储量居前。其中，锑产量排名世界第三，锡和汞的产量在独联体国家中位居第二。境内河流湖泊众多，水电资源丰富，潜在水力发电能力达到1 450亿千瓦时，目前开发利用仅10%。

国民经济以多种所有制为基础，工业基础薄弱。农业在国民经济中占主体地位，吸纳了60%的就业人口，产值也占到国内生产总值的一半以上，马和羊的存栏数，以及羊毛产量位居中亚第二，主要农作物有小麦、甜菜、玉米、烟草等，是中亚唯一产糖的地区。主要工业有采矿、电力、燃料、化工、有色金属、机器制造、木材加工、建材、轻工、食品等。

独立初期，由于同苏联其他加盟共和国的传统经济联系中断，加之改革措施激进，吉尔吉斯斯坦经济一度出现大滑坡。21世纪初，吉政府推行以私有化和非国有化改造为中心的经济体制改革，逐步向市场经济转轨，经济得以恢复。2017年吉国内生产总值71.63亿美元。

吉尔吉斯斯坦的外贸依存度较高，1998年的亚洲金融危机和2008年的世界经济危机，都对其经济产生了重大影响。近年来，吉贸易额占GDP总值的比重保持在130%左右。主要贸易伙伴有俄罗斯、哈萨克斯坦、中国、阿联酋和瑞士等，主要出口产品是贵金属和农产品，主要进口包括石油产品、机械设备、化工产品和纺织品等。

吉尔吉斯斯坦农业资源

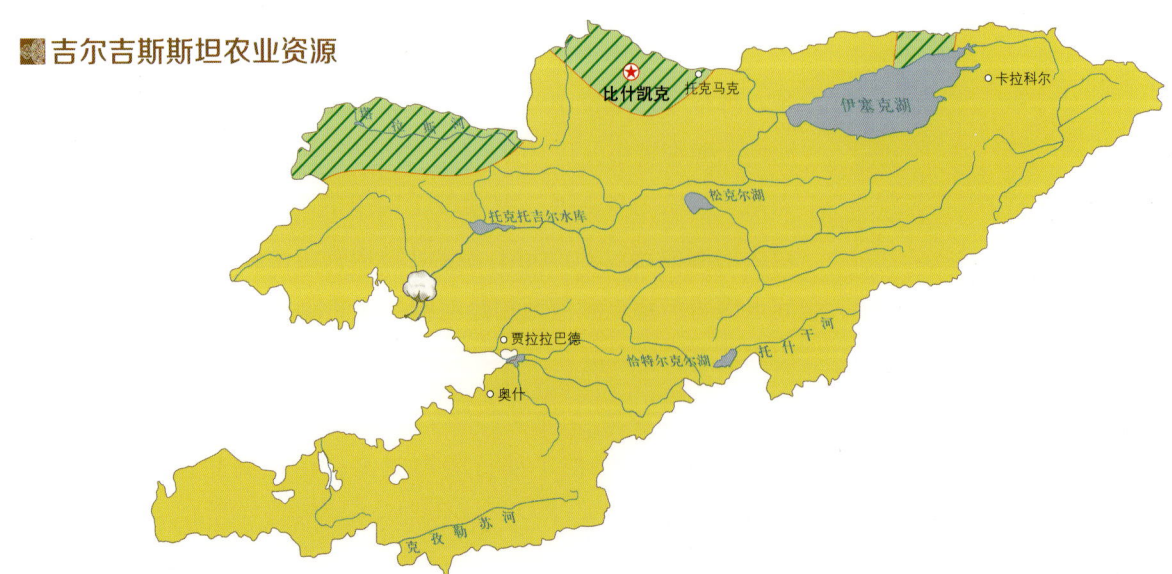

吉尔吉斯斯坦矿产资源

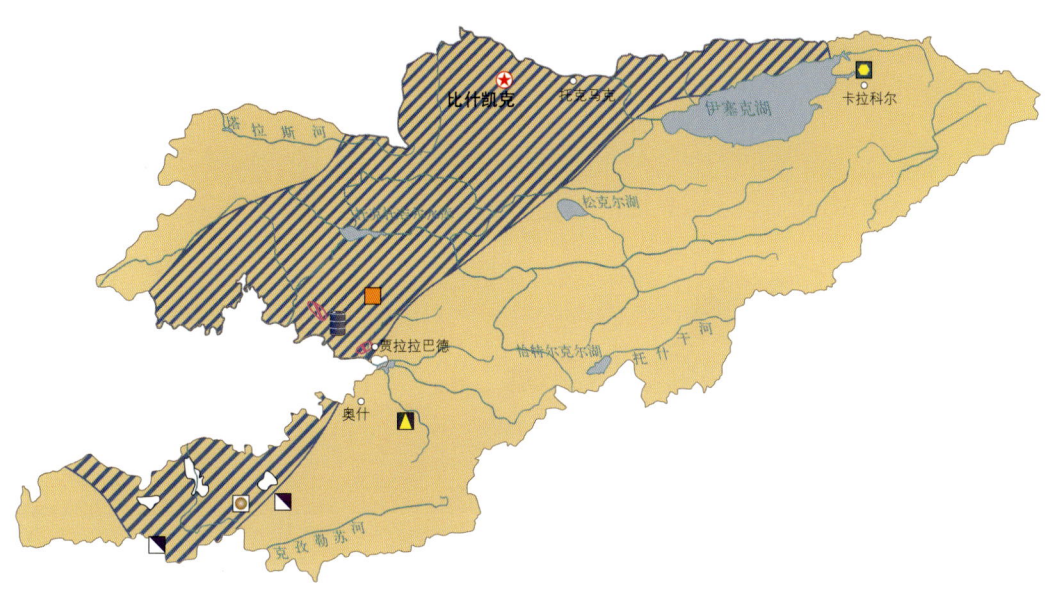

与中国的关系

中吉自1992年1月5日建交以来,双方彻底解决历史遗留的边界问题,两国关系积极、健康、稳步向前发展。2013年习近平访吉尔吉斯斯坦并出席上海合作组织峰会,双方建立战略伙伴关系。2014年5月,吉尔吉斯斯坦总统阿塔姆巴耶夫对华进行国事访问并出席上海亚信峰会。5月,吉尔吉斯斯坦议长热恩别科夫对华进行工作访问。9月,吉尔吉斯斯坦总理奥托尔巴耶夫赴乌鲁木齐出席第四届中国—亚欧博览会。2015年9月,吉尔吉斯斯坦总统阿塔姆巴耶夫来华出席中国人民抗日战争暨世界反法西斯战争胜利70周年纪念活动。12月,吉尔吉斯斯坦总理萨里耶夫对华进行工作访问并出席上海合作组织总理会议。2016年6月,吉尔吉斯斯坦总理热恩别科夫来华出席在天津举行的夏季达沃斯论坛。11月,李克强总理对吉尔吉斯斯坦进行正式访问并出席上海合作组织成员国政府首脑(总理)会议。2017年1月,吉尔吉斯斯坦总统阿塔姆巴耶夫访华。5月,阿塔姆巴耶夫总统来华出席"一带一路"国际合作高峰论坛。

两国经贸关系发展良好,在交通、农业、电信、基础设施建设等领域合作不断扩大,双边贸易额连续增长。中国已成为吉尔吉斯斯坦第一大贸易伙伴和第二大投资来源国。据中国海关总署统计,2017年双边贸易额为54.48亿美元,同比增长22.2%。其中,中方出口56.05亿美元,同比增长30.9%。中方进口0.71亿美元,同比增长21.6%。吉尔吉斯斯坦主要向中国出口石油、皮革制品,进口主要为机械电子、纺织品和五金产品等。两国教育、文化领域合作良好。双方多次互办"文化日"活动。我国在吉尔吉斯斯坦建立了4所孔子学院。中吉地方交流活跃,已建立17对友好省州和城市。

核心区周边国家 HEXINQU ZHOUBIAN GUOJIA

交通与旅游

吉尔吉斯斯坦是典型的内陆国家。公路交通是其最重要的交通方式，截至2014年9月，全国公路总里程34 000km。铁路和航空运输相对落后，其中，铁路总里程仅423.9km，南北两条主要铁路干线互不相连；民用航线仅有19条，从乌鲁木齐出发有定期前往比什凯克和奥什的航班。

山是吉尔吉斯斯坦最具特色的旅游资源，素有"中亚山国"之称。白天在天山野花盛开的夏季牧场和绿树覆盖的山

吉尔吉斯斯坦世界遗产

吉尔吉斯斯坦 中亚

谷中策马奔驰，晚上借宿在吉尔吉斯斯坦牧民的毡房聆听老猎人传唱《玛纳斯》；从拥有2 000年历史的集市小镇奥什前往达塔斯拉巴美妙的商队旅馆，沿途探索丝路遗迹……吉尔吉斯斯坦丰富的旅游资源一定使您不虚此行。

吉尔吉斯斯坦旅游成本较低。最佳旅游时间为每年5—9月上旬，比较麻烦的是中国游客办理签证必须得有对方的邀请函。从乌鲁木齐直飞比什凯克的玛纳斯机场是出入吉尔吉斯斯坦最方便的选择，如果想沿陆路进出，那么有伊尔克什坦和吐尔尕特两条路线可供选择，后者的风景要更优美些。

丝绸之路起始地段：长安—天山走廊路网（布拉纳塔）

苏莱曼—至圣之山

苏莱曼—至圣之山位于吉尔吉斯斯坦西南部的奥什城附近，是中亚丝绸之路重要的十字路口。苏莱曼标志性的5座山峰长期以来一直是旅行者的指示坐标，据说先知穆罕穆德曾在此祈祷，所以一直被伊斯兰教徒视为圣山。5座山峰和山坡上散布着无数古代朝圣之地和镌刻着壁画的岩洞，以及2座16世纪建造的清真寺。这些遗产被认为是中亚地区圣山的最完整象征。2009年世界遗产大会将苏莱曼圣山列入《世界遗产名录》。

丝绸之路——长安至天山廊道路网

吉尔吉斯斯坦境内的丝绸之路遗产点有3处，分别为碎叶城（阿克·贝希姆遗址遗址）、巴拉沙衮城（布拉纳遗址）和新城（科拉斯纳亚·瑞希卡遗址）。其中，最为国人所熟知的是碎叶城。碎叶城于7世纪仿照唐长安城修建，13世纪时毁于蒙古西征。经过近千年风雨洗礼，现在只剩下残垣断瓦。巴拉沙衮城是中世纪楚河流域最大的城市之一，古丝绸之路上重要的商贸中心。新城是6—12世纪楚河谷和天山地区最重要的中心城镇之一，宗教遗址和民间建筑融合了突厥、印度、粟特和中国文化，展现了祆教、景教和佛教的传播，是见证丝绸之路发展轨迹的重要遗存。

核心区周边国家
HEXINQU ZHOUBIAN GUOJIA

塔吉克斯坦

历史沿革

塔吉克斯坦国家主体民族源于雅利安人，这一点与中亚其他国家主体民族源自突厥人不同。塔吉克斯坦故土长期处于周边大国的争夺中，亚历山大帝国、贵霜帝国、汉朝、西突厥汗国、唐朝都曾是这片土地的主人，致使直到9世纪，塔吉克民族都未形成。9世纪，塔吉克人以布哈拉为首都建立了幅员辽阔、国力强盛的萨马尼德王朝，塔吉克民族文化、风俗习惯也逐渐在萨马尼德王朝统治的100年间形成。

10—13世纪，塔吉克先后被并入伽色尼王国和花剌子模王国。13世纪蒙古帝国君威此地，14世纪塔吉克斯坦故土又成为横跨欧亚大

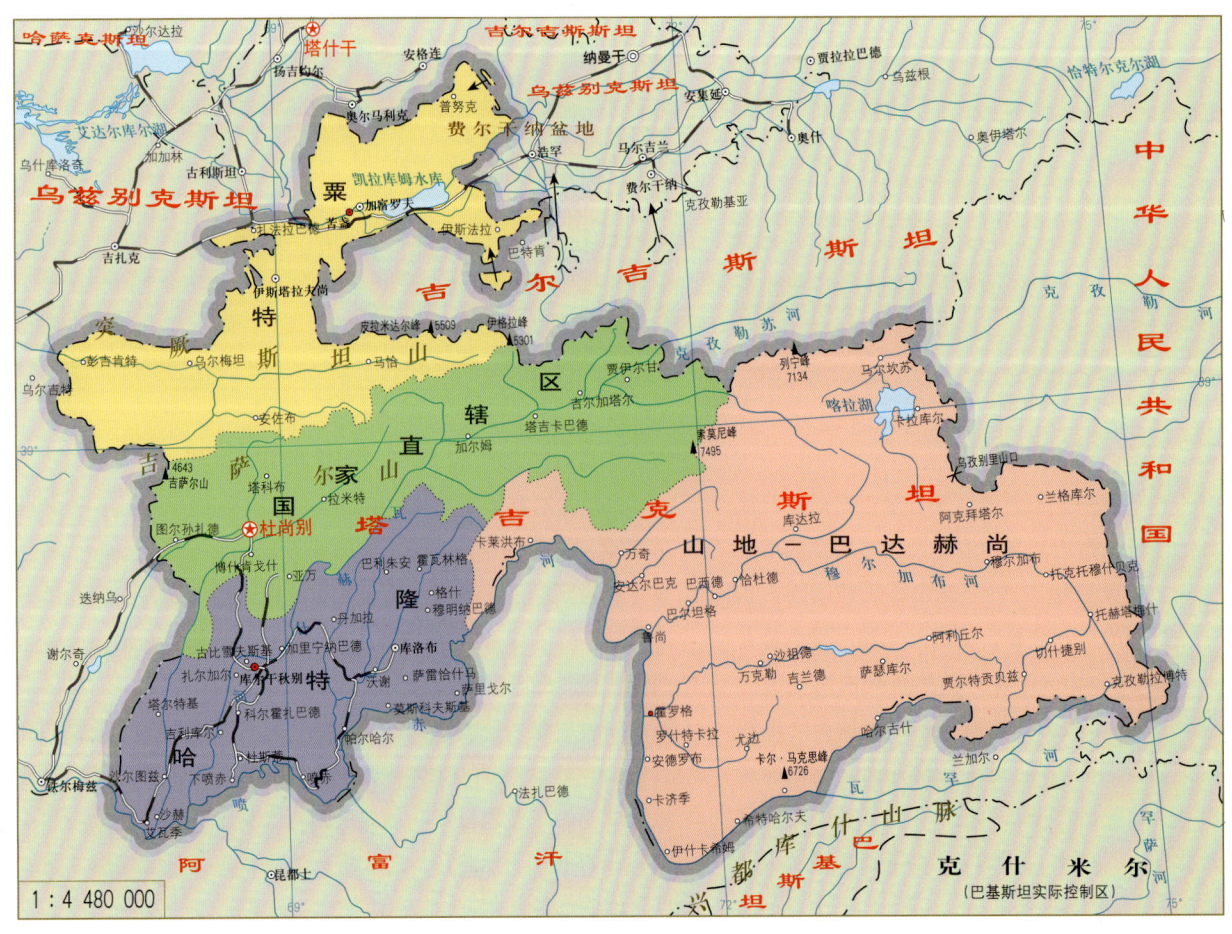

塔吉克斯坦 中亚

 **国旗** 呈横长方形，长宽比为2∶1。自上而下的红、白、绿三个长方形分别象征国家胜利、繁荣希望和宗教信仰。白色部分中的王冠和7颗五角星象征国家的独立和主权。

 国徽 圆形。图案中间为旭日初升的帕米尔高原景象，配以象征主权和独立的王冠与7颗五角星，两侧为饰带扎束的棉桃和麦穗，下方为一本打开的书。

陆的帖木尔帝国的一部分。1868年，塔吉克北部费尔干纳州和撒马尔罕州部分地区并入俄国。南部的布哈拉汗为中国属国，随后也被俄国吞并。

1929年10月16日，塔吉克苏维埃社会主义共和国建立，并于同年加入苏联。1991年8月更名为塔吉克斯坦共和国，并于同年9月9日宣布独立。

国家概况

塔吉克斯坦共和国（英语：The Republic of Tajikistan）简称塔吉克斯坦，国名来自其主体民族塔吉克族，"塔吉克"意为"高贵血统"。

塔吉克斯坦南接阿富汗，北靠吉尔吉斯斯坦，东与中国为邻，西和乌兹别克斯坦接壤，东西长700km，南北宽350km，是中亚东南部的内陆国。国土面积为14.31万平方千米，是中亚五国中面积最小的，相当于哈萨克斯坦的1/20。多山，山地高原占国土面积愈九成，有一半国土的海拔超过3 000m，有"高山国"之称。东部的帕米尔高原，在塔吉克语中意为"世界屋脊"，海拔在4 000m～7 700m。塔吉克斯坦属温带大陆性气候，春、冬两季雨雪较多，夏、秋两季干燥少雨，年均降水量200mm以下。1月平均气温0℃上下，7月平均气温25℃左右。

核心区周边国家 HEXINQU ZHOUBIAN GUOJIA

塔吉克斯坦总人口870万人，其中塔吉克族占80%，乌兹别克族占15.3%，俄罗斯族占1%。此外还有帕米尔、塔塔尔、吉尔吉斯等民族。居民多信奉伊斯兰教，多数属逊尼派，帕米尔一带属什叶派伊斯玛仪支派。波斯语为国家官方语言，俄语和乌兹别克语较为流行。

塔吉克斯坦独立后，政治、宗教、民族斗争激烈，不久爆发内战，政权几度更迭。1994年开始，联合国介入塔吉克斯坦问题。1997年6月27日，在联合国及俄罗斯等国斡旋下，拉赫蒙同联合反对派签署了实现和平与民族和解的总协定，塔吉克斯坦的经济和社会发展进入到新时期。1999年9月26日，塔吉克斯坦以全民公决方式通过新宪法，规定塔吉克斯坦是一个世俗、民主、法制国家，实行总统制，总统为国家元首、政府首脑和武装部队的统帅，由全民直接选举产生，每届任期7年。议会实行两院制，有包括人民民主党、共产党、伊斯兰复兴党在内的8个政党。近年来，塔吉克斯坦国内政治局势比较稳定。

资源与经济

塔吉克斯坦水力、矿产资源丰富。矿产资源以有色金属（铅、锌、钨、锑、汞等）、稀有金属、煤、岩盐为主，此外还有石油、天然气、丰富的铀矿和多种建筑材料。铀储量居独联体首位，铅、锌矿占中亚第一位。其次有铅、锌、钼、钨、锑、锶、金矿、石油、天然气、煤、岩盐、萤石等。境内还蕴藏多种建筑材料。水力资源丰富，截至2014年位居世界第八位，人均拥有量居世界第一位，占整个中亚的一半左右，但开发量不足10%。工业产值通常占社会生产总值

塔吉克斯坦矿产资源

的一半以上。主要部门有采矿业、轻工、食品、有色冶金、化工、机器制造和电子工业。

塔吉克斯坦自身经济基础薄弱，发展受到山多地少、能源匮乏、交通闭塞、资金和人才短缺、产业结构单一等因素制约。1995年塔吉克斯坦开始实施《深化经济改革和加快向市场关系过渡的紧急措施》和《1995—2000年经济改革纲要》，确立了以市场经济为导向的国家经济政策，并推行私有化改制。1997年国民经济开始步出低谷，呈现出恢复性增长。2000年以来，通过实施"保障粮食安全""水电兴国"和"摆脱交通困境"三大战略，经济保持了十余年8%以上的增长率。2014年塔吉克斯坦国内生产总值为92.42亿美元，人均GDP 1099美元，属于中等偏低收入国家。2016年塔吉克斯坦国内生产总值（GDP）为544.71亿索莫尼（约合68.93亿美元），人均国内生产总值约800美元，国内生产总值增长率为6.9%。2017年1—6月，塔吉克斯坦国内生产总值为240.23亿索莫尼（约合27.27亿美元），同比增长6%。

采掘、纺织和水电生产是塔吉克斯坦主要的工业部门，农业中植棉业较为突出，塔吉克斯坦优质的细纤维棉花于世闻名。国内主要出口产品为非贵重金属及其制品，主要进口产品是交通工具、机械设备、矿产品及化工产品。俄罗斯、哈萨克斯坦、中国、土耳其和阿富汗是其主要贸易伙伴。

与中国的关系

中塔两国于1992年1月4日建交。2010年4月27日，双方签署《中华人民共和国和塔吉克斯坦共和国政府关于中塔国界线的勘界议定书》，彻底解决了历史遗留的边界问题，塔吉克斯坦将实际控制的1 158 km² 土地划归中方。2013年5月双方建立战略伙伴关系。2014年，习近平主席对塔吉克斯坦进行首次国事访问。2014年5月和11月，拉赫蒙总统分别来华出席亚信峰会和APEC东道主伙伴对话会。2015年9月，拉赫蒙总统来华出席中国人民抗日战争暨世界反法西斯战争胜利70周年纪念活动。2015年12月，塔吉克斯坦总理拉苏尔佐达来华出席上海合作组织总理会议及世界互联网大会。2016年9月，塔吉克斯坦总理拉苏尔佐达来华出席第五届中国亚欧博览会。2017年1月，中塔迎来建交25周年，两国元首、总理就此互致贺电。2017年8月，塔吉克斯坦副总理伊布拉希姆来华出席第五届中国—中亚合作论坛。

2017年，双边贸易额13.70亿美元，同比下降5.0%，其中，中方对塔吉克斯坦出口13.24亿美元，同比下降3.9%，自塔吉克斯坦进口额4 670万美元，同比下降40%。中国是塔吉克斯坦第二大投资来源国和第二大贸易伙伴。2017年1—6月，双边贸易额5.5亿美元，同比下降30.8%，其中，中方出口额5.3亿美元，同比下降33%，中方进口额0.3亿美元，同比增长102.9%。目前中国在塔吉克斯坦投资项目主要包括建材生产、制造加工、商贸服务等行业，未来在电力能源和金融领域合作潜力巨大。

两国教育、文化领域合作良好，目前我国在塔吉克斯坦设立了两所孔子学院。中塔已建立5对友好城市。

核心区周边国家 HEXINQU ZHOUBIAN GUOJIA

交通与旅游

塔吉克斯坦交通状况较差，主要以公路交通为主，公路总里程1.37万千米。铁路总长950.7km，北、中、南三条铁路线互不相连，通过邻国乌兹别克斯坦与周边国家相连。有杜尚别、胡占德、库利亚布等国际机场和前往周边主要城市的国际航班，中国游客可从乌鲁木齐直飞塔吉克斯坦首都杜尚别国际机场。

塔吉克斯坦民族文化丰富多彩，塔吉克人特别崇拜鹰，认为鹰象征着勇敢和英雄。他们崇尚白色，认为白色纯正洁净；塔吉克人还喜欢绿色，认为绿色象征着幸福和美好。传统的春节是每年的3月21日（波斯历法）。在波斯历法中这一天是旧岁的终结和新年的开端。农村热闹的春耕仪式，是春节庆贺活动的最高潮。在节日里人们要走亲访友，互赠早开的春花。这一节日源于古代波斯，已有2 700年历史。塔吉克人也十分重视礼节，对老人更是倍加尊重。幼辈见长者要问安，亲友相遇时要握手、抚须，即使遇到不相识的人也要问候，将双手拇指并在一起道一声好。饮食方面，塔吉克人每日三餐都离不开馕，喜食酥油、酸奶、奶疙瘩、奶皮子等，还喜欢饮奶茶。他们以肉食为上好的食品，爱吃抓饭，喜欢羊肉汤，并以羔羊肉做的汤为最好。他们非常喜欢中国菜肴，用餐惯于以手抓食取饭。

近年来，塔吉克斯坦国际旅客人数保持在20万左右。在"世界屋脊"的帕米尔高原上旅游，欣赏帕米尔公路两侧的湖泊美景，造访热情好客的塔吉克牧民家庭；前往令人称奇的瓦罕山谷，游览神秘的丝路城堡，探索传说中束缚普罗米修斯的兴都库什山，塔吉克斯坦的高原是勇敢者的天堂。

萨拉子目古城的原型城市遗址

"萨拉子目"意为大地开始的地方，作为中亚地区最早的城市遗迹，时间可追溯到公元前4000—前3000年。古城还是中亚草原与土库曼、伊朗高原、印度河谷直至印度洋地区之间商贸往来与文化交流的见证，于2010年被列入《世界文化遗产名录》。

塔吉克国家公园（帕米尔山）

塔吉克国家公园位于塔吉克斯坦东北部、"世界屋脊"帕米尔高原中部。公园内不乏海拔超过7 000m的高山，囊括1 085座冰川、170条河流以及400多个湖泊，植物种类丰富，是马可波罗盘羊、雪豹、西伯利亚野山羊等珍稀动物的天堂。

塔吉克斯坦 中亚

塔吉克国家公园（帕米尔山）

■ 塔吉克斯坦世界遗产

核心区周边国家
HEXINQU ZHOUBIAN GUOJIA

乌兹别克斯坦

① 锡尔河州　② 塔什干州
③ 纳曼干州　④ 安集延州
⑤ 费尔干纳州　⑥ 花拉子模州

乌兹别克斯坦 中亚

国旗 呈长方形,长宽比为2:1。自上而下为浅蓝、白、浅绿三色宽带,以两道红色细条相隔,蓝白绿三色分别象征突厥、和平与生命。旗帜上的白色新月和12颗白色五角星代表新生的共和国和黄道12宫,象征着国家自强不息。

国徽 圆形。主图是展翅的吉祥鸟站在广阔的乌兹别克大地上,一轮红日在背后冉冉升起。上端的八角星内绘有一弯新月和一颗五角星,两侧为国旗颜色之饰带捆束的棉桃和麦穗。

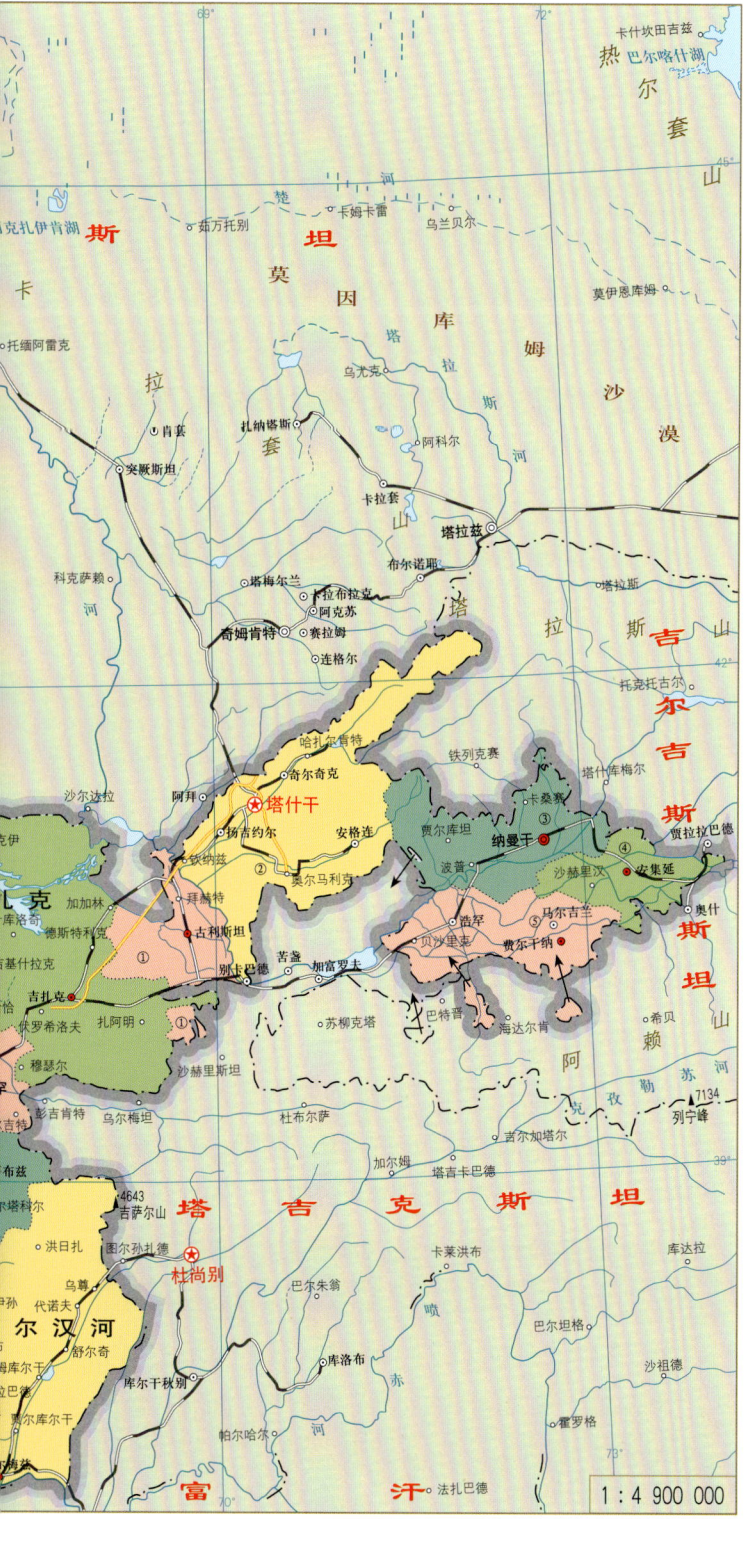

历史沿革

中国古代将中亚锡尔河和阿姆河流域以及泽拉夫尚河流域,包括今乌兹别克斯坦全境和哈萨克斯坦西南部称为"河中"地区。最早来到这一地区的是斯基泰人、马萨格泰人等早期伊朗游牧部落,公元前10世纪,他们从哈萨克北部的草原地区迁移到此并定居下来,布哈拉和撒马尔罕等城市逐渐形成。公元前5世纪,巴克特里亚、粟特、吐火罗等国家控制了这一地区。当中国人开始丝路贸易之际,粟特人经商天赋便发挥出来,布哈拉与撒马尔罕迅速成为极富裕的城市。河中地区的富裕引起周边国家的觊觎,从公元前4世纪开始,亚历山大、大夏、贵霜、西突厥、大唐等帝国先后统治这一地区。

7世纪中期以后,阿拉伯人开始征讨河中地区,并强行推行伊斯兰教信仰,原有的祆教、摩尼教、佛教与基督教等逐渐衰弱,中亚地区伊斯兰化。

自9世纪起,波斯萨曼王朝逐渐强大,他们将传统的波斯文化与伊斯兰教结合,对锡尔河以北的突厥游牧民族产生深刻的影响,中亚民族开始突厥化。10—12世纪,几个突厥王朝和契丹人建立的王朝交替掌控河中地区,直至1221年蒙古西侵吞并了整个中亚。

14世纪,河中地区的突厥贵族帖木儿

核心区周边国家 HEXINQU ZHOUBIAN GUOJIA

以乌兹别克斯坦疆域为中心建立了帖木尔帝国，在其全盛时期，伊斯兰—突厥—波斯多元文化交融并存和谐发展，粟特人和突厥人相互融合形成了乌兹别克民族，河中地区进入了一个文明高度繁荣的阶段。16—18世纪，布哈拉汗国、希瓦汗国和浩罕国相继建立。

1924年乌兹别克苏维埃社会主义共和国成立并加入苏联。1991年8月31日宣布独立，并改名为乌兹别克斯坦共和国。

国家概况

乌兹别克斯坦共和国（英语：The Republic of Uzbekistan）简称乌兹别克斯坦。位于中亚中部，是世界两个双重内陆国之一（自身无出海口，邻国也均是内陆国）。顺时针方向分别与哈萨克斯坦、吉尔吉斯斯坦、塔吉克斯坦、阿富汗和土库曼斯坦接壤，西北方向濒临咸海。东西长1 400km，南北宽925km，国土面积44.74万平方千米，地势东高西低，80%土地属于平原低地。东部和南部属天山山系和吉萨尔—阿赖山系的西缘，内有著名的费尔干纳盆地和泽拉夫尚盆地，主要河流有阿姆河、锡尔河和泽拉夫尚河。

乌兹别克斯坦属于干旱少雨的大陆性气候。夏季漫长炎热，7月平均气温26~32℃，冬季寒冷短暂，1月平均气温在零度以下。年均降水量平原低地为80~200mm，山区为1 000mm，大部分集中在冬春两季。

乌兹别克斯坦人口3212万，分为134个民族，其中，乌兹别克族是国家主体民族，占总人口的78.8%。其他民族有俄罗斯族（4.4%）、塔吉克族（4.9%）、哈萨克族（3%）等。多数居民信奉伊斯兰教，属于逊尼派，其余多信奉东正教。乌兹别克语为官方语言，俄语为通用语言。

实行三权分立的总统共和制，总统为国家元首、武装部队最高统帅，任期5年。实行两院制议会，现有人民民主党、自由民主党、"民族复兴"民主党和"公正"社会民主党4个政党，现任总统卡里莫夫执政地位稳固，国家秩序保持稳定。

资源与经济

乌兹别克斯坦矿产资源较丰富，储量总价值约为3.5万亿美元。其中，黄金探明储量5 300吨（世界第四），铀储量为18.58万吨（世界第七），石油、天然气、铜、钨等矿藏也较为丰富。截至目前，乌铀矿开采量居世界第五位，黄金开采量居第九位，天然气开采量居第十一位。

丰富的资源储备和分阶段、稳步推进市场经济的改革政策，保证了其近20年来经济的持续增长。2015年，乌国内生产总值达到667.33亿美元，在独联体中经济实力仅次于俄罗斯、乌克兰和哈萨克斯坦，人均GDP为2 132美元，属于中等较低收入国家。黄金、"白金（棉花）""乌金（石油）""蓝金（天然气）"组成的"四金"是其国民经济的支柱。目前，乌兹别克斯坦是世界第六大棉花生产国和第二大棉花出口国，世界第七大黄金生产国。农业、畜牧业和采矿业发达，轻工业不发达，六成以上的生活用品需进口。主要进口产品有机械设备、食品、化学制品等，出口产品有石油、天然气、黄金、纺织品等。

乌兹别克斯坦 中亚

乌兹别克斯坦矿产资源

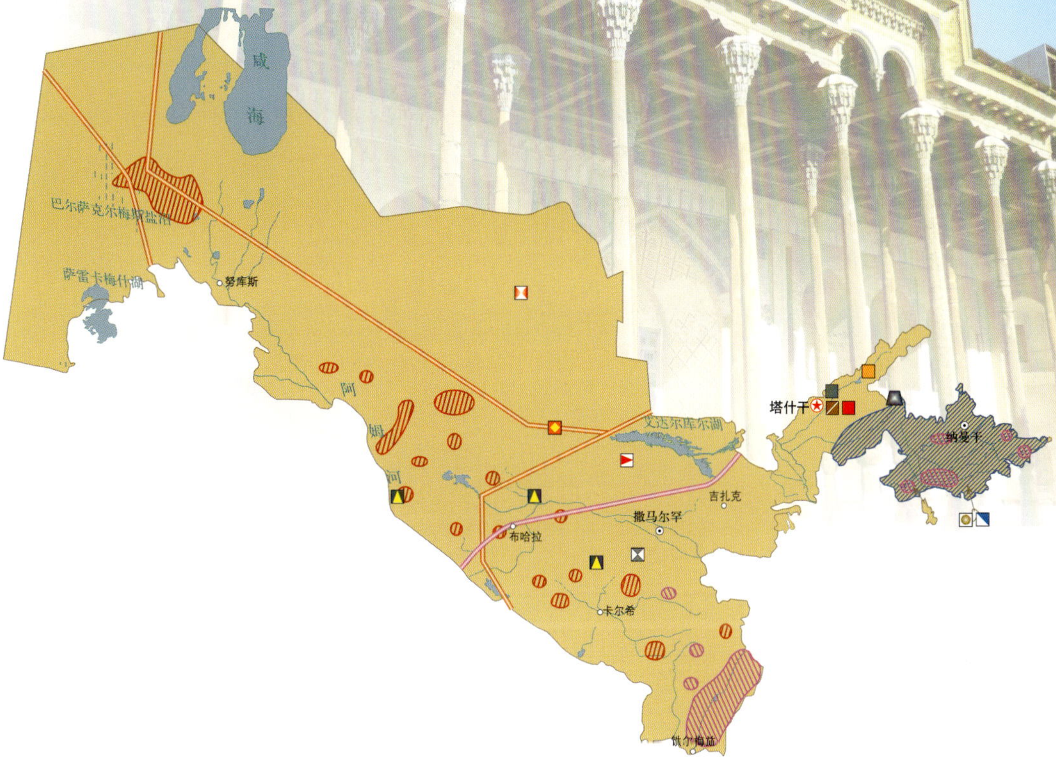

与中国的关系

中乌1992年1月2日建交。其后两国在经贸、教育、科技、司法、文化、交通等领域广泛开展合作。2012年建立战略伙伴关系，2013年签署《中乌友好合作关系条约》。2016年建立全面战略伙伴关系。

2013年9月，习近平主席访问乌兹别克斯坦。2013年11月，李克强总理赴乌兹别克斯坦出席上海合作组织总理会议。2014年8月，乌兹别克斯坦首任总统卡里莫夫访华。2015年9月，乌兹别克斯坦首任总统卡里莫夫来华出席中国人民抗日战争暨世界反法西斯战争胜利70周年纪念活动。2016年4月，国务委员兼公安部长郭声琨访乌并出席上海合作组织安秘会。2016年6月，习近平主席访乌兹别克斯坦并出席上海合作组织塔什干峰会。2016年9月，张高丽副总理赴乌兹别克斯坦出席卡里莫夫总统葬礼。2016年10月，乌兹别克斯坦副总理罗祖库洛夫来华出席第四届中国—中亚合作论坛。2016年10月，乌兹别克斯坦时任副总理阿济莫夫访华。2017年4月，乌兹别克斯坦时任副总理阿济莫夫访华。2017年4月，乌兹别克斯坦副总理兼农业水利部长米尔扎耶夫访华。2017年5月，乌兹别克斯坦总统米尔济约耶夫对华时行首次国事访问并出席"一带一路"国际合作高峰论坛。2017年5月，全国人大副委员长兼秘书长王晨访乌兹别克斯坦。2017年7月，乌兹别克斯坦副总理库奇卡罗夫访华。2017年8月，乌兹别克斯坦第一副总理拉马托夫来华出席第五届中国—中亚合作论坛。

2016年，中乌双边贸易额为36.14亿美元，同比增长3.4%。其中，中方出口20.07亿美元，同比下降9.9%。中方进口16.07亿美元，同比增长26.8%。2017年上半年，中乌双边贸易额16.4亿美元，同比下降11%。其中中方出口10.6亿美元，同比增长7.8%。中方进口5.8亿美元，同比下降32.4%。

核心区周边国家 HEXINQU ZHOUBIAN GUOJIA

交通与旅游

乌兹别克斯坦航空业发达，是中亚地区唯一能够生产飞机的国家。有12个机场，塔什干机场最大，与美国、中国、俄罗斯、日本等世界主要国家都有定期航班往来，北京和乌鲁木齐均有前往塔什干的航线。公路里程4.3万千米，与周围邻国路网相连，但无高速公路。铁路总长6 000km，其中电气化铁路930km，近年来乌方积极实施国际运输通道建设和电气化线路改造，连通阿富汗、巴基斯坦和伊朗的铁路建设已获得进展，电气化里程有望达到2 000km。

乌兹别克斯坦拥有数千年的文明史，曾经的帖木儿帝国是丝绸之路上的辉煌，在这里你可以看到伊斯兰世界最宏伟的建筑，造访亚历山大、成吉思汗和帖木儿留下的痕迹，探索正在快速消失的咸海。同时，乌兹别克斯坦文化是东方最原始和耀眼的文化之一，有着独特的民间传统、民间传说、民族音乐和舞蹈、民间艺术和民族手工艺以及独一无二的传统饮食和传统服饰。乌兹别克斯坦人能歌善舞和刺绣工艺。他们每年的宗教节日主要有肉孜节、古尔邦节、圣纪节，届时张灯结彩，讲经、赞扬穆罕默德的功绩，特别是清真寺里热闹非凡，有的清真寺里炸油香、宰羊、宰牛，有的聚餐。有的分成等份，来者每人一份，或每家一份。因此地盛产棉花，所以每年还有棉花节、歌咏节。

联合国教科文组织已将乌兹别克斯坦保以苏恩苏尔汉河地区的经典音乐收录到世界非物质文化遗产代表名录，对追求文化之旅、文明之路的游客来说，乌兹别克斯坦一定是中亚最值得前往的国家之一。

世界遗产分布图

伊钱卡拉内城

伊钱卡拉内城坐落于阿姆河下游的希瓦绿洲，是昔日丝绸之路通往伊朗沙漠的最后一个驿站。城内的如德尤马清真寺、陵墓和19世纪初由阿拉·库里可汗修建的两座气势辉煌的宫殿，是中亚保存完好的穆斯林建筑群典范。1990年作为世界文化遗产被列入《世界遗产名录》。

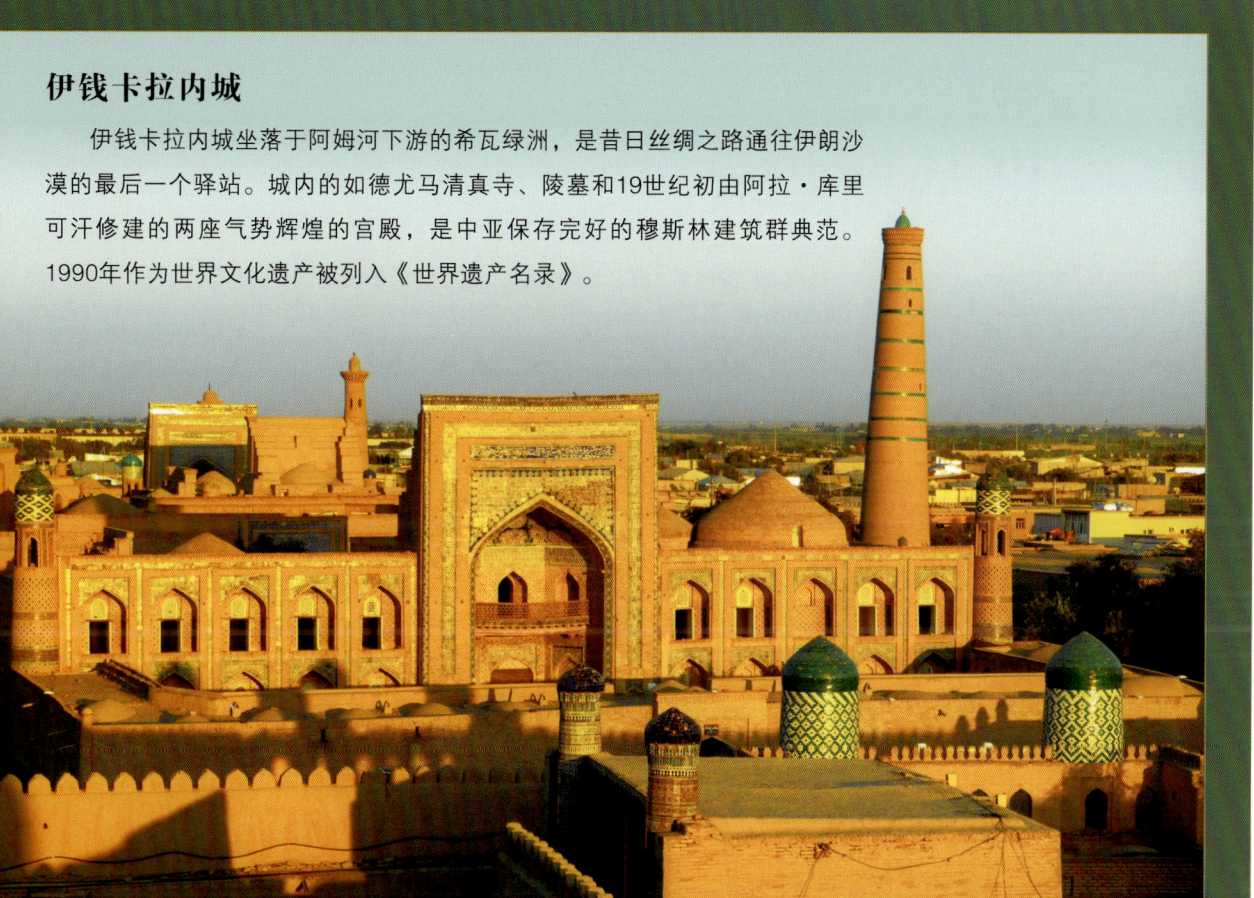

处在文化十字路口的撒马尔罕城

处于波斯帝国、印度和中国三大帝国中间的撒马尔罕城，是多元文化交汇的大熔炉。成吉思汗攻占撒马尔罕城的经历是蒙古西征最血腥的历史，帖木儿大帝重新把它带到亚洲之巅。现存的列吉斯坦伊斯兰教神学院、比比·哈内姆大清真寺、帖木尔家族陵墓和兀鲁伯天文台都是伊斯兰世界的瑰宝。

布哈拉历史中心

布哈拉历史中心所在的布哈拉城，位于泽拉夫尚河谷地的一块绿洲之上，已有3 000年的历史，古代丝绸之路途经此地。城内的伊斯梅尔·萨马尼墓碑以及10世纪穆斯林建筑杰作和17世纪的一批建筑，是中世纪城市的典范，1993年作为文化遗产被列入《世界遗产名录》。

沙赫里萨布兹历史中心

沙赫里萨布兹历史中心距撒马尔罕以南约140km，是撒马尔罕统治者帖木儿的故乡。其独特的文化、建筑风格及建筑学流派都对周边地区影响巨大。白宫及帖木儿之墓是这一时期建筑艺术的杰出代表。

核心区周边国家 HEXINQU ZHOUBIAN GUOJIA

巴基斯坦

国旗 呈长方形，长宽比为3:2。旗面由两块大小不等的深绿色和白色长方形组成，绿色象征伊斯兰教，白色象征和平与信仰印度教、佛教等的少数民族。中央有一颗白色五角星和一弯白色新月，既代表伊斯兰教信仰，又象征进步与光明。

国徽 顶端的五角星和新月象征对伊斯兰教的信仰以及光明与进步；中间的盾徽绘有棉花、小麦、茶、黄麻四种农作物，象征立国之本；两侧饰以鲜花、绿叶，象征和平；下端的绿色饰带上用乌尔都语写着"虔诚、统一、戒律"。

历史沿革

巴基斯坦的历史就是一部印度河的开拓史。全长3 200km的印度河始于青藏高原，流入阿拉伯海，是世界早期文明的重要发源地。世界四大文明之一的印度文明于公元前3000年从这里起航，一步步走向印度次大陆，对亚洲诸国包括中国都产生了深刻的影响。

公元前2000年，中亚的雅利安人顺印度河谷南下，进入印度次大陆，开启"吠陀时代"。公元前530—前317年，波斯帝国、亚历山大帝国先后占领这一地区，其后这里一直处于孔雀王朝、犍陀罗国、贵霜帝国、笈多王朝等信奉佛教的王朝统治之下，佛教得以兴盛发展。自7世纪起，穆斯林阿拉伯人进入印度河流域，伊斯兰教传入，建立了德里苏丹、莫卧儿等伊斯兰帝国，伊斯兰教在印度次大陆的发展进入鼎盛时期。莫卧儿帝国全盛时，领土几乎囊

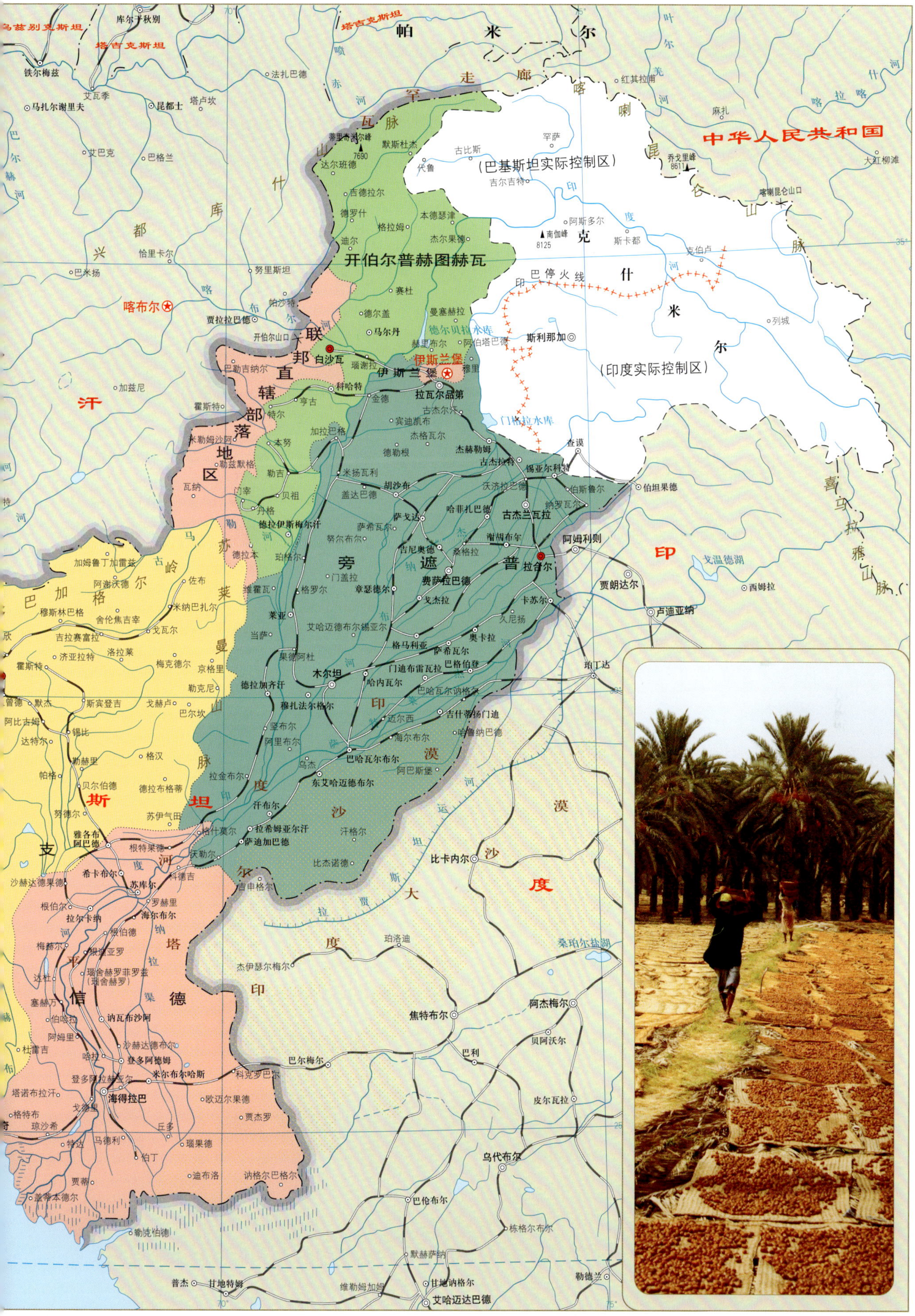

巴基斯坦 中亚

新疆 图说丝绸之路经济带核心区

核心区周边国家 HEXINQU ZHOUBIAN GUOJIA

括整个南亚次大陆以及阿富汗、伊朗等地。

18世纪初，莫卧儿帝国陷入内外交困的境地，旁遮普锡克人起义和北方阿富汗人的入侵让国家衰弱不堪，西方列强乘虚而入，逐渐获得国家的统治权。1858年，跟随印度沦为英国殖民地。英国统治者为维持其在印度长期统治，采取扶持印度教限制伊斯兰教的政策，刻意制造民族宗教矛盾，1947年6月公布"蒙巴顿方案"，宣布实行印巴分治，最终导致巴基斯坦与印度分裂，悬而未决的克什米尔问题更是造成两国间的3次战争。

1947年8月14日，巴基斯坦宣告独立，成为英联邦的一个自治省，包括巴基斯坦东、西两部分。1956年3月23日，巴基斯坦伊斯兰共和国成立。1971年3月，在第三次印巴战中失利的巴基斯坦再受打击，其东部宣布成立孟加拉人民共和国，并于同年12月独立。

国家概况

巴基斯坦伊斯兰共和国（英语：Islamic Republic of Pakistan），简称巴基斯坦。国名源自波斯文，意为"圣洁的土地"或"清真之国"。巴基斯坦地处南亚次大陆西北部，南濒阿拉伯海，东接印度，北靠中国和阿富汗，西邻伊朗，国土面积79.6万平方千米。境内多山地丘陵，从北向南海拔逐渐降低，喜马拉雅山、喀喇昆仑山和兴都库什山三大山脉在西北部汇聚，中巴边界的乔戈里峰海拔8 611m，是世界第二高峰。南部沿海一带为沙漠属热带气候，其余属亚热带气候。

巴基斯坦人口1.97亿，排名世界第六，属于多民族国家，其中旁遮普族占63%，信德族占18%，帕坦族占11%，俾路支族占4%。乌尔都语为国语，英语为通用语言，亦流行旁遮普语、信德语、普什图语和俾路支语等民族语言。信奉伊斯兰教为国教，95%以上居民为伊斯兰教教徒，少数居民信奉基督教、印度教和锡克教。

巴基斯坦建国后曾于1956年、1962年和1973年先后颁布过三部宪法，目前实行两院制的议会体制和多党制，有200多个合法政党，主要政党为人民党、穆斯林联盟（领袖派）和穆斯林联盟（谢里夫派）。现任总理为穆斯林联盟（谢里夫派）领导人纳瓦兹·谢里夫。由于与印度长期的紧张关系和北部伊斯兰极端势力的威胁，巴基斯坦保持了世界第七大现役武装部队，军队对政权影响力巨大，经常出现军政府统治的局面。当前，国内局势相对稳定，社会安定。

资源与经济

巴基斯坦矿产资源较为丰富，已探明的矿藏主要有天然气4 920亿立方米、石油1.84亿桶、煤1 850亿吨、铁4.3亿吨、铝土7 400万吨，此外，铬矿、大理石和宝石储量也较多。

巴基斯坦经济以农业为主，农业产值占国内生产总值的24％，农业人口占就业人口的66.5％，主要农产品有小麦、大米、棉花、甘蔗等。纺织业是最大的工业部门，其他还有制糖、造纸、烟草、制革、机器制造、化肥、水泥、电力、天然气、石油等。

1947年建国时，巴基斯坦经济基础薄弱，但其在随后40年中取得了高于世界平均水平的经济增长。20世纪90年代，动荡的政治环境和错误的政策导致了经济增长速度的放缓。

2009年以来，在巴基斯坦自身调整努力和国际社会帮助下，经济运行中的积极因素增多，重要经济指数有所好转。目前，巴基斯坦是世界第25大经济体，2017年，国内生产总值达到3 130亿美元，但由于庞大的人口基数，人均GDP只有1 641美元，属于中等较低收入国家。

近年来，巴基斯坦政府一直努力加速工业化，扩大出口，缩小外贸逆差。目前与90多个国家和地区有贸易关系，主要贸易伙伴有美国、中国、阿拉伯联合酋长国、阿富汗，以及欧盟。进口产品包括石油及其制品、机械和交通设备、钢铁产品、化肥和电器等；出口大米、棉花、纺织品、皮革制品和地毯等。

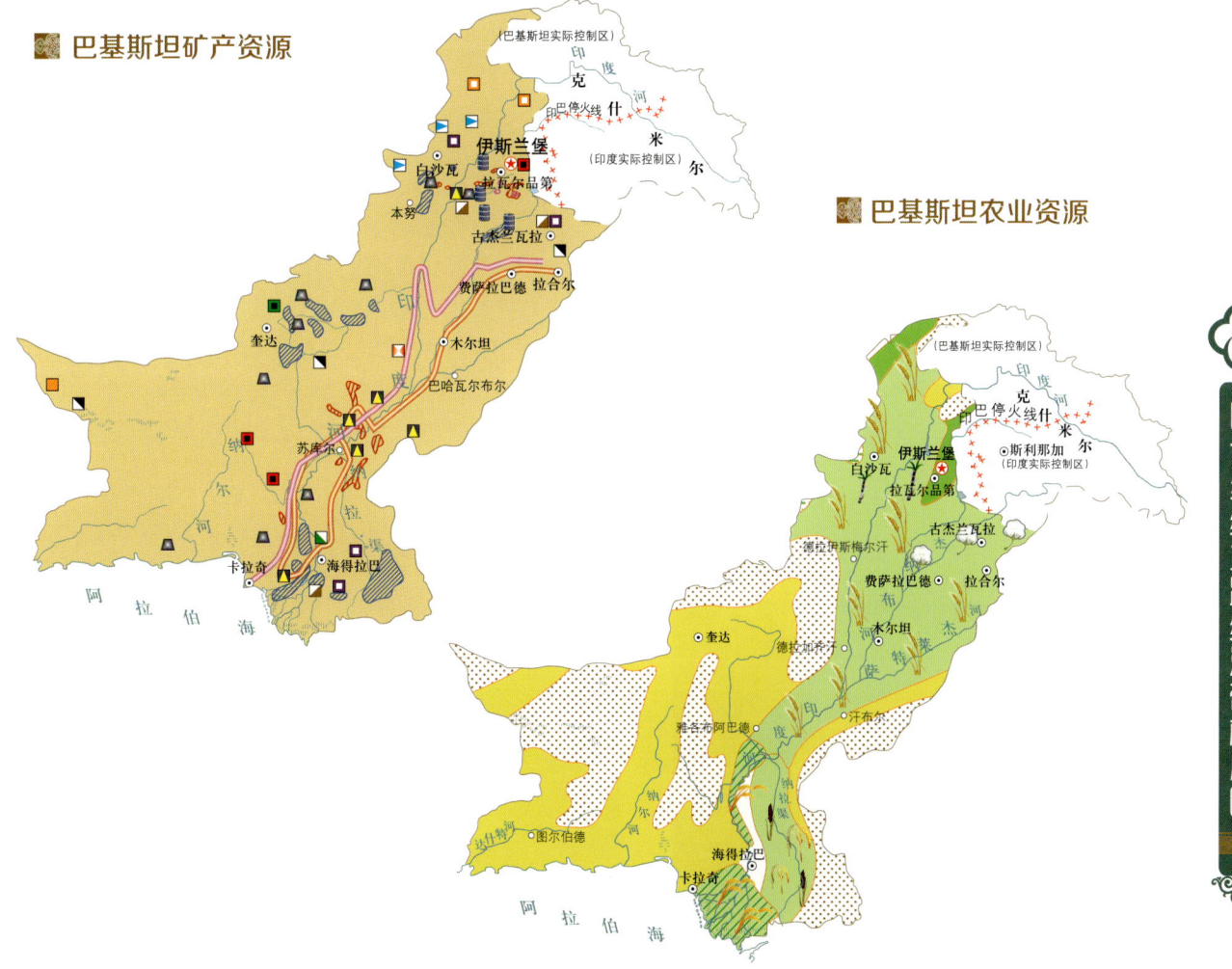

巴基斯坦矿产资源

巴基斯坦农业资源

核心区周边国家 HEXINQU ZHOUBIAN GUOJIA

与中国的关系

中国和巴基斯坦是传统的友好邻邦。古代，巴基斯坦是丝绸之路通往印度的必经之地，中国晋朝的高僧法显和唐代高僧玄奘就曾走过此地。现代，巴基斯坦是伊斯兰世界第一个与中国建交的国家。二十世纪六七十年代，巴基斯坦摒弃跟随西方的外交立场，在中国恢复联合国合法席位等问题上给予中国极大支持，中国也加大对巴基斯坦援助力度，两国关系迅速升温，巴基斯坦视中国为最可信赖的朋友，中国人称巴基斯坦为"巴铁"。

进入21世纪以来，中巴全面合作伙伴关系进一步深入发展。2005年4月，时任国务院总理温家宝同志访问巴基斯坦，双方签署"中巴睦邻友好合作条约"，宣布建立更加紧密的战略合作伙伴关系。双方高层接触频繁，政治互信不断增强。2015年4月，习近平主席访问巴基斯坦，中巴关系提升为全天候战略合作伙伴关系。

中巴两国从20世纪50年代初起就建立了贸易关系，2009年2月，两国签署《中巴自贸区服务贸易协定》。2017年，中巴双边贸易额200.9亿美元，其中，中国对巴基斯坦出口182.5亿美元，进口18.3亿美元。

交通与旅游

巴基斯坦运输以公路为主，现有公路全长26万千米，承担90%以上的客运量和96%的货运量。铁路全长7 791km，运量在交通网络中的比重很小。卡拉奇和卡西姆两个国际港口承担了巴基斯坦国际货运量的95%。2002年巴基斯坦与中国开始合作建设西南俾路支省的瓜达尔港，项目南临印度洋的阿拉伯海，位于霍尔木兹海峡湾口处，对接未来的中巴铁路，建成后将成为东亚国家转口贸易基地及中亚内陆国家重要出海口。目前有伊斯兰堡、卡拉奇、拉合尔和白沙瓦4个国际机场，中国旅客可从北京或乌鲁木齐出发直飞巴基斯坦首都伊斯兰堡，也可选择成都到卡拉奇的航线前往巴基斯坦。

壮丽的乔戈里峰、热情友好的民众、悠久的历史文化积淀，从自然风光到人文景观，巴基斯坦都拥有世界级的旅游资源。每年的10月至次年2月是巴基斯坦旅游的黄金季节，但如果是登山爱好者，一定要在赶在7—9月。

塔克西拉

塔克西拉坐落于巴基斯坦首都伊斯兰堡西北约50km处，是一座拥有2 500年历史的著名古城，曾受到波斯、希腊和中亚的影响，人们可以从塔克希拉了解印度河畔城市的发展历程。塔克西拉还是举世闻名的犍陀罗艺术中心、佛教中心和南亚最丰富的考古遗址之一，中国高僧法显、玄奘等都到过这里。1980年，联合国教科文组织将塔克西拉列入《世界遗产名录》。

罗赫达斯要塞

罗赫达斯要塞地处旁遮普平原与婆忒瓦尔高原交界处的陡峭小山上。1541年由谢尔沙阿建立。上山道路崎岖、险峻，要塞城墙厚实，历史上从未被攻破，创造了中亚和南亚地区穆斯林早期军事奇迹。

摩亨约达罗考古遗迹

该遗迹位于今天巴基斯坦信德省的拉尔卡纳县南部。"摩亨约达罗"在当地语言中意为"死亡之丘"，大约于公元前2600年建成，是代表印度河流域文明的重要城市。科学的城市规划、精致的砖砌建筑、庞大的排水系统，使这座能容纳30 000人的城市成为当年世界屈指可数的大都会之一。然而，摩亨约达罗却在公元前18世纪中叶突然衰落，留下未解之谜。

拉合尔古堡和夏利玛尔公园

拉合尔古堡坐落于巴基斯坦东部文化名城拉合尔，以其魅力无穷的莫卧儿建筑而被誉为"巴基斯坦的心灵"。在红褐色岩石筑成的城垣里，在镶嵌着约90万块各色玻璃镜片的玻璃宫里，长年保流传沙贾汗和泰姬美丽的爱情佳话。拉合尔古堡不仅是巴基斯坦境内数一数二的旅游胜地，也是南亚次大陆地区共同的文化遗产。

夏利玛尔公园则是莫卧儿王朝强盛时期的完美代表，这座举世罕见的花园是莫卧儿王沙贾汗皇帝于1642年下令修建的。公园占地20万平方米，采用波斯园林建筑形式，呈长方形。分为高、中、低三层，缀有大理石亭阁、喷水池、人工瀑布等，仅喷泉就有400多处。清泉从白玉石雕的花蕊中喷出，参天大树浓荫蔽翳，楼台亭阁倒映在碧波荡漾的水池中，自然风貌与人文景观完美融合，创造出一个典雅而富有魅力的环境。

巴基斯坦世界遗产

核心区周边国家 HEXINQU ZHOUBIAN GUOJIA

印度

国旗  呈长方形，长宽比为3：2，由橙、白、绿三个长方形组成，分别象征勇敢的自我牺牲精神、纯洁的真理和信心。中心绘有24根轴条的蓝色法轮，是孔雀王朝阿育王时代佛教圣地石柱柱头的狮首图案。对于印度人而言，它是神圣之轮、真理之轮以及永远轮回的苍穹之轮。

国徽  圆形台基上站立着三只金色的狮子，象征信心、勇气和力量。台基四周有四个守卫四方的守兽：东方象、南方马、西方牛与北方狮，守兽之间雕有法轮。图案来源于孔雀王朝阿育王石柱顶端的石刻。下部用梵文书写着古印度圣书格言"唯有真理得胜"。

历史沿革

印度是世界四大文明古国之一。公元前2500—公元前1500年的印度河文明，其在城市规划和建设等方面的卓越成就至今都令人称奇。但印度河文明却在辉煌之际骤然衰亡消失，留下了一个千古谜团。

公元前1500年左右，中亚雅利安人中的一支进入南亚次大陆，建立了一些奴隶制国家并确立了种姓制度，婆罗门教得以兴起。其后波斯和希腊人先后征服印度，带来了西方的先进文化。公元前4世纪孔雀王朝崛起，并在阿育王时期达到鼎盛。阿育王前半生戎马生涯，统一了整个南次亚大陆但也杀戮无数，仅谋杀的兄弟姐妹就有99人，被称为"黑阿育王"时代；后半生幡然悔过，放下屠刀，在各地兴建84 000座阿育王塔，促成了佛教繁荣，他本人被称为"无忧法王"，是佛教的护法明王，这一阶段史称"白阿育王"时代。

公元前2世纪孔雀王朝灭亡，大夏希腊人、塞人和安息人先后侵入印度，最成功的当属张骞曾经出使的大月氏国在北印度建立的贵霜帝国，是当时与中国的汉朝、西方的古罗马帝国和帕提亚帝国齐名的世界四大帝国之一。4世纪建立的笈多王朝，是印度人建立的最后一个帝国政权，前后统治200多年。中世纪印度小国林立，印度教兴起。11世纪起，伊斯兰教开启了征服印度的历程，中亚突厥人先后侵入印度建立了德里苏丹和莫卧儿两个帝国。

新航路开辟后，葡萄牙、荷兰、法国、英国先后在印度建立殖民地，经过多番争斗，英国于1849年占领印度全境，获得印度的统治权。在英国统治期间，印度人民要求独立呼声从未停息，1857年爆发的印度民族大起义和20世纪初甘地领导的非暴力不合作运动，撼动了英帝国统治的根基。1947年6月，英国通过"蒙巴顿方案"，将印度分为印度和巴基斯坦两个自治领。同年8月15日，印巴分治，印度独立。1950年1月26日，印度共和国成立，并为英联邦成员国。

核心区周边国家 HEXINQU ZHOUBIAN GUOJIA

国家概况

印度共和国（英文：The Republic of India），简称印度。国名得名于印度河，梵文中将河称为"信度"，中文名称源自唐代高僧玄奘所著《大唐西域记》中的译法，称为"天竺"或"身毒"。印度地处南亚次大陆，北依喜马拉雅山脉，南临印度洋，与中国、尼泊尔、不丹、孟加拉国、缅甸、巴基斯坦陆地接壤，与斯里兰卡和马尔代夫等国隔海相望，国土面积约298万平方千米（不包括克什米尔印度实际控制区），居世界第7位。属热带季风气候，一年分为凉季（10月至翌年3月）、暑季（4—6月）和雨季（7—9月）三季。

印度总人口12.95亿，排名世界第二。国家由十几个大民族和几十个小民族组成，其中，印度斯坦族30%，居大族之首，其他族为泰卢固族8.6%、孟加拉族7.7%、马拉地族7.6%，等等。官方语言为英语和印地语。几乎全民信教，其中，信奉印度教的居民约有80.5%，其余为伊斯兰教（13.4%）、基督教（2.3%）、锡克教（1.9%）、佛教（0.8%）和耆那教（0.4%）等。

印度采取英国式的议会民主制，为联邦制国家，是主权的、社会主义的、世俗的民主共和国。由于国大党在印度独立中发挥的重要作用和甘地、尼赫鲁等领袖的巨大号召力，独立后的大半个世纪中，印度政权长期被国大党统治。但在2014年举行的第16届人民院选举中，印度人民党赢得人民院过半数席位，党首纳兰德拉·莫迪出任总理。其他的主要政党为印度共产党（马克思主义）。

资源与经济

印度各类资源丰富，有矿藏近百种，其中云母产量世界第一，煤和重晶石产量居世界第三。储量较大的资源包括：煤2 533.01亿吨、铁矿石134.6亿吨、铝土24.62亿吨、铬铁矿9 700万吨、锰矿石1.67亿吨、锌970万吨、铜529.7万吨、铅238.1万吨、石灰石756.79亿吨、磷酸盐1.42亿吨、黄金68吨、石油7.56亿吨和天然气10 750亿立方米，以及石膏、钻石及钛、钍、铀等。森林面积67.83万平方千米，覆盖率为20.64%。

独立后，印度经济获得较大发展，农业从严重缺粮到基本自给，形成较为完整的工业体系。20世纪90年代以来，服务业发展迅速，已成为全球软件、金融等服务业重要出口国。2017年，印度国内生产总值达到2.36万亿美元，但庞大的人口基数使其人均GDP仅为1 608美元，仍属于中等较低收入国家。

印度拥有世界1/10的可耕地，是世界上最大的粮食生产国之一。主要工业部门包括纺织、食品加工、化工、制药、钢铁、水泥、采矿、石油和机械等，汽车、电子产品制造、航空和空间等新兴工业近年来发展较快。服务业发展迅速，以酒店贸易服务业、金融类服务业、社会服务业以及建筑业为代表的服务业在GDP增速中的比重超过半数。主要贸易伙伴有美国、中国、阿拉伯联合酋长国、新加坡、瑞士以及欧盟等。进口产品包括石油及其制品、建筑材料、机械和交通设备等，出口纺织品、化学制品和钢铁等。

与中国的关系

中国与印度的交往史长达2 000年，公元前2世纪，中国的布匹和竹杖就已经到了印度。1950年4月1日，中印建交，其后两国领导人共同倡导和平共处五项原则，关系亲密。1959年西藏发生叛乱，两国关系恶化，乃至于1962年10月在边境地区发生大规模武装冲突。1976年坚冰融化，双方互派大使，关系逐步改善。2005年4月，时任国务院总理温家宝同志访问印度，双方宣布建立面向和平与繁荣的战略合作伙伴关系。两国在重大国际和地区事务中有着广泛的共识，在中印俄三方合作、发展中五国、"金砖国家""基础四国""多哈回合谈判"中保持密切沟通与配合，共同维护着广大发展中国家权益。

2017年，双边贸易额为844.11亿美元，其中，中国出口680.67亿美元，主要有机电产品、化工产品、纺织品、塑料及橡胶、陶瓷及玻璃制品等；进口163.44亿美元，主要有铁矿砂、铬矿石、宝石及贵金属、植物油、纺织品等。

印度工业资源

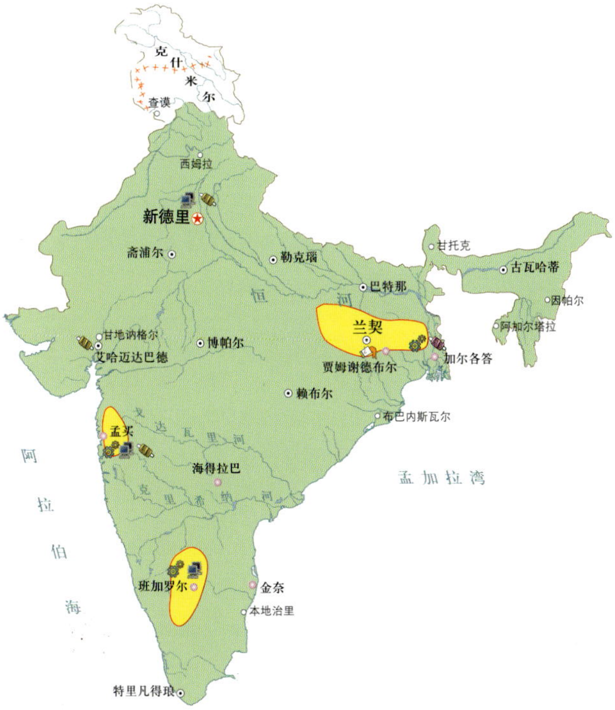

印度矿产资源

印度农业资源

核心区周边国家 HEXINQU ZHOUBIAN GUOJIA

交通与旅游

印度交通较发达，拥有世界第二大公路网和第四大铁路网，海运能力居世界第18位。铁路和公路里程分别达到6.54万千米和486.54万千米；7 500多千米的海岸线上分布有孟买、加尔各答、金奈、科钦、果阿等12个主要港口，承担了全国3/4的水运量。共有机场345个，其中新德里、孟买、加尔各答、金奈和特里凡特琅为国际机场，航线通达各大洲主要城市，北京、上海、广州、成都等城市均有直达印度航线。

旅游业是印度政府重点发展的产业部门，每年有来自全球的700万游客入境，带来的旅游收入超过190亿美元，为印度提供了两千多万个就业岗位，是印度国民经济的重要支柱。在新德里拥有400年历史的市集购物，见证象征爱情的泰姬陵；在神圣的恒河里沐浴，欣赏散落在神秘巨石中的亨比遗迹；或是优哉游哉地在阿拉伯海边的金色果阿海滩漫步等，都令游客乐不思蜀。悠久的历史、灿烂的文化、瑰丽的自然景观和独特的美食体验，让来自世界各地游客品味着浓烈的印度风情。

印度世界遗产

凯奥拉德奥国家公园

凯奥拉德奥国家公园位于印度拉贾斯坦邦东部，距阿格拉50km处，占地28.73km²，主要由一个内河湿地构成。这个曾经的印度王公打野鸭的狩猎场，如今硝烟散尽、休养生息，恢复为阿富汗、土库曼斯坦、中国和西伯利亚水鸟过冬的主要栖息地之一。据统计这里生活着364种鸟类，被认为是世界上鸟类品种最珍贵和最丰富的地区之一，是喜欢自然风光和野生动物的游客的绝佳旅行目的地。

泰姬陵

泰姬陵坐落于北方邦的阿格拉城东南，亚穆纳河南侧，距新德里200多千米。泰姬陵全称为"泰姬·玛哈尔陵"，是莫卧儿帝国皇帝沙贾汗为纪念他第二任妻子穆塔兹·玛哈尔，于1631—1648年修建的巨大的陵墓清真寺。整个建筑由殿堂、钟楼、尖塔、水池等构成，全部用纯白色大理石建筑，镶嵌着玻璃、玛瑙，具有极高的艺术价值，是伊斯兰教和印度建筑的代表作，有"完美建筑"之誉。它与埃及的金字塔、中国的万里长城、巴比伦的空中花园、罗马的大斗兽场、亚历山大墓和索菲亚大教堂一起被称为"世界七大建筑奇迹"。

阿旃陀石窟群

阿旃陀石窟群坐落在马哈拉施特拉邦瓦古尔纳河谷悬崖峭壁上，总长500多米，距崖底80m，由29个洞窟构成，在崖壁上呈镰刀形展开。其中一些石窟的建造日期可以追溯到公元前2世纪，营建时间700余年，有石雕佛像、藻井图案和壁画等，主要表现佛的生平故事和印度古代的宫廷生活，是印度佛教艺术杰作。一代又一代佛教徒将阿旃陀石窟群视为礼拜圣地将近9个世纪，后忽然被放弃，石窟群就一直沉睡在撒哈丹山脉中，直到1819年被一群英国官员猎虎时无意发现。中国高僧玄奘在《大唐西域记》中详细记载了第17窟里的佛在兜率天宫说法一画，与现存文物完全相同。

印度山区铁路

印度最经典的旅行方式首推火车旅行，从清涧纵流的峡谷到茂密的原始森林再到碧绿的田野风景。在火车上，游客可以聊天，可以品茗，可以闭目养神……小火车带给游客的不仅仅是对往日的怀念，更有对明天的美好期许。

核心区周边国家 HEXINQU ZHOUBIAN GUOJIA

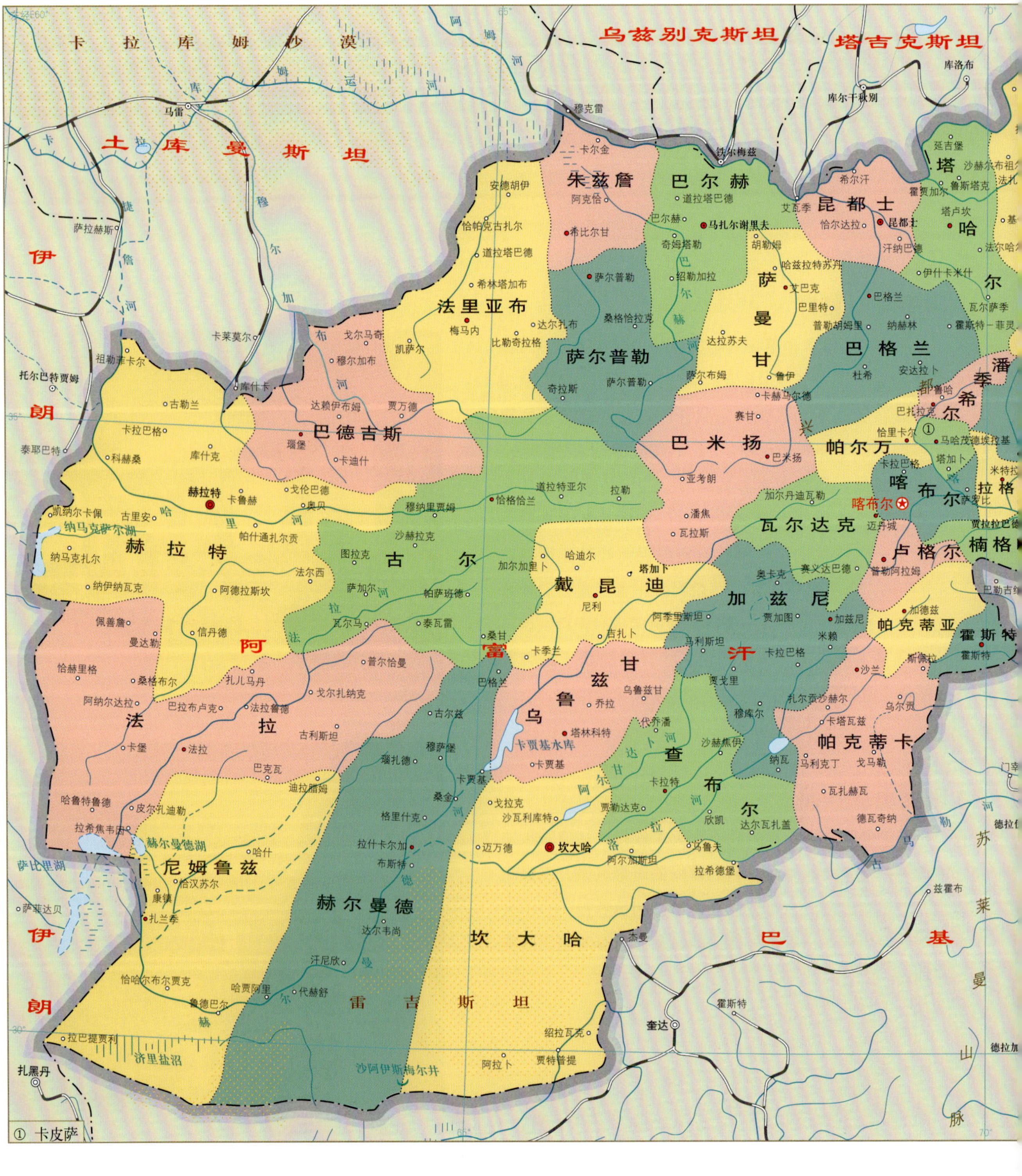

阿富汗

阿富汗 中南亚

国旗 长方形，长宽比为3：2，选用伊斯兰典型的黑红绿三色，分别象征过去、鲜血和未来，国徽图像置于国旗正中。

国徽 圆形，中间为具伊斯兰宗教色彩的清真寺图案，上端为阿文写的阿富汗国名，下端为伊斯兰教的一句名言："万物非主，唯有真主，穆罕默德是安拉的使者。"

历史沿革

阿富汗历史悠久，最早可追溯到公元前6世纪波斯第一帝国统治时期，之后阿富汗就处于被周边大国交替占领、统治阶段。希腊人、大月氏、嚈哒人、突厥人、阿拉伯人、蒙古人、乌兹别克人都曾是这片土地的主人，佛教、祆教、伊斯兰教也先后在此扎根。15世纪以前阿富汗是欧洲、中东对印度和远东贸易、文化交流的中心。15世纪末欧洲至印度的海路开辟后，阿富汗重要性降低。1747年，阿富汗普什图族酋长艾哈迈德建立杜兰尼王朝，重新统一阿富汗地区，阿富汗民族国家雏形形成。

19世纪后，阿富汗国力日衰，成为英国和沙俄的角逐场，并一度沦为英国殖民地，1919年摆脱英国殖民统治获得独立。1933—1973年，在查希尔国王的统治期间，经济繁荣社会稳定，阿富汗一度成为中亚国家发展的典范。20世纪50年代，阿富汗和巴基斯坦对普什图尼斯坦地区归属的争执激化，苏联为和美国争夺亚洲腹地的领导权，积极向阿富汗渗透，赫鲁晓夫在20世纪50年代公开表示支持阿富汗在"普什图尼斯坦"问题上的立场，最终使阿富汗彻底倒向苏联的怀抱，为民族和国家留下了祸根。

20世纪70年代，美苏争霸呈现苏攻美守态势。苏联继承彼得大帝的战略设想，试图以阿富汗为南下基地，打通陆上直下印度洋的通道，威胁中东产油区，迂回包围欧洲，最终称霸世界。1973—1979年，苏联在阿富汗操纵了3次政变，并于1979年12月正式入侵阿富汗。但阿富汗这个"大国坟场"将苏联拉入长达10年的游击战泥潭，1989年2月，在国际社会的强烈谴责下，苏联从阿富汗撤军，双方在战争中均遭受巨大损失。

核心区周边国家 HEXINQU ZHOUBIAN GUOJIA

1994年，以学生为主体的伊斯兰原教旨主义运动组织塔利班兴起，并于1996年9月攻占喀布尔，建立政权。1997年10月改国名为"阿富汗伊斯兰酋长国"，在阿富汗实行伊斯兰统治，并支持同样持原教旨主义的基地组织。"9·11"事件后，塔利班政权在美军事打击下迅速垮台。在联合国主持下，阿富汗启动战后重建"波恩进程"。2002年6月，成立过渡政府。但塔利班残余势力反政府、反美零星战斗持续至今。2004年10月，卡尔扎伊当选总统。2014年阿富汗举行新一轮总统选举，加尼获胜并宣誓就职阿富汗总统，阿卜杜拉被任命为首席执行官。

国家概况

阿富汗斯坦伊斯兰共和国（英语：The Islamic Republic of Afghanistan），简称阿富汗。国名来自人口最多的族群普什图人，意为普什图人的土地。阿富汗是亚洲中西部的内陆国，地处南亚、西亚和中亚交汇处，北部同土库曼斯坦、乌兹别克斯坦和塔吉克斯坦接壤，东北部有一条突出的狭长地带——瓦罕走廊连接中国，东部和南部毗邻巴基斯坦，西与伊朗交界，战略位置十分重要。国土面积64.75万平方千米，平均海拔1 000m，山地高原占全国面积的4/5，兴都库什山脉自东北横贯西南，平原主要分布在北部和西南部地区。河流多为内陆河，最终注入沙漠和湖泊，主要河流有阿姆河、喀布尔河、赫尔曼德河和哈里鲁河等。

阿富汗属于温带大陆性气候，四季分明，昼夜温差大。冬季寒冷，东北部山区最低气温低至-30℃；夏季高温，东部地区贾拉拉巴德最高气温达49℃。全年少雨，年平均降水量仅为240mm。

阿富汗总人口约为3 128万，其中普什图族占40%，塔吉克族占25%，还有哈扎拉、乌兹别克、土库曼等其他少数民族。主要宗教为伊斯兰教，其中，80%为逊尼派，19%为什叶派。普什图语和达里语为阿富汗的官方语言，其他地区语言有乌兹别克、俾路支、土耳其语等。

阿富汗实行总统共和制，国民议会是国家最高立法机关，分上下两院。同时，阿富汗还不定期举行支尔格大会，又称大国民会，讨论宪法、对外政策等重大问题。现有政党近百个，塔利班虽然没有加入阿富汗政府，但事实上控制着阿富汗的广大地区，影响巨大。

阿富汗 中南亚

资源与经济

阿富汗矿藏资源较为丰富，价值超过3万亿美元，但是，尚未得到充分开发。已探明矿藏1 400余处，包括石油、天然气、煤、盐、铬、铁、铜、锂和宝石等。其中，位于喀布尔南部的埃纳克铜矿已探明矿石总储量约7亿吨，铜金属总量达1 133万吨，是世界第三大铜矿带。

长达30多年的战争，对阿富汗交通、工业、教育、农业基础设施破坏严重，人民生活困苦。

2002年以来，阿富汗国民经济呈现"低水平的快速增长"，经济逐步恢复发展。2017年，国内生产总值达到197亿美元，人均GDP为676美元，属于低收入国家。

农牧业是国民经济的主要支柱，农牧业人口占全国总人口的80%以上。主要农作物是小麦、棉花、甜菜、干果及各种水果，主要畜牧产品是肥尾羊和山羊。

阿富汗同60多个国家和地区有贸易往来。主要贸易伙伴有巴基斯坦、中国、印度、伊朗等。出口商品有天然气、地毯、干鲜果品、羊毛、棉花等，进口商品有食品、机动车辆、石油产品和纺织品等。

阿富汗矿产资源

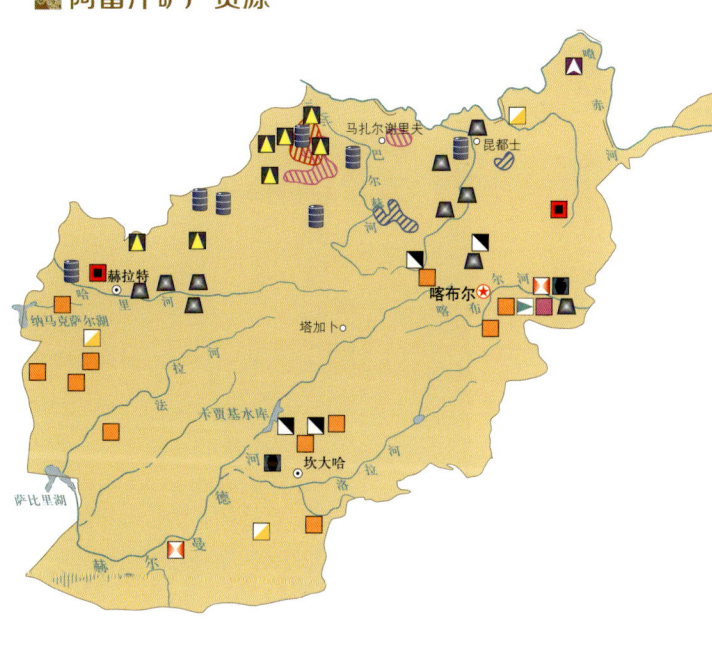

阿富汗农业资源

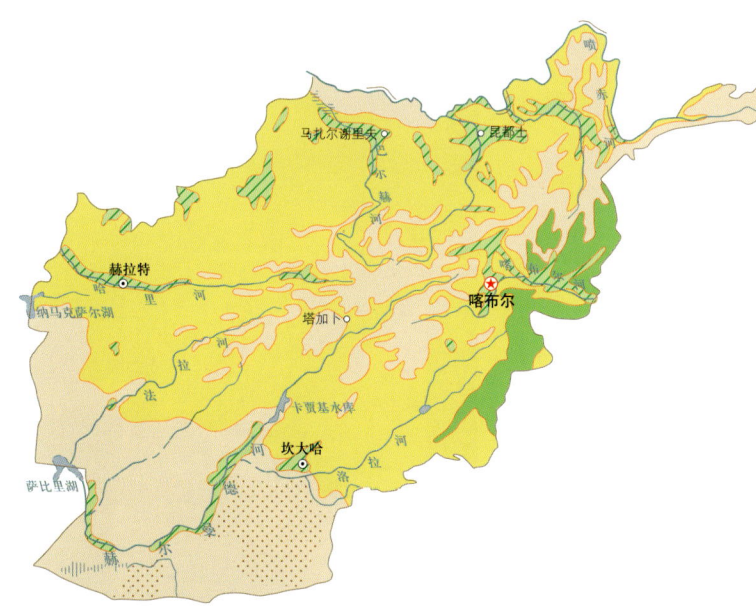

核心区周边国家 HEXINQU ZHOUBIAN GUOJIA

与中国的关系

中国与阿富汗两国友谊源远流长，公元前139年开始的张骞凿空西域之旅，最终抵达的就是位于今天阿富汗的大月氏，从此开辟了著名的"丝绸之路"。张骞回国带回原产于大月氏的胡麻、葡萄、胡萝卜、蚕豆等农产品，后来成为中国人饮食中的重要组成部分。

1955年1月20日，中阿两国建立外交关系。后因战乱多次中断交往，2002年阿富汗启动和平重建进程以来，中阿关系掀开新的一页，2012年6月两国建立中阿战略合作伙伴关系。

2014年2月，习近平主席在出席索契冬奥会期间会见卡尔扎伊总统。王毅外长访阿。5月，阿富汗总统卡尔扎伊来华出席亚信峰会，习近平主席同其举行会见。2015年7月，习近平主席在出席上合组织乌法峰会期间同加尼举行会见。2016年1月，阿富汗外长拉巴尼访华。5月，阿富汗首席执行官阿卜杜拉正式访华。6月，习近平主席在塔什干出席上合组织峰会期间同阿富汗总统加尼举行双边会见。

2008年1月，阿富汗首家孔子学院在喀布尔大学成立。2010年3月阿富汗总统卡尔扎伊访华期间，中方宣布2011年起，每年为阿富汗方提供50名政府奖学金名额。2014年阿富汗总统加尼访华期间，中方宣布将在未来5年内向阿富汗提供500个政府奖学金名额。2015年，阿富汗公民来华1 1642次，我内地居民赴阿富汗1 003次。

2017年双边贸易额为5.44亿美元。其中，中国出口主要为机电、五金、纺织、日用品、轻工类等；进口主要是牛羊皮等。

我国积极参与阿富汗和平重建，截至2016年，共向阿富汗提供了30.2亿元人民币的无偿援助，为阿富汗援建了帕尔旺水利修复工程、喀布尔共和国医院等一批民生工程，并通过双边、多边途径累计为阿富汗方培训各领域专业技术人员千余人。埃纳克铜矿项目和阿姆河盆地油田项目是中阿合作的重点项目。目前，埃纳克铜矿项目由中冶公司负责落实，阿姆河盆地油田项目由中石油公司经营。

交通与旅游

阿富汗是内陆国，无出海口，公路和航空是主要交通方式。公路通车里程17.79万千米，以首都喀布尔为核心展开。国内有46个机场，阿利亚纳和KAM两个航空公司，从首都喀布尔国际机场出发有前往周边主要国家的定期航线，中国旅客可从乌鲁木齐出发前往喀布尔。

阿富汗世界上最危险的国度之一。在当地旅游需要巨大的勇气，主要城市以外的广大地区被不欢迎"客人"的塔利班所控制，就连首都喀布尔被铁丝网和水泥墩包围起来的使馆区也有人体炸弹的危险。曾经世界上最高的站佛，巴米扬大佛和最美的湖泊——班达米尔湖都已经被塔利班破坏，大多数前往阿富汗的游客所能做的只是参观几个在战火中幸存的博物馆，感受一下坎布尔街头危机四伏的氛围。

查姆回教寺院尖塔和考古遗址

阿富汗

巴米扬山谷的文化景观和考古遗迹

巴米扬山谷的文化景观和考古遗迹

位于阿富汗中部巴米扬城北兴都库什山区河谷中的巴米扬山谷向世人展示了1—13世纪期间巴克特里亚文化艺术与宗教的发展历程，其佛教遗址的艺术糅合了印度、波斯及保留希腊、罗马影响的犍陀罗风格，是中国佛教石窟艺术的原型。2001年，塔利班无情地摧毁了两座上千年历史的巴米扬大佛，震惊世界。目前联合国正打算重建这一遗址。

查姆回教寺院尖塔和考古遗址

地处古尔省心脏位置的查姆尖塔，依山傍水，从狭窄河谷中拔地而起，庄严肃穆，高耸入云。这座建造于12世纪的宣礼塔由烧制精巧的砖石筑成，顶部蓝色釉面的琉璃瓦铭刻文华四射，美轮美奂，代表了该地区建筑和艺术的最高水平。

■ 阿富汗世界遗产

核心区周边国家 HEXINQU ZHOUBIAN GUOJIA

土库曼斯坦

历史沿革

土库曼斯坦历史悠久,仅在自己的土地上就建立过70多个国家,成为从印度到地中海古老文明不可分割的一部分。

早在旧石器时代,当地就生活着土库曼人的祖先。在西南部的低地平原地区,有印欧人种留下来的早期文明遗址,他们处在农耕和游牧混杂的原始社会阶段。在公元前6000—公元前2000年前,使用着复杂打制工具的母系氏族公社在这一地区形成。土库曼民族的始祖奥古兹汗土是本阶段历史的化身,也是日后土库曼斯坦走向统一的根源。

自公元前6世纪开始,土库曼地区被纳入波斯系阿契美尼德王朝的版图。公元前4世纪,亚历山大大帝击败波斯并征服了这一地区,继续向

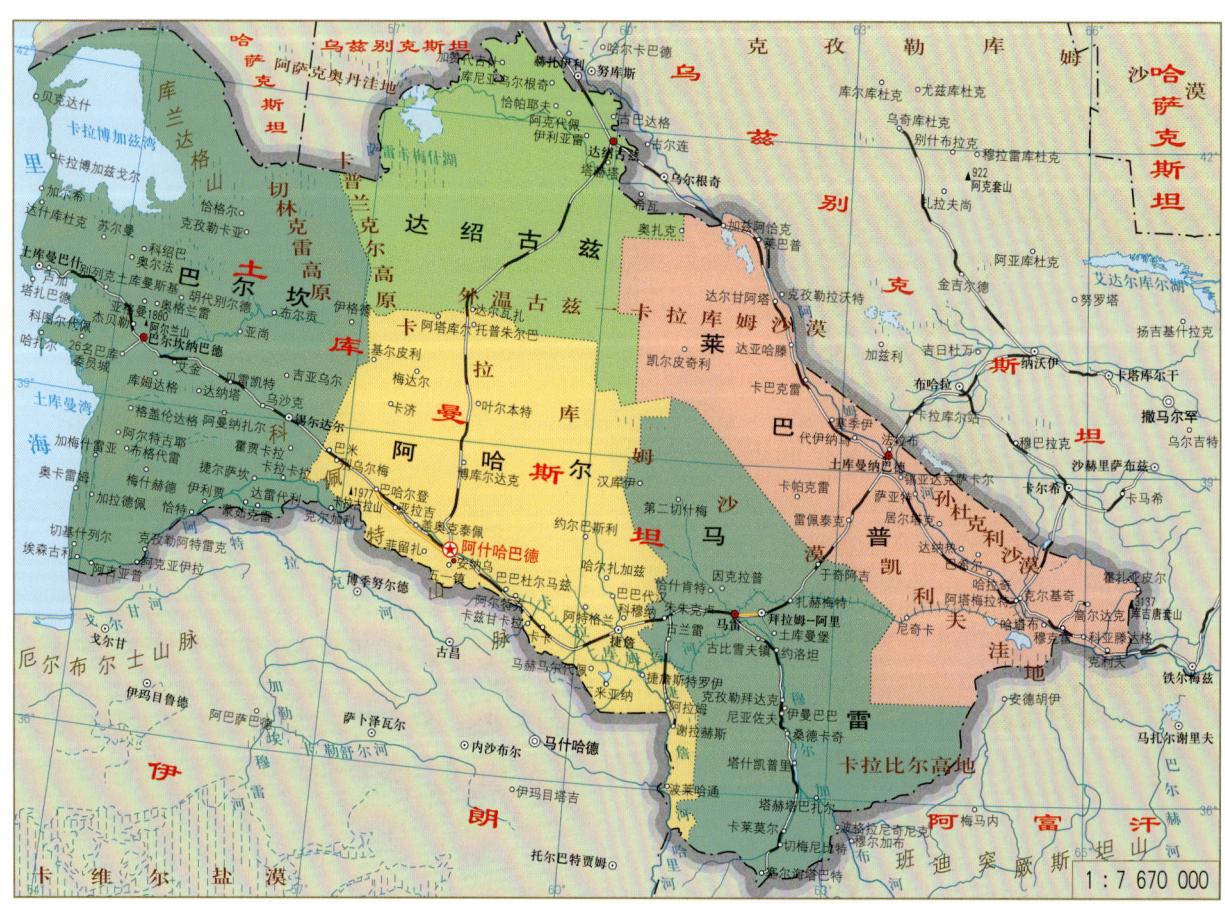

土库曼斯坦 中亚

国旗  可称为全世界最复杂的旗帜。国旗呈长方形，长宽比为3：2，底色为深绿色，上部中间有一弯白色新月和五颗白色五角星。绿色是土库曼传统颜色，白色象征平静与仁慈；新月象征光明前途；五颗星则代表视、听、嗅、味、触五种感官功能，同时象征国家的五个地区：阿哈尔、巴尔坎、列巴普、马雷和达绍古兹。五角星的五个角象征宇宙物质的五种状态：固态、液态、气态、晶态和等离子态。星与月也是伊斯兰教的标志。

国徽  呈八角星型，底色为绿色，中心由三个同心圆组成。外圆周上绘有七颗带绿叶的白色棉桃、两束金色的麦穗、一弯白色新月和五颗白色五角星；中间圆周上绘有五种地毯图案用以代表五个民族；内圆面上是土库曼人为之自豪的阿哈尔捷金马。

北进入中亚。亚历山大大帝在土库曼斯坦的穆尔加布河边建立了亚历山大市，从亚历山大帝国分裂出来的塞琉古王朝在此建立了许多城堡。亚历山大之后，安息王又占领了这一地区，并将都城建立在在距今阿什哈巴德18km的尼萨。凭借着位于中国和波斯之间的有利位置，尼萨成为丝绸之路上连接中国和欧洲的重要枢纽。丝路贸易往来带来城市和商业文明的持续繁荣，土库曼境内出现了大大小小的绿洲城镇，整个地区的繁荣景象一直持续到中世纪。

3世纪上半叶，帕提亚王国灭亡，土库曼地区被波斯萨珊王朝占领。4世纪初，贵霜贵族马尔卡成为此地匈奴人的领袖之后，逐渐将10个部落联合成早期突厥部落联盟。在5世纪中叶，匈奴人的一支嚈哒人（白匈奴）出兵中亚，这一地区又被匈奴占领。与此同时，在土库曼斯坦南部农业持久发展和丝路繁荣的带动下，梅尔夫（今马雷）成为当时最大的国际贸易中心。嚈哒在土库曼斯坦的统治维持到6世纪中叶，之后被崛起的突厥部落推翻，"突厥化"运动对土库曼民族的语言文化和民族习惯产生了极为深远的影响。

7世纪和8世纪，阿拉伯人对中亚地区进行了一连串的入侵，中亚最终被吞并，包括土库曼原住民在内的中亚民族改信伊斯兰教。伊斯兰化是中亚民族历史的重大事件，深刻的影响了整个中亚地区的历史走向。阿拉伯帝国于9世纪灭亡，土库曼分别被塔希尔王朝和萨曼帝国占领。

10—16世纪是土库曼精神的极盛时期。自10世纪晚期起，锡尔河和阿姆河流域以及里海沿岸一带的突厥乌古斯人开始向南迁移，并建立了乌古斯叶护国，今天的土库曼人即是乌古斯的后裔。11世纪，乌古斯叶护国被另一突厥部落消灭，残存的部落随土库曼人南下，而留在中亚的部落则分别获得了花剌子模和呼罗珊地区。土库曼人在1055年进入巴格达，并以此为中心建立了塞尔柱帝国。曾经的丝路重镇梅尔夫历经代代修葺，一度被作为塞尔柱帝国的首都，再次成为中亚地区的政治、经济、文化中心。塞尔柱帝国在12世纪被花剌子模王朝所击败，领土大部分被占领。13世纪，蒙古崛起，整个中亚都遭到了蒙古人灾难性的入侵。14—16世纪，这片土地上先后建立了帖木尔帝国、布哈拉汗国和希瓦汗国。

19世纪初，沙俄击败波斯，到达了土库曼的边界。历经近百年的侵略至1886年，土库曼被俄罗斯吞并。1924年10月27日，土库曼苏维埃社会主义共和国成立并加入苏联。1991年10月27日，土库曼斯坦宣布独立。

核心区周边国家 HEXINQU ZHOUBIAN GUOJIA

国家概况

土库曼斯坦（英语：Turkmenistan），国名来自其主体民族土库曼族，"土库曼"原意为"突厥人"。

土库曼斯坦是中亚西南部的一个内陆国，向南同伊朗接壤，东南与阿富汗接壤，东北与乌兹别克斯坦交界，西北面是哈萨克斯坦，西面是世界上最大的咸水湖里海。面积49.12万平方千米，世界排名第52位，在中亚国家中仅次于哈萨克斯坦。

全国的地势都较低，超过八成的国土被卡拉库姆沙漠所覆盖，境内的平原海拔多在200m以下。东部分布有阿姆河、捷詹河、穆尔加布河等几条河流，长达1 400km的卡拉库姆运河横贯土东南部，流域灌溉面积可达3 000km²，是全球最大灌溉运河之一。

土库曼斯坦典型的温带大陆性气候，夏季炎热，冬季寒冷，昼夜温差大。夏季气温普遍在35℃以上，冬季在东南部山区气温也常低于-30℃。降水量从西北面沙漠向东南部递增，南部的科佩特山脉是全国降雨量最高的地区。雨季多在3月至5月，但总体属于全球最干旱地区之一。

土库曼斯坦人口537万，土库曼族占总人口的94.7%，其次乌兹别克族占2%，俄罗斯族占1%，其他还有哈萨克、亚美尼亚、阿塞拜疆、鞑靼等120多个少数民族。人口分布极不平均，绝大部分人口聚居在城市和绿洲。伊斯兰教为主要宗教，占总人口的89%，主要是逊尼派信徒，另有9%人口为东正教徒。近年来，土库曼斯坦大力提倡伊斯兰文化，信奉东正教的少数俄罗斯人逐渐移出。

官方语言为土库曼斯坦语，而俄语依然通用，另外在边境聚居地区亦流行乌兹别克斯坦语。

名义上，土库曼斯坦实行三权分立的总统共和制，总统为国家元首和最高行政首脑，由全民直接选举产生。国民会议是国家立法机构，政府是国家权力执行机关，由总统直接领导。前总统萨帕尔穆拉特·尼亚佐夫统治期间，保持了长期的政治稳定。2006年尼亚佐夫去世，别尔德穆罕默多夫成为代总统并在之后的大选顺利当选总统，延续了前任的基本政策。土库曼斯坦是被联合国承认的中立国，奉行中立国和全方位外交的策略，并同美俄都保持距离，于2005年退出独联体。

资源与经济

土库曼斯坦资源丰富，蕴藏着惊人的天然气和石油资源，天然气远景储量为24.6万亿立方米，居世界第四位，主要气田在东部和中部的阿姆达利亚油气区；石油远景储量为120亿吨，主要在西部的南里海油气区。芒硝、碘、有色及稀有金属等矿产资源储量大，位于里海沿岸的格拉波嘎兹—埃拉基（Garabogaz Aylagy）泻湖是世界上最大的化工原料基地之一。

土库曼斯坦独立后，制订发展经济的"十年稳定"纲领，成功度过了国家独立后的震荡期。1997年，制定并开始执行加速向市场经济过渡的"一千天计划"，分阶段进行以承包责任制为主的农村改革和企业私有化进程，逐步向市场经济过渡，国家经济进入快速成长期。截至2015年，土库曼斯坦国内生产总值达到358.55亿美元，是独立前的十余倍，人均GDP达到6 672美元，属于中等较高收入国家。石油和天然气是土库曼斯坦国民经济的支柱产业，石油和天然气的年产量约1 000万吨和700亿立方米，也是出口的主要商品。土库曼斯坦主要农产品是棉花、小麦和稻米，农业在GDP中的比重为14.5%，肉、奶、油等食品完全自给自足。值得一提的是，土库曼斯坦对其公民免费提供电力。

土库曼斯坦矿产资源

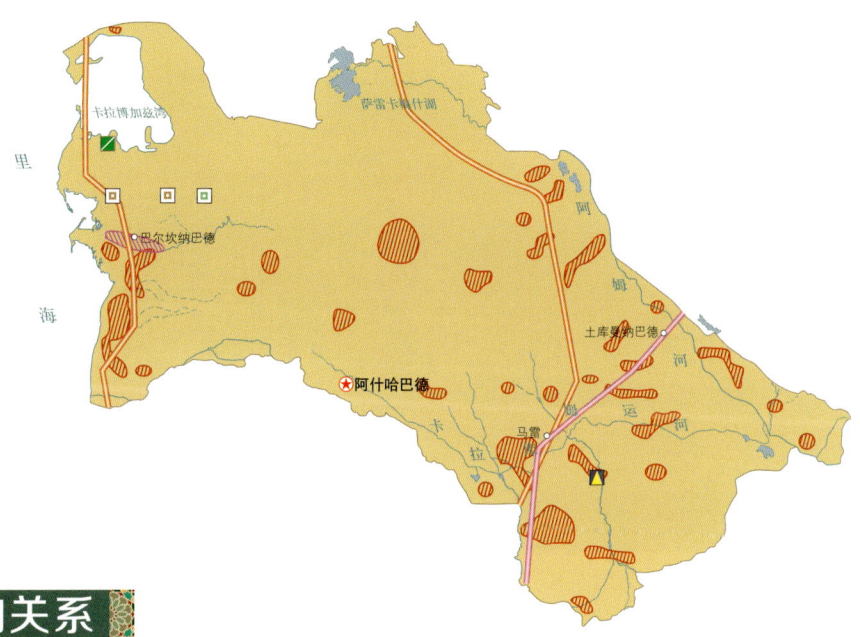

与中国的关系

中土两国于1992年1月6日建交，之后高层交往密切，签署100多份双边合作文件，双方在政治、政党交往、经贸、能源、文化、卫生等领域进行着良好合作。2013年9月，习近平对土进行国事访问，中土建立合作伙伴关系。2014年5月，别尔德穆哈梅多夫总统对华进行国事访问，双方签署《中土友好合作条约》。8月，张高丽副总理访土，同土库曼斯坦副总理霍贾穆哈梅多夫举行中土合作委员会第三次会议；11月，土库曼斯坦副总理兼外交部长梅列多夫来华出席阿富汗问题伊斯坦布尔进程第四次外长会。2015年4月，张高丽副总理在北京会见土库曼斯坦副总理霍贾穆哈梅多夫；11月，别尔德穆哈梅多夫总统再度访华；12月，习近平主席特使、国家副主席李源潮出席土库曼斯坦获得永久中立国地位20周年庆典并访问土库曼斯坦。2016年6月和2017年6月，习近平主席同别尔德穆哈梅多夫总统分别在上海合作组织塔什干峰会、阿斯塔纳峰会期间举行会见。

建交以来，双方经贸合作发展迅速。截至2017年，中国已成为土库曼斯坦重要贸易伙伴，双边贸易额达到69.43亿美元。其中中方出口3.7亿美元，主要包括机电和高新技术产品、金属制品、服装等；进口65.8亿美元，主要是天然气和棉花棉纱等。

土库曼斯坦是中亚—中国天然气管线的主要供气国，四条线路的气源均由土库曼斯坦提供，其中三条经乌兹别克斯坦和哈萨克斯坦抵达中国边境霍尔果斯入境，全长1 833km，北京使用的天然气都是来自土库曼斯坦。还有一条线路由乌兹别克斯坦、塔吉克斯坦和吉尔吉斯斯坦抵达中国边境乌恰入境。

同时，两国人文合作趋于活跃，经常互派文艺团组演出。土库曼斯坦中小学开设汉语课程，我国中央民族大学设有俄语－土库曼语专业。

核心区周边国家 HEXINQU ZHOUBIAN GUOJIA

交通与旅游

土库曼斯坦交通网络以铁路、公路和油气管线为主。其中铁路通车里程3 172km，没有电气化铁路；公路总长约14 000km，没有高速公路，交通发展潜力巨大，在现任总统别尔德穆哈梅多夫领导下，土库曼斯坦正在大力发展国际运输合作，重点发展沿"东西"和"北南"走廊经中亚和里海地区的过境运输，未来土库曼斯坦有可能成为中亚地区最重要的交通枢纽。

土库曼斯坦首都阿什哈巴德国际机场与北京间有定期往返的航班可供游客进出，但前往土库曼斯坦旅游可谓困难重重。首先只有在持有国境签证的情况下才能独自旅行，但期限仅限于3~5天。持有旅游签证也需要一名当地导游自始至终陪同，且价格不菲。

由于80%的国土被沙漠覆盖，土库曼斯坦最知名的景点都在漫漫黄沙之中。游客可以前往东南部的梅尔夫探索当年花剌子模帝国的遗迹——古特鲁格帖木儿宣礼塔和王室陵墓；也可以在中部的卡拉库姆沙漠探索有"地狱之门"之称的卡尔瓦扎天然气坑，它已经持续燃烧了44年；或者仅仅在首都阿什哈巴德欣赏各式各样"黄金时代"的建筑，大理石宫殿、纪念碑和喷泉；当然最好的旅行方式是深入到牧民中去，体验土库曼斯坦人令人难以抗拒的热情。

土库曼斯坦世界遗产

地狱之门

在世界顶尖旅行者的目录中，土库曼斯坦的"地狱之门"是必须到访的经典景点，位于卡拉库姆沙漠中部官方名称为"达瓦札天然气火山口"，是当年苏联地质学家在进行天然气探测时坍塌形成的。当时为防止有毒气体泄漏，专家引燃了坑内的气体，谁知这一烧就是44年之久。夜晚，"达瓦札天然气火山口"发出的火光染红了半个天空，在几十千米外都清晰可见，有如地狱在人间的大门，从未有人尝试进入。2015年，探险家乔治·康罗尼斯勇敢地跨入了"地狱之门"，他身穿防护装备，在1 000℃高温的火焰坑面行走，采取了矿石和泥土样本，发现在如此高温下仍有细菌存活，看来"地狱"中也是有生命存在的。

尼萨帕提亚要塞

尼萨帕提亚要塞位于土库曼斯坦首都阿什哈巴德西15km的巴杰尔村，2007年作为文化遗产被列入《世界遗产名录》。要塞由新旧两组台形遗址构成，是古代帕提亚王国最早和最重要的城市遗址。在近2 000年的历史中，要塞几乎未遭到破坏，古代文明被保存下来。要塞巧妙地将自身的传统文化元素和希腊及西罗马元素结合起来，生动地展现了中亚和地中海地区在大国文化影响下的互动，是东西方、南北方之间重要的通道和贸易中心。

库尼亚－乌尔根奇

库尼亚－乌尔根奇位于土库曼斯坦的西北部、阿姆河的南面，距离首都阿什哈巴德480km。古称玉龙杰赤，是古代花剌子模王国的首都，丝绸之路在中亚地区的重要贸易都市之一。历史上乌尔根奇曾多次被毁又重建，今天游客能看到的遗迹面积约3.5km²，主要是一些由泥砖建筑而成的碉堡、宣礼塔和帝王陵墓。

梅尔夫历史与文化公园

梅尔夫位于土库曼斯坦马雷市附近，因城畔湍急的穆尔加布河得名。马雷古城在撒马儿罕和巴格达之间，是古代丝绸之路上的交通要道。在其鼎盛时期，这里曾与大马士革、巴格达和开罗一道被称为伊斯兰教的中心。现在的梅尔夫是中亚地区丝绸之路沿线最古老、保存最完好的绿洲城市，1999年作为世界文化遗产被列入《世界遗产名录》。

核心区周边国家 HEXINQU ZHOUBIAN GUOJIA

伊朗

国旗 呈长方形，长宽比为7：4。由绿、白、红三色长条组成，分别象征生命和希望，神圣与纯洁以及丰富的矿产资源。正中镶嵌着红色的伊朗国徽图案。

国徽 由四弯新月、一把宝剑和一本古兰经组成阿拉伯文"安拉"（真主）。新月象征伊斯兰教；古兰经位于顶端，象征伊斯兰教高于一切，是共和国行为准则的依据；宝剑象征坚定与强大的国家力量。

历史沿革

伊朗最早的历史可追溯到公元前3000年的埃兰王朝和在伊朗高原定居的雅利安人王国米底亚。公元前6世纪，居鲁士大帝创建的波斯帝国横空出世，盛极一时。在波斯波利斯大流士一世（公元前522—公元前486年）统治时期，波斯帝国包括了70个民族、5 000万人口、近700万平方千米的土地，成为历史上第一个横跨欧亚非三大洲的帝国。

自公元前334年亚历山大征服波斯开始，希腊人、阿拉伯人、突厥人、蒙古人、阿富汗人先后入侵并统治伊朗。1779年，伊朗东北部的土库曼人恺伽部落统一了伊朗，建立恺伽王朝，并首次定都德黑兰。19世纪后，西方列强加紧对伊朗的争夺，伊朗沦为英、俄的半殖民地。

尼萨帕提亚要塞

尼萨帕提亚要塞位于土库曼斯坦首都阿什哈巴德西15km的巴杰尔村，2007年作为文化遗产被列入《世界遗产名录》。要塞由新旧两组台形遗址构成，是古代帕提亚王国最早和最重要的城市遗址。在近2 000年的历史中，要塞几乎未遭到破坏，古代文明被保存下来。要塞巧妙地将自身的传统文化元素和希腊及西罗马元素结合起来，生动地展现了中亚和地中海地区在大国文化影响下的互动，是东西方、南北方之间重要的通道和贸易中心。

库尼亚-乌尔根奇

库尼亚-乌尔根奇位于土库曼斯坦的西北部、阿姆河的南面，距离首都阿什哈巴德480km。古称玉龙杰赤，是古代花剌子模王国的首都，丝绸之路在中亚地区的重要贸易都市之一。历史上乌尔根奇曾多次被毁又重建，今天游客能看到的遗迹面积约3.5km²，主要是一些由泥砖建筑而成的碉堡、宣礼塔和帝王陵墓。

梅尔夫历史与文化公园

梅尔夫位于土库曼斯坦马雷市附近，因城畔湍急的穆尔加布河得名。马雷古城在撒马儿罕和巴格达之间，是古代丝绸之路上的交通要道。在其鼎盛时期，这里曾与大马士革、巴格达和开罗一道被称为伊斯兰教的中心。现在的梅尔夫是中亚地区丝绸之路沿线最古老、保存最完好的绿洲城市，1999年作为世界文化遗产被列入《世界遗产名录》。

核心区周边国家 HEXINQU ZHOUBIAN GUOJIA

伊朗

国旗 呈长方形，长宽比为7：4。由绿、白、红三色长条组成，分别象征生命和希望，神圣与纯洁以及丰富的矿产资源。正中镶嵌着红色的伊朗国徽图案。

国徽 由四弯新月、一把宝剑和一本古兰经组成阿拉伯文"安拉"（真主）。新月象征伊斯兰教；古兰经位于顶端，象征伊斯兰教高于一切，是共和国行为准则的依据；宝剑象征坚定与强大的国家力量。

历史沿革

伊朗最早的历史可追溯到公元前3000年的埃兰王朝和在伊朗高原定居的雅利安人王国米底亚。公元前6世纪，居鲁士大帝创建的波斯帝国横空出世，盛极一时。在波斯波利斯大流士一世（公元前522—公元前486年）统治时期，波斯帝国包括了70个民族、5 000万人口、近700万平方千米的土地，成为历史上第一个横跨欧亚非三大洲的帝国。

自公元前334年亚历山大征服波斯开始，希腊人、阿拉伯人、突厥人、蒙古人、阿富汗人先后入侵并统治伊朗。1779年，伊朗东北部的土库曼人恺伽部落统一了伊朗，建立恺伽王朝，并首次定都德黑兰。19世纪后，西方列强加紧对伊朗的争夺，伊朗沦为英、俄的半殖民地。

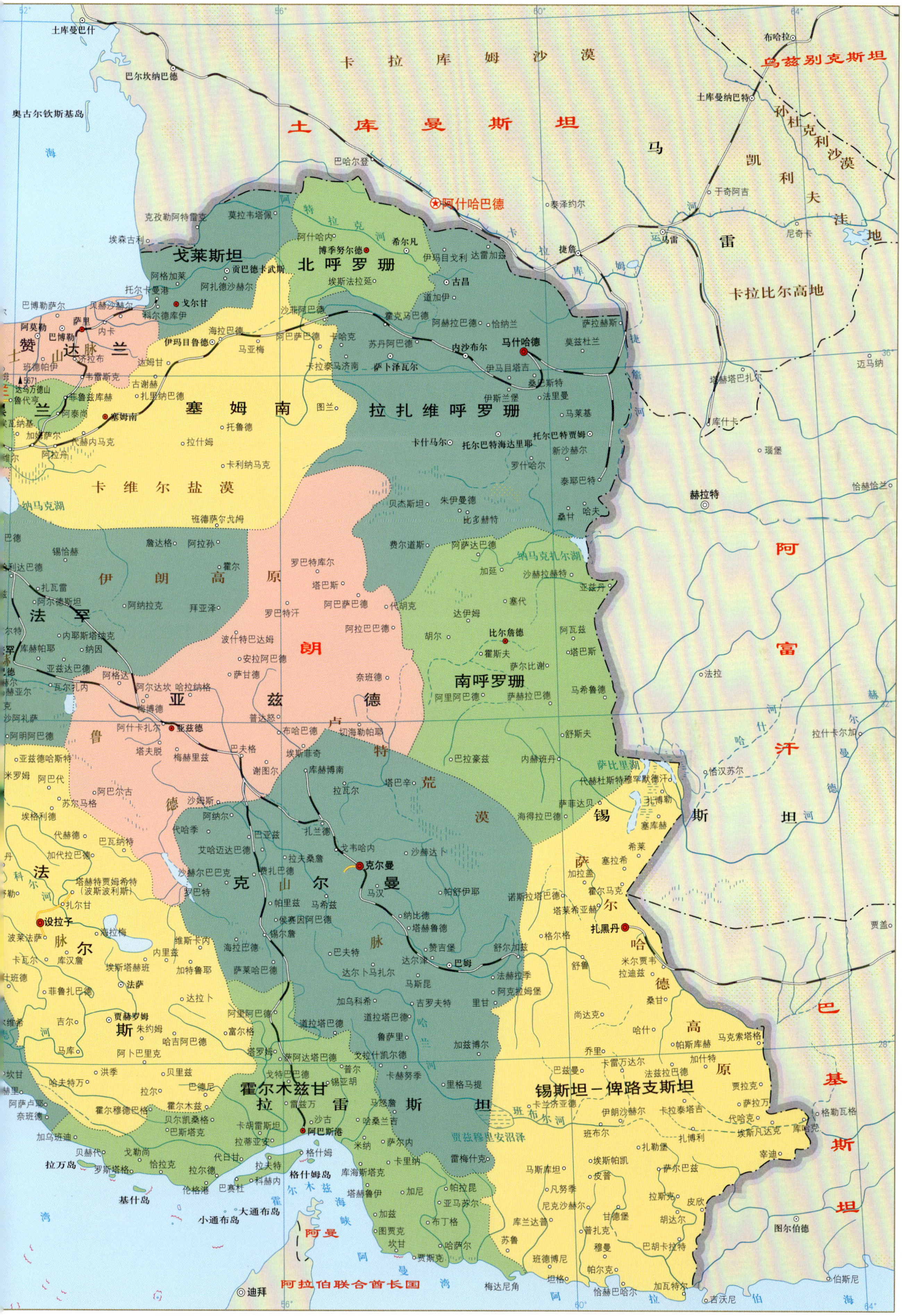

核心区周边国家

1921年2月,军官礼萨汗·巴列维发动政变,夺取政权,建立巴列维王朝。世俗化的伊朗政府在美英的支持下,经济迅速发展,人民生活水平和政治权利得到较大改善,但快速增长的人口所带来的就业压力和对宗教势力长期的打压使巴列维国王逐渐失去了人民的支持。1979年,长期流亡海外的宗教领袖霍梅尼回国建立伊朗伊斯兰共和国,至此伊朗成为政教合一的国家。

此后发生的伊朗人质危机、两伊战争、伊朗核问题使伊朗与西方国家渐行渐远,经济发展也受到影响,但鲜明的政治主张、强大的综合国力使伊朗仍不失为一个中东地区有影响力的大国。

国家概况

伊朗伊斯兰共和国(英语:Islamic Republic of Iran)位于亚洲西部,北靠里海,南临波斯湾和阿拉伯海,陆上与土库曼斯坦、阿富汗、巴基斯坦、伊拉克、土耳其和阿塞拜疆和亚美尼亚为邻,国土面积约164.5 km^2,排名世界第18位。国土大部分位于伊朗高原,海拔在900~1 500 m,仅西南部波斯湾沿岸与北部里海沿岸有小面积的冲击平原。主要河流有卡流伦河与塞菲德河。气候四季分明,大部分地区属于沙漠性气候,冬季温暖湿润,夏季干热,干热季节长达7个月,年均降雨低于250 mm。

伊朗人口7 847万,人口中波斯人占66%,阿塞拜疆人占25%,库尔德人占5%,还有、巴赫蒂亚里人、卢尔人、俾路支人及土克曼人等少数民族。超过98.8%的居民信奉伊斯兰教,其中91%为什叶派,7.8%为逊尼派。波斯语是其官方语言。

国家实行总统内阁制,总统是国家元首,也是政府首脑,1989年霍梅尼去世后,哈梅内伊继任国家领袖。现任总统哈桑·鲁哈尼于2013年上台。伊斯兰议会是伊朗最高国家立法机构,实行一院制,同时设有确定国家利益委员会、宪法监护委员会和专家会议等机构。

资源与经济

伊朗能源储量丰富,已探明天然气储量33.69万亿立方米,石油储量1 545.8亿桶,是世界第二大天然气和第三大石油蕴藏国,其产量均列世界第四位。矿物资源储量同样巨大,矿藏总储量270亿吨,其中,锌矿储量2.3亿吨,居世界第一位;铜矿储量30亿吨,约占世界总储量的5%,居世界第三位;铁矿储量47亿吨;其他储量较大的有铬、金、锰、锑、铅、硼、重晶石、大理石等,每年矿产品开采量占全球的1.5%。

由于近年来能源价格持续下跌和伊朗大幅下调里拉尔对美元汇率,其国内生产总值相对2011年顶峰时期的5 766亿美元大幅降低至2017年的4 277亿美元,目前人均GDP为5 250美元,属于中等较高收入国家。农业在国民经济中占有重要地位,可耕地面积超过国土面积的30%,农业人口占总人口的43%,粮食生产能够满足国内需要的90%。

出口商品为油气、金属矿石、皮革、地毯、水果等,主要进口产品有食品、药品、运输工具、机械设备等。伊朗是OPEC第二大原油输出国和世界第四大原油生产国,对世界能源市场影响巨大。主要贸易伙伴为中国、伊拉克、阿拉伯联合酋长国和欧盟等。

伊朗矿产资源

伊朗农业资源

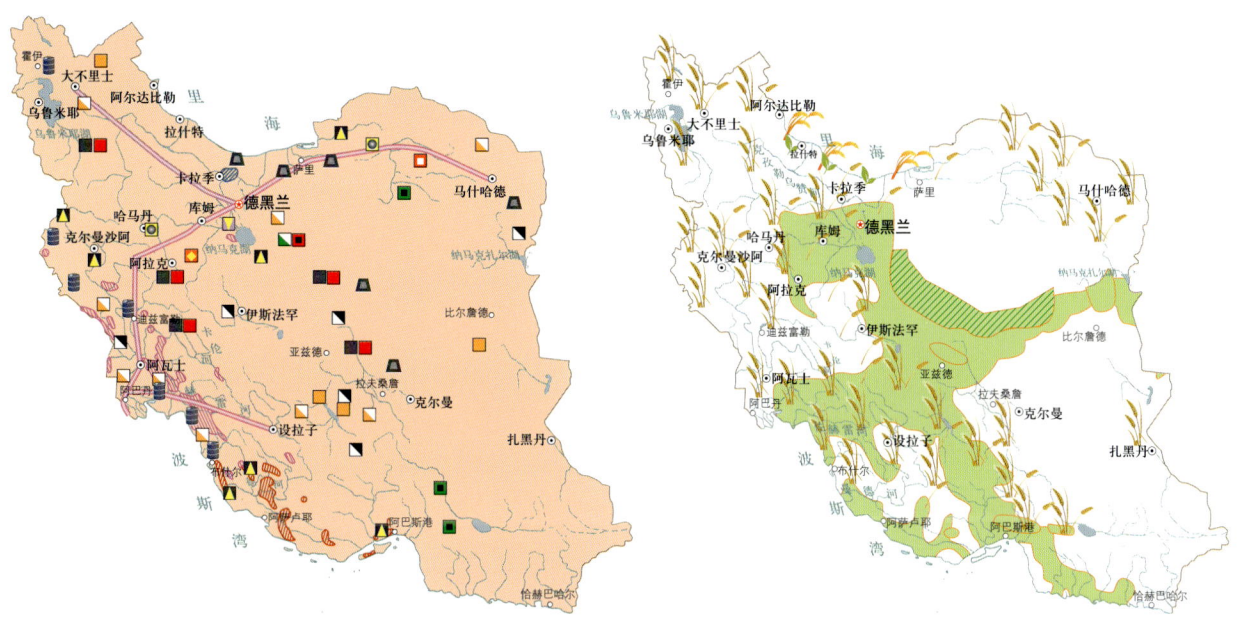

与中国的关系

中国与伊朗的交往可追溯至公元前2世纪，张骞在凿空西域的旅途中就得知安息的存在。97年，东汉甘英奉西域都护班超之命出使大秦，最远曾抵达安息西界的西海（今波斯湾），是中国到访伊朗的第一人。此后，两国来往不断，丝绸之路的作用日益凸显，互利沿途各国，到了沿途诸国诸邦和周边邻邦邻国纷纷来贺的唐朝，唐高宗顺势利导帮助波斯萨珊王朝末代王子俾路斯复国，建立了波斯都护府。

1971年8月16日，中国与伊朗正式建交。1979年伊朗伊斯兰共和国建立后，两国高层互访增多，各领域友好合作关系不断发展。2016年1月两国建立全面合作伙伴关系。

近年来，中国与伊朗在政治、经贸等领域的友好合作关系平稳发展。两国高层保持接触。2013年9月，习近平主席在上海合作组织比什凯克峰会期间与伊朗总统鲁哈尼会晤。2015年4月，习近平主席在印尼雅加达出席亚非领导人会议期间会见伊朗总统鲁哈尼。9月，习近平主席在纽约出席联合国成立70周年系列峰会期间会见伊朗总统鲁哈尼。2016年1月，习近平主席对伊朗进行国事访问。

此外，2013年12月，杨洁篪国务委员访问伊朗。2014年11月，中共中央政治局委员、中央政法委书记孟建柱访问伊朗。2016年11月，国务委员兼国防部长常万全上将访问伊朗。2017年4月，国务院副总理刘延东访问伊朗。

伊朗方面重要来访有：2013年10月，伊朗议长拉里贾尼访华。2014年5月，伊朗总统鲁哈尼访华并出席在上海举行的亚信峰会。2016年12月，伊朗外长扎里夫访华并举行中伊外长年度会晤机制首次会议。

中伊经贸合作不断深化。2016年，中伊双边贸易额312.3亿美元，同比减少7.7%。2017年1—6月，中伊双边贸易额180.7亿美元，同比增长30.8%。中国对伊朗出口以机电、纺织、化工、钢铁制品等为主，从伊主要进口原油、矿石、初级塑材、钢材和农副产品等。

核心区周边国家 HEXINQU ZHOUBIAN GUOJIA

交通与旅游

伊朗交通发达，公路总长15.8万千米，铁路总长9 508km，在波斯湾和里海建有多个大型港口，是中东和波斯湾地区最大的油轮拥有国。航运方面建有通往中东、亚洲及欧洲地区的国际航空网络和6个国际机场，但主要出入境航班都从德黑兰的迈赫尔阿巴德机场出发，中国游客可从北京、乌鲁木齐和上海出发前往德黑兰。

伊朗拥有5 000年的文明史，自然风光和文化遗存丰富，吸引着大量的国际游客。伊斯兰革命和两伊战争使伊朗旅游业遭到极大破坏，国际游客人数一度不到10万人。1991年以来，在政府不断努力下，旅游业逐渐复苏，2013年入境游客人数达到480万。在伊朗旅游，游客可以欣赏到《一千零一夜》里描述的美轮美奂的波斯园林，可以在舒什塔尔3世纪修建的水利系统里感叹古代劳动人民的聪明智慧，在波斯波利斯大流士一世的宫殿感受万邦来朝的帝王气势。总之，丰富多彩的波斯和伊斯兰文化会使游客的伊朗之旅充满浓郁的异域特色。值得一提的是，方便游客在德黑兰各个景点穿梭的地铁系统是由中国建设的。

舒什塔尔古代水利系统

建于3世纪，该系统通过一系列精巧的设计将克鲁恩河水引入舒什塔尔市，是伊朗古代最伟大的水利工程，见证了依拉密特人和美索不达米亚人的聪明才智。

波斯园林

波斯园林由分布在9个省份的9座园林共同组成，体现了自公元前6世纪居鲁士大帝时期以来形成的波斯园林设计原则，展现着由适应各种气候条件而发展来的多样园林风格。所有园林设计理念都突出对伊甸园及琐罗亚斯德教四大元素——天空、水、大地、植物的象征意象的体现，对后世的印度及西班牙园林艺术产生了重要影响。

伊朗世界遗产

大不里士的集市区

　　该集市区位于东阿塞拜疆省的大不里士自古以来就是中东地区各种文化的交流之地和丝绸之路上的一个重要贸易中心。13世纪，这里成为萨法维王国的首都，由一系列相互连接、顶部覆盖、砖石结构的建筑以及功能各异的封闭空间所构成的集市区随之建立起来，并维持了600年的繁荣。如今，此地依然是伊朗传统商业与文化体系保存最完整的骄傲，闪耀着昔日丝绸之路的辉煌，昭示着未来一带一路的光明前途。

波斯波利斯

　　波斯波利斯位于扎格罗斯山区盆地，修建于大流士王时期，是波斯阿基美尼德王朝的第二个都城。原址规模宏大，波斯人用了60年才将其建成，后被亚历山大大帝攻占后焚毁，现存有大流士王的接见厅与百柱宫，是中亚古代文明的一个独特证明，于1979年入选《世界文化遗产名录》。

核心区周边国家 HEXINQU ZHOUBIAN GUOJIA

土耳其

土耳其 西亚

国旗 呈长方形，长宽比为3∶2。旗面为红色，象征鲜血和胜利，左侧有一弯白色新月和一颗白色五角星，是伊斯兰教标示，也象征光明与幸福。

国徽 土耳其没有官方国徽，由一个外交部使用的标志所代替。新月和星是国家信仰的标志，象征吉祥和幸福。新月抱星表示人民的团结与独立。

图说丝绸之路经济带核心区

1∶4 300 000

核心区周边国家 HEXINQU ZHOUBIAN GUOJIA

历史沿革

土耳其历史悠久，从亚伯拉罕到诺亚方舟所停泊的亚拉拉特山，在圣经时代就是人类文明的中心。亚述、苏美尔和赫梯等文明在这里兴衰更迭，波斯国王居鲁士大帝、大流士一世和马其顿国王亚历山大大帝也都在这里留下印记。公元前129年，罗马人占领安纳托利亚，称其为小亚细亚，客观上使其成为丝绸之路连接欧洲大陆的桥头堡。

330年，康斯坦丁大帝在拜占庭建立罗马帝国的东部首都，更名为君士坦丁堡。395年，东、西罗马帝国彻底分裂，东罗马帝国改称拜占庭帝国。527—565年查士丁尼在世时，帝国统治达到顶点，著名的圣索菲亚大教堂就建于此时。

其后，由中亚而来的突厥人和蒙古人先后统治过安纳托利亚。土耳其最辉煌的时期莫过于奥斯曼帝国时期。1281年，奥斯曼贝伊建国时，奥斯曼还只是塞尔柱帝国西北边疆的一个小诸侯国。但此后几个世纪，迈赫迈特、塞利姆一世、苏莱曼大帝的所做所为，使得奥斯曼帝国成为文艺复兴以来欧洲最伟大的帝国之一。17世纪鼎盛时期其领土北面从奥地利边界直至俄国，南境一直伸入非洲内地，东迄亚洲高加索和波斯湾，西界为非洲的摩洛哥，囊括今欧、亚、非近40个国家和地区的土地，面积约600万平方千米，黑海、红海和半个地中海都成为奥斯曼帝国的内湖。

苏莱曼一世去世后的两个世纪，奥斯曼帝国逐渐衰落。西欧强国的挤压和境内阿拉伯和巴尔干地区的民族运动加速了帝国的消亡，第一次世界大战错误加入同盟国成为压倒帝国的最后一根稻草。一战后，协约国瓜分了土耳其大部分领土，关键时刻爱国军官穆斯塔法凯末尔挺身而出，领导土耳其人民开展反对帝国主义和奥斯曼封建王朝的民族解

土耳其 西亚

放斗争，并于1923年10月29日成立土耳其共和国；后废除哈里发制，实行政教分离，采用资产阶级的民法、刑法和商法，进行文字改革，努力发展民族经济，土耳其在社会经济方面进步明显，成为伊斯兰世界中最发达的国家。

国家概况

土耳其共和国（英语：Republic of Turkey）简称土耳其。地跨亚、欧两大洲，陆上与格鲁吉亚、亚美尼亚、阿塞拜疆、伊朗、伊拉克、叙利亚、希腊和保加利亚相邻；海上濒临地中海、马尔马拉海和黑海，地理位置十分重要，是连接欧亚的十字路口。土耳其领土面积78.36万平方千米，其中，97%位于亚洲的小亚细亚半岛，大部分是安纳托利亚高原，3%位于欧洲的巴尔干半岛。南部沿海地区属亚热带地中海式气候，较干旱；内陆为大陆型气候，较为凉爽。

人口7 981万，其中，土耳其族占80%以上，主要的少数民族库尔德族约占15%。土耳其语为官方语言。99%的居民信奉伊斯兰教，其中，85%属逊尼派，其余为什叶派中的阿拉维派；少数居民信仰基督教和犹太教。

现行宪法于1982年11月7日生效，规定土耳其为民族、民主、政教分离和实行法制的国家，实行议会共和制。大国民议会是最高立法机构。正义与发展党自2002年11月上台以来，已连续单独执政16年，政绩较为突出，执政地位相对稳固，党主席埃尔多安为土耳其第12任总统。

新疆图说丝绸之路经济带核心区

核心区周边国家 HEXINQU ZHOUBIAN GUOJIA

资源与经济

土耳其特殊的地质结构下蕴涵着丰富的矿产，使其成为世界上为数不多几个能够满足自身原材料供应需求的国家之一。矿产总产量位居全球第28位，总值超过2万亿美元，主要有大理石、硼矿、铬、钍和煤等。其中，大理石储量占世界40%，品种数量均居世界第一。三氧化二硼储量7 000万吨；钍储量占全球总储量的22%；铬矿储量1亿吨，居世界前列。贝帕扎里天然碱矿区拥有全球第二大的纯碱储量。区内设立的加工厂每年生产100万吨纯碱以及10万吨碳酸钠。

土耳其是世界第17大经济体，是经合组织创始成员国和20国集团主要经济体。2017年，国内生产总值达到7 695亿美元，人均GDP为9 647美元，属于中等较高收入国家。

工农业基础好，主要的工业部门有钢铁、水泥、机电产品和汽车等，家电制造技术领先，Beko及Vestel为欧洲最大家用电子产品与电器制造商。主要农产品有烟草、棉花、稻谷、橄榄、甜菜、柑橘、牲畜等，基本实现自给自足。

1995年，土耳其与欧盟缔结关税联盟，关税税率相对自由化，对外贸易增速加快。欧盟、俄罗斯、中国、美国、伊朗等是其主要贸易伙伴。

土耳其矿产资源

土耳其 西亚

与中国的关系

中国和土耳其于1971年8月4日正式建交。20世纪80年代以来，双边关系发展较快，经贸合作稳步开展。2017年，两国双边贸易额达到219亿美元，其中，中国出口181.2亿美元，进口37.828亿美元。

交通、电力、冶金、电信是双方合作的重点。连接土耳其首都安卡拉和最大城市伊斯坦布尔的高速铁路二期是中土合作的典范。铁路全长533km，设计时速250km，已于2014年7月25日建成通车。安伊高铁是中国企业在境外组织承揽实施的第一个电气化高速铁路项目，是"一带一路"建设的重要成果，为中土未来经贸合作奠定了坚实基础。

土耳其世界遗产

核心区周边国家 HEXINQU ZHOUBIAN GUOJIA

交通与旅游

土耳其是亚欧大陆的交通枢纽,拥有立体便捷的水陆空交通网络。其中,国际机场主要集中在经济发达的西部地区的伊斯坦布尔、安卡拉等城市。世界主要城市都有航班定期前往土耳其,伊斯坦布尔是土耳其全国的重要交通枢纽,同时也是亚欧大陆的中转站,北京、上海、广州、香港、乌鲁木齐均有直达伊斯坦布尔的航班。

铁路交通总体水平不高,平均车速较慢,目前从中国无法直接乘火车达到土耳其。但从欧洲主要城市出发,可以前往伊斯坦布尔,最为著名的是从巴黎前往伊斯坦布尔的东方快车。目前,威尼斯—辛普伦线是唯一保留下来的东方快车,它行走于伦敦—巴黎—苏黎世—茵斯布鲁克—威尼斯之间,每年3—11月每星期一班。

土耳其拥有广泛且维修很好的公路网,连结着各乡镇和观光地,其中E80和E90是从欧洲经土耳其前往亚洲的主要公路。另外三面环海地形使其水路交通发达,从地中海主要港口出发均有前往土耳其沿海城市的航线。

近年来,土耳其旅游业发展迅速,对土耳其经济贡献巨大。2016年,土耳其在全球最受欢迎的旅游目的地上排名前十,共有2 535万外国游客抵达土耳其,旅游收入220亿美元。入境客源国主要集中在欧洲的德国、俄国、英国、保加利亚等国家。

卡帕多西亚的格莱姆

卡帕多西亚的格莱姆位于安纳托利亚高原中部,拥有地球上最像月球的地貌,被美国《国家地理》评为全球最神奇十大美景之一,也是世界公认的最适合体验热气球之旅的地方。在500m的高空迎着朝阳俯瞰变幻莫测的景观,给游客留下一生最难忘的记忆。

伊斯坦布尔历史区

伊斯坦布尔历史区位于巴尔干与安纳托利亚、黑海与地中海之间,多年来总是与一些重要的政治、宗教和艺术事件联系在一起,留下了包括4世纪时的君士坦丁堡竞技场、6世纪时的哈吉亚索菲亚教堂和16世纪时的苏莱曼清真寺。在这里,游客可以在一个城市中游览到亚、欧两个大陆的景色,领会到基督教与伊斯兰教两种宗教的灿烂文化。

希耶拉波利斯和帕穆克卡莱

希耶拉波利斯和帕穆克卡莱位于土耳其西南代尼兹利省,距首都安卡拉420km,是公元前2世纪罗马建造的一处边防要塞城镇,目前遗存有阿波罗神殿、剧院、纪念门等具有希腊风格的建筑遗迹。但真正吸引世人目光的是令人称奇的帕穆克卡莱(土耳其语意为"棉花城堡"),富含碳酸钙的温泉水从山顶涌出,跌宕落下,形成一片片阶梯状的钙化堤,远远望去宛如白色纯洁的城邦,让人不得不感慨大自然的鬼斧神工。

特洛伊考古遗址

荷马史诗《伊利亚特》中的木马屠城记在西方家喻户晓,但这座公元前16世纪建造的伟大城市却沉寂地下长达3 000年之久,直到1870年著名的考古学家海因里希·谢里才找到并发掘这一遗迹。如今,该遗址成为世界上最著名的考古遗址之一,每年吸引大量游客前来。

愿景与行动

YUANJING YU XINGDONG

愿景与行动 YUANJING YU XINGDONG

新疆自古以来就是丝绸之路的重要枢纽和东西方文明交融的门户。"一带一路"建设为新疆发展提供了前所未有的历史机遇。2015年3月，国家发改委、外交部、商务部联合发布《推动共建丝绸之路经济带和21世纪海上丝绸之路的愿景与行动》。明确提出，要发挥新疆独特的区位优势和向西开放重要口岸作用，深化与中亚、南亚、西亚等国家交流合作，形成丝绸之路经济带上重要的交通枢纽、商贸物流和文化科技中心，打造"丝绸之路经济带核心区"。"丝绸之路经济带核心区"建设对新疆实现社会经济发展和长治久安都具有重要意义。

"一带一路"经济走廊及其途经城市分布地势图

启动大格局

1

建设"一带一路"的"六廊六路多国多港"大格局已启动

现代丝绸之路,已不再是2 000年前那条驼铃声声的漫漫长路,而是一条陆、海、空立体多维的宏大交通走廊。习近平主席提出建设丝绸之路经济带和21世纪海上丝绸之路的重大倡议,得到国际社会的高度关注和热烈响应。4年多来,"一带一路"建设推进顺利,互联互通网络逐步形成,现代丝绸之路的"主骨架"正加速隆起。

"一带一路"建设启动以来,全力打造"六廊六路多国多港"大格局。除推动多条经济走廊建设外,海上以重点港口为节点,陆路以中欧班列为主要载体和通道,与相关国家携手建设通畅安全高效的运输大通道。

丝绸之路经济带的六大经济走廊中,有四大经济走廊通过新疆丝绸之路经济带核心区北、中、南三条陆路通道出境,联通东西,横跨欧亚。

中巴经济走廊起步早、进展快,目前,已在公路、铁路、港口等方面实质性启动一批重大项目建设。中蒙俄经济走廊正抓紧编制规划纲要,新亚欧大陆桥经济走廊、中国—中亚—西亚经济走廊稳步推进。中欧班列快速发展,正成为"一带一路"早期收获中的一大亮点。"空中丝路"航线也在不断延伸。

(一)中巴经济走廊

中巴经济走廊起点位于中国新疆喀什市,终点在巴基斯坦瓜达尔港,全长3 000km,北接"丝绸之路经济带",南连"21世纪海上丝绸之路",贯通南北丝路关键枢纽,是一条包括公路、铁路、油气和光缆通道在内的贸易走廊。中巴经济走廊被称为"一带一路"的"旗舰项目"。

2015年4月,中巴两国政府初步制定了修建新疆喀什市

愿景与行动

中巴经济走廊新疆喀什—瓜达尔港

到巴方西南港口瓜达尔港的公路、铁路、油气管道及光缆覆盖"四位一体"通道的远景规划。中巴两国将在沿线建设交通运输和电力设施，预计投资将达到450亿美元，计划于2030年完工。

2015年4月20日，习近平主席和巴基斯坦总理纳瓦兹·谢里夫举行了中巴经济走廊5大项目破土动工仪式，并签订了中巴51项合作协议和备忘录，其中超过30项涉及中巴经济走廊。比如《中国国家铁路局和巴基斯坦铁道部之间关于ML1升级和巴基斯坦铁路赫韦利杨干散货中心的联合可行性研究的框架协议》《拉合尔轨道交通橙线项目商业合同》《喀喇昆仑公路（KKH）升级工程第二期（赫韦利杨至塔科特）、卡拉奇至拉合尔高速公路（KLM）、瓜达尔港东湾高速公路以及瓜达尔国际机场项目的谅解备忘录》等。

（二）新亚欧大陆桥经济走廊

新亚欧大陆桥，又名"第二亚欧大陆桥"，是从江苏省连云港市到荷兰鹿特丹港的国际化铁路交通干线，国内由陇海铁路和兰新铁路组成。大陆桥途经江苏、安徽、河南、陕西、甘肃、青海、新疆7个省区，到中哈边界的阿拉山口出国境。出国境后可经3条线路抵达荷兰的鹿特丹港。中线与哈萨克斯坦铁路友谊站接轨，进入俄罗斯铁路网，途经斯摩棱斯克、布列斯特、华沙、柏林到达荷兰的鹿特丹港，全长10 900km，辐射世界30多个国家和地区。

1992年12月1日，横贯亚欧两大洲的铁路大通道——新亚欧大陆桥正式运营。目前已经从东端起点连云港开通了至阿拉山口、喀什、霍尔果斯、阿拉木图等集装箱进出境多条通道，极大地促进了新亚欧大陆桥运输的发展。

沿新亚欧大陆桥的各国、各沿线城市、各类口岸在"一带一路"背景下，通过在沿桥地带实行沿海地区的开放政策，根据需要可继续设立各种开发区和保税区；试办资源型开发区；按照高起点和与国际接轨的要求，建立资源和资源加工型新型企业；促进沿线地区工业化和城市化；利用外资，试办中国西部农业合作开发区，营造亚欧农产品批发交易中心；根据交通条件、资源状况、地理位置，以中心城市为依托，在沿桥地区建立若干个经济发展区，如新疆中哈霍尔果斯合作中心、山东日照的国际经济贸易合作区等。在沿线国家和地区的通力合作下，新亚欧大陆桥经济走廊必将发挥更大的作用。

（三）中蒙俄经济走廊

2014年9月11日，中国国家主席习近平在出席中国、俄罗斯、蒙古三国元首会晤时提出，将"丝绸之路经济带"同俄罗斯"跨欧亚大铁路"、蒙古国"草原之路"倡议进行对接，打造中蒙俄经济走廊。两条方向，一是从华北京津冀到呼和浩特，再到蒙古和俄罗斯；二是东北地区从大连、沈阳、长春、哈尔滨到满洲里和俄罗斯的赤塔。两条走廊互动互补形成一个新的开放开发经济带，统称为中蒙俄经济走廊。

建设中蒙俄经济走廊的关键，是把丝绸之路经济带同俄罗斯跨欧亚大铁路、蒙古国草原之路倡议进行对接；加强铁路、公路等互联互通建设，推进通关和运输便利化，促进过境运输合作，研究三方跨境输电网建设，开展旅游、智库、媒体、环保、减灾救灾等领域的全方位务实合作。

2016年6月23日，国家主席习近平在塔什干同俄罗斯总统普京、蒙古国总统额勒贝格道尔吉举行中俄蒙元首第三次会晤。会晤后，三国元首见证了《建设中蒙俄经济走廊规划纲要》和《中华人民共和国海关总署、蒙古国海关与税务总局和俄罗斯联邦海关署关于特定商品海关监管结果

愿景与行动

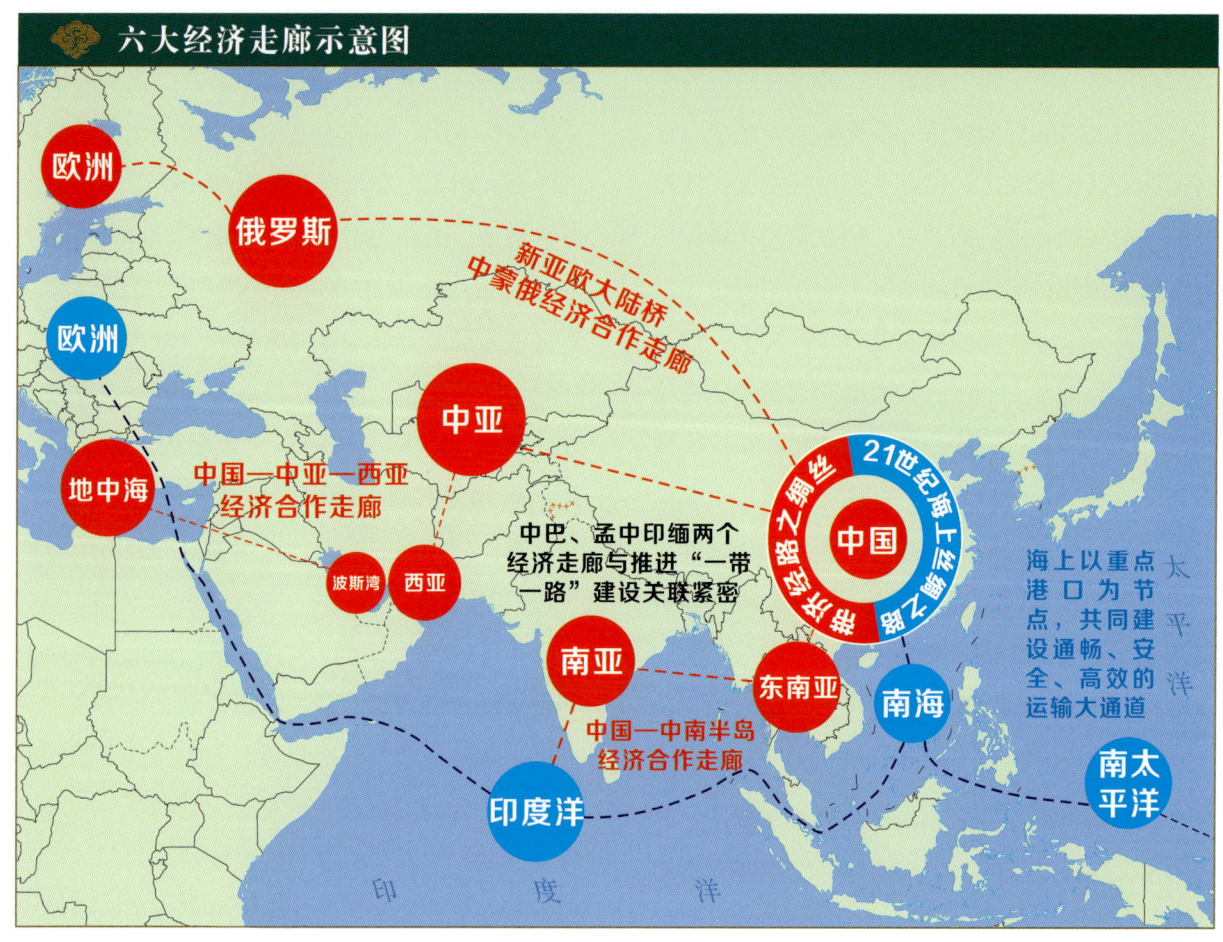

互认的协定》等合作文件的签署。同年9月13日，国家发改委公布《建设中蒙俄经济走廊规划纲要》，这一文件的公布，标志着"一带一路"框架下的第一个多边合作规划纲要正式启动实施。

（四）中国—中亚—西亚经济走廊

中国—中亚—西亚经济走廊，东起中国，向西经中亚至阿拉伯半岛，是丝绸之路经济带的重要组成部分。该条经济走廊由新疆出发，抵达波斯湾、地中海沿岸和阿拉伯半岛，主要涉及中亚五国（哈萨克斯坦、吉尔吉斯斯坦、塔吉克斯坦、乌兹别克斯坦、土库曼斯坦）和伊朗、土耳其等国。

从中国与中亚国家的政策沟通来看，依托常态化的高层互访和政府间合作机制，中国积极推进丝绸之路经济带倡议同哈萨克斯坦"光明之路"等发展战略之间的全面对接，同哈萨克斯坦、塔吉克斯坦、吉尔吉斯斯坦、乌兹别克斯坦等国家签署了与共建丝绸之路经济带相关的双边合作协议，这为中国同中亚国家加强务实合作创造了良好的政策条件。从中国与西亚国家的政策沟通来看，2014年6月5日，中国—阿拉伯国家合作论坛第六届部长级会议在北京召开。习近平在会议开幕式上发表重要讲话，倡导构建中阿"1+2+3"合作格局，即以能源合作为主轴，以基础设施建设、贸易和投资便利化为两翼，以核能、航天卫星、新能源三大高新领域为新的突破口，全面加强中国同阿拉伯国家之间的合作，这为中阿关系发展和丝绸之路经济带建设创造了良好条件。此外，2013年以来中国同西亚国家高层互访频繁，加强了中国同西亚国家之间的政策协调。

# 美好愿景

新疆构建丝绸之路经济带核心区的美好愿景

（一）新疆是我国对外开放的重要门户

新疆拥有国家一类开放口岸18个（其中，国家一类陆路开放口岸15个，航空口岸3个），是我国拥有陆路口岸最多的省区之一。喀什、霍尔果斯两个国家级经济开发区建设已全面展开，中哈霍尔果斯国际合作中心、阿拉山口保税区、乌鲁木齐综合保税区、喀什综合保税区等封关运行。众多的国家级或自治区级开发区，已成为吸引内外资、发展外向型经济的重要载体。区域性国际商贸中心、出口商品加工基地、物流通道等建设初具规模。以乌鲁木齐为中心，连接内地，辐射中亚、西亚、南亚，集公路、铁路、航空和管道"四位一体"的便捷、安全的综合交通运输网络加快建设，已初步形成了我国沿边、沿桥（新亚欧大陆桥）和沿交通干线向国际、国内拓展的全方位、多层次、宽领域的对外开放新格局。随着"丝绸之路经济带"构想的提出以及我国全方位对外开放的逐步实施，新疆向西开放的地位愈加凸显。

（二）新疆是我国推进欧亚合作的前沿地区

新疆地处"丝绸之路经济带"中段，东连环渤海经济圈、长三角经济圈、珠三角经济圈，西通中亚、西亚、南亚和欧洲、北非各国，是我国丝绸之路北、中、南三条陆路通道全部穿越境内并进行汇集的唯一省区，也是我国唯一拥有通往波罗的海、英吉利海峡、波斯湾和印度洋四大出海陆路通道的前沿。新疆不仅是我国内地与中亚、西亚、南亚和欧洲、北非各国之间开展贸易、金融、交通以及文化交流合作的关键节点，更是未来我国与"丝绸之路经济带"沿线国家进行"政策沟通、道路联通、贸易畅通、货币流通、民心相通"的重点地区。特殊的地理位置和历史渊源使新疆站在了构建"丝绸之路经济带"面向欧洲与中亚地区的最前沿，新疆应在"丝绸之路经济带"构建过程中充分体现其主体意识、责任意识和担当意识，在能源、金融、贸易、文化以及次区域合作模式等方面做先行先试的"旗杆"，为实现"丝绸之路经济带"合作共赢、共同发展探索新模式，寻找新方法，充分发挥新疆地区地缘优势的重要作用。

（三）新疆是我国经济转型升级的新增长极

"丝绸之路经济带核心区"的构建，将会进一步促进太平洋沿岸与西亚、欧洲的贸易往来，新疆的地缘优势和区位优势将表现的更加突出。特别是在差别化产业政策以及税收、金融、土地等优惠政策扶持下，借助中国—亚欧博览会等众多与周边国家经贸合作的重要平台，新疆出口加工产业和新兴产业发展前景广阔。因此，构建"丝绸之路经济带核心区"对新疆扩大开放，加快经济发展提供了难得的机遇，也为我国经济的转型升级赢得时间和空间，新疆必将成为我国经济转型升级新的增长极和未来"丝绸之路经济带"建设的主要力量。

愿景与行动 YUANJING YU XINGDONG

新疆构建丝绸之路经济带核心区北、中、南通道的范围界定

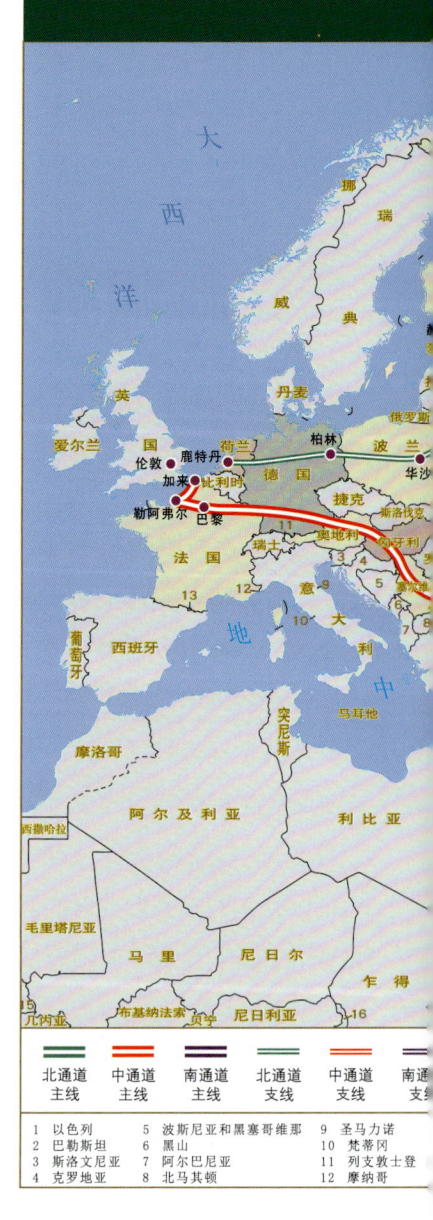

（一）核心区空间布局

丝绸之路经济带是在古丝绸之路概念基础上提出的一个新的经济发展区域。通过现代化的综合交通通道和信息网络通道将丝绸之路沿线国家紧密联系起来，东边牵着亚太经济圈，西边系着欧洲经济圈，辐射东亚、中西南亚和欧洲以及北非区域，是横跨亚欧大陆的，世界最长最具发展潜力的经济大走廊和战略性经济带。不仅地域辽阔，而且自然资源如矿产资源、能源资源、土地资源、旅游资源都十分丰富，发展潜力极大，令世界瞩目。

丝绸之路经济带国内段的走向主要是北、中、南三条大通道，分别从我国东部经济最发达的三大经济圈出发，依托国内交通干线，自东向西贯穿沿线重要节点城市，经新疆通向中亚、西亚、南亚和俄罗斯等地。其中，北通道起于"环渤海经济圈"，自京津唐地区经山西大同、内蒙古呼和浩特和额济纳，从伊吾进入新疆，经准东、富蕴、阿勒泰至哈萨克斯坦、俄罗斯等国；中通道起于"长三角经济圈"，自上海沿第二亚欧大陆桥横穿我国中原、西北诸省区，由哈密进入新疆，经乌鲁木齐、奎屯、精河，分别从阿拉山口和霍尔果斯出境直通中亚至欧洲；南通道起于"珠三角经济圈"，自广州经长沙、重庆、成都、青海格尔木，由若羌进入新疆，经和田、喀什，南下至印度洋沿岸的瓜达尔港，是一条极具意义的新通道。

新疆地处亚欧大陆的腹地，位于世界两大经济圈（亚太经济圈与欧洲经济圈）的中间位置，是"丝绸之路经济带"的必经之地和核心区域，北、中、南三条通道在此汇聚。因此，新疆在"丝绸之路经济带"核心区建设整体布局上，将以3条通道为发展主轴，辐射周边，形成全境通过、全面覆盖、全线连通的开放新格局。具体为依托北、中、南三条通道，全面带动沿线中心城市、重点城镇及3个国家一类航空口岸和15个国家一类陆路口岸的开放发展，以点联线，以线带面，实现重点突破，最终形成全境通过、全面覆盖、全线连通的开放新格局。

北通道（中蒙俄经济走廊从此通过）：该区域新疆段作为我国西电东送的重要电源地，煤炭、石油、天然气及矿产资源丰富，基础设施较

北、中、南通道

丝绸之路经济带北、中、南通道示意图

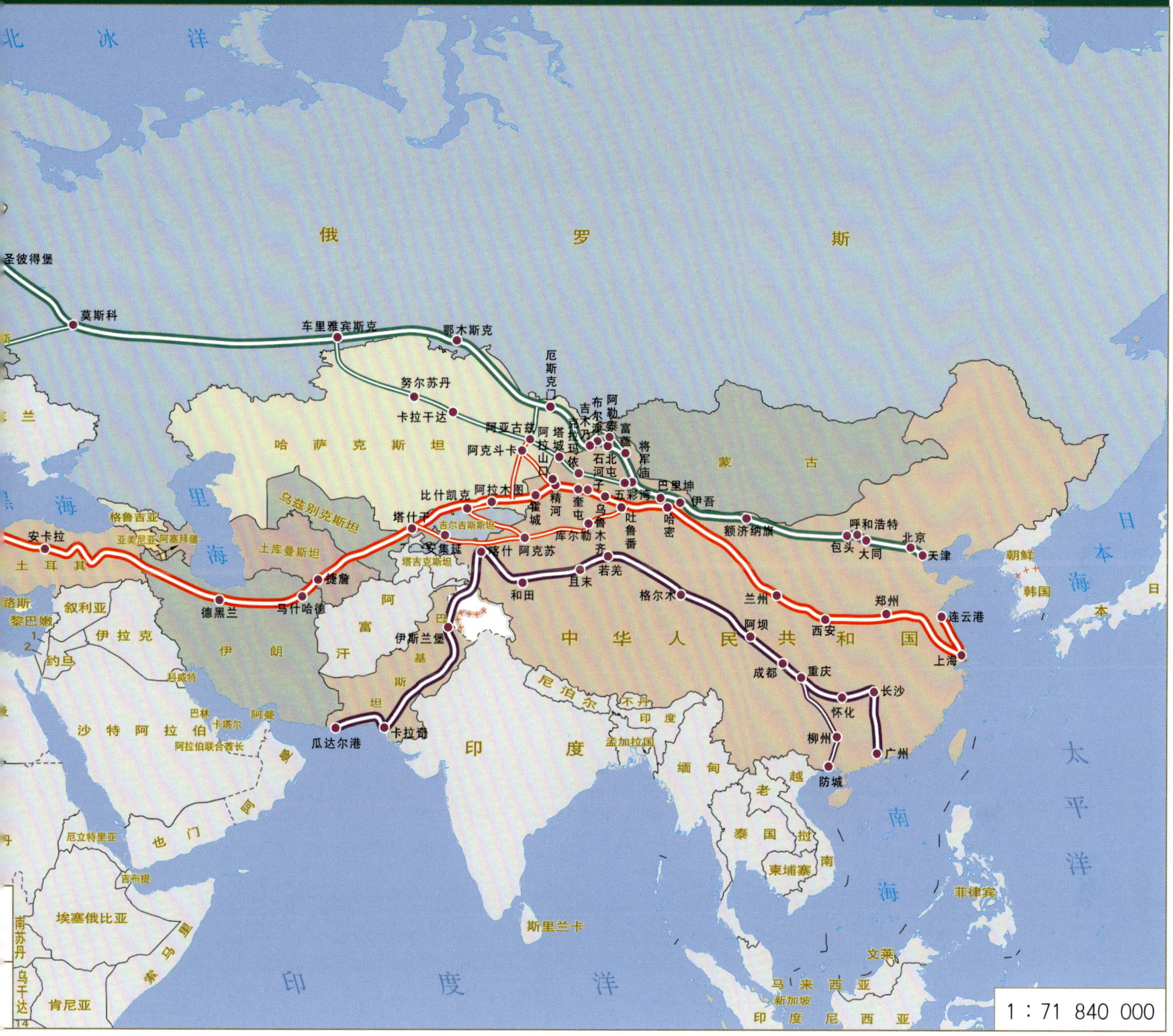

1:71 840 000

为完善，对外交通相对便利，煤炭采掘、煤化工、煤电、黑色及有色金属采掘深加工等产业已初具规模，特色农牧业、现代物流、服务外包等传统产业和新兴服务业方兴未艾。随着丝绸之路经济带的构建，将会在能源进口、资源加工等领域实现重大突破和发展。

重点发展产业包括煤炭采掘业、煤电煤化工业，石油、天然气开采及加工业、黑色及有色金属采掘业、特色农牧业、旅游业、物流业、服务外包业。

中通道（中亚—西亚经济走廊从此通过）：该区域新疆段基本上涵盖了天山北坡经济带和天山南坡产业带，铁路、高速公路和铁路口岸等对外交通设施齐全，是新疆向西开放的重要出口，也是全疆产业发展基础和配套条件最好的区域。现为新疆现代化制造业、服务业的集聚区。

重点发展产业包括煤炭采掘业，煤电煤化工业，石油、天然气开采及加工业、钢铁业、高端装备制造业、纺织服装业、农畜产业加工业及商贸物流、特色旅游、金融、信息、科技等现代服务业。

南通道（中巴经济走廊从此通过）：该区域新疆段发展相对滞后，产业基础薄弱，生态环

愿景与行动

境脆弱，对外开放的程度和水平也落后于全疆水平，而且通道不畅问题相对突出。随着向西向南新通道的打通，该通道的交通枢纽地位将更加凸显，对于深化新疆与周边国家文化交流合作具有重要的促进作用。

重点发展产业包括特色旅游、民族特色产品加工、纺织服装生产加工、农畜产品加工以及建材、冶金、机械制造和商贸物流业。

（二）核心区交通构架

1. 核心区北通道

北通道： 京津唐地区（环渤海经济圈）—大同—呼和浩特—包头—额济纳旗—伊吾—巴里坤—将军庙—富蕴—北屯（阿勒泰）—布尔津—吉木乃—厄斯克门（哈萨克斯坦）—鄂木斯克（俄罗斯）—莫斯科（俄罗斯）—圣彼得堡（俄罗斯）—赫尔辛基（芬兰）。

北通道县市： 从伊吾进入，沿巴里坤、富蕴、北屯、阿勒泰，向北从布尔津过吉克普林口岸（待开放）到俄罗斯，向西过吉木乃口岸、阿黑土别克口岸（未开放）到哈萨克斯坦，向东辐射对蒙古国的塔克什肯、红山嘴、老爷庙、乌拉斯台口岸。

北通道支线： 准东—克拉玛依—塔城—阿亚古兹（哈萨克斯坦）—卡拉干达（哈萨克斯坦）—努尔苏丹（哈萨克斯坦首都）—车里雅宾斯克（俄罗斯）—莫斯科（俄罗斯）—明斯克（白俄罗斯）—华沙（波兰）—柏林（德国）—鹿特丹（荷兰，大西洋）。

北通道支线县市： 木垒、奇台、吉木萨尔、阜康、克拉玛依市、托里、额敏、塔城、巴克图口岸进入哈萨克斯坦。

北通道铁路交通

该线京津唐地区—大同—呼和浩特—包头—额济纳旗段已经建成京（北京）包（包头）铁路、包（包头）兰（兰州）铁路包头—临河段、临（临河）策（策克）铁路；额济纳旗—哈密铁路、哈密—将军庙铁路；北屯—吉木乃口岸—厄斯克门（哈萨克斯坦）现无铁路线路；厄斯克门（哈萨克斯坦）—鄂木斯克（俄罗斯）—莫斯科—圣彼得堡已建宽轨铁路。

将军庙—火烧山—克拉玛依铁路工程可行性研究工作已经展开，克拉玛依—塔城铁路一期工程已经完成，二期工程正在建设；塔城地区已经协调筹划塔城—哈萨克斯坦阿亚古兹铁路建设事宜；阿亚古兹（哈萨克斯坦）—卡拉干达—车里雅宾斯克（俄罗斯）—

北、中、南通道

莫斯科段已建宽轨铁路。

北通道公路交通

该线京津唐地区—大同—呼和浩特—包头—临河段已经建成高速公路（北京—拉萨高速公路北段，与北京—乌鲁木齐高速公路东段共线）；临河—额济纳段、伊吾—木垒段已建等级公路；奇台—大黄山段已建成高速公路；木垒—奇台段、大黄山—火烧山高速公路已经开工建设，临河—额济纳—伊吾—大黄山段已被规划为北京—乌鲁木齐高速公路中西段；火烧山—富蕴—北屯高速公路工程可行性研究工作已经展开；北屯—吉木乃—吉木乃口岸—厄斯克门（哈萨克斯坦）—鄂木斯克（俄罗斯）—莫斯科—圣彼得堡已建成等级公路。

将军庙—火烧山—克拉玛依段已建成等级公路（含油田专用公路），克拉玛依—塔城高速公路已经建设完成；塔城—巴克图口岸—阿亚古兹（哈萨克斯坦）—卡拉干达—车里雅宾斯克（俄罗斯）—莫斯科段已建等级公路。

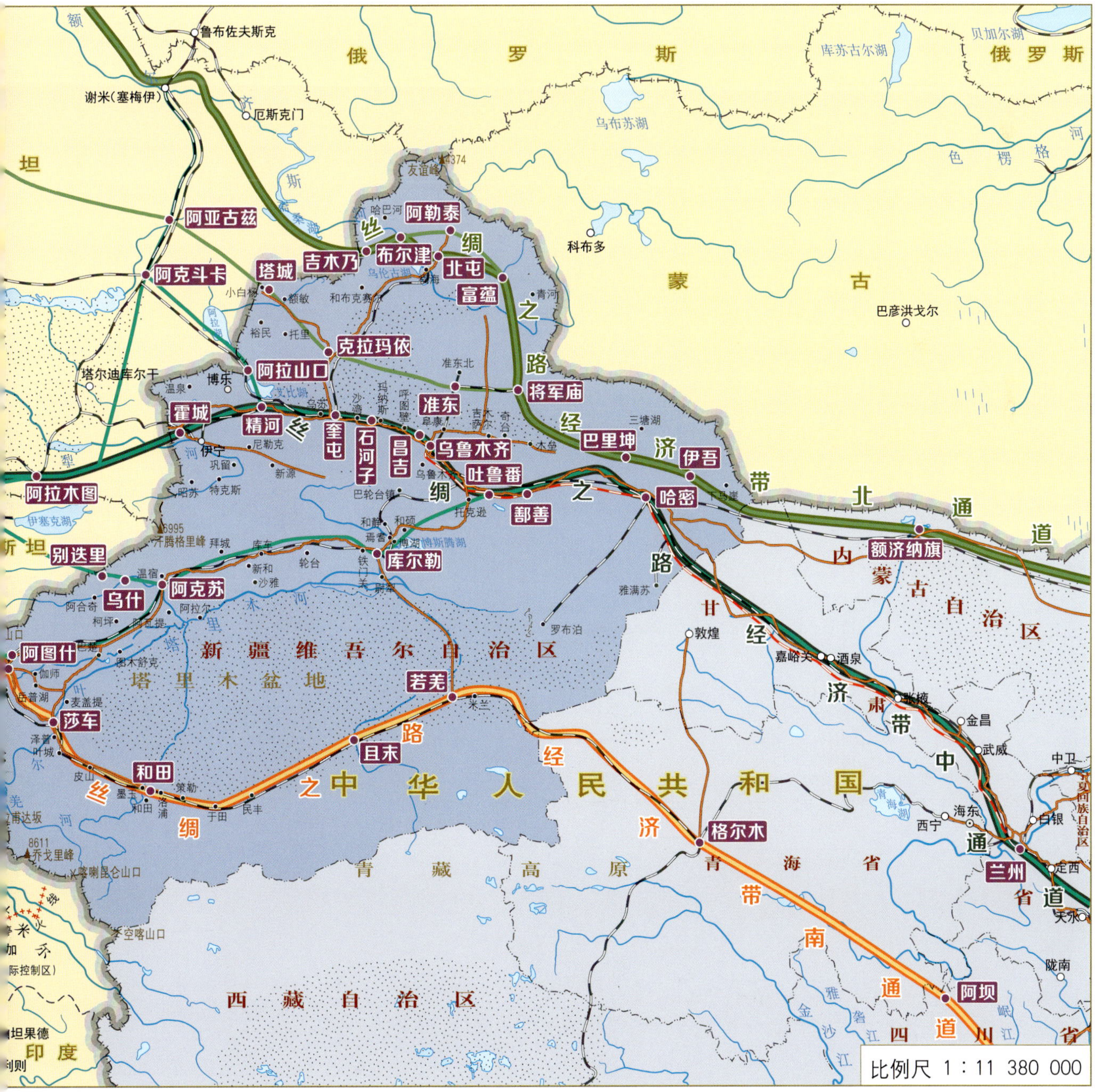

新疆图说丝绸之路经济带核心区

比例尺 1∶11 380 000

愿景与行动

北通道油气管道

该线呼和浩特—包头—靖边段、北京—靖边段已建输气管道；境内沿线其他地段均无输气管道；境外哈萨克斯坦北部—莫斯科段已建输气管道。

该线火烧山—克拉玛依段已建输油管道；境内沿线其他地段均无输气管道；境外哈萨克斯坦北部—莫斯科段已建输油管道。

2. 核心区中通道

中通道： 连云港、上海（长三角经济圈）—郑州—西安—兰州，沿哈密，经乌鲁木齐、昌吉、石河子、奎屯、精河向西，一路从阿拉山口口岸出境，一路经伊宁，从察布查尔的都拉塔口岸、霍城的霍尔果斯口岸以及昭苏的木扎尔特口岸进入哈萨克斯坦—阿拉木图（哈萨克斯坦）—塔什干（乌兹别克斯坦）—捷詹（土库曼斯坦）—马什哈德（伊朗）—德黑兰（支线通波斯湾沿岸霍梅尼港）—安卡拉（土耳其）—巴黎（法国）。

中通道县市： 哈密市、鄯善、乌鲁木齐市、五家渠市、昌吉市、呼图壁、玛纳斯、石河子市、沙湾、奎屯市、克拉玛依市独山子区、乌

丝绸之路经济带北、中、南通道铁路、公路、油气示意图

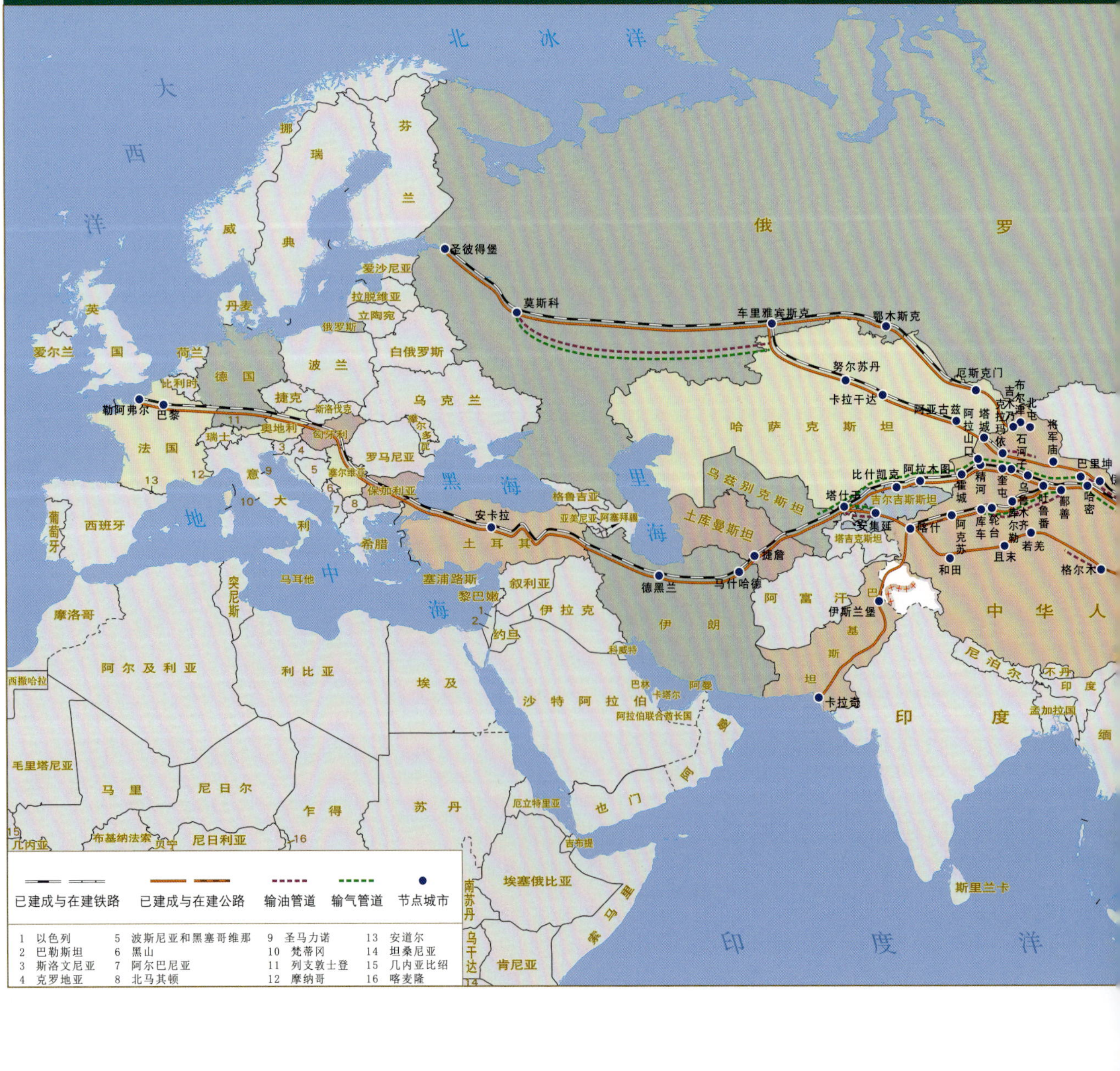

北、中、南通道

苏市、精河、博乐市、阿拉山口市、伊宁、察布查尔、霍城、霍尔果斯口岸。

中通道支线： 从哈密进入，沿吐鲁番、库尔勒、阿克苏，向西经乌什通过别迭里口岸（待开放）进入吉尔吉斯斯坦，向南过阿图什，然后经乌恰的伊尔克什坦和吐尔尕特口岸进入吉尔吉斯斯坦—奥什（吉尔吉斯斯坦）—安集延（乌兹别克斯坦）—塔什干（乌兹别克斯坦）。

中通道支线县市： 吐鲁番市、托克逊、和静、和硕、焉耆、博湖、库尔勒市、尉犁、轮台、库车、沙雅、新和、拜城、阿克苏市、温宿、柯坪、阿瓦提、巴楚、伽师、阿图什市、乌恰、吐尔尕特口岸。

中通道铁路交通

连云港—上海—徐州—西安—兰州—哈密—吐鲁番—乌鲁木齐—奎屯—精河—霍城—霍尔果斯口岸段已经建成准轨铁路；霍尔果斯口岸—阿拉木图（哈萨克斯坦）—塔什干（乌兹别克斯坦）—捷詹（土库曼斯坦）段已建成宽轨铁路；马什哈德（伊朗）—德黑兰（伊朗）—安卡拉（土耳其）—巴黎（法国）—勒阿弗尔（法国）段已建成准轨铁路。

吐鲁番—库尔勒—喀什段已建准轨铁路；中吉乌铁路项目已经开展可行性研究工作。

中通道公路交通

连云港—上海—徐州—西安—兰州—哈密—吐鲁番—乌鲁木齐—奎屯—精河—果子沟口—霍尔果斯口岸已建成高速公路（乌苏—果子沟口—改高正在建设中）；霍尔果斯口岸—阿拉木图（哈萨克斯坦）—塔什干（乌兹别克斯坦）—捷詹（土库曼斯坦）—马什哈德（伊朗）—德黑兰（伊朗）—安卡拉（土耳其）—巴黎（法国）—勒阿弗尔（法国）已建成等级公路。

吐鲁番—库尔勒—阿克苏段已建成高速公路；阿克苏—喀什高速公路正在建设中；喀什—安集延（乌兹别克斯坦）—塔什干（乌兹别克斯坦）已建成等级公路。

中通道油气管道

该线上海—柳林—靖边—中卫—哈密—鄯善—乌鲁木齐—霍尔果斯—乌兹别克斯坦阿姆河左岸已建输气管道。

该线广州—郑州—兰州—哈密—乌鲁木齐段已建成品油管道；该线兰州—哈密—乌鲁木齐段及独山子—阿拉山口—哈萨克斯坦阿

愿景与行动 YUANJING YU XINGDONG

塔苏段已建原油管道，阿塔苏—阿特劳段在建原油管道；塔什干—阿塔苏段已建原油管道。

该线鄯善—库尔勒—库车段已建输气管道。境外安集延—塔什干段已建输气管道。

该线鄯善—库尔勒—轮台段已建原油管道。境外安集延—塔什干段已建原油管道。

3. 核心区南通道

南通道：广州（珠三角经济圈）—长沙—怀化—重庆—成都—阿坝—格尔木—若羌—且末—和田—莎车—喀什—红其拉甫口岸—伊斯兰堡（巴基斯坦）—卡拉奇（巴基斯坦）—瓜达尔港（巴基斯坦）；塔什库尔干—卡拉苏口岸进入塔吉克斯坦。

新疆段县市：若羌、且末、民丰、策勒、于田、和田、洛浦、墨玉、皮山、叶城、英吉沙、泽普、莎车、阿克陶、麦盖提、岳普湖、疏勒、疏附、喀什、塔什库尔干、红其拉甫口岸、卡拉苏口岸。

南通道铁路交通

该线广州—长沙—怀化—重庆—成都段已建准轨铁路；成都—阿坝—格尔木段铁路已被列入中长期铁路网规划，格尔木—若羌—库尔勒铁路工程可行性研究报告已经获得国家发改委批复；若羌—且末—和田—喀什铁路及喀什—伊斯

新疆国家级园区分布示意图

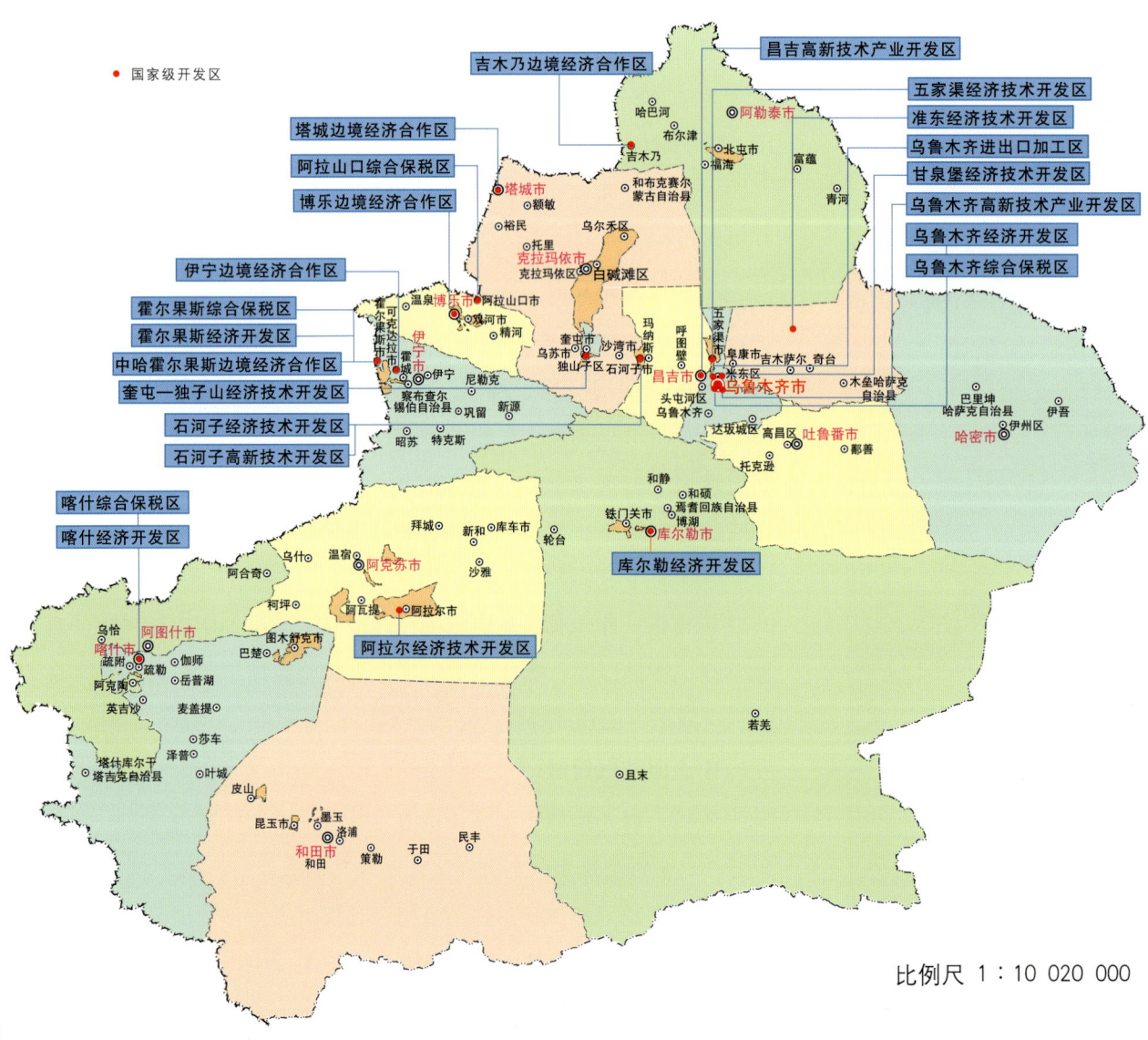

比例尺 1：10 020 000

北、中、南通道

兰堡（巴基斯坦）—卡拉奇铁路工程可行性研究工作已经展开。防城—柳州—贵阳—重庆段铁路已经建成。

南通道公路交通

该线广州—长沙—怀化—重庆—成都段已建成高速公路；成都—阿坝—格尔木段局部已经开工建设高速公路，格尔木—若羌—库尔勒段、若羌—且末—和田—喀什铁路及喀什—巴基斯坦伊斯兰堡—卡拉奇段已建等级公路。防城—柳州—贵阳—重庆段已经建成高速公路。

南通道油气管道

该线忠县—贵阳段已建成输气管道，格尔木—花土沟段已建成原油管道，境内沿线地段及境外沿线地段均无输气管道、输油管道。

（三）核心区口岸、园区情况

新疆丝绸之路经济带核心区口岸由航空口岸、陆路一类口岸和二类口岸三种类型所构成，其中包括18个国家一类口岸（一类航空口岸3个，一类陆路口岸15个）。丝绸之路北道经济带无航空口岸，有7个一类陆路口岸，2个原二类口岸；中道经济带有3个航空口岸，6个一类陆路口岸，10个原二类口岸；南道经济带1个航空口岸，2个一类陆路口岸。整体来看，核心区内口岸分布极不均衡，以中道经济带的口岸类型最为

新疆机场口岸分布图

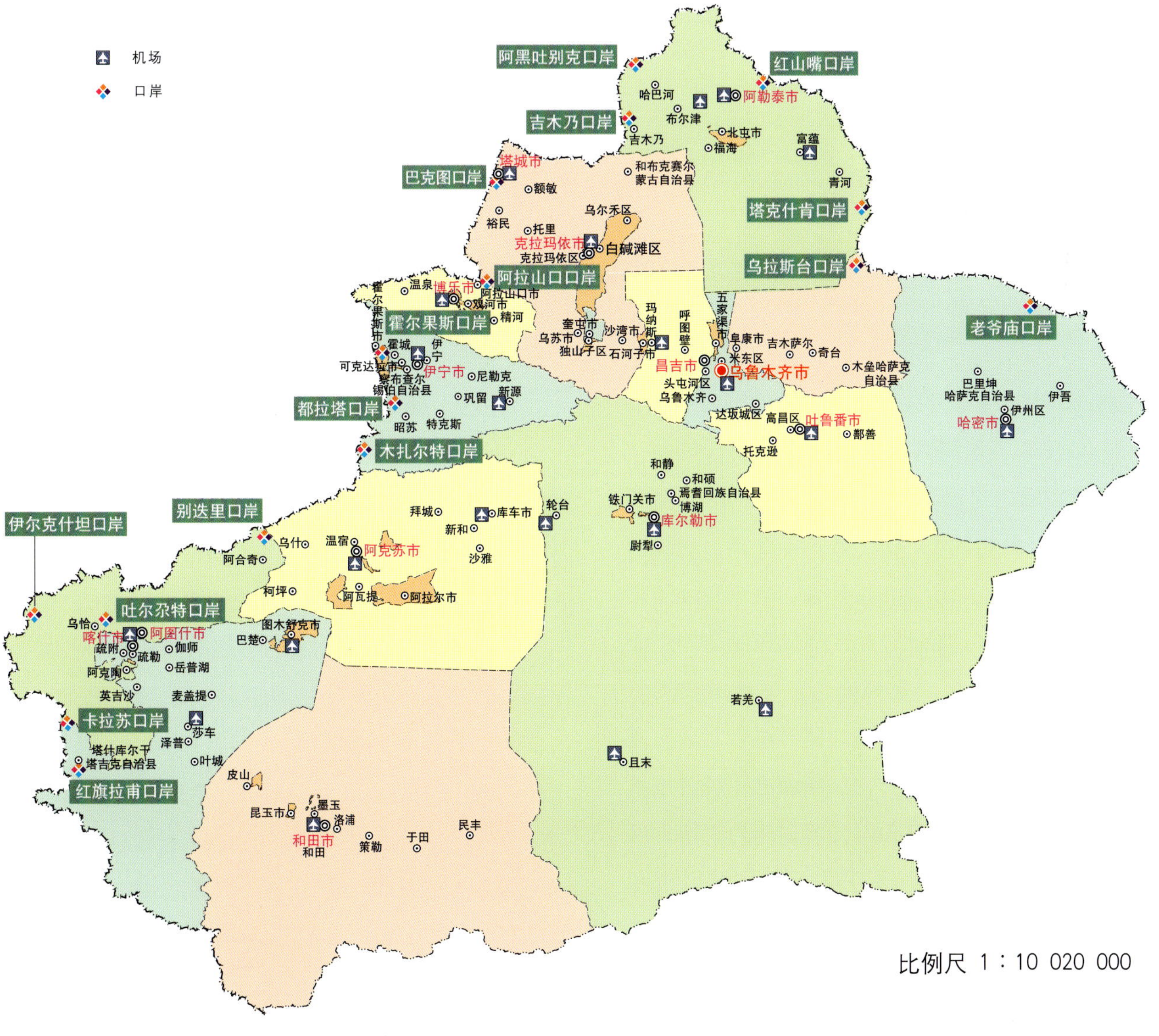

比例尺 1:10 020 000

愿景与行动 YUANJING YU XINGDONG

核心区区域中心城市及城市组群

比例尺 1:10 020 000

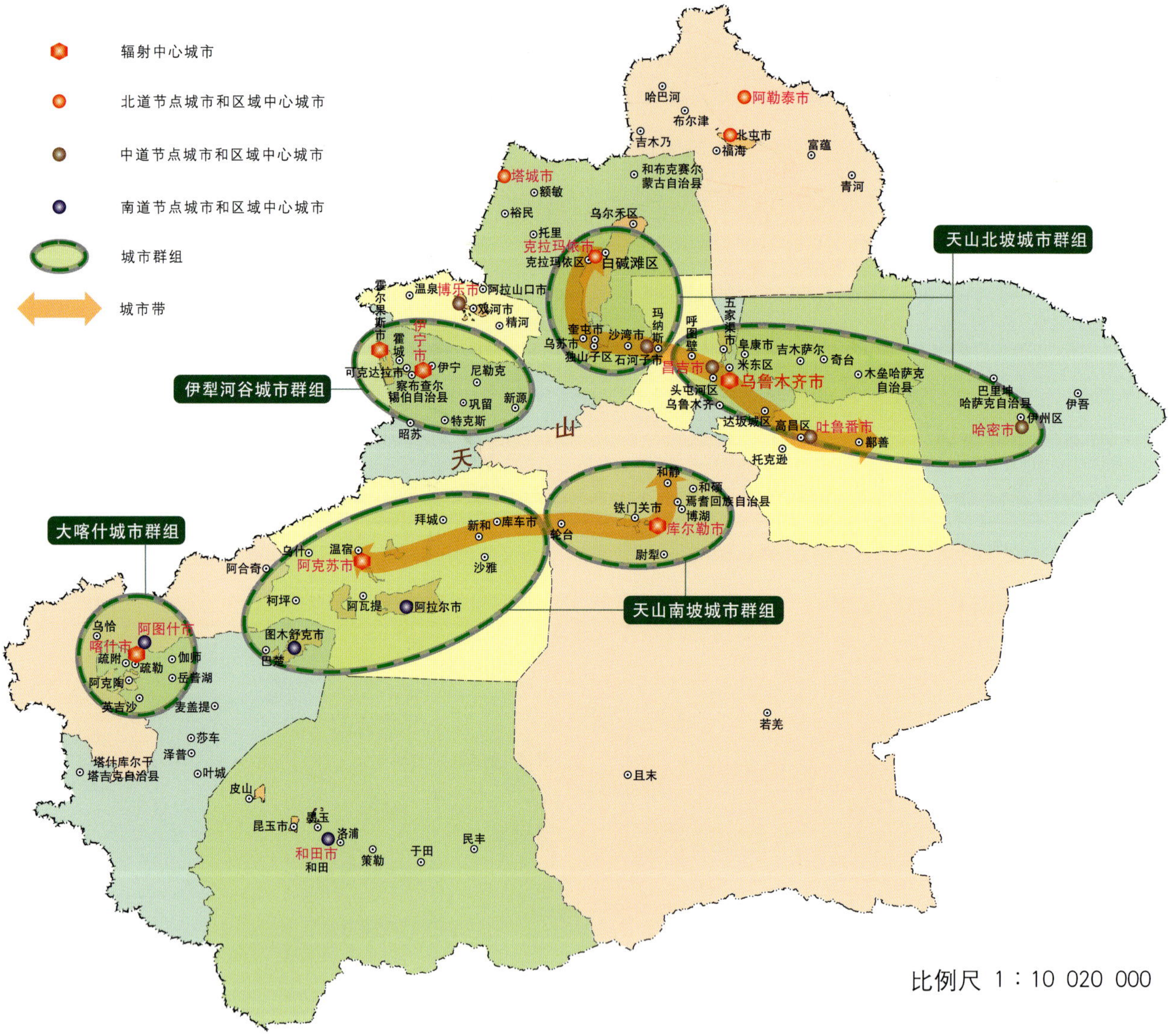

齐全，口岸设施最为完善。

2016年，新疆共有各类园区94家，其中，国家级23家，自治区级71家。园区依托丰富的自然资源及独特的农、副、牧产品资源，通过招商引资和重大工业项目布局建设，培育发展了化工、有色、建材、轻工、纺织、装备制造等产业体系。各类开发区产业集聚，发挥着重要的示范、辐射和带动作用。丝绸之路经济带北道有塔城和吉木乃边境经济合作区、新疆准东经济技术开发区，主要以资源开发与边境口岸为主体；丝绸之路中道有16个国家级开发区，主要以资源深加工利用和边境口岸经济、保税区经济为主体，是丝绸之路经济带最发达的区域。

（四）核心区区域中心城市及城市组群

受自然环境影响，丝绸之路经济带新疆段的城镇分布呈现出环状、带状、串珠状和零星状的特征，其中的节点城市和区域中心城市对周边城镇发展有一定的辐射带动作用。阿勒泰市、北屯市、克拉玛依市、塔城市为北道节点城市和区域中心城市，哈密市、乌鲁木齐市、石河子市、博乐市、伊宁市、吐鲁番市、库尔勒市、阿克苏市为中道节点城市和区域中心城市，和田市、喀什市、阿图什市、阿拉尔市、图木舒克市为南道节点城市和区域中心城市。三条道沿线的节点城市和区域中心城市作为区域政治、经济、文化中心，是绿洲城市群发展的增长极，这些节点城市和区域中心城市辐射并带动了周边小城镇的发展。

天山北坡城镇分布基本以沿北疆铁路呈"串珠"型城市群为主，即鄯善—吐鲁番—乌鲁木齐—石河子—奎屯—克拉玛依，以高速公路和普通公路形成圈层结构。其中，东部以乌鲁木齐为中心，辐射哈密市、吐鲁番市、昌吉市、呼图壁、玛纳斯、五家渠市、阜康市、奇台、吉木萨尔等周围100km范围县市；西部以克拉玛依市为中心，辐射奎屯市、沙湾、乌苏市、石河子等县市。伊犁河谷城镇分布基本以二级中心城市伊宁市和霍尔果斯市为中心，辐射周边8县，形成了中心网络式的空间城市群体系。由此，在"丝绸之路经济带核心区"新疆段的北道和中道形成了天山北坡城市组群和伊犁河谷城市组群。

天山南坡城镇分布基本以"辐射"型为主，沿南疆铁路呈"串珠"型为辅，其中，分别以库尔勒为中心形成库尔勒城市圈，辐射周围的和硕、和静、博湖、焉耆、轮台、尉犁等6县，以阿克苏为中心，辐射阿拉尔市、库车市、图木舒克市、新和等9个县市，同时形成了以和静—库尔勒—轮台—库车—新和—阿克苏市为南疆铁路沿线的辅助线型辐射体系。由此，在"丝绸之路经济带核心区"新疆段的中道支线形成了天山南坡城市组群。"丝绸之路经济带核心区"新疆段的南道缺少二级城市中心，基本以圈层空间结构形成辐射范围，并且基本以喀什市为一级中心形成辐射空间，形成了大喀什城市组群。

（五）核心区经济社会发展现状

丝绸之路经济带，东牵亚太经济圈，西系欧洲经济圈，是"世界上最长、最具有发展潜力的经济大走廊"。

近几年，新疆农业基础地位进一步巩固和加强。新型工业化加速推进，新技术、新产品、新产业、新业态蓬勃发展。以旅游、商贸、物流、电商、金融为代表的现代服务业快速发展。2019年，第三产业对经济增长的贡献率达到63.3%，成为推动经济增长的主要动力。

愿景与行动 YUANJING YU XINGDONG

4 新疆构建丝绸之路经济带核心区具备的优势

（一）地缘优势

新疆地处亚欧大陆中心，边境线长、毗邻国家多，拥有15个国家一类陆路开放口岸和3个航空口岸，丝绸之路三条通道全境通过，是我国向西开放的重要门户，具有初步的铁路、公路、航空和管道综合运输网络。同时，新亚欧大陆桥横贯东西，是东联内地，西通亚欧最便捷的区域。未来，随着吉克普林中俄通道的打通，中巴铁路、中吉乌铁路的建成通车，沿边口岸开放开发水平进一步提高，新疆连通东西、沟通南北的枢纽作用将更加突出。

（二）资源优势

新疆矿产种类全，储量大，特别是油气资源开发潜力巨大。目前发现的矿产有139种，其中41种保有储量居全国前十位。石油资源量占全国陆上石油资源量的30%，天然气资源量占全国陆上天然气资源量的34%，煤炭预测资源量占全国的40%，风能、太阳能等清洁可再生能源可利用量居全国前列，是我国重要的能源接替区。同时，与新疆毗邻的中亚和蒙古国等也是世界上能源资源最富集的区域之一。仅中亚五国2008年的石油资源探明储量就达到了273.37亿吨，天然气储量34.38亿立方米，居世界第三。在煤炭资源方面，中亚五国及蒙古国煤炭地质储量超过3 600亿吨，合作开发利用中亚的能源资源，对新疆乃至我国能源战略安全将是极大的支撑和保障。此外，新疆还具有丰富的铁、铜、铀、铅、锌、锰、铝、镍、铬、钨、金、银、钼等黑色和有色金属资源，其中铁矿、铜矿、镍矿、煤矿、铅锌矿、铀矿等资源都是我国急缺矿种或对外依存度较高的一些关键矿种。特别是铁矿石资源预测储量将近1 000亿吨且品位高，开采利用价值大。新疆参与合作开发、加工利用自然资源的前景非常广阔，未来对缓解我国能源供应和战略矿产资源的不足具有重要意义。

（三）政策优势

新疆被列为国家丝绸之路经济带的核心区，以及国家"海陆并进，东西互动"新型开放计划实施的关键区域。除了新一轮十九省市对口援助的巨大支持外，国家还批准设立了喀什、霍尔果斯两个经济开发区，在税收优惠、金融支持及土地利用等方面也给予了专门的政策优惠。特别是差别化产业政策，为新疆发展特色优势产业、积极选择承接东部转移产业、推动传统产业转型升级和发展新兴产业提供了巨大的政策支持。

（四）人文优势

新疆作为丝绸之路经济带上东西方多元文化的交汇点，经过长期的相融共生发展，形成了独特的地域文化和民族文化。境内的维吾尔族、哈萨克族、柯尔克孜族、塔吉克族、俄罗斯族等少数民族都是跨界而居，传统友谊源远流长，具有开展区域间经济合作得天独厚的人文优势。

北、中、南通道

带动了周边小城镇的发展。

天山北坡城镇分布基本以沿北疆铁路呈"串珠"型城市群为主，即鄯善—吐鲁番—乌鲁木齐—石河子—奎屯—克拉玛依，以高速公路和普通公路形成圈层结构。其中，东部以乌鲁木齐为中心，辐射哈密市、吐鲁番市、昌吉市、呼图壁、玛纳斯、五家渠市、阜康市、奇台、吉木萨尔等周围100km范围县市；西部以克拉玛依市为中心，辐射奎屯市、沙湾、乌苏市、石河子等县市。伊犁河谷城镇分布基本以二级中心城市伊宁市和霍尔果斯市为中心，辐射周边8县，形成了中心网络式的空间城市群体系。由此，在"丝绸之路经济带核心区"新疆段的北道和中道形成了天山北坡城市组群和伊犁河谷城市组群。

天山南坡城镇分布基本以"辐射"型为主，沿南疆铁路呈"串珠"型为辅，其中，分别以库尔勒为中心形成库尔勒城市圈，辐射周围的和硕、和静、博湖、焉耆、轮台、尉犁等6县，以阿克苏为中心，辐射阿拉尔市、库车市、图木舒克市、新和等9个县市，同时形成了以和静—库尔勒—轮台—库车—新和—阿克苏市为南疆铁路沿线的辅助线型辐射体系。由此，在"丝绸之路经济带核心区"新疆段的中道支线形成了天山南坡城市组群。"丝绸之路经济带核心区"新疆段的南道缺少二级城市中心，基本以圈层空间结构形成辐射范围，并且基本以喀什市为一级中心形成辐射空间，形成了大喀什城市组群。

（五）核心区经济社会发展现状

丝绸之路经济带，东牵亚太经济圈，西系欧洲经济圈，是"世界上最长、最具有发展潜力的经济大走廊"。

近几年，新疆农业基础地位进一步巩固和加强。新型工业化加速推进，新技术、新产品、新产业、新业态蓬勃发展。以旅游、商贸、物流、电商、金融为代表的现代服务业快速发展。2019年，第三产业对经济增长的贡献率达到63.3%，成为推动经济增长的主要动力。

愿景与行动 YUANJING YU XINGDONG

4 新疆构建丝绸之路经济带核心区具备的优势

（一）地缘优势

新疆地处亚欧大陆中心，边境线长、毗邻国家多，拥有15个国家一类陆路开放口岸和3个航空口岸，丝绸之路三条通道全境通过，是我国向西开放的重要门户，具有初步的铁路、公路、航空和管道综合运输网络。同时，新亚欧大陆桥横贯东西，是东联内地，西通亚欧最便捷的区域。未来，随着吉克普林中俄通道的打通，中巴铁路、中吉乌铁路的建成通车，沿边口岸开放开发水平进一步提高，新疆连通东西、沟通南北的枢纽作用将更加突出。

（二）资源优势

新疆矿产种类全，储量大，特别是油气资源开发潜力巨大。目前发现的矿产有139种，其中41种保有储量居全国前十位。石油资源量占全国陆上石油资源量的30%，天然气资源量占全国陆上天然气资源量的34%，煤炭预测资源量占全国的40%，风能、太阳能等清洁可再生能源可利用量居全国前列，是我国重要的能源接替区。同时，与新疆毗邻的中亚和蒙古国等也是世界上能源资源最富集的区域之一。仅中亚五国2008年的石油资源探明储量就达到了273.37亿吨，天然气储量34.38亿立方米，居世界第三。在煤炭资源方面，中亚五国及蒙古国煤炭地质储量超过3 600亿吨，合作开发利用中亚的能源资源，对新疆乃至我国能源战略安全将是极大的支撑和保障。此外，新疆还具有丰富的铁、铜、铀、铅、锌、锰、铝、镍、铬、钨、金、银、钼等黑色和有色金属资源，其中铁矿、铜矿、镍矿、煤矿、铅锌矿、铀矿等资源都是我国急缺矿种或对外依存度较高的一些关键矿种。特别是铁矿石资源预测储量将近1 000亿吨且品位高，开采利用价值大。新疆参与合作开发、加工利用自然资源的前景非常广阔，未来对缓解我国能源供应和战略矿产资源的不足具有重要意义。

（三）政策优势

新疆被列为国家丝绸之路经济带的核心区，以及国家"海陆并进，东西互动"新型开放计划实施的关键区域。除了新一轮十九省市对口援助的巨大支持外，国家还批准设立了喀什、霍尔果斯两个经济开发区，在税收优惠、金融支持及土地利用等方面也给予了专门的政策优惠。特别是差别化产业政策，为新疆发展特色优势产业、积极选择承接东部转移产业、推动传统产业转型升级和发展新兴产业提供了巨大的政策支持。

（四）人文优势

新疆作为丝绸之路经济带上东西方多元文化的交汇点，经过长期的相融共生发展，形成了独特的地域文化和民族文化。境内的维吾尔族、哈萨克族、柯尔克孜族、塔吉克族、俄罗斯族等少数民族都是跨界而居，传统友谊源远流长，具有开展区域间经济合作得天独厚的人文优势。

优势/总体思路

新疆构建丝绸之路经济带核心区总体思路

近年来，新疆认真贯彻落实党的十九大和十九届二中三中四中五中全会精神，第二次和第三次中央新疆工作座谈会议精神，按照中央周边外交工作座谈会提出的"服从和服务于实现'两个一百年'奋斗目标和实现中华民族伟大复兴的周边外交战略目标"，坚持与邻为善、以邻为伴，坚持睦邻、安邻、富邻，坚持亲、诚、惠、容理念原则，抢抓机遇，充分发挥新疆自身优势，坚持引进来和走出去并重，遵循共商共建共享原则，加强创新能力开放合作，形成陆海内外联动、东西双向互济的开放格局。按照建设和平之路、繁荣之路、开放之路、创新之路、文明之路的要求，以"五通"为抓手，进一步完善建设规划，创新体制机制，全面提升开放水平，推动重大项目建设，营造创新创业环境，积极建设"五大中心"，加快推进丝绸之路经济带核心区建设，努力成为建设"丝绸之路经济带核心区"的核心力量。

在未来,新疆要以构建丝绸之路经济带核心区为契机，坚持"循序渐进、突出重点"的原则，全面推进自治区"五化"建设进程，进一步完善以中道为主轴、北道和南道为两翼的综合交通运输体系。以多边贸易和生产要素的优化为动力，以加快沿线中心城市建设为依托，积极创新区域合作模式，加快开放步伐，扩大开放领域，提高开放水平，深入推进新疆与丝绸之路经济带沿线国家在能源、经贸、金融、文化、科技、生态及旅游等相关领域全方位、多层次交流合作，将新疆建设成丝绸之路经济带上重要的综合交通枢纽中心、商贸物流中心、文化科教中心、医疗服务中心、区域金融中心、商贸物流中心、金融中心、文化科教交流中心，建设成我国新兴的加工制造基地和能源资源陆上大通道。进一步增强新疆在丝绸之路经济带上的影响力和竞争力，再创丝绸之路新辉煌。

参考文献
CANKAO WENXIAN

[1]陈昌笃, 张立运, 胡文康. 古尔班通古特沙漠的沙地植物群落、区系及其分布的基本特征[J]. 植物生态学与地植物学丛刊. 1983, 7（2）: 89-99.

[2]冯晓华, 阎顺, 杨海英, 等. 艾丁湖北景区旅游环境容量预测研究[J]. 干旱区地理. 2007, 30(6): 974-980.

[3]郭建强, 刘一玲. 新疆发现一处新的地貌类型景观: 库车地貌[C]//姜建军, 赵逊, 陈安泽. 中国地质学会旅游地学与地质公园研究分会学术年会暨泰宁旅游发展战略研讨会. 北京: 中国林业出版社, 2007: 446-452.

[4]郭建强, 卢志明. 新疆吐鲁番火焰山库车地貌与成因[J]. 四川地质学报. 2012, 32(3): 377-381.

[5]蒋艳, 周成虎, 程维明. 新疆阿克苏河流域年径流时序特征分析[J]. 地理科学进展. 2005, 24(1): 87-96.

[6]李新, 尹景原. 吐鲁番盆地的干热环境特征[J]. 干旱区地理. 1993, 16(2): 63-70.

[7]潘晓玲, 张宏达. 准噶尔盆地植被特点与植物区系形成的探讨[J]. 中山大学学报论丛. 1996(2): 97-101.

[8]王亚俊, 李宇安, 谭芫. 新疆博斯腾湖生态环境变迁分析[J]. 干旱区资源与环境. 2004, 18(2): 61-65.

[9]王亚俊, 吴素芬. 新疆吐鲁番盆地艾丁湖的环境变化[J]. 冰川冻土. 2003, 25(2): 229-231.

[10]王永兴, 李新. 吐鲁番盆地水资源持续利用研究[J]. 中国人口·资源与环境. 1997, 7(2): 41-45.

[11]王占和, 陈德斌, 付晶. 吐鲁番火焰山地质遗迹特征与形成机制[J]. 新疆地质. 2011, 29(2): 231-233.

[12]魏文寿, 何清, 刘明哲, 等. 准噶尔盆地的气候变化与荒漠环境研究[J]. 中国沙漠. 2003, 23(2): 101-105.

[13]杨淑萍, 阎平. 中国帕米尔高原种子植物科的地理成分分析[J]. 石河子大学学报（自然科学版）. 2007, 25(5): 581-584.

[14]杨兆萍, 张小雷, 等. 喀纳斯自然遗产科学基础研究[M]. 乌鲁木齐: 新疆人民出版社, 2010.

[15]杨兆萍, 张小雷, 等. 新疆天山世界自然遗产价值[M]. 北京: 科学出版社, 2017.

[16]尹荷中. 准噶尔盆地的构造与地貌的关系[J]. 干旱区地理. 1987, 10(4): 9-17.